Eckardt Opitz

DAS HERZOGTUM LAUENBURG

Seine Geschichte in Texten, Bildern und Dokumenten

mit Fotografien von Reinhard Scheiblich

Husum

Umschlaggestaltung unter Verwendung von Motiven aus dem Buch

Gefördert von:

Werner Petersen Stiftung

STIFTUNG HERZOGTUM LAUENBURG

Bibliografische Information der Deutschen Nationalbibliothek
Die Deutsche Nationalbibliothek verzeichnet diese Publikation in der Deutschen Nationalbibliografie; detaillierte bibliografische Daten sind im Internet über http://dnb.dnb.de abrufbar.

Gesamtherstellung: Husum Druck- und Verlagsgesellschaft
Postfach 1480, D-25804 Husum – www.verlagsgruppe.de
ISBN 978-3-96717-105-1

Inhaltsverzeichnis

Vorwort des Präsidenten der Stiftung Herzogtum Lauenburg

Die Stiftung Herzogtum Lauenburg hat sich seit ihrem Bestehen darum bemüht, den Besonderheiten der lauenburgischen Geschichte gerecht zu werden. Sie folgte damit der Aufforderung ihrer Satzung, in der die Erforschung der lauenburgischen Geschichte als einer der zentralen Zwecke der Stiftung genannt wird.

In ihrer Lauenburgischen Akademie, die seit 1986 besteht, hat sie mit Vorträgen und mehrtägigen Symposien dazu beigetragen, die lauenburgische Geschichte und Kultur wissenschaftlich zu erforschen und damit lebendig zu erhalten. Ohne Kenntnis der Vergangenheit ist es in jeder Gegenwart schwer, die Zukunft zu gestalten.

Seit 1994 hat der Hamburger Historiker Eckardt Opitz den Schwerpunkt seiner Forschungen auf die Geschichte des Herzogtums Lauenburg gelegt und diese in zahlreichen Vorträgen und Aufsätzen dokumentiert. Er hat auch die von der Stiftung begründete und geförderte Reihe „Kolloquium" von Kurt Jürgensen übernommen und wissenschaftlich erweitert. Einige dieser Bände erreichten große Aufmerksamkeit und Neuauflagen.

2003 erschien ein umfangreiches Handbuch „Herzogtum Lauenburg. Das Land und seine Geschichte", das Eckardt Opitz und seine Mitarbeiterinnen und Mitarbeiter erarbeitet hatten. 2015 folgte das von ihm herausgegebene „Biographische Lexikon Herzogtum Lauenburg".

2018 erklärte Eckardt Opitz nach einem Vortrag im Stadthauptmannshof zu Mölln, mit 80 Jahren Lebensalter sei es an der Zeit, in „Lauenburg-Rente" zu gehen. Damit wollte er seine Mitarbeit für die Stiftung und ihre Akademie beenden. Wenig später, im November 2018, wurde ihm der Kulturpreis der Stiftung Herzogtum Lauenburg für sein Lebenswerk verliehen. Bei der Feierstunde, die ich als Präsident der Stiftung zu eröffnen hatte, erwähnte ich, dass sein Handbuch zur lauenburgischen Geschichte vergriffen und nur noch über das Antiquariat zu hohen Preisen zu beschaffen sei. Das veranlasste den Geehrten in seiner Dankesrede, seine „Lauenburg-Rente" zu überdenken. Eine etwas kleiner gefasste Geschichte des Herzogtums Lauenburg wolle er sich noch zutrauen. Er hat sein Versprechen wahrgemacht. Ich freue mich darüber, dass ich diesem Werk mit einem Vorwort einen guten Weg wünschen darf.

Denn auch ich bin – wie der Verfasser dieses Buches – davon überzeugt, dass die Geschichte des Kreises Herzogtum Lauenburg mehr Aufmerksamkeit verdient, als ihr bisher widerfahren ist. Lauenburg ist heute ein integraler Teil Schleswig-Holsteins. Aber es ist 1876 nicht nur hinzugekommen, sondern hat das heutige Bundesland mit seiner besonderen Geschichte bereichert.

Klaus Schlie

Einleitung

Die deutsche Geschichte ist nicht nur geprägt durch die großen Dynastien und ihre Territorien, sondern auch durch kleine Fürstentümer, Städte und Länder. Zu den kleinen Reichsfürstentümern gehörte das Herzogtum Sachsen-Lauenburg. Es fing im Kontext der sächsischen Geschichte groß an, wurde aber im Verlauf der Jahrhunderte territorial immer kleiner, verlor auch an politischer Bedeutung, blieb aber bis in die Neuzeit hinein stets ein wichtiger Faktor in der deutschen und auch in der europäischen Geschichte.

Heute ist das ehemalige Herzogtum ein Landkreis im Bundesland Schleswig-Holstein. Aber mit der schleswig-holsteinischen Geschichte ist Lauenburg erst seit dem späten 19. Jahrhundert verbunden. Und der Landkreis verfügt noch immer über Sonderrechte, die andere Kreise nicht haben.

Es ist ja seit langem üblich, jedem Ort, dem man sich historisch widmen will, eine „wechselvolle Geschichte" zuzuschreiben. Ich werde dieser Marotte deshalb nicht folgen, weil ich davon überzeugt bin, dass die Geschichte nur dann Geschichte ist, wenn sie Wechseln folgt. Die Geschichte Lauenburgs ist eine besondere, weil sie einen Verlauf genommen hat, der anders war als der in anderen Territorien. Die Schleswig-Holsteiner weisen gern darauf hin, dass ihre Geschichte besonders kompliziert sei, und zitieren dann gern Lord Palmerston, der bei Ausbruch des Krieges von 1864 gesagt haben soll, die schleswig-holsteinische Geschichte sei so kompliziert und verworren, dass es ihm (Palmerston) nicht gelungen sei, den Krieg mit diplomatischen Mitteln zu verhindern. Es habe überhaupt nur drei Menschen gegeben, die jene verwirrenden Verhältnisse von Grund auf gekannt hätten: Der erste sei Prinz Albert von Großbritannien gewesen, der aber leider verstorben sei; der zweite ein dänischer Staatsmann, der darüber wahnsinnig geworden sei, und der dritte sei er selbst gewesen; doch habe auch er bereits alles vergessen.

Dabei hatte Lord Palmerston die Geschichte Lauenburgs nicht einmal mit einbezogen. Und hätte er die Geschichte Thüringens gekannt, wäre er nie auf die Idee gekommen, den Schleswig-Holsteinern einzureden, ihre Geschichte sei besonders kompliziert. Die Situation, aus der heraus der vielzitierte Ausspruch gefallen ist, war die nationalistisch aufgeheizte zweite Hälfte des 19. Jahrhunderts. Blickt man zurück ins Mittelalter, gewinnen ganz andere Aspekte an Bedeutung.

Darstellungen zur Geschichte Schleswig-Holsteins gibt es viele. Jene, die im 20. Jahrhundert geschrieben wurden, erwähnen die Zugehörigkeit des Herzogtums Lauenburg zu Schleswig-Holstein seit 1876 oder widmen der Geschichte Lauenburgs einen Exkurs. In den älteren Darstellungen ist Lauenburg ein Nachbarterritorium wie Mecklenburg und Braunschweig-Lüneburg.

Auf die Idee, den Kreis Herzogtum Lauenburg, im äußersten Südosten des Bundeslandes Schleswig-Holstein gelegen, als historische Bereicherung für die schleswig-holsteinische Geschichte zu betrachten, ist in Kiel und Schleswig kaum einer gekommen. Dem gilt es Abhilfe zu schaffen. 2003 erschien ein Handbuch zur lauenburgischen Geschichte, das sehr wissenschaftlich und auch umfangreich war. Es konnte deshalb kein breites Publikum erreichen. Dennoch ist dieses Handbuch inzwischen völlig vergriffen, eine Neuauflage kaum möglich. Deshalb scheint es geboten, einen schmaleren Band auf den Weg zu bringen, in dem die Geschichte Lauenburgs anschaulich präsentiert wird.

Ziel dieses Buches ist es, die Lauenburger mit ihrer besonderen Geschichte vertraut zu machen, den Schleswig-Holsteinern zu verdeutlichen, dass die 1876 beschlossene Integration des Herzogtums Lauenburg in die preußische Provinz Schleswig-Holstein ein dauerhafter Gewinn war, und generell darauf hinzuweisen, dass die Regionalgeschichte auch dazu anregen kann, größere Zusammenhänge besser zu begreifen. Die politischen Ereignisse des 20. Jahrhunderts boten nur selten Gelegenheit, über die Bereicherung Schleswig-Holsteins durch ein altes Reichsterritorium nachzudenken. Die deutsche Geschichte hat dunkle Seiten; sie ist aber auch reich, und viele ihrer Reichtümer gilt es noch zu entdecken. Mit dem Herzogtum Lauenburg könnte ein Anfang gemacht werden.

Diese kurze Geschichte des alten Herzogtums und heutigen Landkreises verzichtet auf einen ausführlichen wissenschaftlichen Apparat, d. h., die Aussagen des Textes werden bescheiden mit Fußnoten dokumentiert. Im Anhang gibt es ein Register, aber nur ein knappes Literaturverzeichnis. Was den Forschungsstand betrifft, sei auf das Handbuch von 2003 hingewiesen; es ist nach wie vor aktuell, da kaum grundsätzlich Neues hinzugekommen ist. Es wird in den Anmerkungen durchgehend mit „Handbuch“ zitiert. Ebenso wird das Biografische Lexikon von 2015 mit „Biogr. Lex“ zitiert.

Das vorliegende Buch ist mit reichem Bildmaterial ausgestattet. Hierzu trug maßgeblich das Archiv des Verfassers bei. Neues hat Reinhard Scheiblich beigebracht, der mir seit vielen Jahren geholfen hat, meine Bücher „ansehnlich“ zu machen. Ihm danke ich auch für sein Engagement bei der Gestaltung dieser Geschichte Lauenburgs.

Da meine Arbeitstechnik altmodisch ist, bin ich auf Unterstützung angewiesen. Meine Tochter Catharina Opitz hat mir sehr geholfen. Sie hat weite Teile meines meist handgeschriebenen Textes in eine zeitgemäße, d. h. digitale Fassung gebracht, Korrektur gelesen und das Register erstellt. Ohne ihre Mithilfe wäre das Buch kaum zustande gekommen. Ihr gilt mein ganz besonderes Dankeschön.

Bücher dieser Art bedürfen auch der materiellen Unterstützung. Die Werner-Petersen-Stiftung und die Stiftung Herzogtum Lauenburg haben die Drucklegung des Buches gefördert. Dafür danke ich sehr.

Auch beim Husum Verlag möchte ich mich bedanken, seine Mitarbeiterinnen und Mitarbeiter haben dafür gesorgt, dass aus den Bildern Reinhard Scheiblichs und meinen Texten ein ansehnliches Buch geworden ist.

Ich hoffe, dass es uns allen gelungen ist, einen Band vorzulegen, der viele interessierte Leser und Leserinnen findet, die auch der Meinung sind, dass es sich nach wie vor lohnt, der lauenburgischen Geschichte mit Aufmerksamkeit zu begegnen.

Eckardt Opitz
im April 2022

I. Ein kurzer Blick auf die Vor- und Frühgeschichte

Die geografische Gestalt des Gebietes, das heute den Kreis Herzogtum Lauenburg ausmacht, wurde durch die letzte Eiszeit geprägt, die vor ca. 13.000 Jahren endete.

Die Suche nach menschlichen Spuren in längst vergangenen Zeiten begann erst im 19. Jahrhundert, und eine archäologische Erfassung alter Funde setzte erst im 20. Jahrhundert ein und dürfte noch lange nicht abgeschlossen sein; denn der Landkreis verfügt über eine Fülle von Fundstätten, die vom Paläolitikum bis ins Mittelalter reichen.

Spuren der Neandertaler sind im Lauenburgischen nicht gefunden worden, wohl aber solche, die der Hamburger Kultur zuzuordnen sind und dem 13. und 12. Jahrtausend v. Chr. entstammen. In den weiteren Jahrhunderten verdichten sich die archäologischen Daten, die auf Klimaveränderungen schließen lassen. Diese werden seit der Jungsteinzeit immer deutlicher. Die Analyse der Großsteingräber aus dieser Zeit weist darauf hin, dass der Süden des heutigen Kreisgebiets stärker besiedelt war als der Norden.[1]

Die Bronzezeit hielt im Lauenburgischen erst spät Einzug; erst um 1500 v. Chr. etablierten sich hier bronzezeitliche Kulturen, deren Hinterlassenschaft vor allem in den 2077 Grabhügeln sichtbar ist, die aus dieser Zeit stammen. 522 von ihnen liegen im nördlichen Landesteil, 1448 im Süden, besonders im Sachsenwald.

Die Archäologen haben festgestellt, dass sich in Lauenburg zwei getrennte Kulturkreise gegenüberstanden: Der nördliche Teil wird dem Nordischen Kulturkreis zugerechnet, des-

1 a + b: Zu den markantesten archäologischen Zeugnissen der Bronzezeit gehört das Totenhaus bei Tesperhude. In die zwölf Löcher waren Baumstämme eingelassen, die den lehmverputzten Wänden aus Flechtwerk Halt gaben. Nach der Trauerfeier wurde das Haus angezündet. Bis ins 19. Jahrhundert hinein wurde überliefert, dass dort einst große Feuer gebrannt hätten.

1 Die folgenden Angaben sind eine knappe Wiedergabe der Ausführungen, die Elisabeth Noll vorgenommen hat in: Eckardt Opitz (Hrsg.), Herzogtum Lauenburg. Das Land und seine Geschichte. Ein Handbuch. Neumünster 2003, S. 11-54. (Im Folgenden wird dieses Buch als „Handbuch" zitiert.)

sen Zentrum in Dänemark und Südschweden liegt, während das südliche Kreisgebiet von der Lüneburger Gruppe beeinflusst wurde, deren Kerngebiet südlich der Elbe lag. Darüber, welche Menschen in diesen Regionen gelebt haben und unter welchen Umständen, lassen die erhaltenen Spuren kaum Aussagen zu. Die Grabfunde erlauben nur über den Vergleich mit solchen aus anderen Teilen Norddeutschlands einige Vermutungen. Auf Siedlungen lassen nur einige Streufunde schließen. Systematische Grabungen haben bisher nicht stattgefunden.

Es gibt Hinweise darauf, dass Lauenburg bereits in der Bronzezeit Transitland zwischen den Kulturprovinzen Südskandinaviens und Mitteleuropas war; konkrete Handelswege sind aber bisher nicht nachweisbar.

Die Eisenzeit hielt um 500 v. Chr. im Lauenburgischen Einzug. Der älteste – nicht genau zu datierende – Fund stammt aus einem Grabhügel bei Brunstorf, wo sich neben einem Rasiermesser aus Bronze auch eine Nadel aus Eisen fand. Eine eigenständige Eisengewinnung aus Raseneisenerz ist im Norden erst nach 300 v. Chr. nachweisbar.

Die ältere vorrömische Eisenzeit wird auf die Jahre 600 bis 120 v. Chr. datiert und ist im Lauenburgischen mit 75 Siedlungen und 137 Gräberfeldern dokumentiert – das bedeutet 20 % der Fundstellen. Die Jüngere Eisenzeit, die von 120 v. Chr. bis zu Christi Geburt angesetzt wird, weist 37 % der Fundstätten aus und die Römische Kaiserzeit, d. h. die Zeit von Christi Geburt bis ca. 500 n. Chr., etwa 43 % davon. Für diese Datierungen bilden nahezu ausschließlich Urnenfunde die Grundlage. Aus diesen und ähnlichen archäologischen

Quellen lassen sich keine Erkenntnisse über die sozialen Verhältnisse in dieser Zeit gewinnen. Weder die Totenhäuser (z. B. bei Tesperhude) noch besonders exponierte Grabhügel erlauben Aussagen darüber, ob es hervorgehobene Personen oder Familien gegeben hat. Die gefundenen Grabbeigaben deuten eher auf eine weitgehend homogene bäuerliche Gesellschaft hin.

Von den Germanen ist in der Geschichtsforschung erstmals bei Tacitus (ca. 55–115) die Rede. In seiner „Germania" nennt er einzelne Stämme, für den Norden die „Nertusstämme". Erst im 2. Jahrhundert treten die Sachsen in den Quellen hervor. Die Versuche der Römer, nach Norden vorzustoßen, haben im Lauenburgischen keine Spuren hinterlassen. Lauenburg spielte, wie die geringe Zahl der gefundenen römischen Objekte im Land ausweist, bestenfalls eine Rolle als Transitregion, war aber nicht in der Lage, aktiv am Handel mit eigenen Produkten teilzunehmen. Die Römerzeit endete im 5. Jahrhundert.

Danach setzte auch eine Klimaveränderung ein, die zur Auswanderung der Angeln und Sachsen nach Süden und Westen, dort bis nach England, führte. Dieser müssen sich auch Bewohner Lauenburgs angeschlossen haben, denn das Gebiet wurde nach Ausweis der archäologischen Funde weitgehend siedlungsleer. Pollenanalytische Untersuchungen haben zudem ergeben, dass eine Wiederbewaldung einsetzte. Walther Lammers (1914–1990), einer der bedeutenden Sachsenforscher in der zweiten Hälfte des 20. Jahrhunderts, der zu den Begründern der Pollenanalyse für die archäologische und historische Forschung gehörte, tat in einer Vorlesung 1961 an der Universität Hamburg darüber

2. Der Burgplatz bei Sirksfelde. Der Ringwall hat einen Durchmesser von ca. 100 m. Die im Innern befindliche Burg ist seit dem 9. Jahrhundert nachweisbar. Sie gehörte zum „Limes Saxoniae".

hinaus kund: „Die Damen und Herren Slawen fanden kein rechtes Verhältnis zur deutschen Brennessel.“[2]

Menschenleer dürfte das Land aber nicht gewesen sein, als im späten 7. und frühen 8. Jahrhundert slawische Stämme in die Gebiete bis Ostholstein einwanderten. Kontakte zwischen Einwanderern und den Verbliebenen sind zwar anzunehmen, aber archäologisch nicht nachzuweisen.

Die Sachsenkriege Karls des Großen liefern die ersten historischen Nachrichten über das Verhältnis zwischen Slawen und Germanen im Norden. Die wenigen schriftlichen Quellen, die uns überliefert sind, ergreifen Partei und liefern kein objektives Bild über das nordelbische Gebiet, das sich im Spannungsfeld wechselnder Bündnisse von Franken, Sachsen, Slawen und Dänen befand. Das Gebiet, das den heutigen Kreis Herzogtum Lauenburg ausmacht, befand sich im Schnittpunkt sächsischer und abodritischer Einflussnahme.

Von der Mitte des 9. bis zum Beginn des 10. Jahrhunderts gibt es eine Unterbrechung der Berichterstattung über die Ereignisse nördlich der Elbe. Erst unter dem Sachsenherzog Heinrich, seit 911 König, gibt es Nachrichten, welche die slawischen Abodriten als zinspflichtig benennen. Als Hauptort der Polaben wurde Ratzeburg genannt, so bei Adam von Bremen. Es ging nicht nur um politische Machtauseinandersetzungen, sondern zunehmend auch um die Christianisierung der überwiegend slawisch besiedelten Gebiete.

1143 übertrug Herzog Heinrich der Löwe Ratzeburg und das Polabenland an Graf Heinrich von Badwide. Damit begann die deutsche Ostsiedlung durch westfälische Siedler. Ob die Slawen verdrängt oder integriert wurden, ist noch immer strittig. Das Land war dünn besiedelt, Spuren aus slawischer Zeit sind selten. Alles spricht dafür, dass die Besiedlung des lauenburgischen Gebiets weitgehend friedlich verlief.

Aber es gibt da noch den Limes Saxoniae, der bei Adam von Bremen in seiner Bischofsgeschichte der Hamburger Kirche (Buch 2,18) recht genau beschrieben, dessen Bedeutung aber unterschiedlich interpretiert wird.[3] Dazu hat Adam von Bremen selbst beigetragen, als er die Grenze zwischen den Sachsen und den Slawen als „limes“ bezeichnete und damit Assoziationen zum Limes der Römer auslöste.

Der Limes Saxoniae war kein Bauwerk wie der römische Limes, sondern überwiegend ein natürlicher Grenzzaun, der an einigen Stellen durch künstlich angelegte Wälle, wie etwa bei Sirksfelde, verstärkt wurde. Die Grenzziehung erfolgte nach Adam von Bremen im 9. Jahrhundert. Sie wird wie folgt beschrieben: Sie verlief von der Kieler Förde bis an die Elbe und folgte der nordsüdlich ausgerichteten Wasserscheide zwischen Nord- und Ostseezuflüssen. Der Limes Saxoniae war über weite Strecken eine nasse Grenze; die Flüsse, Seen und Moore von der Trave bis zur Elbe bestimmten auf Lauenburger Gebiet seinen Verlauf. Es darf angenommen werden, dass er nicht primär militärischen Zielen diente, sondern vor allem den Zweck hatte, zwei Volksgruppen, die Sachsen und die abodritischen Slawen, voneinander zu trennen. Auf heutigem Kreisgebiet sind noch zehn Burgwälle nachweisbar, von denen sieben slawischen Ursprungs sind. Die meisten von ihnen liegen im Norden, so auch der „Oldenburger Wall“ bei Lehmrade, der um das Jahr 1000 datiert wird.

---

2 Vorlesungsaufzeichnungen von E. Opitz. Vgl. auch Walther Lammers, Germanen und Slawen in Nordelbingen, in : ZSHG, Bd. 79, 1955, S. 17-76.

3 Bei der Bedeutung des Limes Saxoniae weichen die folgenden Ausführungen deutlich von denen ab, die Elisabeth Noll (siehe Anm. 1) formuliert hat.

Ratzeburg war bereits in der Zeit der slawischen Besiedlung ein zentraler Ort. Daneben gab es weitere slawische Siedlungen, die durch Ringwälle befestigt waren. Diese hatten einen Durchmesser von 80 bis 120 Metern, waren in Holz-Erde- bzw. Sodenbauweise errichtet und wurden von Gräben oder natürlichen Gewässern umgeben. Die Wälle wurden durch Holzpalisaden verstärkt.

Die archäologische Forschung hat bisher kaum Ergebnisse hervorgebracht, die Antworten auf die Frage nach der Entstehungsursache der Burganlagen erlauben. Es darf vermutet werden, dass die fränkisch-slawischen Konflikte des 9. Jahrhunderts sowohl bei den Slawen als auch bei den Sachsen zu einer Intensivierung des Wehrbaus geführt haben. Das (spätere) Herzogtum Lauenburg war in den Jahrhunderten vor der Zeit um 1000 n. Chr. keine eigenständige Kulturprovinz, sondern bildete eine Randzone der großen Kulturräume Mittel- und Nordeuropas. Erst im Mittelalter wird für kurze Zeit eine Eigenständigkeit im Siedlungsgebiet der Slawen mit dem Zentrum Ratzeburg sichtbar.

II. Das Herzogtum Sachsen-Lauenburg im Mittelalter

1. Allgemeine Anmerkungen zur Epoche

Die mittelalterliche Geschichte des Herzogtums Lauenburg und damit seine historischen Anfänge überhaupt sind nur im Kontext der Geschichte Sachsens zu erfassen. Dabei kommt dem Jahr 1180 eine besondere Bedeutung zu: Heinrich der Löwe wurde als Herzog von Sachsen und Bayern abgesetzt und der Askanier Graf Bernhard von Aschersleben (um 1140–1212), Sohn Albrechts des Bären, wurde mit Sachsen belehnt. Aus dieser Belehnung ist das Teilherzogtum Sachsen-Lauenburg hervorgegangen und hat dabei einen überwiegend abwärts gerichteten Verlauf genommen. Jörg Meyn hat dafür eine treffende Formulierung gefunden: „Die Geschichte des askanischen Herzogtums zwischen 1180 und 1689 ist, pointiert gesprochen, eine Geschichte zwischen gesamtsächsischem Anspruch und ratzeburgisch-lauenburgischer Wirklichkeit, zwischen dem Anspruch auf eine umfassende sächsische Herrschaftsgewalt und der Wirklichkeit eines zunehmend reduzierten, beengten Territorialherzogtums."[1]

Dem Prozess, den Jörg Meyn in aller Kürze zusammengefasst hat, etwas ausführlicher nachzugehen, ist lohnenswert, weil sich in ihm ein Stück deutscher Geschichte widerspiegelt: die Herausbildung des Föderalismus. In kaum einem der vielen Kleinterritorien des Deutschen Reiches hat er sich politisch so lange erhalten wie im Herzogtum Lauenburg, das bis 1876 eigenständiges Herzogtum des Deutschen Reichs, des Deutschen Bundes und des Norddeutschen Bundes war und erst danach als Kreis Herzogtum Lauenburg ins Königreich Preußen und dessen Provinz Schleswig-Holstein integriert wurde. Ein kleines Land mit großer Geschichte wurde damit Teil Schleswig-Holsteins, das seinerseits ein Land mit zahlreichen historischen Spezifika war und ist.

Wenn es darum geht, die Geschichte Lauenburgs im Mittelalter zu erfassen, muss zunächst festgestellt werden, dass die Menschen, die diesseits und jenseits des Limes Saxoniae lebten, die Abodriten und die Sachsen, sich ihres „mittelalterlichen Daseins" keineswegs bewusst waren. Sie bewegten sich wie die Menschen zu allen Zeiten an der Spitze der Moderne. Diese Bemerkung muss ausgesprochen werden, um deutlich zu machen, dass unsere Epochenbezeichnungen fragwürdig, aber gleichwohl hilfreich sind, um uns in der Vergangenheit zurechtzufinden. Wir müssen uns aber auch vergegenwärtigen, dass damit Werturteile verbunden sind: War das Mittelalter wirklich „finster"? Die historische Forschung hat inzwischen detaillierte Lebensbilder aus den Jahrhunderten von Karl d. Großen bis zu Martin Luther hervorgebracht, die durchaus als „lichtvoll und heiter" bezeichnet werden dürfen.

2. Frühe schriftliche Quellen

Für die Geschichte Lauenburgs liegen nur wenige Zeugnisse vor, die Aussagen über das Leben der Menschen im Mittelalter zulassen. Und bei diesen Quellen kommen die sog. kleinen Leute bestenfalls kollektiv vor. Selbst die als politisch wichtig geltenden namentlich genannten Personen haben kaum individuelle Spuren hinterlassen.

---

1 Zitiert nach Handbuch, S. 55.

Für das Kerngebiet des heutigen Kreises liefern die Ortsnamen wichtige Hinweise auf die Siedlungsgeschichte im 9. und 10. Jahrhundert. Der nördliche Teil war slawisch besiedelt, der südliche überwiegend sächsisch. Doch danach gab es Veränderungen, die weder archäologisch noch historisch zu erfassen sind. Erst das Ratzeburger Zehntregister aus dem Jahr 1230 erlaubt präzisere Angaben. Bei diesem Dokument[2] handelt es sich um eine Vereinbarung zwischen Herzog Heinrich von Badwide (um 1164), der die Grafschaft Ratzeburg zu Lehen erhalten hatte, und dem Bischof von Ratzeburg, durch welche die Aufteilung der Zehnten, d. h. der Abgaben aus den Landschaften Ratzeburg, Wittenburg und Gadebusch, geregelt werden sollten. Hier werden alle Orte der Region genannt und dazu Namen der Bauern, die Zehntgebühren zu entrichten hatten. Das Ratzeburger Zehntregister entstand, als die sog. Ostkolonisation, d. h. die Eroberung von Gebieten, die slawisch besiedelt waren, begann. In der Mitte des 12. Jahrhunderts, als die Ertheneburg zum Ausgangspunkt sächsischer Expansion nördlich der Elbe geworden war, muss dieser Prozess begonnen haben.

Zahlreiche Familiennamen von Lokatoren, von Männern, die aus dem Westen kamen, um im Osten Siedlungen zu errichten und diese als Adlige zu beschützen, sind in den Quellen nachweisbar. Die meisten von ihnen sind ausgestorben. Die wenigen, die sich über die Jahrhunderte erhalten und durchsetzen konnten, haben als Mitglieder der Ritterschaft oft Einfluss auf die Geschichte des Herzogtums, aber auch des Bistums genommen.

Neben dem Ratzeburger Zehntregister aus dem frühen 13. Jahrhundert gibt es eine weitere wichtige Quelle für die Region im hohen Mittelalter: Helmold von Bosau (um 1120 bis nach 1177), der Pfarrer in Bosau am Plöner See war und eine „Chronica Slavorum" (1167–72) verfasste[3], in der er die unter Karl d. Großen begonnene Missionierung der im mittleren Elberaum siedelnden Slawen bis um 1170 beschrieb. Seine Schilderung, die als eine der wichtigsten Quellen für die Eroberung, Besiedlung und Christianisierung Holsteins, Lauenburgs und Mecklenburgs gilt, wurde um 1300 durch den Chronisten Arnold von Lübeck fortgesetzt[4].

Helmold von Bosau berichtet, dass Graf Heinrich von Ratzeburg um 1160 „Scharen Volks aus Westfalen" herbeigeführt habe, „damit sie das Land der Polaben bewohnen sollten"[5]. Diese besiedelten zahlreiche Dörfer und errichteten Kirchen. Sie zahlten aber auch Abgaben an den Adel, den Fürsten oder den Bischof.

3. Zur Siedlungsgeschichte des Landes

Der Chronist Helmold verfolgte mit seinen Aufzeichnungen vor allem das Ziel, die Christianisierung der Slawen als Erfolg der Missionsaktivitäten der Kirche zu schildern. Seine Angaben zur Siedlungsgeschichte und zur Gründung einzelner Dörfer und Kirchen bleiben vage. Um die zu erschließen, müssen andere Quellen hinzugezogen werden. Solche

2 Das Ratzeburger Zehntregister ist abgedruckt im Handbuch, S. 636-655.

3 Helmold von Bosau, Slawenchronik. Darmstadt 1980.

4 Vgl. Jörg Meyn, Die Chronik Arnolds von Lübeck und die Detmar-Chronik im Kontext der Geschichtsschreibung Nordelbiens im Mittelalter. Annäherungen und Anmerkungen, in: E. Opitz (Hrsg.), Das Herzogtum Lauenburg im Spiegel der Literatur (= Kolloquium VII). Bochum 2011, S. 15-52.

5 Helmold von Bosau (wie Anm. 3), S. 318 f.

gibt es, und sie erlauben die Aussage, dass es Ende des 12. Jahrhunderts etwa 100 Siedlungen auf dem Gebiet des späteren Herzogtums Sachsen-Lauenburg gegeben haben dürfte; 35 Dörfer sind 1194 konkret benannt. Das Ratzeburger Zehntregister weist 1230 135 Dörfer aus.

Eine Rodungstätigkeit hat um diese Zeit kaum stattgefunden. Was sich vollzogen hat, war eine Umwandlung einer slawischen Kulturlandschaft in eine sächsischrechtliche. Dieser Prozess lässt sich am besten an der Kirchengeschichte ablesen. Auf diese wird noch näher einzugehen sein.

Ein weiteres Indiz für den Ausbau der deutschen Siedlungstätigkeit ist die Einführung der Hufenverfassung, die sich bis 1320 überall im Lande durchgesetzt hat. Im 13. Jahrhundert intensivierte sich die Besiedlung des Landes von 161 auf 230 zu benennende Orte, auch im Nordosten des Landes.

Über die Typologie der Dörfer im 12., 13. und frühen 14. Jahrhundert hat die archäologische und historische Forschung zu kontroversen Aussagen geführt. Es gab in den slawisch besiedelten Dörfern offenbar ringförmig angelegte Ortschaften, während die sächsischen eher Straßendörfer waren oder andere Formen hatten. Im Zuge der Ostkolonisation kam es zu Verwandlungen von Runddörfern in andere Formen. Eine Vertreibung der Slawen durch Neusiedler ist nur in Einzelfällen nachzuweisen.

4. Erste Aussagen zur Kirchengeschichte

Während für die Siedlungsgeschichte kaum schriftliche Quellen herangezogen werden können, liefert die Kirchengeschichte einige geschriebene Zeugnisse; doch sind diese selten objektiv. Denn die Chroniken Adam von Bremens[6] und Helmold von Bosaus liefern zwar Informationen, sie verfolgten aber vorwiegend ein Ziel: Sie wollten über Missionserfolge berichten.

Das gilt auch für die Schilderung des Märtyrertods des Heiligen Ansverus. Dieser war Abt des Klosters St. Georg bei Ratzeburg und fand mit seinen Mönchen bei einem Überfall der Slawen im Jahr 1066 den Tod. Schon bald nach seinem gewaltsamen Ende setzte die Verehrung für ihn als Märtyrer ein. Seine Gebeine wurden in den Ratzeburger Dom überführt. Bei Einhaus erinnert seit dem 14. Jahrhundert ein steinernes Radkreuz an sein Martyrium. In Prozessionen wird auch heute noch sein Andenken geehrt. Die wenigen weltlichen Quellen, die sich erhalten haben, erlauben kaum Korrekturen an den Aussagen der Chronisten.

Wir dürfen davon ausgehen, dass die ältesten Kirchspiele im Land Ratzeburg, Gudow, Sterley, Mustin und Karlow gewesen sind. Im Norden und Nordosten war das Kloster St. Georg als Missionsstation tätig, was sich auch auf Gebiete östlich des Ratzeburger Sees auswirkte. Kirchspiele wie Schlagsdorf (heute mecklenburgisch) und Breitenfelde wurden bereits vor 1194 zu Ablegern von St. Georg; danach kamen noch Krummesse, Schmilau und Berkenthin hinzu.

---

6 Adam von Bremen, Bischofsgeschichte der Hamburger Kirche, in: Quellen des 9. und 11. Jahrhunderts zur Geschichte der Hamburgischen Kirche und des Reiches. Darmstadt 1968, S. 390 f. Vgl. auch den Artikel „Ansverus" in: E. Opitz (Hrsg.), Biographisches Lexikon Herzogtum Lauenburg. Husum 2015 (im Folgenden zitiert als „Biogr. Lex."), S. 22 f.

3: An das Martyrium des Heiligen Ansverus und seiner Mönche erinnert u. a. ein zwölfteiliges Gemälde im Ratzeburger Dom, dessen jetziger Zustand aus dem Jahr 1681 stammt, dessen Ursprünge aber älter sind. (links)

4: Detail aus dem Ansverus-Gemälde (rechts)

5: Das Ansveruskreuz in Einhaus bei Ratzeburg stammt aus dem 15. Jahrhundert. (unten)

5. Die Besiedlung des Landes bis ins Spätmittelalter

In den Kirchspielen gab es bis ins 14. Jahrhundert hinein unterschiedliche Hufenverfassungen, die darauf schließen lassen, dass sie in ihrer Entwicklung slawisch oder sächsisch beeinflusst waren. Das darf nicht verwundern, denn das Ratzeburger Zehntregister von 1230 weist aus: Zwei Drittel der genannten Dörfer hatten einen slawischen Namen, nur ein

6: Heinrich der Löwe (2. v. links), aus dem Evangeliar

Drittel weist sächsische Namen auf. Es besteht kein Zweifel daran, dass innerhalb von etwa 100 Jahren eine Verdrängung oder Übersiedlung der slawischen Bevölkerung durch eine sächsisch-fränkische erfolgt sein dürfte. Wie sich dieser Prozess vollzogen hat, ist umstritten. Eine gewaltsame Vertreibung ist genauso wenig nachweisbar wie die Vermutung, dass die slawischen Bewohner von den Pestzügen stärker betroffen gewesen seien als die Neusiedler.

Zur Siedlungsgeschichte des Herzogtums Lauenburg gehört auch die Erschließung der Elbmarschen, sowohl die der später als Vier- und Marschlande mit Bergedorf als Zentrum so bezeichneten Gebiete nördlich der Elbe als auch die der südlich der Elbe gelegenen Marschgebiete zwischen Bleckede und Artlenburg, die durch – davon darf ausgegangen werden – niederländische Siedler erfolgte. Dieser Prozess hatte bereits zur Zeit Heinrichs des Löwen begonnen; er setzte sich unter Albrecht von Orlamünde fort. Vereinbarungen zwischen den Welfen und den Askaniern führten zu einer Intensivierung des Deichbaus und der Entwässerung beiderseits der Elbe in der zweiten Hälfte des 13. Jahrhunderts.

Der Höchststand der Besiedlung des Herzogtums wurde zu Beginn des 14. Jahrhunderts erreicht. Danach begann eine Phase der Wüstungen, d. h. der Aufgabe von Dörfern wegen eines massiven Bevölkerungsschwundes. Es wird geschätzt, dass die Zahl der Bauern im 14. und 15. Jahrhundert auf die Hälfte zurückgegangen ist. Der Grund dafür waren vor allem Seuchen, die in den Quellen undifferenziert als „Pest“ bezeichnet werden; aber auch die Abwanderung der Dorfbewohner in die benachbarten Städte dürfte eine Rolle gespielt haben.

7: Der Löwe, das Wahrzeichen Heinrichs, vor dem Ratzeburger Dom

6. Heinrich der Löwe und seine Bedeutung für die Geschichte Lauenburgs im Mittelalter

Heinrich d. Löwe hatte einen mächtigen Vetter, Kaiser Friedrich I. Barbarossa. Von ihm erhielt er 1154 auf dem Reichstag zu Goslar den Auftrag, im Slawenland nördlich der Elbe drei Bistümer zu errichten: Oldenburg/Lübeck, Mecklenburg/Schwerin und Ratzeburg. Verbunden damit war die Belehnung mit dem Herzogtum Bayern.

Heinrich der Löwe[7] konzentrierte seine politischen und wirtschaftlichen Aktivitäten auf Nordelbien. Er unternahm militärische Vorstöße ins Slawenland. 1159 ließ er südlich der alten die neue Stadt Lübeck errichten. Im Jahr darauf erfolgte unter seiner Leitung eine Neuordnung des Obodritenlandes, die er 1167 nach Aufständen reformierte. Er schuf durch Vereinbarungen mit den Slawenfürsten in den nordöstlich von Ratzeburg gelegenen Gebieten eine slawische Herrschaft, aus der das spätere Fürstentum Mecklenburg hervorgegangen ist.

Das nordelbische Herrschaftszentrum Heinrichs d. Löwen war die Ertheneburg; dort fanden wichtige Hoftage statt. Heinrich d. Löwe hatte stets um seine Machtstellung zu kämpfen. Seine zahlreichen Gegner im Reich wurden 1170 vom Kaiser zu seinen Gunsten in die Schranken gewiesen. Als er sich auf eine Pilgerfahrt nach Konstantinopel und Jerusalem begab, 1172, erreichte er den Höhepunkt seiner Macht. Doch vier Jahre danach begann sein Abstieg. Er weigerte sich, Kaiser Friedrich Barbarossa, seinen Vetter, bei dessen Auseinandersetzung mit dem lombardischen Städtebund militärisch zu unterstützen. Die Antwort des Kaisers war adäquat: Als in Sachsen 1177 erneut Unruhen ausbrachen, hinter denen als treibende Kraft der Kölner Erzbischof Philipp von Heinsberg, seit langem ein Gegner Heinrichs, stand, erwies sich Kaiser Friedrich I. auf dem Reichstag von Speyer (11.11.1178) nicht mehr als Parteigänger des Sachsenherzogs, sondern votierte für die Klageposition seiner Gegner. Dies führte zu einem Prozess, dessen Ausgang im Aussprechen der Acht stand. Weil sich Herzog Heinrich weigerte, eine Sühneleistung zu akzeptieren, kam es 1180 zu einem weiteren lehnsrechtlichen Verfahren, an dessen Ende die Aberkennung seiner Reichslehen stand. Daraus ergaben sich weitreichende Konsequenzen nicht nur für den Norden, sondern für ganz Deutschland. Auf dem Reichstag von Gelnhausen (April 1180) wurde entschieden: Das Herzogtum Sachsen wird aufgeteilt und als Lehen neu vergeben. Der westliche Teil fiel an das Erzbistum Köln; mit

8: Von der Ertheneburg sind nur noch die Reste des Ringwalls zu erkennen. Ende des 12. Jahrhunderts war die Burg ein Machtzentrum Heinrichs des Löwen.

---

7 Vgl. Joachim Ehlers, Heinrich der Löwe. Der ehrgeizige Welfenfürst. Darmstadt 2021, aber auch: Paul Barz, Heinrich der Löwe. Ein Welfe bewegt die Geschichte. München 1980. Siehe auch: Biogr. Lex., S. 200 ff.

dem östlichen Teil wurde Bernhard von Anhalt belehnt. Bayern gelangte an die Wittelsbacher. Auf dem Hoftag zu Erfurt, der 1181 stattfand, unterwarf sich der entmachtete Herzog den Entscheidungen des Reiches. Er behielt zwar seine Allodialgüter, also die Besitzungen, die er und seine Familie persönlich in Braunschweig-Lüneburg erworben hatten, musste aber, um der gegen ihn ausgesprochenen Acht zu entgehen, ins Ausland fliehen. Er lebte 1182 bis 1184 in der Normandie und danach in England. 1189 kehrte er unter Bruch seiner gegebenen Zusagen aus England zurück, als sich Kaiser Friedrich I. und mit ihm viele Fürsten des Reiches, so auch Graf Adolf III. von Holstein, auf dem dritten Kreuzzug befanden.

Heinrich der Löwe dachte bei seiner Rückkehr nicht daran, als Friedensfürst aufzutreten. Dies machte er deutlich, als er Bardowick einäschern ließ, eine bedeutende Grenzsiedlung, die von seinen Vorfahren geschützt worden war. Unterstützt von den Grafen von Schwerin und Ratzeburg und vom holsteinischen Volksadel brachte Heinrich der Löwe weite Teile Nordelbiens unter seine Kontrolle. Ende 1189 eroberte er auch die askanische Stadt Lauenburg und konnte damit die Sadelbande kontrollieren.[8] Die Rückkehr Graf Adolfs von Holstein führte zu neuen Kampfhandlungen, an denen sich auch die Askanier beteiligten: Herzog Bernhard und sein Neffe, Markgraf Otto II. von Brandenburg. Auch Graf Bernhard von Ratzeburg unterstützte die Allianz, der es gelang, weite Teile im Norden zurückzugewinnen, mit Ausnahme Lübecks und Lauenburgs, die erst nach dem Tod Heinrichs des Löwen (6.8.1195) von den Welfen freigegeben wurden. Erst danach war die Entwicklung der gräflichen und bischöflichen Gewalten im Gebiet des damals noch größeren lauenburgischen Gebiets zu Landesherrschaften möglich.

7. Die Grafen von Ratzeburg und die Herrschaft der Dänen in Nordelbien

Die Geschichte der Grafen von Ratzeburg war kurz. Auf Bernhard I. folgte sein Sohn Bernhard II., der zunächst Domherr zu Magdeburg war, aber nach dem Tod seiner Brüder das Erbe in Ratzeburg antrat. Doch er starb in jungen Jahren, und da auch sein Sohn im Kindesalter verstarb, erlosch die Linie der Grafen von Ratzeburg Ende des 12. Jahrhunderts.

Die Nachfolge trat Adolf von Dassel an, der aber schon bald in die Konflikte zwischen den Staufern und den Welfen geriet. 1200 unterlag er bei Wittenburg einem Obodritenheer, dessen Anführer Vasallen des dänischen Königs waren. Dies führte dazu, dass weite Teile der Grafschaft Ratzeburg an Verbündete des dänischen Königs gefallen waren, als dieser 1201 mit einem militärischen Vorstoß den größten Teil der Grafschaft Holstein einschließlich Hamburgs, Lübecks und Ratzeburgs unterwarf. Die völlige Eroberung Nordelbiens endete mit der Einnahme Lauenburgs im Jahr 1203.

König Waldemar II. von Dänemark ordnete anschließend die dortigen Herrschaftsverhältnisse neu. Er setzte 1204 Albrecht von Orlamünde[9] als dänischen Lehnsherrn über Nordelbien ein. Dieser war verwandtschaftlich mit dem dänischen Königshaus verbunden und dort auch erzogen worden. Er war der Urenkel Albrechts des Bären (um 1100–1170) und Großneffe Herzog Bernhards von Sachsen (um 1140–1212). Mit ihm trat das Herrscherhaus der Askanier erstmals in Nordelbien in Erscheinung.

8 Die folgenden Ausführungen sind orientiert am Handbuch, S. 63 ff.

9 Vgl. Biogr. Lex., S. 20.

9: Der Heinrichstein erinnert an Heinrich von Badwide († 1164). Er markiert die Grenze zwischen geistlicher und weltlicher Herrschaft in Ratzeburg.

8. Die Anfänge der Askanier

Anders als die Welfen, Habsburger, Wittelsbacher oder Hohenzollern haben es die Askanier nicht geschafft, zu einem der führenden Häuser im Deutschen Reich aufzusteigen. Aber sie haben bis 1918 in (Sachsen-)Anhalt regiert.

Dass die Welfen das älteste deutsche Hochadelshaus darstellen, wird oft hervorgehoben. Über die Askanier hingegen wird selten berichtet. Das Geschlecht stammt aus einem kleinen Ort im Ostharz, aus Aschersleben. Dieser Ortsname wurde latinisiert zu „Askania" und konnte damit in Verbindung mit antiken Traditionen gebracht werden, was vor allem im 16. Jahrhundert Mode wurde. Die vorher aufgestiegenen Teile der Familie nannten sich nach den von ihnen beherrschten Gebieten, so von Sachsen und Brandenburg.

Wenn heute von Sachsen die Rede ist, wird das Gebiet um Leipzig und Dresden, d. h. ein Territorium, das im Südosten Deutschlands liegt, gemeint. Das mittelalterliche Sachsen war aber Niedersachsen. Und ein Teil dieses mittelalterlichen Sachsens war Sachsen-Lauenburg, das neben Sachsen-Wittenberg bis Ende des 15. Jahrhunderts sogar die Kurwürde für Sachsen beanspruchte.

Als die Askanier zu Beginn des 13. Jahrhunderts in Nordelbien erstmals in Erscheinung traten, wurde die Grafschaft Ratzeburg gerade neu geordnet. Als sie entstanden war, hatten die Länder (terrae) Ratzeburg, Wittenburg, Gadebusch und Boitin dazugehört. Boitin ist das nordöstlich von Ratzeburg gelegene Gebiet, das nach der Reformation an Mecklenburg-Strelitz gefallen ist. Ein Dorf Boitin gibt es dort heute noch. Das Land Boitin gehörte seit 1158 zur Ausstattung des Bistums Ratzeburg; der Graf behielt allerdings die Vogtei und damit die Hochgerichtsbarkeit. Wittenburg und das Land Boitin fielen 1204 an die Grafen von Schwerin und Gadebusch und damit an Mecklenburg.

10: Albrecht der Bär, in einer phantasievollen Darstellung des 19. Jahrhunderts

12: Siegel Albrechts I.

11: Am 5. Februar 1290 übertragen die Herzöge Albrecht II. und seine Neffen dem Zisterzienserkloster Reinbek das Dorf Wentorf.

Graf Albrecht von Orlamünde unterstand danach das Land Ratzeburg; er verfügte darüber hinaus über Herrschaftsrechte im Land Boitin, der Sadelbande und der Grafschaft Holstein. Damit befanden sich die Sadelbande und das Land Ratzeburg in einer Hand. Diese territoriale Konstellation hatte über Jahrhunderte – von einzelnen Abweichungen abgesehen – Bestand bis hin zum heutigen Kreisgebiet.

Während der Herrschaft Albrechts von Orlamünde erfolgten eine intensive Besiedlung des Lauenburgischen und die Gründung neuer Kirchspiele. Zwischen 1194 und 1230 entstanden die Kirchspiele Groß Berkenthin, Krummesse, Groß Grönau und Schmilau. Auch die Zahl der Dörfer stieg in diesem Zeitraum an. Das geschah, obgleich die politische Lage in den Anfangsjahren des 13. Jahrhunderts konfliktreich war: Der dänische König erstrebte die Vorherrschaft im gesamten Nordelbien und geriet dabei in Konflikt mit den regionalen Herrschern. Zu einer Entscheidung kam es am 22. Juli 1227 in der Schlacht bei Bornhöved. Hier unterlag das dänische Heer den verbündeten Kräften der Grafen von Holstein und Schwerin, zu denen auch Herzog Albrecht I. von Sachsen gehörte. Ihm wurde sogar die oberlehnsrechtliche Stellung über das Land Ratzeburg sowie über die Herren von Mecklenburg und die Grafen von Holstein und Schwerin zuerkannt. Diese Vormachtstellung geriet zwar nicht in Vergessenheit, hatte aber im Verlauf der Entwicklung der Region kaum eine politisch relevante Bedeutung.

Den Askaniern unterstanden seit 1212, dem Tod Bernhards I. von Sachsen[10], das Land Hadeln an der Elbmündung, die Vierlande, das Land Lauenburg (= die Sadelbande) mit dem südlich der Elbe gelegenen Landstrich um Marschacht, das Land Ratzeburg, der Parzing (= das Amt Neuhaus), Bleckede mit Umland, Hitzacker mit dem mittelelbischen Gutskomplex um Wittenburg, und sie besaßen damit die Möglichkeit, weite Teile des Elbufers zu kontrollieren. Auf dieser Grundlage hätten sie nach 1227 ein zusammenhängendes Territorium entlang der Elbe aufbauen können; dies geschah aber nicht. Die Gründe dafür sind vielfältig und geschichtswissenschaftlich kontrovers erörtert worden. Sie sind primär in der sächsischen Geschichte zu suchen. Die Askanier verstanden sich nach wie vor als Herzöge von Sachsen und beanspruchten weit mehr Territorien, als sie tatsächlich innehatten, so auch Gebiete an der Weser. Die damit verbundenen Auseinandersetzungen

13 a-h: Die Herzöge Sachsen-Lauenburgs des 13. und 14. Jahrhunderts, dargestellt in ihren Siegeln:

a) Albrecht II. (oben links)

b) Johann I. (oben rechts)

c) Johann II. (unten links)

d) Albrecht III. (unten rechts)

10 Ebd., S. 49 f.

e) Albrecht IV. (oben links)

f) Albrecht V. (oben rechts)

g) Erich II. (unten links)

h) Erich V. (unten rechts)

gingen zugunsten der Welfen aus. Auf die Gebietsansprüche in diesem Raum haben die askanischen Herzöge Lauenburgs bis zu ihrem Ende nicht verzichtet. Gleiches gilt auch für andere Gebiete, die ebenfalls verlorengingen, so der Besitz von Bleckede und Hitzacker oder der Vierlande.

9. Die Beziehungen zwischen dem Herzogtum Sachsen-Lauenburg und dem Bistum Ratzeburg

Während der gesamten Zeit des Mittelalters waren die Beziehungen zwischen den Herzögen und den Bischöfen von Ratzeburg konfliktreich. Als territorialer Erbe Heinrichs des Löwen beanspruchte Herzog Albrecht I. das Investiturrecht für das Bistum Ratzeburg, konnte dieses aber nicht durchsetzen.

Um das Vogteirecht im Land Boitin gab es auch unter den Nachfolgern Albrechts I. Streit mit den Bischöfen, der erst nach mehrfachen Zahlungen der Bischöfe an die Askanier beendet werden konnte. Die grundsätzlichen Rivalitäten blieben aber das ganze Mittelalter hindurch bestehen.

10. Die wirtschaftliche Entwicklung Sachsen-Lauenburgs im Mittelalter

Während des 13. Jahrhunderts konnten die askanischen Herzöge von Sachsen im Lauenburgischen eine stabile Herrschaft ausüben. Von Differenzen mit der Ritterschaft oder Verpfändungen von Herrschaftsrechten ist in den Quellen nicht die Rede.

In dieser Zeit gewann das Herzogtum an wirtschaftlicher Bedeutung, weil es von wichtigen Handelsstraßen durchquert wurde, die für den Salzhandel zwischen Lüneburg und Lübeck und damit zum Ostseeraum von Bedeutung waren. Die viel später als „Alte Salzstraße" bezeichnete Route war eine „via regia", d. h. eine Königsstraße, deren Erhaltung und Sicherheit dem Herzog von Lauenburg übertragen war. Diese Funktion war eng verbunden mit seinem Status als Reichsfürst. Sie brachte ihm auch erhebliche Zolleinnahmen. Zoll-

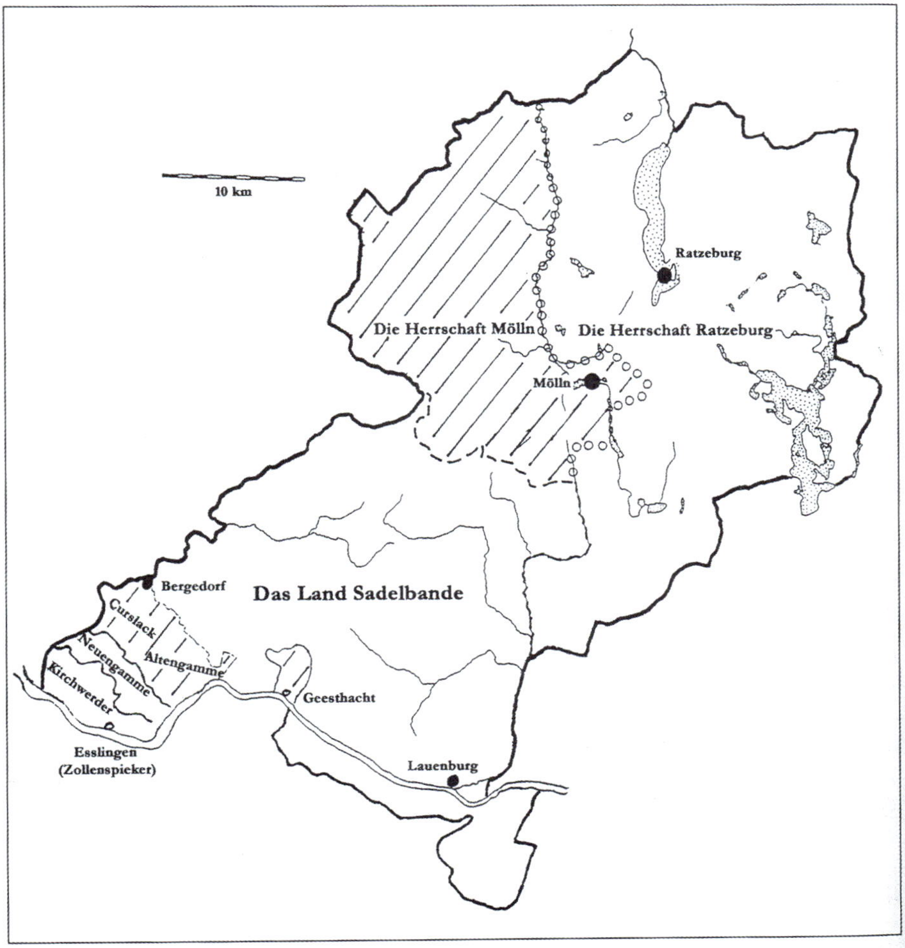

14: Karte: Das Herzogtum Sachsen-Lauenburg nach den Landesteilungen zu Beginn des 14. Jahrhunderts (schraffierte Fläche: Herzogtum Sachsen-Lauenburg-Bergedorf-Mölln)

stationen waren im 13. Jahrhundert Hitzacker, Bleckede und Lauenburg. Die Quellen nennen als Handelsgüter neben Salz vor allem Kupfer, Eisen, Zinn und Blei, ferner Leinen, Wolle, Felle, Wachs und Honig.

Neben Lauenburg und Ratzeburg als Sitze der Herrscherfamilie trat im 13. Jahrhundert auch Mölln als Handelsplatz in Erscheinung. Der Ort hatte Anfang des 13. Jahrhunderts Stadtrecht erhalten. Die dazu ausgestellte Urkunde liegt zwar nur in einer späteren Fassung vor, wird aber durch weitere Dokumente bestätigt.[11]

Die Verleihungen der Stadtrechte für Ratzeburg und Lauenburg sind dagegen ungewiss. Dass Ratzeburg früh Residenzstadt war, ist sicher; dass aber Stadtrechte damit verbunden waren, ist unbelegt. Die Verleihung der Stadtrechte an Lauenburg ist nicht eindeutig belegt, und dass diese 1209 erfolgte, wird bestritten, weil gesicherte Belege dafür nicht nur fehlen, sondern auch wenig wahrscheinlich ist, dass es sie gegeben hat.[12]

Die Bedeutung der Städte und die des Adels nahm bis zum Ende des 13. Jahrhunderts zu, die der Landesherrn geriet aber zunehmend in eine Krise. Sie machten Schulden und mussten davon durch sogenannte Beden, Steuern der Ritterschaft, befreit werden.

Ende des 13. Jahrhunderts setzte ein Prozess ein, der zu einer zunehmenden Abhängigkeit der askanischen Landesherrn von der Ritterschaft und den Städten führte. Damit verbunden war eine Schwächung der Autorität als Fürsten, obgleich die protokollarische Stellung der Reichsherrenschaft erhalten blieb. Dieser Widerspruch war bestimmend für die Geschichte des Herzogtums Sachsen-Lauenburg bis ins 17. Jahrhundert hinein, wenn man diese reduziert auf die Rolle der Herzöge und ihre Beziehung zu den politischen Gruppierungen, die daneben im Lande wirkten. Doch es gab auch andere Kräfte, die auf die historische Entwicklung einwirkten.

Der wirtschaftliche Erfolg der Städte, vor allem Lübecks und Hamburgs, führte zu einer Art Deklassierung des Adels, die dieser mit räuberischen Überfällen beantwortete. Dieses „Raubrittertum" veranlasste die Städte zu kriegerischen Aktionen gegen die Burgen der Ritterschaft. Besonders die Zerstörung Linaus 1291 wurde zu einem bedeutenden Ereignis, weil sie dazu führte, dass es zu einem Ausgleich zwischen Lübeck und mehreren norddeutschen Landesherren kam. Doch damit war das „Raubrittertum" im Herzogtum nicht beendet.

11. Die Rolle des Adels, der „Ritterschaft"

Das 14. Jahrhundert ist gekennzeichnet durch die Erstarkung des Adels, der von seinen Burgen aus versuchte, Einfluss auf den Handel der Städte zu nehmen. Ob es sich dabei um Räubereien oder um Fehden, die rechtlich gedeckt gewesen wären, gehandelt hat, ist schwer auszumachen. Tatsache ist, dass es den Landesherren nicht gelang, als Reichsfürsten den Frieden in ihrem Land aufrechtzuerhalten. Darüber hinaus führte diese Schwäche dazu, dass nicht nur der Widerstand von innen, sondern auch die Opposition von außen, d. h. von den Nachbarterritorien, zunahm.

11 Lothar Obst (Hrsg.), Mölln. Handel – Handwerk – Bürgertum. Mölln 1988, S. 20 f.

12 Siehe hierzu die Kontroverse zwischen W. v. Meding und E. Opitz: 800 Jahre Lauenburg, in: Lauenburgische Heimat, Heft 181. 2009, S. 3-20.

12. Die Landesteilung Ende des 13. Jahrhunderts

Herzog Albrecht I. hatte bei seinem Tod (1260) seinen Söhnen Johann I. und Albrecht II. ein geschlossenes Territorium Sachsen übergeben, das zunächst vormundschaftlich von der Mutter, Helena, einer Welfin, verwaltet wurde. Sie trug dazu bei, dass der Streit um das Land Boitin zwischen den Herzögen und den Bischöfen beigelegt wurde. Johann I.[13] gilt als der eigentliche Stammvater der Herzöge von Lauenburg, weil sich seine Nachkommen besser durchgesetzt haben als die seiner Geschwister. 1295 werden die Erben Albrechts I. zum ersten Mal in einer Urkunde gemeinsam genannt. 1295 oder 1296 muss die Teilung des Landes erfolgt sein, danach gab es die Herzogtümer Sachsen-Wittenberg und Sachsen-Lauenburg, beide von Vertretern des Geschlechts der Askanier regiert.

Die Besitzverhältnisse der Askanier im Norden waren auch nach der Trennung zwischen Lauenburg und Wittenberg nicht eindeutig geklärt: Wem gehörten die Länder Hadeln und Wursten oder die an der Weser gelegenen Allodialkomplexe? Hier sind noch immer Fragen offen, die auch von einem eigens dazu eingesetzten Arbeitskreis bisher nicht beantwortet werden konnten.

Nach dem Tod Herzog Johanns I. 1285 wurde das Herzogtum Sachsen-Lauenburg unter den drei Söhnen aufgeteilt. Über diese drei Herzöge, Johann II., Albrecht III. und Erich I., liegen nur wenige Informationen vor, und bei diesen ging es vorwiegend um Erbstreitigkeiten. Nachdem Albrecht III. 1308 gestorben war, entstanden zwei Linien: Sachsen-Lauenburg-Bergedorf-Mölln und Sachsen-Lauenburg-Ratzeburg.

Beide Linien verfolgten auch außenpolitisch unterschiedliche Ziele. Die Lauenburg-Ratzeburgische suchte die Nähe zu Dänemark, die Bergedorf-Möllnische war an guten Beziehungen zu Holstein interessiert. Doch schon um die Mitte des 14. Jahrhunderts begannen die Herzöge der Bergedorfer Linie ihre Territorien an die Hansestadt Lübeck zu verpfänden. 1370 starb Albrecht V., der nur noch den Titel eines Herzogs besaß, aber kein Land. Mit dem Tod des Bruders, Erich III.[14], starb die Linie 1401 aus.

13. Die Beziehungen des Herzogtums Sachsen-Lauenburg zu Lübeck und die Verpfändung Möllns

Mit dem Aussterben der Bergedorfer Linie war die Übertragung der Besitzrechte über die Vier- und Marschlande an die Stadt Lübeck verbunden. Gleichzeitig erfolgte auch eine stärkere Einflussnahme der Hansestadt auf das Herzogtum Sachsen-Lauenburg insgesamt, die vor allem wirtschaftlich bedingt war. Die Hansestadt hatte seit 1291 erhebliche Hoheitsrechte von den Herzögen erworben, so über das Wasser des Ratzeburger Sees und der Wakenitz. Auch der politische Druck nahm zu und wurde sichtbar in der Bekämpfung des „Raubrittertums". Dass diese von den Landesherrn unterstützt wurde, um den Adel zu entmachten, ist möglich, lässt sich aber nicht mit sicheren Quellen belegen. Immerhin wurden um die Mitte des 14. Jahrhunderts zahlreiche Adelsburgen im lauenburgisch-mecklenburgischen Grenzgebiet von lübischen und verbündeten Truppen zerstört. Das bekannteste Beispiel ist Linau.

13 Vgl. Biogr. Lex., S. 227 f.
14 Ebd., S. 141.

Lübeck konnte darüber hinaus auch von der finanziellen Schwäche der lauenburgischen Herzöge profitieren. Lübecks Blicke richteten sich besonders auf die der Hansestadt vorgelagerte Stadt Mölln und die dazugehörige Vogtei.

Schon 1322 war es wegen chronischen Geldmangels zu einer Verpfändung Möllns an Graf Gerhard II. von Holstein gekommen, die jedoch bereits 1329 wieder ausgelöst worden war. Die erneute Verpfändung (oder ein Verkauf mit Wiederkaufsrecht) von 1359 an die Stadt Lübeck war von längerer Dauer: Die Wiedereinlösung erfolgte erst 1683. Für 9737 ½ Mark Lübisch verkauften (oder verpfändeten) die Herzöge Albrecht V. und Erich III. die Stadt; das waren nur 10 % der Einnahmen, die ihnen Mölln jährlich erbracht hatte.[15]

Die Interessen Lübecks an Mölln waren wirtschaftlicher und strategischer Natur: Wer Mölln in der Hand hatte, konnte den gesamten Salzhandel kontrollieren. Daher förderten die Lübecker den Bau von Befestigungsanlagen in Mölln, um die Stadt vor Übergriffen der Lauenburger und Mecklenburger Herzöge zu schützen, und sie befestigten auch die Handelswege.

Diese Verpfändung (als solche wird sie zumeist in der Geschichtsschreibung bezeichnet, obgleich der Vertragstext auch die Interpretation des Verkaufs zulässt) signalisiert zweierlei: die finanzielle Notlage der lauenburgischen Herzöge und die wirtschaftliche und politische Überlegenheit Lübecks. Der wichtigste Handelsweg Lübecks und Möllns führte durch die Herrschaft Mölln. Der dort ansässige Adel musste Lübeck als Obrigkeit anerkennen, was ebenfalls eine Schwächung der Rechtsposition der Herzöge zur Folge hatte.

Herzog Albrecht V.[16] starb 1367, ohne Nachkommen zu hinterlassen. Die ratzeburgische Linie der lauenburgischen Askanier hatte die Verpfändung Möllns nicht verhindern können, aber sie war daran interessiert, sie rückgängig zu machen. Als Herzog Albrecht V. gestorben war, trat sein Bruder, Erich III., das Erbe an; doch er verpfändete es in allen Teilen, d. h. Bergedorf mit der Vogtei und seinen Anteil am Land Hadeln, 1370 an die Stadt Lübeck, und zwar auf eine Weise, die man heute als Erbpacht bezeichnen würde. Die Höhe der Pfandsumme für die Herrschaften Bergedorf und Mölln betrug 26.000 Mark Lübisch. Die Möglichkeit, die von Lübeck diktierten Bedingungen für die Pfandauslösung zu erfüllen, war nahezu ausgeschlossen. Ähnliches gilt auch für die Abtretungen, die für das Land Boitin vereinbart wurden.

Es gilt deshalb festzuhalten, dass die Askanier aus dem Zweig Sachsen-Lauenburg-Bergedorf-Mölln mit ihrer Verpfändungspolitik ganz wesentlich zur Schwächung der politischen Kraft des Herzogtums Sachsen-Lauenburg insgesamt beigetragen haben. Aber auch ohne die Entscheidungen dieser Linie bestand Ende des 14. Jahrhunderts eine enge Bindung Sachsen-Lauenburgs an die Reichsstadt Lübeck, bei der die wirtschaftliche Überlegenheit ganz wesentlich den Verlauf der lauenburgischen Geschichte mitbestimmte.

---

15 Vgl. Handbuch, S. 79 ff.

16 Vgl. Biogr. Lex., S. 19 f.

14. Die Anfänge des Stecknitzkanals

Als Erfolg der Askanier im Hochmittelalter gilt der Bau des für die weitere Entwicklung des Landes wichtigen Stecknitzkanals. Bei näherem Hinsehen muss aber festgestellt werden, dass die Initiative für den Kanalbau von Lübeck ausging.[17] Die dokumentarische Grundlage für den Bau des Kanals ist eine Urkunde vom 24. Juni 1390, in der zwischen Herzog Erich IV. und der Hansestadt vereinbart wird, eine schiffläufige Verbindung zwischen der Elbe und Lübeck herzustellen.

Dass dieser Vertrag zum Bau des ersten Wasserscheidekanals führen würde, dürfte den Partnern kaum bewusst gewesen sein. Doch dass es sich bei der Realisierung des Vorhabens um ein kostspieliges Unterfangen handeln würde, geht schon aus dem Vertragstext hervor: Lübeck hatte an Herzog Erich IV. 3000 Mark zu zahlen und darüber hinaus die Hauptlast des Projektes zu tragen. Die Stadt verlangte deshalb für die ersten 17 Jahre nach der Inbetriebnahme des Kanals die bei dessen Durchfahrt erzielten Zolleinnahmen. Danach sollten diese je zur Hälfte zwischen dem Herzog und der Stadt geteilt werden.

Als Landesherr übernahm der Herzog Teile der Bauarbeiten und die Anlage der Treidelwege sowie den Schutz dieser Handelsstraße. Die Bauzeit für „de nyge graben", den neuen Graben, d. h. die Verbindung zwischen den Flüssen Stecknitz und Delvenau, dauerte sieben Jahre. Am 22. Juli 1398 kamen die ersten Kähne, mit Salz und Kalk aus Lüneburg beladen, in Lübeck an und wurden dort mit großem Jubel in Empfang genommen.

Worin bestand die besondere technische Leistung, die mit dem Bau des Stecknitzkanals erbracht wurde? Es ging darum, die Möllner Wasserscheide zu überwinden. Dazu war die Anlage mehrerer Schleusen erforderlich. Die etwa 11 km lange Strecke zwischen Hahnenburg und Zienburg war ein besonderes Wagnis, weil es schwierig war, permanent genügend Wasser in den Kanal gelangen zu lassen. Die Hahnenburger Schleusentreppe mit ihren beiden Kammerschleusen gilt als bedeutendstes Stück des Kanals in technischer Hinsicht. Ohne die baulichen Einzelheiten der Entstehung des Kanals und der anschließenden Korrekturen hervorzuheben, darf festgestellt werden, dass der Stecknitzkanal eine technische Meisterleistung des Mittelalters war. Da er mit Beteiligung der Herzöge von Sachsen-Lauenburg erfolgte und selbstver-

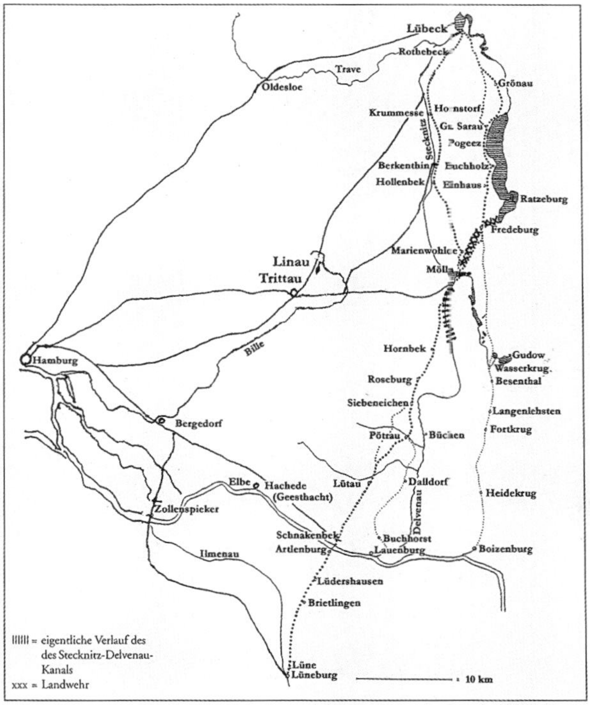

15: Der Verlauf des Stecknitzkanals

17 Vgl. William Boehart u. a., Die Geschichte der Stecknitz-Fahrt 1398–1888. Hanse, Salz und Verkehr zwischen Lübeck, Hamburg, Lüneburg und dem Herzogtum Lauenburg. Schwarzenbek 1998.

16: Blick auf eine historische Darstellung des Stecknitzkanals

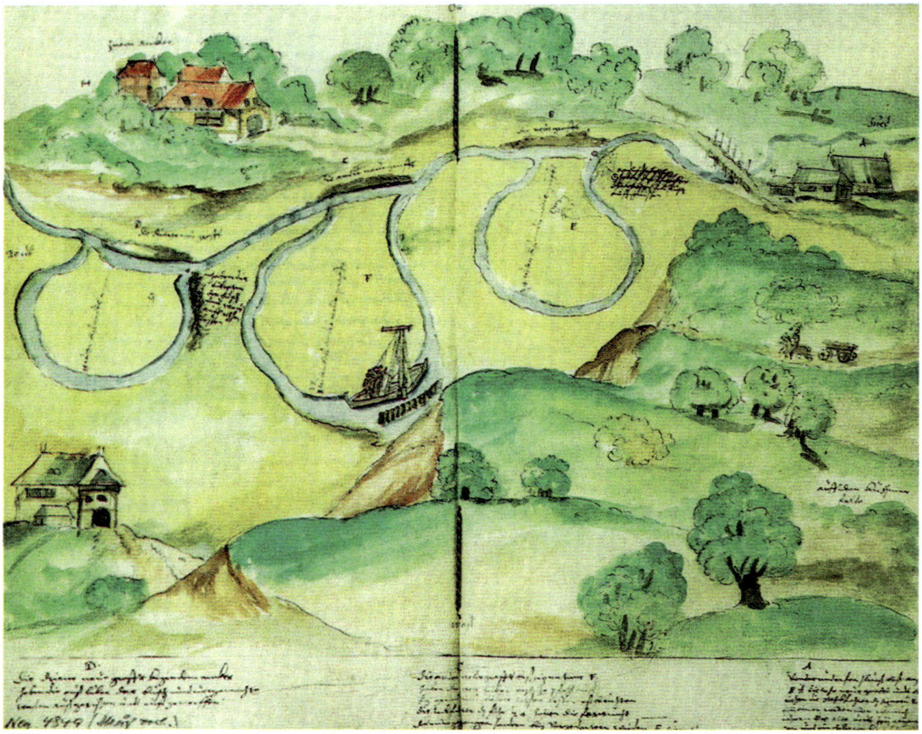

17: Die Dückerschleuse vor der Renovierung (links)

18: Der Verlauf des Stecknitzkanals, südlich der Palmschleuse in Lauenburg (rechts)

ständlich von lauenburgischen Arbeitern errichtet wurde, darf er auch als ein bedeutendes Ereignis der Landesgeschichte gelten.

Schon vor dem Bau des „neuen Grabens" dürften Waren auf der Delvenau von Lauenburg bis Mölln transportiert worden sein. Dort mussten sie aber umgeladen werden, um auf dem Landweg nach Lübeck zu gelangen. Die wirtschaftspolitische Rolle, die Mölln in dieser Zeit spielte, lässt noch viele Fragen offen. Dass die Eröffnung des Kanals auch für die Stadt Vorteile brachte, ist aber ganz sicher.

Mölln war wegen seiner geografischen Lage schon vor dem Bau des Stecknitzkanals ein Verkehrsknotenpunkt, an dessen Kontrolle Lübeck ein besonderes Interesse hatte. Diese erlangte der Ort 1359, als Mölln in den Pfandbesitz der Hansestadt gelangte und dies bis 1683 blieb. Mölln verlor seine wirtschaftliche Eigenständigkeit und wurde zu einem strategischen Vorposten Lübecks, als die Stadt zur Festung ausgebaut wurde. In wirtschaftlicher Hinsicht wurde Mölln zu einem regionalen Marktort, der auf die Versorgung des Umlands ausgerichtet war. Erst im 18. Jahrhundert entwickelten sich wieder auf die Stadt konzentrierte Handelsaktivitäten.

15. Die militärischen und diplomatischen Misserfolge Sachsen-Lauenburgs unter Herzog Erich V.

Als mit dem Tod Herzog Erichs III. 1401 die Bergedorf-Möllner Linie erlosch, hätten die Pfandrechte wirksam werden müssen, doch Herzog Erich IV. aus der Lauenburg-Ratzeburger Linie suchte dies zu verhindern, indem er in einem Handstreich das Bergedorfer Schloss einnahm. Auf Vermittlung der Städte Hamburg und Lüneburg kam es zu einem Vergleich: Der Lübecker Rat verzichtete auf die Anwartschaft von Bergedorf; die Pfandsumme, die zuvor auf Bergedorf und Mölln getrennt veranschlagt worden war (26.000 Mark), wurde allein auf die Herrschaft Mölln gelegt. Der Herzog sicherte im Gegenzug den Lübeckern die freie Stecknitzfahrt zu. Doch diese Vereinbarung war nicht von langer Dauer. Als 1408 in Lübeck innere Unruhen ausbrachen, wollte Erich V. die Situation ausnutzen; er überfiel 1409 die Stadt Mölln und eroberte sie. Doch Lübeck fand bei der holsteinischen Ritterschaft Unterstützung, als es darum ging, die weitgehend zerstörte Stadt Mölln zurückzuerobern. Der Herzog musste die Pfandherrschaft Lübecks über Mölln bestätigen, sollte dafür aber eine jährliche Schutzsumme erhalten. Als diese 1416 gekündigt wurde, brachen neue Konflikte aus. Der lauenburgische Herzog geriet auch in Streitigkeiten mit Brandenburg. Das wiederum nutzte Lübeck aus; es kam 1420 zu einem Städtebündnis mit Hamburg und anschließend zu einer Verbindung mit dem Kurfürsten von Brandenburg. Jetzt war der lauenburgische Aggressor in einen Mehrfrontenkrieg geraten, aus dem er sich auch durch Verhandlungen nicht mehr befreien konnte. Die Verbündeten erstürmten innerhalb kurzer Zeit die wenigen Burgen und befestigten Plätze und erzwangen am 23. August 1420 den Frieden zu Perleberg: Herzog Erich V. hatte die Vierlande, Bergedorf, Geesthacht und die Hälfte des Sachsenwaldes an die Städte Hamburg und Lübeck abzutreten; er hatte ferner der Schutzherrschaft über die Vogtei Mölln zu entsagen. In diesem Friedensvertrag gingen den lauenburgischen Askaniern ökonomisch wichtige Territorien auf Dauer verloren. Sie erreichten auch nie wieder die politische oder militärische Bedeutung, um diesen Schritt rückgängig zu machen. Geblieben war nur eine Option: die Rückgewinnung Möllns. Doch bis zu dieser mussten noch 263 Jahre vergehen.

19: Kahn auf dem Stecknitzkanal

Kein positives Ende hatten auch die diplomatischen Bemühungen der Lauenburger um das Erbe der 1422 in männlicher Linie ausgestorbenen Her-

20: Wappentafel Herzog Bernhards II. Die Kurschwerter dokumentieren den Anspruch auf die Kurwürde.

zöge und Kurfürsten von Sachsen-Wittenberg. Erich V. setzte alles daran, seine Ansprüche auf die Wittenberger Erbschaft geltend zu machen. Doch zur selben Zeit kam es innerhalb der lauenburgischen Linie zu erneuten Erbstreitigkeiten, die dazu führten, dass es zu einer weiteren – wenn auch befristeten – Teilung des Landes kam: 1429 erhielt Herzog Erich V. Herrschaft und Schloss Neuhaus; Herzog Bernhard II. bekam Herrschaft und Schloss Ratzeburg. Lauenburg, Herrschaft und Schloss, blieben in gemeinsamem Besitz. Dabei kam es zu der kuriosen Situation, dass die Benutzung der Küche im Lauenburger Schloss aufgeteilt werden musste. Daraus geht andererseits hervor, wie eng begrenzt die wirtschaftlichen Verhältnisse bei den lauenburgischen Askaniern um die Mitte des 15. Jahrhunderts waren. In dieser Zeit hatten die Herzöge über das Land Hadeln keine Verfügungsgewalt, weil es an Hamburg und Bremen verpfändet war.

16. Realistische Politik nach 1435

21: Herzog Johann V. (1463–1507) war der letzte Askanier, der Ansprüche auf die sächsische Kurwürde und das Erzmarschallamt im Reich geltend machte.

Herzog Erich V. starb 1435, ohne männliche Erben zu hinterlassen. Deshalb trat sein Bruder, Bernhard II., die Nachfolge an. Er war ein realistisch denkender Fürst, der erkannte, dass seine Möglichkeiten, in der großen Politik aktiv zu werden, außerordentlich begrenzt waren. Deshalb konzentrierte er sich auf die Konsolidierung des ihm verbliebenen Territoriums. Er versuchte, es durch Rückkäufe zu erweitern, und war erfolgreich bei der Schaffung des Amtes Steinhorst. Bernhards II. Sohn, Johann V. (1439–1507), gelang es, die innere Konsolidierung des Herzogtums voranzutreiben. Er war darauf bedacht, sein kleingewordenes Territorium zu vergrößern, indem er Besitzungen des Adels erwarb, so z. B. Duvensee, Kleinrade, Lüchow und Labenz. Ob damit die Absicht verbunden war, Grundherrschaften zurückzugewinnen, die in der Vogtei Mölln an Lübeck gefallen waren, muss noch erforscht werden. Es gab Verhandlungen mit Lübeck, die aber ins Leere liefen, weil der Herzog kein Geld hatte. Immerhin gelang es Johann V., die an Holstein verpfändeten Dörfer Sahms, Pampau und Elmenhorst einzulösen und die Dörfer Pogeez, Holstendorf und Disnack hinzuzukaufen.

Die politische Konsolidierung bei den Nachbarn der Lauenburger führte dazu, dass die Möglichkeiten, das eigene Land auszuweiten, immer enger wurden. So waren die Bemühungen Johanns V., sich im Land Hadeln und in Wursten gegen Hamburg und Bremen durchzusetzen, nur von geringem Erfolg; Wursten blieb beim Erzbistum Bremen.

Auch bei den Kontroversen mit dem Bistum Ratzeburg konnten die Lauenburger Herzöge wenige Erfolge verbuchen. Am Ende gelangten die umstrittenen Gebiete, so das Land Boitin, 1554 an Mecklenburg.

17. Wann endet das Mittelalter im Herzogtum Sachsen-Lauenburg?

Das Mittelalter endet in der allgemeinen Geschichte Europas mit drei Ereignissen: der Erfindung des Buchdrucks mit beweglichen Lettern (um 1450), der Entdeckung Amerikas durch Christoph Kolumbus (1492) und der Reformation Martin Luthers (1517). Das alles sind Ereignisse, die weit entfernt waren von dem, was sich im Herzogtum Lauenburg zutrug. Hier endete das Mittelalter, als Herzog Johann V. 1503 mit seinen Söhnen Vereinbarungen

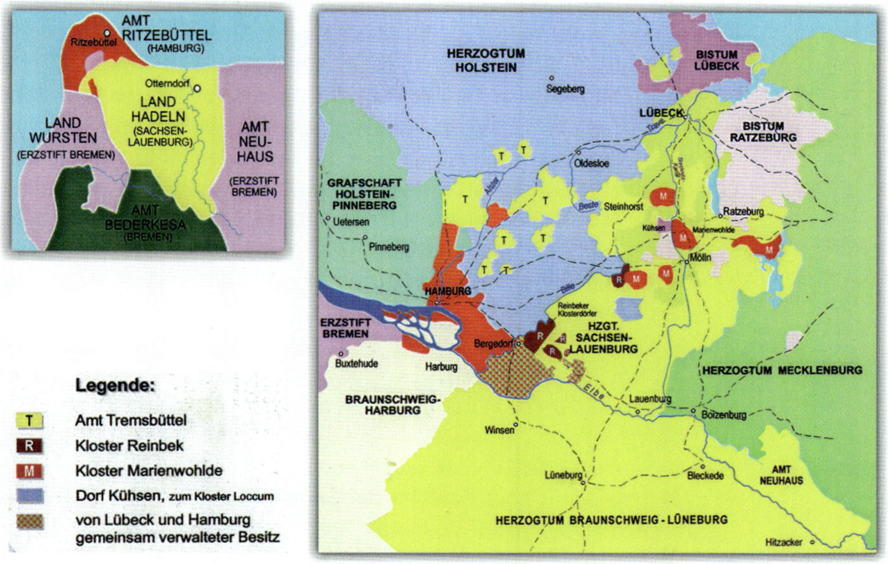

22: Karte des Herzogtums Sachsen-Lauenburg um 1500

traf, in denen die Primogeniturfolge, d. h. das Erstgeburtsrecht, festgeschrieben wurde; weitere Erbfolgeteilungen sollten damit ausgeschlossen werden. Mit dieser Entscheidung wurde auch bekundet, dass die Schwächung des einst bedeutenden Besitzes der Askanier durch die zahlreichen Teilungen herbeigeführt worden war, auch der Verlust des Anspruchs auf die Kurwürde Sachsens.

Um diese kämpften die lauenburgischen Askanier von 1295 bis 1471, also 176 Jahre lang. Aber auch als Kaiser Friedrich III. ihren Anspruch auf dem Regensburger Reichstag endgültig negativ beschieden hatte (1471), gaben sie ihre Ansprüche nur zögerlich auf. Die Kurwürde im Reich war ein Statussymbol; ein Herrschergeschlecht, dem sogar die Kurwürde hätte zustehen können, rangierte in der Rangordnung des alten Reiches höher als territorial größere und wirtschaftlich mächtigere Fürsten. Die lauenburgischen Askanier brachten diese Position, die aus heutiger Sicht bestenfalls von protokollarischer Bedeutung hätte sein dürfen, bis zum Ende des 17. Jahrhunderts immer wieder zur Geltung.

18. Was erfahren wir über die Menschen, die im Mittelalter und der Frühen Neuzeit gelebt haben?

Wer die historische Entwicklung des Herzogtums Lauenburg in Augenschein nimmt, muss immer wieder feststellen, dass in den Quellen, die Auskunft darüber geben können, was in der Vergangenheit geschehen ist, nur Herrscher des Landes und die Adelsfamilien sowie wenige Vertreter der Städte in Erscheinung treten. Die „einfachen Leute", d. h. überwiegend die Bauern, erscheinen nur selten als Individuen. Im Kollektiv werden sie genannt, z. B. als Opfer von Kriegshandlungen. Diese Aussage gilt zwar generell für die Geschichte aller Re-

23: Herzog Franz I. in einer Siegeldarstellung

gionen in Deutschland. Sie muss aber immer erneut dann getroffen werden, wenn der Versuch unternommen wird, die Geschichte einer Region historisch zu ergründen.

Auch beim Vorhaben, die Geschichte des Herzogtums Lauenburg zu erzählen, begegnen wir dem Problem, dass wir erst im 19. Jahrhundert Auskunft geben können über das Leben der „einfachen Leute". In den Kirchenakten – soweit sie erhalten sind – gibt es in besonderen Fällen Informationen über einzelne Bauern, vor allem dann, wenn sie „abgekanzelt" worden waren. Dabei ist zu bedenken, dass die Kirchenordnung den Pastoren das Recht gab, sittliche Verfehlungen zu ahnden, indem sie Geldstrafen verhängten. Diese wurden von der Kanzel herab verkündet. Der so „Abgekanzelte" begab sich anschließend in den Dorfkrug, betrank sich und warf danach im Pfarrhaus Scheiben ein. Das führte zu Kirchengerichtsverhandlungen, die sorgfältig protokolliert wurden. Aus diesen Protokollen, die leider nur bruchstückhaft erhalten sind, bekommen wir Informationen über das tägliche Leben auf dem Lande. Auch Konflikte der Gemeinde mit dem Pastor konnten zu kirchenrechtlichen Verhandlungen führen, deren Protokolle sehr aufschlussreich sein können.

Während das Leben der Bauern und der Bürger in den Städten nur wenig Spuren hinterlassen hat, gibt es hinreichend schriftliche und Sachquellen, die Auskunft über die Herrschaftsstruktur im Lande geben. An der Spitze stand der Landesherr, der Herzog. Er war mit besonderen Rechten ausgestattet, die ihm als Fürsten des Heiligen Römischen Reiches Deutscher Nation zustanden und die gegebenenfalls auch vom Kaiser geschützt wurden. Doch der Herzog war nicht alleiniger Inhaber von Herrschaftsrechten, denn unter ihm übten aufgrund von Privilegien, die ihnen vom Reich oder vom Landesherrn bewilligt worden waren, auch der Adel und die Geistlichkeit, z. T. auch die Obrigkeit in den Städten, Herrschaft über die Untertanen aus. Adel und Geistlichkeit versuchten, finanzielle Notlagen des Landesherrn auszunutzen, um die eigenen Rechte zu stärken und damit die des Fürsten zu schwächen. Doch in wirtschaftlich günstigen Zeiten konnten die Herzöge auch Rechte zurückgewinnen.

Jörg Meyn hat bei seinen Forschungen festgestellt, dass die Herrschaftsstruktur des Herzogtums Sachsen-Lauenburg „nicht als ein statisches, sondern als ein dynamisches Gefüge, als ein Kräftespiel zwischen unterschiedlichen Herrschaftsträgern" anzusehen sei.[18]

In den lauenburgischen Kerngebieten gab es keine mit genossenschaftlichen oder gerichtlichen Funktionen ausgestatteten Institutionen (wie etwa in Dithmarschen, aber auch im Land Hadeln), die zu Trägern einer Selbstverwaltung hätten werden können. Hier gab es nur die Dorfschaften, und die unterstanden dem Landesherrn, dem Adel oder geistlichen Institutionen.

Weil sich im Lauenburgischen oft mehrere Herrscher um vergleichsweise kleine Gebiete stritten, führte dies immer wieder dazu, dass landesherrliche und grundherrliche Rechtsansprüche nicht einvernehmlich geregelt werden konnten. Solche gab es besonders beim Streit um das Land Boitin.

18 So im Handbuch, S. 90 f. Ausführlicher in: Jörg Meyn, Vom spätmittelalterlichen Gebietsherzogtum zum frühneuzeitlichen Territorialstaat. Das askanische Herzogtum Sachsen 1180–1543. Hamburg 1995.

Wir haben es, wenn wir das lauenburgische Territorium im Osten und Nordosten Nordelbiens betrachten, im Spätmittelalter nicht nur mit den Herzögen von Lauenburg und im Osten den Obodritenherzögen von Schwerin als Territorialherren zu tun, sondern auch noch mit dem Bischof von Ratzeburg und dem Domkapitel sowie mit der Stadt Lübeck.

Der lauenburgische Herzog war allerdings darum bemüht, auch die Dienste der Untertanen anderer Territorialherren in Anspruch zu nehmen und auf diese Weise Einnahmen für sich zu gewinnen. Als rechtliche Grundlage konnte ihm zwar das Ratzeburger Hufenregister von 1292 dienen, das aber bei genauerer Interpretation bezeugt, wie begrenzt seine Ansprüche waren. Diese mögen zwar in manchen Teilen des Landes günstiger gewesen sein; doch deutet die Entwicklung bis ins 14. Jahrhundert darauf hin, dass die wirtschaftliche Position der lauenburgischen Herzöge sich kaum verbessert haben dürfte.

Das 14. Jahrhundert gilt als dasjenige, in dem sich die wirtschaftliche Situation der askanischen Herzöge in Lauenburg auf dem Tiefpunkt befunden hat, was an der Verpfändung Möllns an Lübeck 1369 besonders deutlich wurde. Aber auch auf dem linken Elbufer wurden Gebiete an die Stadt Lüneburg verpfändet. Zuvor schon war der Deichschutz an der Elbe aus finanziellen Gründen vernachlässigt worden.

19. Das Land Darßing / das Amt Neuhaus

Obgleich die wirtschaftlichen Verhältnisse der lauenburgischen Herzöge desolat waren, änderte das nichts an der Tatsache, dass sie Reichsfürsten waren und damit Anspruch auf Unterstützung des Kaisers hatten. Die Rechtsverhältnisse des Mittelalters und der Frühen Neuzeit waren andere als heute. Deshalb darf die Geschichte Sachsen-Lauenburgs nicht allein auf das heutige Kreisgebiet reduziert werden. Dynastische Ansprüche der Askanier gehörten ebenso zu den Rechtspositionen der Vertreter des Geschlechts wie ihr Territorialbesitz.

Diesen gilt es nachzugehen. Zu beginnen ist dabei mit Gebieten, die bis 1689 tatsächlich von den lauenburgischen Herzögen regiert wurden, mit dem Amt Neuhaus im Osten und dem Land Hadeln im Westen, an der Elbmündung.

Territoriale Grundlage für das Amt Neuhaus ist das Land Darßing.[19] Dessen Geschichte im Mittelalter ist kompliziert, weil Zugehörigkeiten zu den Grafen von Dannenberg ebenso dokumentiert sind wie solche zum Bistum Ratzeburg. Im Zuge der Kolonisation traten Adelsgeschlechter wie die Ribe, Marschalk, Sprengel, Lobeke und später auch Maltzahn und Knesebeck in Erscheinung. Aber auch slawische Adlige dürften eine Rolle gespielt haben. Das Land Darßing war nicht dicht besiedelt; es hatte nur ein Kirchspiel: Stapel. Die Ribe waren das mächtigste Adelsgeschlecht im Lande. So hatte Herzog Albrecht II. (1260–1298) das Land Darßing an Hermann Ribe verliehen. Dieser verkaufte es zusammen mit seinen Eigengütern 1306 an Albrecht III. und dessen Frau Margareta von Brandenburg sowie Erich I. von Sachsen-Lauenburg. Es war also ein Güterkauf, der die Herrschaft der lauenburgischen Askanier über den Darßing begründete. Das Gebiet wurde 1314 Leibgeding Margaretas von Brandenburg und fiel nach deren Tod an Herzog Erich I. Für das weitere Schicksal

19 Zum Folgenden vgl. Handbuch, S. 258 ff. – Werner Hüls, Vom Amt Darzing zur Gemeinde Neuhaus, hrsg. v. Landkreis Lüneburg. Husum 1996.

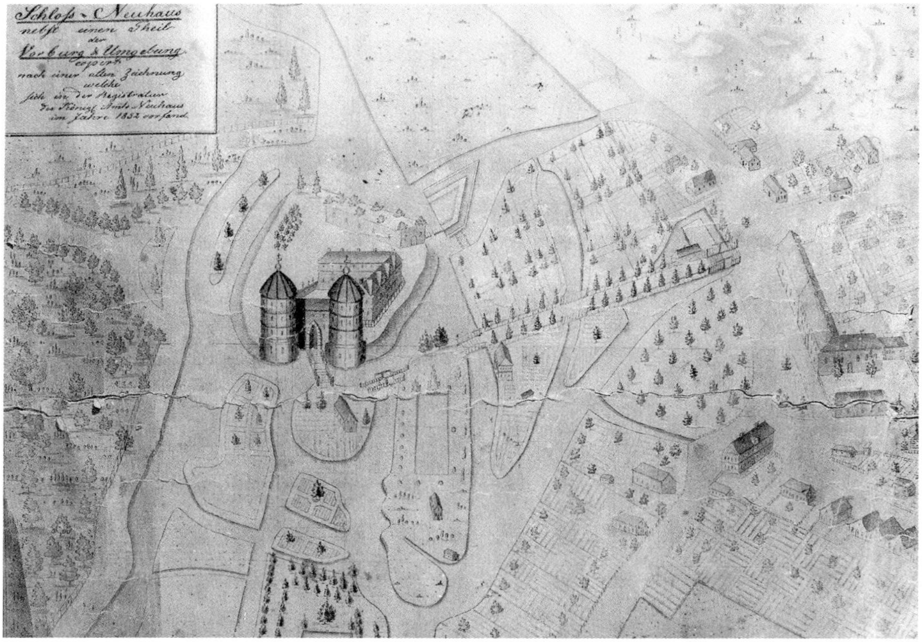

24: Schloss Neuhaus in einer alten Zeichnung, die 1852 gefunden wurde

des Darßings kommen die Sprengels ins Spiel, ein Geschlecht, über das nur wenig bekannt ist. 1328 traten vier Brüder von Sprengel in den Dienst Heinrichs von Mecklenburg. Dieser nahm sie mit dem Darßing und ihren Schlössern in Zeetze und Gresse (bei Boizenburg) in seinen Schutz und versprach ihnen, am Zusammenfluss von Sude und Krainke, an der Herzogenfurt, ein neues Schloss, „dat nyehus", zu bauen. So traurig, wie der jetzige Zustand der Schlossruinen beschaffen ist, so spärlich sind die Informationen über den Bau des Schlosses und seine Funktion. Sicher ist nur, dass es den Herzögen von Mecklenburg nicht gelang, dauerhaft im Darßing Fuß zu fassen, auch wenn sie nach einer kurzen Phase, in der die Scharfenbergs über das Gebiet verfügten, wieder in dessen Besitz gelangt waren.

Im Verlauf des 14. Jahrhunderts hat es noch mehrere Besitz- oder Verwaltungswechsel gegeben, bei denen das Schloss / die Burg Neuhaus genannt wurde. Doch zur Baugeschichte liegen keine Quellen vor. 1369 erscheint erstmals die Formulierung „de Dertzinge un dat Nyehus". Das heutige Amt Neuhaus kann seinen Namen auf das Jahr 1369 zurückführen, denn im Verlauf des 15. Jahrhunderts wurde die Bezeichnung „Darßing" immer mehr zurückgedrängt.

Als Verwalter des Schlosses, die teilweise wohl auch Pächter waren, wurden verschiedene Adelsfamilien eingesetzt, so die Plessens, Bülows und Lützows. Dem Herzog von Sachsen-Lauenburg standen das Öffnungs- und das Ablagerecht zu, d. h., vier Mal jährlich durfte er mit seinem Hof für acht Tage auf dem Schloss erscheinen.

Bis zum Ende des 15. Jahrhunderts gelang es den Herzögen, im Amt Neuhaus eine umfangreiche Grundherrschaft zu schaffen. Neben den Besitzungen des Herzogs gab es noch wenige Adlige mit Grundeigentum. Das Amt Neuhaus war in politischer Hinsicht für die Herzöge von geringer Bedeutung. Doch es war komplex genug, um u. a. als Witwensitz ausgewiesen zu werden, was auch geschah.

20. Das Land Hadeln als Teil des Herzogtums Sachsen-Lauenburg im Mittelalter

Das Land Hadeln[20], am linken Unterlauf der Elbe vor Cuxhaven gelegen, war im Auftrag des Erzbischofs von Bremen im 12. Jahrhundert von Holländern kolonisiert worden. Es war Teil der Grafschaft Stade und gehörte seit dem frühen 13. Jahrhundert zum Herzogtum Sachsen, und zwar schon bevor die Askanier nach der Schlacht bei Bornhöved (1227) in Nordelbien dauerhaft als Territorialherren auftraten. Das Land Hadeln umfasste im Hohen Mittelalter ein Gebiet, das im Norden von der Nordsee, im Osten von der Elbe, im Westen von der Weser und im Süden von der Geeste und dem (heutigen) Hadler Kanal begrenzt wird.

Politisch blieben die Gebiete umstritten zwischen den Ansprüchen der Askanier, denen der Erzbischöfe von Bremen, der Stadt Bremen sowie den zunehmenden Machtansprüchen der Stadt Hamburg. Das Land Wursten und Adelsburgen wie Bederkesa konnten von den lauenburgischen Herzögen nicht in Besitz genommen werden. Bestand hatte ihre Herrschaft nur über die Kirchspiele im Hadelner Hochland sowie jene im Sietland. Diesen Kirchspielen kam in den folgenden Jahrhunderten besondere Bedeutung zu, weil sie politische Körperschaften bildeten, bei denen die niedere Gerichtsbarkeit lag. Das unterschied sie grundsätzlich von den Kirchspielen im lauenburgischen Kernland.

Im Land Hadeln konnten die Vertreter der Kirchspiele Verträge abschließen, ohne dass der Landesherr seine Zustimmung zu geben hatte. Die rechtlichen Grundlagen dafür sind nicht gesichert. Fest steht aber, dass die daraus hervorgegangenen Aktivitäten nicht als Opposition gegenüber dem Landesherrn interpretiert werden sollten, sondern sich eher aus der Abwesenheit desselben entwickelt haben dürften. Andererseits darf auch vermutet werden, dass die Treue der Hadelner zu ihrem Landesherrn ihren Grund darin hatte, dass dieser weit entfernt war und sich selten in die Angelegenheiten des Landes einmischte. So konnte das Land Hadeln die Rolle einer „Nebenlandexistenz" führen. Die Herzöge verfügten dort zunächst nicht einmal über eine Residenz, sondern waren im 14. Jahrhundert auf geöffnete Burgen ihrer adligen Lehnsleute angewiesen. Erst 1390 entstand in Otterndorf eine landesherrliche Burg oder ein Schloss, das mit hamburgischer Unterstützung errichtet wurde.

Dabei gilt es festzuhalten, dass im 14. Jahrhundert das Land Hadeln kein fest zu umreißendes Territorium war, denn um Hadeln und Wursten stritten sich nach wie vor Bremen, Hamburg und die Herzöge von Sachsen-Lauenburg. Lediglich in kirchlicher Hinsicht gab es für einige Zeit ein Archidiakonat Hadeln und Wursten. Politisch entwickelte sich die Region dahin, dass das Amt Bederkesa stadtbremisch wurde, während die nördlichen Gebiete von den Askaniern regiert und von Hamburg zunehmend kontrolliert wurden. Die wirtschaftlichen Schwierigkeiten der Herzöge machten es den Hamburgern leicht, im El-

20 Zum Folgenden vgl. Handbuch, S. 256 ff. – Hans Eckhard Dannenbeg und Heinz-Joachim Schulze (Hrsg.), Geschichte des Landes zwischen Elbe und Weser, Bd. II, Stade 2008, S. 298 ff. u. S. 325 ff.

25: Der Elbe-Weser-Nordseeraum im Mittelalter

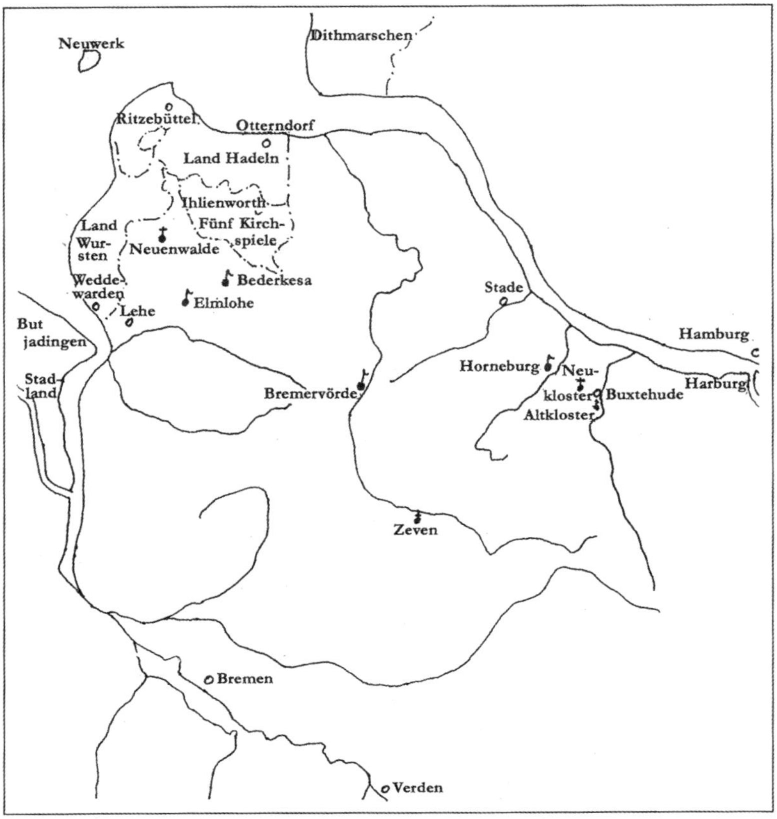

bemündungsgebiet an Einfluss zu gewinnen, denn sie verpfändeten nicht nur Vogteien des Landes, sondern auch die Stadt Otterndorf mit dem Schloss an die Hansestadt, darüber hinaus auch Abgaben wie Mühlen-, Meier- und Landzins sowie Pachteinnahmen aus den Häfen. Die einschlägigen Quellen weisen aus, dass Hamburg besonderes Interesse an Otterndorf und Ritzebüttel (Cuxhaven) hatte. Für die Instandhaltung des Otterndorfer Schlosses wurde viel Geld investiert. In Ritzebüttel nahm Hamburg die Vogteirechte gewissenhaft wahr.

Die Lauenburger Herzöge konnten bei mehreren Regierungswechseln während des 15. Jahrhunderts die Pfandsumme nicht zurückzahlen; sie mussten deshalb die Pfandschaften immer wieder verlängern. Eine 1445 ausgestellte Urkunde nennt als Pfandgegenstand nicht nur Hadeln, Otterndorf und Ritzebüttel, sondern auch Vogtei und Gericht von Bederkesa.

Beim Erwerb des Pfandes von Bederkesa kam es zu einer Sondervereinbarung: Der Herzog sollte das Geld, 500 Rheinische Gulden und 300 Lübische Mark, erst bekommen, wenn er Bederkesa tatsächlich an Hamburg ausgeliefert hätte. Doch aus dem Geschäft wurde nichts, denn 1448 erkannten die zur Börde Bederkesas gehörenden Kirchspiele die Stadt

Bremen als ihre Herrin an. Es ist nicht nachzuweisen, dass Bederkesa jemals in den Besitz Hamburgs gekommen ist.

Seit Mitte des 15. Jahrhunderts hatte Hamburg aber Otterndorf und Hadeln so sehr im Griff, dass davon ausgegangen wurde, der Lauenburger Herzog würde die Pfandschaft nie auslösen können. Entsprechend verfuhr die Hansestadt in ihren Verwaltungsmaßnahmen in Hadeln. Die angestammten Privilegien wurden reduziert und die Handelspolitik zum Nachteil der Hadelner Bauern umgestaltet, um der niederländischen Konkurrenz im Getreidehandel zu begegnen. Die Hadelner wollten sich aber nicht fremdem Druck beugen und bereiteten sich auf kriegerische Ereignisse vor, indem sie ihre Kirchen befestigten und Rüstungen gegen hamburgische Übergriffe betrieben. Zum Krieg kam es nicht, weil Herzog Bernhard II. 1458 im Stader Vertrag eine Friedensvereinbarung treffen konnte, die zwar der Stadt Hamburg erhebliche Vorteile einräumte, aber militärische Konflikte ausschloss und die Hoheit über das Land Hadeln durch die Lauenburger Herzöge garantierte. Nachdem Hamburg über lange Zeit wie ein Landesherr über das Land Hadeln geherrscht hatte, setzte Herzog Johann V. alles daran, die den Hamburgern verpfändeten Güter zurückzugewinnen. 1481 zahlte er 3000 Gulden an Hamburg zurück und nahm anschließend die Huldigung des Landes entgegen; auf das Gebiet Ritzebüttel musste er allerdings verzichten, dieses kam 1502 definitiv an Hamburg. Auch Bederkesa hatte er aufzugeben; das Amt fiel endgültig an Bremen. Über Wursten wurde verhandelt, mit Krieg gedroht und auch tatsächlich gekämpft. Aber am 20. Januar 1500 kam es zu einem Friedensvertrag, in dem Hadeln an den lauenburgischen Herzog fiel, Wursten aber verloren ging. Das Land Hadeln musste auch für die Schulden aufkommen, die dem Herzog erwachsen waren, als er Söldner für die Durchsetzung seiner vermeintlichen Ansprüche angeworben hatte.

Die Hadelner bekannten sich mehrfach zu ihrem Herzog, und dies sicherlich nicht nur, weil er seinen Regierungssitz weit entfernt hatte. Herzog Magnus I. (1470–1543) war bemüht, sich im Land einen festen und sicheren Regierungssitz zu schaffen. Dazu diente Otterndorf, das 1513 mit Wall und Graben versehen wurde. Das Ende des Mittelalters kann für das Land Hadeln auf das Jahr 1517 datiert werden: In diesem Jahr wurde die vom Herzog geforderte Bierakzise bewilligt. Im Gegenzug bestätigte Herzog Magnus die alten Landesprivilegien.

III. Das Herzogtum Sachsen-Lauenburg vom Spätmittelalter bis zum Ende der askanischen Herrschaft

1. Die Reformation im Herzogtum und die damit verbundenen Machtkämpfe

Das Herzogtum Sachsen-Lauenburg war klein und seine Herzöge waren in politischer Hinsicht über ihre Region hinaus kaum von Bedeutung; aber sie waren Reichsfürsten, gehörten als solche zum Hochadel und durften protokollarisch im Reich Ansprüche erheben, die weit über ihr territorielles und wirtschaftliches Potential hinausgingen. Ihre Töchter konnten „große Ehen" beanspruchen; doch mussten sie entsprechend ausgestattet werden, was die wirtschaftlichen Verhältnisse zumeist überschritt. Die Söhne hatten Anspruch auf Anteile des kleinen Herzogtums oder mussten finanziell entschädigt werden, was ebenfalls die Wirtschaftskraft des Landes selten zuließ.

Die Geschichte Sachsen-Lauenburgs in den Jahren der Frühen Neuzeit ist geprägt vom Widerspruch zwischen den Ansprüchen der Herzöge auf Standesgemäßheit und der wirtschaftlichen Realität ihrer Herrschaft.

Ihre Untertanen waren Bauern und Bürger in den kleinen Städten; eigentlich gehörte auch der Landadel dazu, doch der hatte seine Stellung gegenüber den Herzögen so gestärkt, dass es nur wenige rechtliche Positionen gab, die den Landesherren über den Adel erhoben. In wirtschaftlicher Hinsicht waren die Herzöge abhängig von den finanziellen Bewilligungen, die ihnen der Adel Jahr für Jahr gewährte.

Was in Schleswig-Holstein als „Herrenhaus" bezeichnet wird – denn in diesen Ländern sind „Schlösser" den regierenden Fürsten vorbehalten –, heißt im Lauenburgischen „Adliges Gericht". In dieser Bezeichnung wird die Funktion des Adelssitzes für die dazugehörigen Untertanen deutlich. Sie standen zwar in einem engen Abhängigkeitsverhältnis zum Adel, waren aber nie Leibeigene wie ihre Nachbarn in Holstein und Mecklenburg. Sie waren Untertanen ihres jeweiligen adligen Gerichtsherrn, der in der Regel seinen Wohnsitz in einem schlossähnlichen Gebäude, einem „Herrenhaus", hatte. An dieser Praxis änderte auch die Reformation nichts, die im Herzogtum Sachsen-Lauenburg erst relativ spät durch eine Kirchenordnung sanktioniert wurde, nämlich 1585.

Luthers Thesenanschlag am 31. Oktober 1517 hatte weltpolitische Folgen, führte aber auch auf regionaler Ebene zu sehr spezifischen Veränderungen. Es gilt zu fragen: Wie setzte sich die lutherische Lehre im Herzogtum Sachsen-Lauenburg und im Bistum Ratzeburg durch? Die Antwort ist einfach und kompliziert zugleich; denn hier sind theologische Fragen eng mit politischen verbunden. Deshalb konnte festgestellt werden, dass die Art und Weise, wie sich die Reformation im Herzogtum Lauenburg vollzogen hat, „einmalig in der europäischen Reformationsgeschichte" gewesen sei[1]. Denn bereits 1555 war es zum Augs-

1 Hermann Augustin, Die Reformation im Herzogtum Lauenburg, in: Kurt Jürgensen (Hrsg.), Die Kirche im Herzogtum Lauenburg (= Kolloquium V). Neumünster 1984, S. 42-51.

burger Religionsfrieden gekommen und damit zur Anerkennung der Confessio Augustana mit der in ihr enthaltenen Formel „cuius regio eius religio". Doch wie wurden die Bestimmungen der Confessio im Lauenburgischen und im Bistum Ratzeburg aufgenommen?

26: Magnus I., Herzog von Sachsen-Lauenburg

Herzog Magnus I.[2], der 1517 wegen seiner Gewalttätigkeiten mit dem Kirchenbann belegt und 1532 in die Reichsacht erklärt wurde (die erst 1536 durch das Reichskammergericht aufgehoben wurde), war nicht gerade als Anhänger und Förderer der Lehre Luthers hervorgetreten, sondern als gewalttätiger Gegner des Ratzeburger Bischofs.

Wie in vielen Regionen Norddeutschlands auch breitete sich die neue Lehre in den Städten und ländlichen Gemeinden allmählich aus. Der niedrige Bildungsstand der Priester und der Ablasshandel trugen dazu bei, dass die neue Lehre aus Wittenberg zunehmend an Einfluss im Herzogtum Lauenburg gewann. Die Reformation erfolgte von unten nach oben, denn sie sickerte zunächst in den städtischen Gemeinden ein und verbreitete sich auch schnell in den Kirchspielen auf dem Land. Als zentrales Ereignis wird in der Kirchengeschichte Lauenburgs diskutiert, ob die Berufung des ersten evangelischen Predigers an St. Petri in Ratzeburg ein Akt der Reformation von unten war oder ob Herzog Magnus I. 1528 dieser Aktion zugestimmt hatte, es also eine Entscheidung von oben gewesen sei.

Tatsache ist, dass bis 1545 alle Pfarrämter lutherisch besetzt waren, auch die in der Hauptresidenz Ratzeburg. Denn Herzog Magnus hatte bereits 1523/24 und 1527 Kontakt nach Wittenberg aufgenommen, um geeignete Theologen der lutherischen Lehre für sein Herzogtum zu gewinnen. Doch öffentlich wollte er sich nicht für die neue Lehre entscheiden.

Das ist nicht verwunderlich, denn gerade in den Jahrzehnten vor und nach 1517 gab es in vielen Teilen Deutschlands eine Zunahme der Frömmigkeit im Geist der alten Kirche. Viele der großen religiösen Gemälde und Bildschnitzwerke sind erst in dieser Zeit entstanden. Im Lauenburgischen wurde von Herzog Johann IV., der von 1498 bis 1507 das Land gemeinsam mit Magnus I. regierte, im Jahr 1500 das Augustinerkloster Kuddewörde gegründet, das allerdings nur bis 1524 bestand.[3] Der Prior dieses Klosters, Theodor Boreker, wurde lutherisch und half später in Hamburg bei Bugenhagens Kirchenordnung.

2 Vgl. Biogr. Lex., S. 274 f.

3 Joachim Reichstein, Kuddewörde. Hospitaliter vom Heilig-Geist-Orden, in: Oliver Auge, Katja Hildebrand (Hrsg.), Klosterbuch Schleswig-Holstein und Hamburg. Klöster, Stifte und Konvente von den Anfängen bis zur Reformation, Bd. 1. Regensburg 2019, S. 627-642.

Die realen religiösen Verhältnisse im Herzogtum Lauenburg waren erst 1525 überwiegend protestantisch. Auch im Bistum Ratzeburg hatte es Veränderungen gegeben, die es erleichterten, dass die Reformation einziehen konnte. Das Prämonstratenserkloster[4] wurde von Papst Julius II. 1504 in ein säkulares Domstift umgewandelt. Aber nicht diese kirchengeschichtlich relevanten Entwicklungen waren es, die zur späten offiziellen Etablierung der lutherischen Lehre im Herzogtum Lauenburg geführt haben, sondern politische Ambitionen der lauenburgischen Askanier. Diese strebten nach der Kurwürde im Reich, weil sie ihrer Familie wirtschaftliche und politische Vorteile gebracht hätte.

Die lauenburgischen Herzöge führten den Titel „Herzog von Sachsen, Engern und Westfalen" und demonstrierten damit ihre Rolle in der großen Zeit der Askanier; diese war aber längst vorbei. Kaiser Karl IV. hatte 1356 den Wittenbergern die sächsische Kurwürde übertragen, doch 1425 entschied sich Kaiser Sigismund, diese an den Markgrafen Friedrich IV. von Meißen aus dem Hause Wettin zu verleihen. Absprachen, die zuvor unter den Askaniern getroffen worden waren, blieben unberücksichtigt. Die Aussicht darauf, die Kurwürde zurückzugewinnen, war gering. Bis 1689 unternahmen die Lauenburger mehrere Versuche, ihre alten Ansprüche geltend zu machen. Doch das war nicht nur schwierig wegen der kaiserlichen Entscheidungen, sondern auch wegen der Tatsache, dass die Herzöge von Sachsen-Lauenburg zwar einen territorial umfassenden Titel führten, tatsächlich aber nur über ein zersplittertes Territorium verfügten, das zudem noch wegen zahlreicher Erbstreitigkeiten in seiner Gesamtexistenz gefährdet war.

Magnus I. verzichtete zwar notgedrungen auf den Titel eines Kurfürsten, führte aber weiter die Kurschwerter, wenn auch mit der Spitze nach unten, im Wappen. Er war seit 1498 im Land Hadeln und seit 1500 im Gesamtterritorium an der Regierung beteiligt. Nach dem Tod seines Vaters, Johanns V., 1507[5] übernahm er dessen Nachfolge. Die Herrschaft im Herzogtum war zwar seit 1503 vertraglich mit der Unteilbarkeit des Territoriums und der Erbfolge grundsätzlich geregelt. Dennoch ergaben sich Probleme, weil derartige Regelungen außerstande sind, die charakterlichen Fähigkeiten der jeweils agierenden Herrscherpersönlichkeiten zu berücksichtigen.

Herzog Magnus stand einem der kleinsten und nahezu bedeutungslosesten Reichsterritorien vor und war dennoch bestrebt, sich als Fürst hervorzutun. Geerbt hatte er nicht nur ein kleines Herzogtum, sondern auch die Probleme mit den Nachbarn und die mit dem Adel. Er bemühte sich besonders, die gegen das Bistum Ratzeburg gerichtete Politik seines Vaters fortzusetzen, mit dem Ziel, den Ratzeburger Streubesitz in Eigenbesitz zurückzuführen. Doch dem standen die Aktivitäten entgegen, welche die Ratzeburger Bischöfe unternahmen, um ihrerseits ihr Territorium auszudehnen. Bischof Heinrich Bergmeier[6] hatte 1511 Wahlkapitularien zu unterschreiben, die ihn verpflichteten, das Territorium des Bistums zu arrondieren und Gebietsabtretungen zu verhindern. Hieraus entstand ein Konflikt, der damit endete, dass gegen Herzog Magnus I. die Reichsacht und der Kirchenbann ausgesprochen wurden. In eine so bedrohliche Lage waren die lauenburgischen Herzöge nie zuvor geraten. Der Kaiser und der Papst wurden eingeschaltet, aber auch auf niedrigerer Ebene das Reichskammergericht, was lange Verhandlungen nach sich zog. Es ging wie stets in der Politik um Macht.

4 Ebd., S. 804 ff.

5 Vgl. Biogr. Lex., S. 229 f.

6 Ebd., S. 46.

Die Askanier aus dem Hause Sachsen-Lauenburg besetzten seit dem Spätmittelalter in mehreren Bistümern des Reiches wichtige Positionen; sie waren Bischöfe, Koadjutoren, Domherren und Dekane. Als Erzbischof von Bremen fungierte von 1567 bis 1585 Herzog Heinrich von Sachsen-Lauenburg, der auch Bischof von Osnabrück und von Paderborn war. Er war der mächtigste geistliche Landesherr in Nordwestdeutschland. Er war aber auch der erste Erzbischof, der sich zum Luthertum bekannte. Sein Bruder Friedrich (1554–1586), Domherr in Straßburg, Chorbischof in Köln und Propst in Bremen, wollte Erzbischof von Köln werden, unterlag aber bei der Wahl 1583.

Zuvor schon war Franz I. gescheitert, als er 1550 versuchte, seinen noch unmündigen Sohn, den späteren Herzog Franz II., bei der Bischofswahl auf den Ratzeburger Bischofsstuhl zu heben. Gewählt wurde aber der bisherige Propst Christoph von der Schulenburg (1513–1580)[7]. Auf diese Wahl reagierte der Herzog mit gewalttätigen Übergriffen auf ratzeburgische Gebiete und gegen den Ratzeburger Dom. Sein Verhalten hatte zur Folge, dass nach der Auflösung des Bistums dessen Territorium nicht an die Lauenburger, sondern an die Mecklenburger fiel. Der Versuch, über eine Art Bistumspolitik zur Machterweiterung zu gelangen, war gründlich gescheitert und der Vollzug der Kirchenreform, die praktisch im Lauenburgischen längst erfolgt war, erheblich verzögert worden. Erst 1585 gab Herzog Franz II.[8] seinem Land eine lutherische Kirchenordnung. Sie wurde vom Lübecker Superintendenten Andreas Pouchenius[9] verfasst. Dieses kirchliche Dokument schloss die Einführung der Reformation im Lauenburgischen ab. Sie blieb fast 400 Jahre bestimmend, denn bis 1980, also bis über den Anschluss an die Nordelbische Kirche (1976) hinaus, musste sie von den Pastoren bei ihrer Ordination und der Übernahme von Pfarrstellen unterschrieben werden.

2. Der Streit um den Alster-Beste-Trave-Kanal

Die wirtschaftliche Situation der Lauenburger Herzöge war prekär. Zu den gesicherten Einnahmen gehörten die Zölle und sonstigen Abgaben, die der Stecknitzkanal abwarf. Da diese besonders von den Hansestädten Hamburg und Lübeck zu entrichten waren und diese auch zur Instandhaltung beizutragen hatten, trachteten sie danach, eine alternative Wasserverbindung zwischen Elbe und Ostsee zu schaffen.

Seit 1448 hatte Hamburg mit den Grafen von Holstein über eine Kanalverbindung der Alster mit der Trave verhandelt, doch der Plan scheiterte an den zu hohen Kosten. Es blieb zunächst bei der Verbindung auf der Alster bis Stegen und anschließendem Landweg nach Lübeck. 1524 konnten die Hansestädte mit König Friedrich I. von Dänemark, der auch Herzog von Schleswig-Holstein war, eine Vereinbarung treffen, die eine Kanalverbindung zwischen Alster und Trave unter Einbindung der Este auf holsteinischem Gebiet vorsah, also eine Wasserverbindung von Nord- und Ostsee, die am Herzogtum Lauenburg vorbeiführte. Die Realisierung dieses Plans würde zu einem erheblichen Einnahmeverlust der lauenburgischen Herzöge führen.

7 Ebd., S. 356.
8 Ebd., S. 156 f.
9 Ebd., S. 306 f.

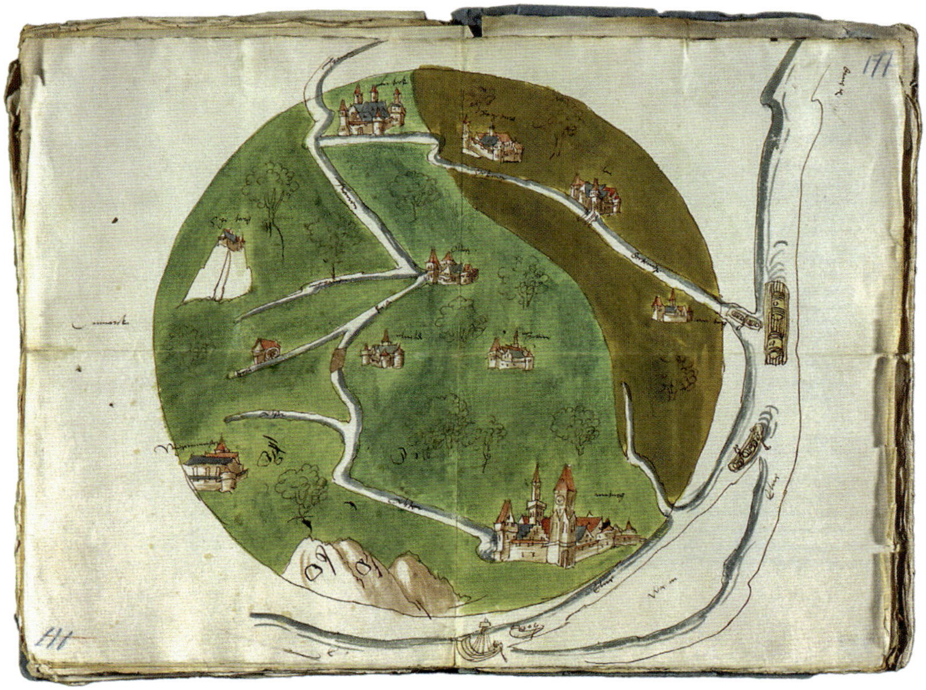

27: Prozesskarte von 1528. Der Prozess um den Alster-Beste-Trave-Kanal vor dem Reichskammergericht wurde vom Herzog von Lauenburg so grundsätzlich geführt, dass bei der Illustration die Form der Radkarte gewählt wurde, die traditionell nur für Weltkarten Verwendung fand, in deren Mittelpunkt Jerusalem oder Rom standen.

Deshalb entschloss sich Herzog Magnus I., den Rechtsweg zu beschreiten, und klagte vor dem Reichskammergericht, nachdem er erfahren hatte, dass die Arbeiten für den Kanalbau begonnen hatten. Seine Klage stützte er auf die ihm von Kaiser Karl V. 1521 bestätigten Elbprivilegien. In diesen waren ihm die Hoheits- und Einnahmerechte im Schiffsverkehr zwischen Hamburg und Lübeck über die Elbe und den Stecknitzkanal zuerkannt worden. Das Gericht in Eßlingen entschied zugunsten Magnus I. und gebot Hamburg und Lübeck, das Kanalprojekt fallenzulassen, weil durch die „aufrichtung des grabens" Herzog Magnus „an seiner Elb schiffung und auch anderen beanspruchten gerechtigkeiten" behindert werden würde.[10] 1526 folgte sogar ein Inhibitationsmandat, das die Fortsetzung unter Androhung der Reichsacht untersagte. Die Hansestädte ignorierten die Gerichtsbeschlüsse und ließen weiterbauen. 1528 erging ein neues Exekutorialmandat gegen Hamburg und Lübeck, mit dem die Fortsetzung des Kanalbaus verboten wurde. Daraufhin übernahm König Friedrich I. von Dänemark den Kanalbau als sein Projekt, wodurch die Rechtslage gründlich verändert wurde.

10 Jörg Hillmann, Territorialrechtliche Auseinandersetzungen der Herzöge von Sachsen-Lauenburg vor dem Reichskammergericht im 16. Jahrhundert. Frankfurt a. M. 1999, S. 273.

Endgültig ausgetragen wurden die juristischen Streitpunkte nie. Die Bauarbeiten wurden fortgesetzt und führten 1529 zur Aufnahme des Schiffsbetriebs auf dem Alster-Beste-Trave-Kanal. Am Ende waren es nicht juristische Entscheidungen, die den Betrieb einstellten, sondern technische: Es gelang nicht, genug Wasser in die Höhenabschnitte zu bringen. Deshalb war der neue Kanal auf Dauer nicht wirtschaftlich zu betreiben. Im Rückblick darf festgehalten werden, dass der Prozess um den Kanal wertvolle Quellen hinterlassen hat, zu denen auch zahlreiche bildliche Darstellungen gehören.

3. Der Weg zur „Ewigen Union der Ritter- und Landschaft"

In der Kirchenpolitik mögen die Lauenburger Herzöge zeitweilig einen Ausweg aus ihrer finanziellen Misere gesehen haben. Der Misserfolg auf diesem Feld erhöhte ihre Notlage. Die Schuldenproblematik wuchs zu Beginn der 70er Jahre des 16. Jahrhunderts so sehr an, dass ein Kollaps unvermeidlich erschien. Dies hatte auch Auswirkungen auf die Familienpolitik und damit auch auf die Zukunft des askanischen Herzogshauses. 1503 war es zu einer grundsätzlichen Regelung der Erbfolge gekommen; es wurde die Primogenitur eingeführt. Auf dieser Grundlage erfolgte 1543 der legitime Übergang der Herrschaft von Magnus I. auf Franz I.

Herzog Franz I.[11] setzte die Aggressionen seines Vaters gegen das Bistum Ratzeburg fort. Da er sich nicht dem Schmalkaldischen Bund angeschlossen, sondern den Kaiser unterstützt hatte, hoffte er darauf, dass seine Rechtsbrüche bei diesem auf Nachsicht stoßen würden. Nach dem Tod des Ratzeburger Bischofs Georg von Blumenthal (1550)[12] war Franz I. davon ausgegangen, dass sein Sohn, obgleich erst neun Jahre alt, vom Domkapitel zum Nachfolger gewählt werden würde, was aber nicht geschah. Nachfolger wurde Christoph von Schulenburg (1513–1580)[13]. Dies veranlasste den Herzog, den berüchtigten Landsknechtsführer Volrad von Mansfeld ins Land zu rufen. Dieser fiel mit seinen Leuten über Ratzeburg her und hauste auch in der Nachbarschaft. Franz I. geriet angesichts seiner gewaltigen Schuldenlast immer mehr in Bedrängnis. Er konnte kaum noch den Repräsentationspflichten eines Reichsstandes gerecht werden; selbst die Kosten für die Hofhaltung mussten über Kredite finanziert werden.

Der Versuch, eine territoriale Rückgewinnungspolitik zu betreiben, scheiterte nicht nur, sondern führte zum Bankrott des Herzogtums, als die Ritter- und Landschaft sowie die auswärtigen Leihgeber eine weitere Unterstützung versagten. Jetzt konnte nur noch der Kaiser helfen. Eine Kommission unter Herzog Adolf von Schleswig-Holstein-Gottorf und Erzbischof Heinrich von Bremen erhielt den Auftrag, die Herzöge von Sachsen-Lauenburg „aus ihren Beschwerungen und Schulden herauszunehmen und namentlich die junge Herrschaft zu stärken".[14]

Um die Mitte des 16. Jahrhunderts stand die Existenz des Herzogtums also auf dem Spiel. Der größte Teil der Domanialgüter war verpfändet. Im Zuge der Belehnung durch

11 Ebd., S. 155 f.
12 Ebd., S. 71.
13 Ebd., S. 356.
14 Jörg Hillmann, in: Handbuch, S. 174.

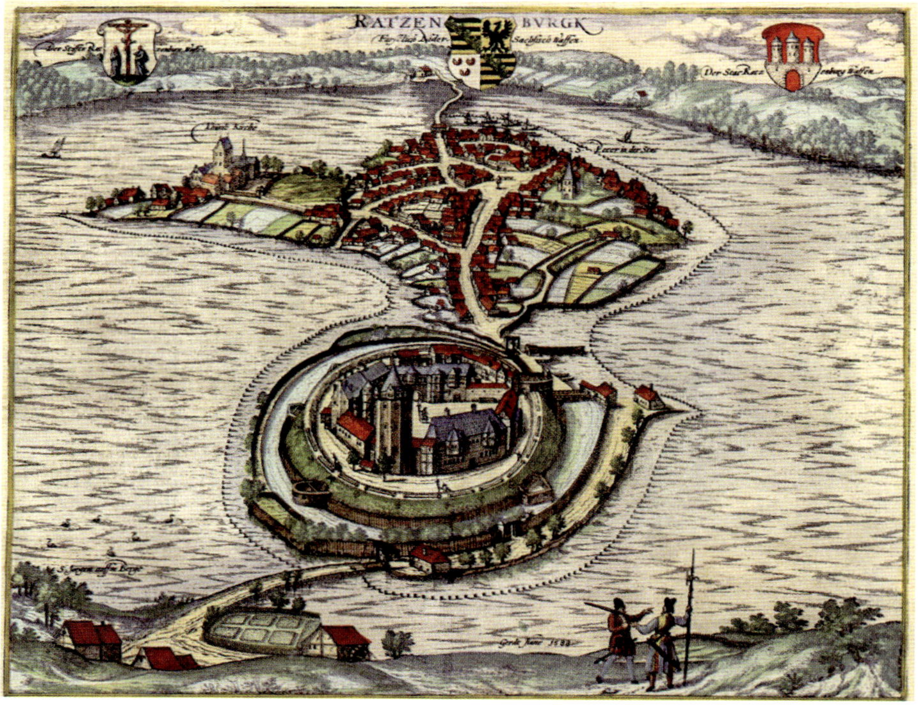

28: Ratzeburg 1588. Kupferstich von Gerdt Hane

Kaiser Maximilian II. wurden die Ansprüche auf die Kurwürde nochmals geprüft – mit negativem Ergebnis. Franz I. nahm daraufhin die Kurschwerter aus seinem Wappen. Seit der Mitte des Jahrhunderts hielt er sich vorwiegend im Land Hadeln auf und geriet zunehmend in Distanz zu seiner Familie, weil er eine Affäre mit Ilsabe Rautenstein[15] hatte, die er als seine „getreue Dienerin" bezeichnete, der er wertvolle Güter schenkte und deren gemeinsame Nachkommen noch lange Zeit zu Streitigkeiten mit den „legitimen Erben" führten.

Die Vertreter der kaiserlichen Kommission forderten 1570 die Offenlegung aller Schulden, eine Bilanz der Einnahmen und Ausgaben, eine Auflistung des Grundbesitzes und die Anlegung eines Inventars. Ziel war es, ein zeitgemäßes Rechnungswesen und ein geordnetes Steuersystem einzuführen, vor allem aber der Schuldenwirtschaft des Herzogs und seiner Söhne ein Ende zu bereiten.

Doch in den Jahren nach 1570 kam es zu Streitigkeiten mit den Söhnen Magnus II.[16], Franz II. und Moritz[17]. Nach anfänglichem Einvernehmen gerieten die Söhne auch untereinander in Streit. Magnus II. war durch die Eheschließung mit einer schwedischen Prinzessin zu einer ansehnlichen Mitgift gekommen und erbot sich, noch zu Lebzeiten des Vaters an seine Stelle als Herzog zu treten und die verpfändeten Güter einzulösen. Franz I. willigte 1571

15 Vgl. Biogr. Lex., S. 313.
16 Ebd., S. 275 f.
17 Ebd., S. 288 f.

ein. Die anderen Söhne sollten abgefunden werden. Aber Magnus II. kam seinen Verpflichtungen nicht in dem Maße nach, wie er zugesagt hatte. Als erfolgreicher Kriegsunternehmer hatte er zunächst viel Geld verdient, das er durch die Mitgift seiner Frau deutlich vermehren konnte. Er entschuldete mit 120.000 Rthrn. weite Teile des Herzogtums. Ihm trat aber sein Bruder Franz entgegen und behauptete, er habe die Tilgung der Schulden geleistet; dafür beanspruchte er das Amt Schwarzenbek, das er umgehend besetzte. Wieder musste der Kaiser eingreifen. Maximilian II. setzte eine Kommission ein, die einen Ausgleich herbeiführen sollte. Dies nahm Franz II. zum Anlass, seinen Bruder aus dem Land zu vertreiben. Ein zu Lauenburg abgehaltener Landtag beschloss, dass Herzog Franz I. wieder die Regierung des Landes übernehmen sollte. Dafür hatte er den Ständen gegenüber Zugeständnisse zu machen, die seine eigene Position weiter schwächten. 1574 erging ein kaiserlicher Befehl an Franz II., die dem Vater und dem Bruder abgenommenen Landesteile zurückzugeben.

Inzwischen hatte Magnus II. einen Feldzug gegen seinen Bruder begonnen, in dessen Verlauf Ratzeburg erobert und geplündert wurde. Aber auch Franz II. verhielt sich mit seinem Kriegsvolk nicht besser; beide drangsalierten die eigenen Untertanen. Franz I. versuchte, einen Ausgleich mit seinen Söhnen zu erzielen, was aber misslang, weil er seinerseits durch Fehlentscheidungen zur Intensivierung des Konflikts beitrug. 1581 übertrug Franz I. in Bremervörde die Statthalterschaft über das Herzogtum an Franz II., seinen zweitgeborenen Sohn. Dieses Vorgehen stand nicht im Einklang mit der 1503 getroffenen Erbfolgeordnung und musste deshalb zu Kontroversen führen.

Die daraus resultierenden Auseinandersetzungen wurden ausgetragen in einer Zeit, als sich die Reformation in Norddeutschland längst durchgesetzt und zu neuen Kirchenordnungen geführt hatte. In politischer Hinsicht waren die Gegensätze zwischen den Landesherren und den Landständen noch nicht endgültig geklärt. In vielen Ländern, so z. B. in Brandenburg, gingen diese im Verlauf des 17. Jahrhunderts zugunsten des Landesherrn aus und führten zum Herrschaftssystem des Absolutismus. In anderen Gebieten, so in Mecklenburg und in Lauenburg, obsiegten die Landstände, d. h. die Vertreter des Adels und der Städte. Unter Historikern wird deshalb die Frage diskutiert, ob die Stärkung des Einflusses der Fürsten und die damit verbundene Wendung zum Absolutismus zu einer Modernisierung des Staates geführt hat oder ob diese Veränderung eher eine Blockierung des Wegs zur Demokratie bedeutet habe. Blickt man auf die politische Entwicklung in Mecklenburg und Lauenburg, dürfen Zweifel daran aufkommen, dass die Stärkung des Ständestaats Potentiale hin zu demokratischen Entwicklungen in sich getragen hätte. Diese grundsätzliche Problematik mag auch im Lauenburgischen bestanden haben. Doch zu einer Lösung des Problems war das Herzogtum Lauenburg nicht geeignet. Hier waren es finanzielle Schwierigkeiten und familiäre Konflikte, die einer verfassungsrechtlichen Regelung den Weg ebneten.

29: Herzog Franz II.

Herzog Franz I. hatte seine Nachfolge – wie berichtet – zugunsten seines zweitgeborenen Sohnes entschieden, weil er den erstgeborenen nicht für regierungsfähig hielt. Herzog Magnus, der ein abenteuerliches Leben führte und immer wieder versuchte, Einfluss auf das Herzogtum zu nehmen, machte aus der Oppositionshaltung zu seinem Bruder Franz kein Geheimnis – im Gegenteil: Er bedrohte ihn mit militärischen Angriffen, ohne über die Mittel zu verfügen, Truppen dafür zu gewinnen. Er reiste zwischen Hildesheim und Köln hin und her, ohne die erhoffte Unterstützung zu finden. Auch der Kaiser wies seine Forderungen zurück und verhängte die Reichsacht über ihn. Magnus wurde Ende 1587 in Hamburg festgenommen und auf Anweisung Kaiser Rudolfs II. an seinen Bruder Franz ausgeliefert. Dieser hielt ihn 15 Jahre lang in einem eigens als Gefängnis gebauten Teil des Ratzeburger Schlosses gefangen, wo er am 4. Mai 1604, vermutlich in geistiger Umnachtung, starb.

Ermöglicht wurde dieser Ausgang des Familienkonfliktes durch Entscheidungen, die 1585 getroffen wurden: die „Ewige Union der Ritter- und Landschaft" vom 16. Dezember 1585. Der Weg für die Regierungsübernahme durch Franz II. war zwar schon im Lüneburger Abschied von 1518 getroffen worden, doch 1583 geriet der Herzog in eine offene Opposition zur Ritter- und Landschaft, die sich 1584 um Unterstützung an Kaiser Rudolf II. wandte, um eine endgültige Lösung der Konflikte im Herzogtum Lauenburg herbeizuführen. Der Kaiser entschied, dass Franz II. als Landesherr anzusehen sei; die Landstände hätten dieser Entscheidung zu folgen. Das geschah auch; die Stände stimmten den Entscheidungen des Kaisers zu und huldigten Herzog Franz II. am 23. März 1585 in Ratzeburg. Die Hadelner Landstände schlossen sich dem am 3. Mai 1585 an.

Am 15. Juli 1585 wies der Kaiser in einem Schreiben darauf hin, dass Herzog Franz II. kein Erbfürst sei, sondern als Zweitgeborener das Land nur in der Eigenschaft eines Administrators regieren dürfe. Es galt also, eine Regelung zu finden, die Klarheit über die Rechtmäßigkeit der Erbfolge und über die Kompetenzen derjenigen schaffte, die darüber befinden dürften. Deshalb ist die „Ewige Union der Ritter- und Landschaft" ein zentrales Verfassungsdokument für das Herzogtum. Sie ist einerseits die „Einung der Ritterschaft zum gegenseitigen Beistand, zum Schutz des Landfriedens und zur Wahrung ständischer Rechte".[18] Andererseits ist sie auch ein Herrschaftsvertrag zwischen dem Landesherrn und den Ständen. Die „Union" kam in mehreren Schritten zustande. Zunächst erfolgte die Einung der Ritterschaft, sie schuf die Grundlage für den Prozess; dieser Vereinbarung schlossen sich die Städte Lauenburg und Ratzeburg an. Danach bekräftigte der Herzog die Vereinbarung. Die lauenburgische „Union" ist nicht das erste Dokument, das in der lauenburgischen Geschichte Verfassungscharakter beanspruchen darf, aber es ist das umfassendste; seine Bedeutung liegt auch darin, dass es – von geringen Abweichungen zu Beginn des 18. Jahrhunderts abgesehen – bis 1876 Bestand hatte.

Obgleich es eine verfassungsrechtliche Vorgeschichte seit dem 15. Jahrhundert gab, war der Unionsvertrag in mancherlei Hinsicht ungewöhnlich. Als adlige Einung wurde er außerhalb des Landtags abgeschlossen. Erst durch die Zustimmung des Landesherrn erhielt die „Union" den Status eines Herrschervertrags und wurde auch zu einer ständischen Rechtsurkunde.

Welche Bedeutung hatte dieses Dokument für die aktuelle Situation und für die weitere Geschichte des Herzogtums?

Herzog Franz II. und seine Nachkommen wurden abgesichert und die Unteilbarkeit des Landes festgelegt. Die Stände erhielten als Gegenleistung umfassende Garantien ihrer Pri-

---

18 Armgard von Reden, Landständische Verfassung und fürstliches Regiment in Sachsen-Lauenburg (1543–1689) (= Veröffentlichungen des Max-Planck-Instituts f. Geschichte, Bd. 41). Göttingen 1974, S. 230 f.

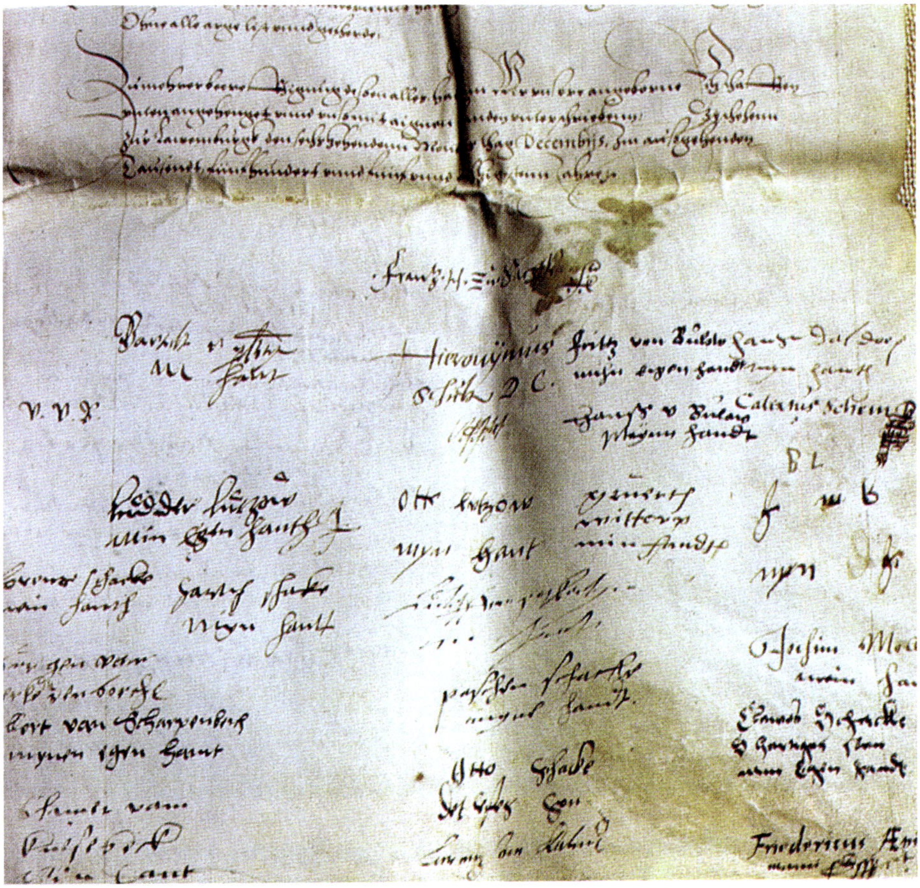

30: Unterschriftseite der „Ewigen Union der Ritter- und Landschaft", 16.12.1585

vilegien. So sollte künftig eine Huldigung der Stände für einen neuen Herrscher erst erfolgen, nachdem dieser „unsere Privilegien, Immunitäten, Reverse, Siegel und Brieffe, so wir und unsere Vorfahren von unseren Landesfürsten woll erlanget, aufs Neue cornfirmiret und sicher hierüber ebener Gestaldt gnunksamb reversiret habe".[19]

Für die weitere historische Entwicklung waren zwei Festlegungen von Bedeutung. Der Herzog räumte den Ständen zentrale Rechte ein: das Beschwerderecht und das Selbstversammlungsrecht. Das Beschwerderecht eröffnete den Ständen Möglichkeiten zum Widerstand gegen Entscheidungen des Landesherrn. Das Selbstversammlungsrecht gab den Ständen ein hohes Maß an Unabhängigkeit; am Ende erlaubte es ihnen sogar, sich einen neuen Herzog zu wählen, wie es 1865 geschah.

Die „Union" ist zum einen ein Pakt der Ritter- und Landschaft untereinander, der sie zu Beistand und zur Hilfe verpflichtete. Auf der anderen Seite beruht der Vertrag auf Verpflich-

19 Ernst Spangenberg (Hrsg.), Corpus Constitutionum Ducatus Lauenburgici oder Sammlung der für das Herzogtum Lauenburg ergangenen Verordnungen und Ausschreiben. Hannover 1822, S. 204.

tungen des Fürsten gegenüber den Ständen und umgekehrt. Der Fürst sicherte sich in der für ihn unsicheren Zeit die Rechte auf den Thron und die Anerkennung der Stände. Die Stände hatten dagegen die Befugnis, im Falle des Todes des Herzogs einen seiner Söhne für die Landesregierung auszuwählen. Ferner verpflichtete sich der Herzog, bei Antritt der Regierung die Privilegien, Immunitäten, Reverse, Siegel und Briefe der Stände anzuerkennen und zu halten. Sollten diese nicht bestätigt werden, hatte die Ritter- und Landschaft das Anrecht auf Versagung der Huldigung. Wurde ein Rechtsbruch gegenüber einem Untertan offenkundig, konnte dieser den von der Ritter- und Landschaft gewählten Rat der vier Ältesten einholen und eine Beschwerde an den Landesherrn richten. Wenn dem Geschädigten innerhalb eines Monats kein Recht widerfahren sei, sollte die Ritter- und Landschaft von den Ältesten einberufen werden. Sie hatte bis 1747 die Möglichkeit, vor das Hofgericht oder vor das Reichskammergericht zu gehen. Die Ritter- und Landschaft verpflichtete sich, mit dem Geschädigten zusammenzuhalten und die anfallenden Kosten zu tragen. Die Stände hatten aufgrund der Zusage dieser Privilegien das Recht, sich selbst zu versammeln und Beschwerden vor den Landesherrn zu bringen. Sollte sich ein Mitglied den Bestimmungen der „Union" widersetzen, wurde es von der Ritter- und Landschaft geächtet und aus der „Union" ausgeschlossen. Die „Union" wurde von allen nach Franz II. regierenden askanischen Herzögen unterschrieben und bestätigt.

Nachdem so oft von der „Ritter- und Landschaft" die Rede war, gilt es, der Frage nachzugehen, was sich hinter diesem Begriff eigentlich verbirgt. Christiane Kenzler hat in einer Studie den Versuch unternommen, diesem seltsamen Begriff auf den Grund zu gehen.[20] Die außerordentliche Bedeutung des Unionsvertrages lag auch darin, „dass eine ursprünglich ritterschaftliche Einung grundsätzliche ständische Rechte sicherte"[21]; die landschaftliche Organisation wurde mit diesem Grundgesetz gestärkt.

Am Ende des 16. Jahrhunderts war die Position der Städte Lauenburg und Ratzeburg schwach; in allen politischen Fragen dominierte der Adel, die Ritterschaft. Erst im Verlauf des 17. Jahrhunderts gewannen die Städte an Einfluss, weil sie ihre finanzielle Stärke ausspielen konnten. Bis zum Ende der Selbstständigkeit des Herzogtums spielte die „Ritter- und Landschaft" eine zentrale Rolle, und dies, obgleich nicht einmal klar war, was sich hinter dieser Bezeichnung verbarg.

Ursprünglich stand die „Ritterschaft" für adlige Grundherren, die ritterbürtig waren und in einem Lehnsverhältnis zum Herzog standen, also Vasallen waren. Die „Landschaft" bildeten solche Grundherren, die den Vasallen dienstpflichtig waren (terrigeni: Landsassen). Doch schon 1585 traf eine solche Zuweisung nicht mehr zu, weil auch Bürgerliche, die adlige Gerichte innehatten, die Urkunde unterzeichneten. Häufig waren auch die Städte eingeschlossen. Christiane Kenzler hat im Zusammenhang mit ihrer Analyse des Landesrezesses von 1702 hervorgehoben, dass es keine eindeutige Definition gibt, sondern dass „mit dem Begriff sowohl das ganze Land mit allen Landesbewohnern, ausschließlich die Gutsbesitzer, die Gutsbesitzer und die Bewohner der Städte oder aber nur die Gutsbesitzer und

20 Christiane Kenzler, Die Ritter- und Landschaft im Herzogtum Sachsen-Lauenburg in der frühen Neuzeit (= Schriftenreihe der Stiftung Herzogtum Lauenburg, Bd. 22). Hamburg 1997.

21 A. v. Reden (wie Anm. 18), S. 235.

31: Epitaph Herzog Franz' II. und seiner Familie in der Büchener Kirche. Das Anfang des 17. Jahrhunderts entstandene Gemälde hing ursprünglich in Schloss Franzhagen.

städtische Deputierte, die das Land repräsentierten, gemeint sein können".[22] Auf den Landtagen, die im Lauenburgischen seit dem späten 16. Jahrhundert protokolliert wurden, kamen also nicht „Volksvertreter" zusammen, die bemüht waren, die Interessen des Volkes zu wahren, sondern nur mit Privilegien ausgestattete Personen oder Vertreter privilegierter Institutionen, so die der Städte. Da im Herzogtum Lauenburg nach der Reformation keine Klöster mehr existierten, gab es auch keine Prälaten bei der Ritter- und Landschaft. Die Kirche war und blieb nur insofern ein zentraler Ort, als die Landtage in der Regel in der Kirche von Büchen stattfanden. Bis zum Ende der Herrschaft der Askanier fanden sie meist jährlich statt, danach nicht mehr.

Solange die Stände Druck auf die Herzöge ausüben konnten, d. h., solange die Landesherren schwach waren, hatte die „Ritter- und Landschaft" auch wichtige Kompetenzen. Sie hatte Einfluss auf außenpolitische Entscheidungen, sofern diese mit Ausgaben verbunden waren (das war z. B. bei der Heiratspolitik der Fall). Die Fürsten waren an die Steuerbewilligungen der Stände gebunden, und die Stände konnten den Verkauf oder die Verpfändung von Landesteilen verhindern. Der Landtag war „eine für die Fürsten entscheidende Instanz für die Übernahme administrativer Aufgaben. Über lange Zeit war eine Entwicklung der staatlichen Verwaltung und Behörden ohne Steuerbewilligung der Stände nicht möglich."[23]

32: Kirche in Büchen (13.–15. Jahrhundert)

Zu den Besonderheiten der Ständeherrschaft im Lauenburgischen gehörten die geheimen Treffen, d. h. Versammlungen der Ritterschaft ohne Kenntnis des Landesherrn, die sogar außerhalb des Landes stattfinden konnten. Franz II. gelang es während seiner umstrittenen Regierungszeit aufgrund der Einnahmen, die er aus fremden Kriegsdiensten gewonnen hatte, eine gewisse Konsolidierung der finanziellen Verhältnisse in seinem Herzogtum herbeizuführen.

Das Herzogtum Lauenburg hatte im 16. Jahrhundert stets zwischen hoher Verschuldung und Staatsbankrott laviert. Erst unter Franz II. und seinen Nachfolgern gelang es, sich aus der Verschuldung zu befreien und verpfändete Gebiete zurückzuerwerben.

22 Chr. Kenzler (wie Anm. 20), S. 30 f.
23 A. v. Reden (wie Anm. 18), S. 38 f.

33: August, Herzog von Sachsen-Lauenburg

Herzog Franz II. war auf ökonomischem Felde vielfach engagiert. Er erkannte, dass sein Territorium ein wichtiges Transitgebiet war, und sorgte deshalb dafür, dass die Verkehrsverbindungen zu Land und auf dem Stecknitzkanal verbessert wurden. Auch sonst war er bemüht, die Wirtschaftskraft des Landes insgesamt zu stärken. Am Ende seiner Regierungszeit hatte er sein Land nach außen und im Innern gefestigt. Beim Kaiser genoss er Ansehen, weil er sich im Krieg gegen die Türken Verdienste erworben hatte. Er war ein treuer Diener des Reiches, aber im Vergleich mit anderen Reichsfürsten ein armer.

Eine beachtenswerte Hofhaltung hat es im Herzogtum Lauenburg nie gegeben. Architektonisch bedeutende Herrschaftssitze oder gar Schlösser wurden nicht gebaut, weil die „Ritter- und Landschaft" sich weigerte, die fürstliche Hofhaltung zu unterstützen.

Dies wurde besonders deutlich, als 1614 die Residenz in der lauenburgischen Oberstadt abbrannte. Die Herzogsfamilie musste in die Nebenresidenz Ratzeburg umziehen, die auch nur recht kümmerlich ausgestattet war. Franz II. starb in dieser wenig fürstlichen Umgebung am 2. Juli 1619. Sein Sohn August übernahm die Regierung und musste sich mit den Problemen des Dreißigjährigen Krieges auseinandersetzen, der gerade begonnen hatte.

34: Turm des ehemaligen Schlosses Lauenburgs aus dem späten 15. Jahrhundert

Seinem Vater war es am Ende seiner Regierungszeit gelungen, sein Land nach außen und im Inneren zu festigen. Er konnte seine Souveränität gegenüber den Nachbarn behaupten und der „Ritter- und Landschaft" Zugeständnisse verweigern, die über die „Ewige Union" von 1585 hinausgingen. Herzog August versuchte, den eingeschlagenen Weg der Restabilisierung fortzusetzen. Doch die Verhältnisse waren schwierig. 1614 war die Residenz in der Oberstadt Lauenburg abgebrannt; an einen raschen Wiederaufbau war nicht zu denken, da die Stände die dafür erforderlichen Mittel ebenso verweigerten wie die für einen Ausbau der Residenz in Ratzeburg. Darüber hinaus waren die Familienverhältnisse prekär. Neben seinem Nachfolger, Herzog August aus erster Ehe mit Margarete von Pommern, hatte Franz II. aus zweiter Ehe mit Maria von Braunschweig-Lüneburg-Wolfenbüttel acht weitere Söhne, die versorgt werden wollten; aus beiden Ehen waren noch sechs Töchter hervorgegangen, die auszustatten waren.

Die Söhne hatten Berufe zu ergreifen, die standesgemäß waren, also Offizier, Geistlicher oder Diplomat. Über die Jugend und Ausbildung der zahlreichen Kinder Franz' II. ist wenig überliefert.[24] Soweit die Quellen es zulassen, dürfte davon auszugehen sein, dass sie eine standesgemäße Ausbildung erfahren haben. Historisch bedeutsam ist nur das Schicksal von wenigen der Söhne. Die

24 Vgl. Hans-Georg Kaack, Die Herzöge Julius Heinrich und Franz Albrecht als kaiserliche Bestallte seit 1617. Die Askanier in Böhmen, in: E. Opitz (Hrsg.), Krieg und Frieden im Herzogtum Lauenburg (= Kolloquium XII), Bochum 2000, S. 139 ff.

meisten standen in Kriegsdiensten und wechselten die Fronten im Verlauf des Dreißigjährigen Krieges.

4. Das Herzogtum Lauenburg im Dreißigjährigen Krieg

Herzog August hatte sein Land während des Dreißigjährigen Krieges zu regieren. Obgleich er in allen Phasen des Krieges versuchte, sich neutral zu verhalten, konnte er nicht verhindern, dass das Herzogtum von den durchziehenden Parteien verwüstet wurde.

Dabei galten auch für den Niedersächsischen Kreis, dem Lauenburg angehörte[25], die Bestimmungen der Reichsexekutionsordnung von 1555. Darin hieß es in § 49:

„Wo sich (...) zutrüge, daß sich in eines (...) Fürsten (...) Gebieten fremd Kriegsvolk zu Roß oder zu Fuß, es wäre einzig oder rottenweis oder sonst in großer Zahl außer der (...) Fürsten eines jeden Orts Willen und Zugeben zu legen und zu garden, unterstehen würden, so soll der (...) Fürst oder Stand, in des (...) Gebiet solch Kriegsvolk sich versammelt, sie besprechen lassen, welchem Herrn sie zu gut geführet werden, und so fern sie sich auf Kayserl. Majest. Order uns ansagten, (...) so soll man sie gehorsamlich auf ihre Kosten passieren lassen". Die einfachen Reichsstände sollen vor Musterplätzen oder Durchzügen möglichst geschützt werden.

Falls ein Reichsstand nicht imstande sei, sich vor Übergriffen zu schützen, „alsdann soll er des Kreis, unter dem er begriffen, Obersten und Zugeordneten (...) ersuchen, ihme nach

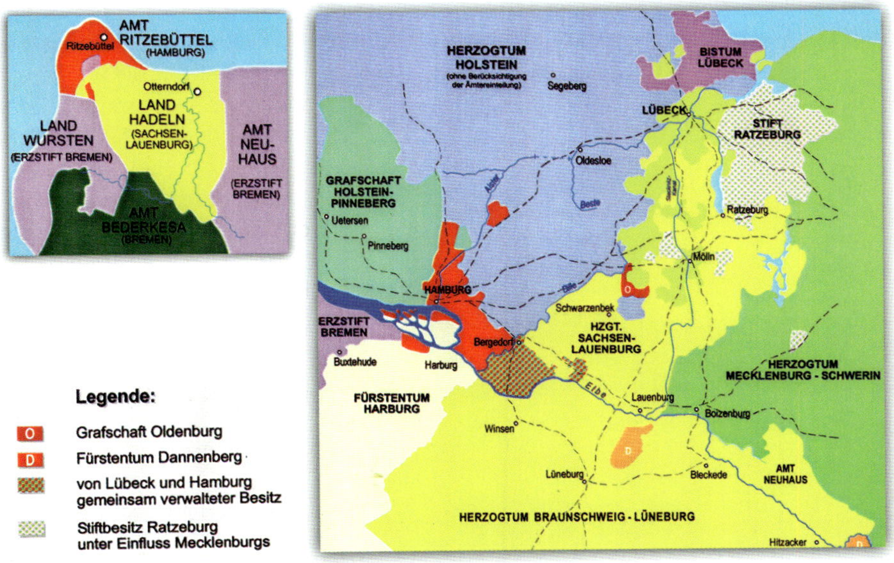

35: Das Herzogtum Sachsen-Lauenburg um 1619

25 Der folgende Text ist übernommen aus: E. Opitz, Das Herzogtum Lauenburg in den Kriegen des 17. Jahrhunderts. Das Problem der Neutralität, in: E. Opitz (Hrsg.), Krieg und Frieden (wie Anm. 24), S. 175-190. Die Zitate stammen aus den Akten des Landesarchivs Schleswig, Abt. 210.

Gelegenheit der Zahl und Macht der versammleten Herrnlosen und andern Kriegsvolk, auf Maß und Gestalt (...) Hülf zu erweisen, zu leisten und solch (...) Kriegesvolk (...) mit Güte oder der Tat zu trennen und ohne männigliches Nachteil und Schaden außer Lands, so viel wie möglich, zu bringen und die Haupt- und andere Befehlsleut und Führer, so fern sie vorhanden, (...) anzuhalten, nicht allein den armen Untertanen ihren Schaden zu kehren, treulich behülflich und beiständig zu sein, sondern auch solche Haupt- und Befelchsleut, auch Redlinsführer und Aufwickler zu gebührlicher Straf anzunehmen (§ 51)."

Auf mehreren Reichstagen wurden die Werbungen in fremden Territorien und die Durchzüge von Truppen beraten und Beschlüsse gefasst, die Schaden von der Bevölkerung abwenden sollten. Dies geschah selbst während des Dreißigjährigen Krieges, so 1641 in Regensburg. Genützt haben diese Ordnungen nur selten. Die Situation im Niedersächsischen Kreis war zu Beginn des großen Krieges besonders ungünstig. Den ausschreibenden Fürsten, Christian Wilhelm von Brandenburg-Ansbach (1599–1628) und Herzog Friedrich Ulrich von Wolfenbüttel († 1634), war die Leitung des Kreises bereits im Vorfeld des Krieges entglitten. Während Christian Wilhelm mit der protestantischen Union kooperierte, hat der Niedersächsische Kreis zwischen 1614 und 1621 eine derartige Verbindung vermieden. Ein Halberstädter Kreistagsbeschluss hatte die Union 1614 sogar für unnötig erklärt.

Die Kreisstände vertraten bis Ende des Jahres 1623 ein Konzept der bewaffneten Neutralität; sie schickten Gesandtschaften an den Kaiser. Wegen der Säkularisation der Bistümer und Stifte war das Verhältnis zum Kaiser gespannt. Darin sah König Christian IV. von Dänemark den Ansatz für eine Interessengemeinschaft zwischen ihm und den Kreisständen. Grundsätzlich dominierte im Niedersächsischen Kreis eine relativ breite verfassungstreue Einstellung, die 1622 in der Bewilligung von 14 Römermonaten für die Türkenabwehr des Kaisers zum Ausdruck kam. Angesichts der auf Niedersachsen zumarschierenden Truppen Christians von Halberstadt und Ernsts von Mansfeld beschloss der Braunschweiger Kreistag

36: Blick auf Lauenburg von der Artlenburger Seite der Elbe

im Februar 1623 die Aufstellung eines Truppenkontingents von rund 9700 Mann zu Fuß und 3000 Reitern, um den Kreis gegen Einbrüche und Durchzüge nach allen Seiten zu sichern.

Die politischen und militärischen Verhältnisse waren für die Durchsetzung einer bewaffneten Neutralität denkbar ungünstig. Der Druck des Kaisers war nicht geringer als die Präsenz des Dänenkönigs im Kreis. Deshalb erneuerte der Kreistag zwar im August 1623 den Beschluss, sein Gebiet gegen ein Eindringen fremder Truppen generell zu schließen, traf aber gleichzeitig Abmachungen mit Christian IV., welche dieser ausnutzte, um seine Position in Norddeutschland zu festigen. Als Herzog Christian von Braunschweig-Lüneburg Anfang 1624 sein Amt als Kreisoberst niedergelegt hatte, nutzte der dänische König seine Chance, um über den Niedersächsischen Kreis seine politischen Ziele im Norden Deutschlands gegen den Kaiser und die Liga zu verfolgen. Die Kreisversammlung hatte zwar im März 1625 – vor allem mit Hilfe der kaiserfreundlichen Städte – Herzog Friedrich Ulrich von Braunschweig-Wolfenbüttel zum Kreisobersten gewählt; ein Gegenkreistag, der wenige Wochen später in Lauenburg stattfand und zu dem Christian IV. u. a. die Herzöge von Braunschweig-Wolfenbüttel, Holstein-Gottorf, Mecklenburg-Güstrow und Mecklenburg-Schwerin geladen hatte, führte dann aber nicht nur zum Verzicht Ulrichs von Braunschweig, sondern auch zur Kandidatur des Dänenkönigs.

Herzog August von Sachsen-Lauenburg hatte am Gegenkreistag in der Stadt Lauenburg nicht teilgenommen. Lediglich sein jüngerer (Halb-)Bruder Franz Karl war bei dem Treffen mit König Christian IV. anwesend. Ein weiterer Kreistag erhielt die Bestimmung, nach dem Vorbild von 1623 die Aufstellung einer Kreisarmee anzuordnen. Der Kreisoberst erhielt das Recht, Druck auf ablehnende Stände nach eigenem Ermessen ausüben zu dürfen. Auf der im Mai 1625 folgenden entscheidenden allgemeinen Versammlung des Kreises in Braunschweig beschloss nach langem Streit zwischen den Anhängern des Dänenkönigs und jenen des Kaisers eine Mehrheit die Truppenwerbung durch Christian IV. für die Dauer der Schutzbedürftigkeit des Kreises. Ziel war es, dem Vordringen der Gegenreformation innerhalb der Kreisgrenzen Einhalt zu gebieten, sich aber nach außen hin eines offensiven Vorgehens zu enthalten. Da die Kreisstände die ihnen obliegenden Beiträge in Geld und nicht in Militär zu entrichten hatten, konnte König Christian IV. seine Truppen zum Teil als Kreisarmee, die übrigen als Hilfstruppen bezeichnen, die der Niedersächsische Reichskreis aufzunehmen verpflichtet war. Die dänischen Kreistruppen wurden entlang der Weser, zum Teil aber auch bis in Gebiete des Westfälischen Kreises hinein eingesetzt.

Der Niedersächsische Kreis hatte sich also – wenn auch widerstrebend – in die Kriegspolitik Christians IV. hineinziehen lassen. Im Gegenzug dazu hatten auch die ligistischen Kräfte ihr Augenmerk auf die Ressourcen Niedersachsens gerichtet. Die Parteinahme des Kreises zahlte sich nicht nur nicht aus, sondern bewirkte am Ende das Gegenteil dessen, was erstrebt worden war: Das Land wurde nicht geschützt, sondern zum Opfer der widerstreitenden Parteien. Nach 1630 wandte sich der Kreis dem König von Schweden zu und blieb auch nach 1632 bei dieser Orientierung. Erst im Frühjahr 1639 erklärte er seine Neutralität.

An den vielfältigen Aktivitäten des Niedersächsischen Kreises hatte Herzog August von Sachsen-Lauenburg kaum Anteil; er wollte sich auch innerhalb des Kreises neutral verhalten, was aber angesichts der militärischen Ereignisse unmöglich war. Darüber hinaus wurde er von seinen eigenen Brüdern, von denen sich fünf in unterschiedlichen Kriegsdiensten befanden, unter Druck gesetzt.

Als Schurke von besonderen Gnaden erwies sich Franz Karl (1594–1660), der sich 1622 aus französischen Kriegsdiensten in die des Grafen Ernst II. von Mansfeld begeben hatte und in dessen Auftrag bei mehreren Fürsten des Niedersächsischen Kreises Unterstützung erpressen sollte. Am 13. Juni 1623 wandte er sich in einem Schreiben an Schultheißen und Schöffen des Landes Hadeln, in dem er mitteilte, er brauche für die Werbung eines Regiments Geld. Das Land Hadeln solle ihm 6000 Rtlr. zahlen; dafür werde er sich dafür einsetzen, dass es zu keiner Einquartierung komme. Von seinem Bruder, dem Landesherrn, sei keine Hilfe zu erwarten. Die Hadelner wiesen diese erpresserische Forderung zurück. Eine Chance, sich gegen den militärischen Druck zu wehren oder Hilfe zu erlangen, hatten sie nicht.

Im Herbst 1625 bezog der Mansfelder Winterquartiere im Herzogtum Lauenburg, in den beiderstädtischen Territorien (Hamburg und Lübeck) und im Stift Ratzeburg. Herzog Franz Karl hatte keine Skrupel, sein Quartier in Ratzeburg zu nehmen; die Bitten seines Bruders, die Residenzstadt zu verschonen, fruchteten nicht. Der jüngere Bruder des Landesherrn begründete sein brutales Vorgehen damit, dass er die *„Libertät des protestantischen Glaubens"* zu verteidigen habe. Den Katholiken müsse der Pass nach Norden verwehrt werden; da sei es besser, wenn er die Verteidigung selbst übernähme, als wenn Fremde es täten. Vielfältige Bemühungen, die mansfeldischen Truppen wieder loszuwerden, waren ohne Erfolg. Das Land musste die schweren Lasten bis zum Frühjahr ertragen.

Nach dem Sieg über Christian IV. bei Lutter am Barenberge (27. August 1626) entsandte der Kaiser Beauftragte an den Niedersächsischen Kreis und ließ die Leistungen für sich in Anspruch nehmen. Das Herzogtum wurde im Winter 1626/27 von General Tilly zum Werbeplatz gemacht. Durchmarschierende Truppen plünderten in den Dörfern, nahmen Geiseln und richteten vielfältige Schäden an. Eine Bestandsaufnahme der Schäden aufgrund der Akten ist schwierig, weil diese nicht vollständig sind und andererseits viele der dem Landesherrn vorgelegten Berichte sich einer Sprache bedienen, die besonders dramatisch, aber wenig präzise ist. Die Schikanen häufen sich, die Schäden halten sich aber offenbar in Grenzen; andernfalls ließe es sich nicht erklären, dass auch nach 25 Jahren noch Kontributionen erhoben oder Vieh gestohlen werden konnte. Eine Selbstverteidigung fehlte völlig. Wo sie erwogen wurde, konnte sie aus Mangel an „Offizieren" nicht umgesetzt werden; so im Oktober 1627, als kroatische Reiter im Amt Lauenburg geplündert und gemordet hatten.

37: Herzog Franz Karl

Herzog Franz Karl war 1630 in schwedische Dienste getreten und bemühte sich, in seinem „Vaterland", wie er selbst betonte, Truppen zu werben und seinen Bruder zu bedrängen. Im Oktober versuchte er, die Festung Ratzeburg in seine Hand zu bekommen. Kaiserliche Truppen Pappenheims setzten ihn am Ende fest. Nachdem die Kaiserlichen 1631 abgezogen waren, rückten schwedische Truppen ein und machten das Herzogtum zum Werbeplatz. Hilferufe des regierenden Herzogs an den kreisausschreibenden Fürsten, Herzog Georg von Braunschweig-Lüneburg, blieben ohne Ergebnis.

In den folgenden Jahren bediente sich auch Herzog Franz Heinrich, der als Oberst ein schwedisches Reiterregiment kommandierte, aus seinem „Vaterland", nachdem Franz Karl, der 1631 bereits wieder in schwedischen Diensten war, im Lande hatte werben lassen und am Ende 9000 Rtlr. kassieren konnte.

Herzog August versuchte immer wieder, Einquartierungen oder Werbungen im Land zu verhindern; in Verhandlungen sollten dafür Geldzahlungen angeboten werden. Dort, wo die Forderungen nicht erfüllt wurden, wie 1636 im Land Hadeln, erfolgte die militärische Exekution. Die Brüder Franz Heinrich, aber auch Julius Heinrich verlangten Werbegelder aus dem Land des Bruders (1637 und 1641).

1638 lag das kaiserliche Regiment zu Fuß Gonzaga im Herzogtum Lauenburg; es hatte sein Quartier in den Städten Lauenburg und Ratzeburg. In einem Bericht vom Jahresende heißt es, dass sich vier weitere Regimenter zu Ross einquartiert hätten, „wodurch das Land fast erschöpfet. Auch das Städtlein Lauenburg von denen Gonzagaschen bei dem Aufbruch am 29. Juni hart mitgenommen (...) und das Städtlein Ratzeburg durch einen Anschlag angefallen und von dem darinnen logierenden (...) Hauptmann etliche Bürger daselbst auf der Wache erstochen und verwundet worden. Wie man nun inzwischen, da beide Armeen drei Monat, Juli, August und September bei Triebsees und Malchin im Felde gelegen, das gewachsene Getreide einernten lassen und hernach der kaiserl. Generalleutnant Graf von Gallas auf die rechte Seite näher Wittstock gerücket, ist der Feld M. Baner auf die andere Seite durchs Land Sachsen an die Elbe gangen, wodurch zu Ende des September das Land Sachsen mit Streifen und Plündern täglich infestiret, und endlich sechs schwedische Regimenter zu Ross darin geleget worden. I. F. Gn. haben Ihr zwar höchl. angelegen sein lassen und angehalten, daß doch ihr eigenes Residenz Städtlein Ratzeburg durch solche Macht zur Einquartierung nicht bedränget werden möchte. So gar, daß sich der Herr Bruder, Herzog Franz Albrechten zu Sachsen F. Gn., den 10. Okt. 1638 in selbst eigener Person und durch der Leute, benanntl. Hr. Rittmeister Henning und Hr. v. Quetzen bei dem General Major Adam von Pfuel, welcher mit denen 6 Regimentern Pferden die Quartier begriffen, sich deswegen bemühet, es hat aber nicht verfangen mögen. Sondern das ganze Amt und vornehmlich bemeltes Residenz Städtlein Ratzeburg ist am 13./23. Okt. mit 2 Obersten und anderen hohen Offizieren, und alle Häuser so häufig beleget worden, daß in etzlichen über 20 á 30 Pferde geleget. Und wenn etzliche ausziehen, so rücken andere wieder hinein, daß nunmehr in einem geringem Hause über 40 Knechte logieren und das Städtlein samt I.F. Gn. Ämtern und Höfen gar ganz aufgerieben, dadurch sie samt dero Gemahlin, Jungen Herrn und Fräulein, auch dero Fürstl. Herren Gebrüder aller Lebensmittel verlustig und das Fürstentum einer Wüste und Einöde gleich geworden ist."[26]

Aus dem zitierten Bericht wird deutlich, dass während der Kriegsjahre die Landwirtschaft weiterbetrieben wurde; auch der Handel lief weiter, wenn auch mit Einschränkungen. Wenn 1641 im Amt Schwarzenbek beklagt wurde, dass in einigen Dörfern 122 Pferde gestohlen worden seien, dann belegt dies auch, dass es nach wie vor Pferde in größerer Zahl im Lande gab. Die durch die unterschiedlichen Truppen verursachten Belastungen zogen sich bis zum Ende des Krieges hin, ja sie reichten noch zwei Jahre darüber hinaus.

Seit November 1648 stand fest, dass auch das Herzogtum Lauenburg sich an den an Schweden zu zahlenden „Satisfaktions- und Friedensgeldern" in Höhe von drei Millionen Rtlr., die der Niedersächsische Kreis aufzubringen hatte, würde beteiligen müssen; 12.000 Rtlr. hatte das Land zusammenzubringen. Ein Landtag legte die Summen für die Ämter, Städte, die Ritterschaft und den Herzog fest.

26 Landesarchiv Schleswig, Abt. 210, Nr. 2961.

Das Herzogtum Lauenburg war, wie viele andere kleine Territorien, zum ohnmächtigen Opfer in den großen Kriegsereignissen geworden. Seine „Neutralität" war nichts wert, weil sie nicht geschützt werden konnte. Nicht einmal die Mitglieder der herzoglichen Familie waren bereit, ihr Land, aus dem sie ihre Apanagen bezogen, zu schützen.

5. Die Bestimmungen des Westfälischen Friedens zur Reichskriegsverfassung und ihre Auswirkungen auf Schleswig-Holstein und Lauenburg in den Kriegen zwischen Dänemark und Schweden

In Artikel XVII des Osnabrücker Friedensvertrags waren wichtige Teile der alten Reichsexekutionsordnung erneuert worden. In § 9 war geregelt, dass der Durchmarsch von Truppen durch andere Länder auf Kosten dessen geschehen solle, dem die Truppen gehörten, und denjenigen, durch deren Länder sie marschierten, keinen Schaden bringen dürften.[27] Als Teil des Friedenswerks von 1648 hatten diese Bestimmungen zwar ein erhebliches Gewicht, doch zeigte sich bereits nach wenigen Jahren, dass sich die Situation für ein kleines Reichsterritorium wie Sachsen-Lauenburg nicht grundsätzlich geändert hatte. Die politischen Verhältnisse hatten es mit sich gebracht, dass Schweden in den Besitz der ehemaligen Bistümer Bremen und Verden und eines Teils von Pommern gelangt war. Der König von Schweden gehörte damit auch dem Niedersächsischen Reichskreis an.

1655 begann der Schwedisch-Polnische Krieg, der sich, nachdem Dänemark eingegriffen hatte, zu einem nordischen Krieg entwickelte, von dem auch die Herzogtümer Schleswig, Holstein und Lauenburg betroffen waren. Während der König von Dänemark, der auch Herzog von Schleswig und Holstein war, eine der kriegführenden Parteien darstellte und Herzog Friedrich III. von Schleswig-Holstein-Gottorf als Verbündeter des schwedischen Königs nicht unbeteiligt war, befand sich Herzog Julius Heinrich von Sachsen-Lauenburg wieder in der Lage eines neutralen Reichsstandes, dessen Land von den kriegführenden Parteien durchzogen wurde. Das Instrumentum Pacis von 1648 sah zwar vor, dass in einem solchen Falle keine Schäden entstehen sollten; die Realität war aber eine andere.

Kleine Truppenbewegungen der Schweden zwischen Bremen-Verden und Pommern hatte es bereits vor dem Ausbruch des Krieges in Polen gegeben. Sie waren tatsächlich so erfolgt, wie es rechtens war. Auch 1656, als ein schottisches Regiment in schwedischen Diensten das Land passierte, wurden die Kosten (303 Rtlr.) abgerechnet.

Beim Durchzug der von Polen nach Holstein oder Bremen vorrückenden schwedischen Armeen im Juli 1657 lieferte die Stadt Ratzeburg für 300 Rtlr. Proviant. Im Amt Ratzeburg entstand ein nachgewiesener Gesamtschaden von 4236 Rtlr. Bei der Spezifikation der Schäden fällt auf, dass nicht nur die Orte an den Marschstraßen betroffen waren, sondern auch entlegene Dörfer. Im Mai 1658 trat die Ritter- und Landschaft zusammen, um über Maßnahmen zu beraten, die getroffen werden mussten, um die Passage von 17 schwedischen Regimentern zu ermöglichen. Pfalzgraf Philipp von Sulzbach hatte diesen Marsch angekündigt; es handelte sich um Truppen, die nach dem Frieden von Roskilde (26. Februar 1658)

27 Instrumentum Pacis Westphalicae. Die Westfälischen Friedensverträge 1648 (= Quellen zur neueren Geschichte, Heft 12/13). Bern 1949, S. 77.

von Dänemark nach Pommern verlegt werden sollten. König Karl X. Gustav hatte dem Lauenburger Herzog zugesagt, die angerichteten Kriegsschäden durch Lieferung von Kupfer im Wert von 24.000 Rtlr. auszugleichen. Das Kupfer sollte für den Wiederaufbau des Lauenburger Schlosses verwendet werden. An diese Zusage wird in einem Schreiben vom 8. Oktober 1660 (an die Witwe des Schwedenkönigs) erinnert.

Im Herbst 1658 rückte die aus österreichischen, brandenburgischen und polnischen Truppen bestehende Koalitionsarmee gegen die in Schleswig-Holstein operierenden schwedischen Truppen vor. Das Kommando der verbündeten Armee lag in der Hand des Großen Kurfürsten von Brandenburg. Dieser hatte dem Sohn des regierenden Herzogs von Lauenburg, Franz Erdmann, zugesagt, das Land zu schonen. Er wies auch den nachrückenden polnischen General Czarnietzki an, auf Disziplin und gute Kriegsordnung zu achten. Die in den Listen zusammengetragenen Schäden hielten sich deshalb auch in Grenzen: Das Amt Schwarzenbek nannte 269 Rtlr., das Amt Lauenburg 1268 Rtlr., die Stadt Lauenburg 273 Rtlr.

In wirkliche Bedrängnis geriet das Herzogtum erst beim Rückmarsch der Truppen 1659 und 1660. Dabei waren es weniger die Polen, die Schaden anrichteten. Im Herzogtum Schleswig hatten die Truppen Czarnietzkis so nachhaltige Spuren hinterlassen, dass der ganze Krieg als „Polackenkrieg" bezeichnet wurde. Im Lauenburgischen waren es die Kaiserlichen, die der Bevökerung besonders zur Last fielen.

Im Januar 1660 verhandelten Vertreter des Herzogs mit General Raimondo di Montecuccoli (1609–1680)[28]; sie erklärten diesem gegenüber, das Land habe bereits für 20.000 Rtlr. Verpflegung für die Truppen geliefert, mehr ginge nicht. Das Regiment des Pfalzgrafen Ruprecht blieb vom Januar bis Anfang Oktober 1660 im Herzogtum Lauenburg einquartiert; dabei entstanden Kosten in Höhe von über 45.000 Rtlr. Da der Herzog von Braunschweig-Lüneburg-Celle den kaiserlichen Völkern den Durchzug durch sein Land verweigerte, verzögerte sich der Abmarsch noch einmal. Die Räte in Ratzeburg ließen nichts unversucht, die Truppen loszuwerden. Sie „verehrten" Montecuccoli sogar einen Betrag von 1000 Rtlr., um ihn zu bewegen, seinen Reitern den Befehl zum Abmarsch zu erteilen. Dafür wurde bei Lübecker Kaufleuten ein Kredit aufgenommen, mit dessen Rückzahlung (bei 6 % Zinsen) sich die Ratzeburger Regierung 1662 schwer tat. Die Investition hatte sich nicht gelohnt: Montecuccoli nahm das Geld, die Truppen aber blieben.

Die während der Jahre 1648 bis 1662 bei Durchmärschen entstandenen Kosten bezifferten die Ämter wie folgt: – Ratzeburg: 29.053 Rtlr., – Lauenburg: 7194 Rtlr., – Schwarzenbek: 18.995 Rtlr.

Der Niedersächsische Kreis trat während des Krieges 1657–1660, so scheint es, für das Herzogtum Lauenburg kaum in Erscheinung. Der Kaiser hatte die üblichen „Mandata avocatoria et inhibitoria" an den Nieder- und Obersächsischen Kreis ergehen lassen. Schweden hatte dagegen protestiert und geltend gemacht, die Behauptung des Kaisers und des Kurfürsten von Brandenburg, Schweden befinde sich im Krieg mit dem Reich, sei eine „denunciatio belli". Dänemark sei der Angreifer; das schwedische Eingreifen in Holstein sei nur zum Schutze des Herzogs von Schleswig-Holstein-Gottorf erfolgt.

Die Zeit des Dreißigjährigen Krieges war für das lauenburgische Fürstenhaus – wie bereits angedeutet – auch durch familiäre Konflikte eingetrübt. Darüber hinaus gelangten

28 Über diesen: Georg Schreiber, Raimondo Montecuccoli. Feldherr, Schriftsteller und Kavalier. Ein Lebensbild aus dem Barock. Graz, Wien und Köln 2000.

38: Medaille von Herzog Julius Franz

einige der Söhne Franz' II. zu zweifelhaftem Ruhm. Franz Albrecht (1596–1642)[29] und Julius Heinrich (1586–1665)[30] gehörten zur Gruppe jener Kriegsunternehmer des 17. Jahrhunderts, die weder den jeweiligen Kriegszielen noch moralischen Prinzipien verpflichtet waren. Herzog Franz Albrecht erlangte dabei sogar literarische Berühmtheit. Er geriet in den Verdacht, zum Tod Gustav Adolfs von Schweden in der Schlacht bei Lützen am 16. November 1632 beigetragen zu haben. So behaupten es Friedrich v. Schiller in seiner „Geschichte des Dreißigjährigen Krieges" und Gottfried Keller in seiner Novelle „Gustav Adolfs Page". Diese Aussagen sind historisch nicht belegt und gelten auch als wenig wahrscheinlich.

Herzog Julius Heinrich war in kaiserlichen Diensten erfolgreich; ihm gelang es, mit Gütern ausgestattet zu werden, aus denen er eine barocke Herrschaft errichten konnte. Er hatte eine gute Ausbildung genossen, bevor er 1612 in schwedische Dienste trat, wo er als Oberst einem Kavallerieregiment vorstand. Seit 1617 hatte er in kaiserlichen Diensten gestanden. Die von ihm errichtete Herrschaft mit Schlackenwerth und Theusing wurde zu seinem Stammsitz und blieb es auch, als er nach dem Tod seines Bruders August 1656 lauenburgischer Herzog wurde.[31] Er war zum katholischen Glauben übergetreten und tat sich als Förderer kirchlicher Einrichtungen hervor. Seine dritte Ehe mit Anna Magdalena von Lobkowitz brachte ihm weitere Besitzungen in Böhmen ein. Seine böhmischen Besitzungen, ein Grundeigentum von mehr als 1000 km^2, besaßen mehr Wirtschaftskraft als das Herzogtum Lauenburg.

39: Julius Franz, Herzog von Sachsen-Lauenburg

Herzog August[32] konnte zwar wirtschaftlich und kulturell nicht mithalten, war aber als Reichsfürst nach wie vor dem jüngeren Bruder protokollarisch überlegen. Er hatte sein Land trotz zahlreicher Widrigkeiten durch den Dreißigjährigen Krieg gebracht und auch anders als das Domkapitel Ratzeburg den Friedensschluss von Münster und Osnabrück 1648 überstanden. Den Schwedisch-Polnischen Krieg (1655–1660), der auch das Herzogtum Lauenburg mit Durchzügen und Kontributionen belastete, erlebte er nicht mehr; er starb 1656.

Seine Nachfolge trat Julius Heinrich, als Siebzigjähriger bereits hochbetagt, an. Er war mit Böhmen mehr verbunden als mit dem kleinen Land nördlich der Elbe. Doch dort hatte er – wie berichtet – mit Truppendurchzügen und anderen kriegsbedingten Lasten wie sein Vater zu tun. Helfen konnte er wenig. Auch die Angehörigen der Ritter- und Landschaft konnten die ihnen anvertrauten Bewohner nicht schützen.

Auch seinem Nachfolger Franz Erdmann (1629–1666), der nur sehr kurz regierte (1665/1666)[33], ging es nicht besser. Er war einer der beiden Söhne Herzog Julius Heinrichs, hatte keine männlichen Nachkommen und trat deshalb sein Erbe an seinen Bruder Julius Franz (1641–1689)[34] ab, den letzten männlichen Vertreter der Askanier der sachsen-lauenburgischen Linie.

29 Vgl. Biogr. Lex., S. 153 f.
30 Ebd., S. 154 f.
31 Vgl. Hans-Georg Kaack, Sachsen-Lauenburg, Böhmen und Baden. Ratzeburg 1975.
32 Vgl. Biogr. Lex., S. 26 f.
33 Ebd., S. 154 f.
34 Ebd., S. 233 f.

Auch Julius Franz wurde schon bald mit den kriegerischen Auseinandersetzungen des Nordens konfrontiert. In den Jahren 1675 bis 1679 kam es zu Konflikten zwischen Brandenburg und Schweden, in die auch Dänemark verwickelt war. Der dänische König Christian V. wollte den Sieg des Großen Kurfürsten von Brandenburg in der Schlacht von Fehrbellin (28. Juni 1675) nutzen, um die Ergebnisse des Friedensschlusses von 1660 auszugleichen.

Im August 1675 konzentrierte Christian V. seine Truppen bei Mölln, um dann nach Wismar, das belagert wurde, vorzurücken. Die dänischen Kriegskommissare verlangten ungewöhnlich große Mengen an Proviant. Da sich der Landesherr in Böhmen aufhielt, mussten die Räte in Ratzeburg taktieren. Sie überlegten, ob sie es auf eine militärische Exekution ankommen lassen sollten; es wurde auch erwogen, ob Reichskanzler Griffenfeld zu bestechen sei. Es kam vor allem darauf an, Winterquartiere abzuwehren. Da die Belagerung von Wismar ohne Erfolg abgebrochen wurde, stand der Rückmarsch der Dänen im Oktober/November 1675 bevor. Winterquartiere und Durchmärsche belasteten das Herzogtum über Monate. Die von der Bevölkerung zu erbringenden Opfer waren höher als die während des „Polackenkrieges".

Bei der Durchsicht der Akten ergibt sich aber ein zuvor nicht zu beobachtendes Verhalten der durch den Krieg heimgesuchten Menschen: Sie wehrten sich. Nicht dass sie zu den Waffen griffen (die sie nicht hatten), sondern sie machten ihre Rechte geltend, drangen auf Verfolgung der Täter nach Übergriffen und verlangten die Rückgabe gestohlenen Gutes. Tatsächlich wurden die Beschwerden von den Offizieren aufgenommen; es kam zur Verurteilung von angeklagten Soldaten.

Die Auseinandersetzung mit den kriegführenden Parteien war Anfang 1677 besonders schwierig, weil in diesem Jahr auch Truppen aus Braunschweig-Lüneburg untergebracht werden mussten. Die Schadensbilanz wurde erst 1689 zusammengestellt; sie ergab eine Summe von 393.715 Rtlr. Annähernd 50.000 Rtlr. hatten die Einquartierung und die Durchmärsche Münsterscher Truppen im Land Hadeln gekostet. Diese Aktion in den Jahren 1675 bis 1677 hatte zu einer Reaktion des Niedersächsischen Kreises geführt, der sich im April 1677 beim Bischof von Münster beschwerte und Schadenersatz verlangte.[35]

Herzog Julius Franz war zwar bemüht, seinem Stammland beizustehen, doch dazu hätte es der Unterstützung der Ritter- und Landschaft bedurft. Diese wurde ihm jedoch verweigert. Die Stabilität der „Ewigen Union" von 1585 hatte sich zugunsten der Ritter- und Landschaft bewährt; die damit verbundene Beschränkung der Herrschaft der Fürsten hatte aber negative Folgen für die strukturelle Entwicklung des Landes.

Unter Herzog Franz II. war eine halbwegs moderne Verwaltung entstanden. Seit 1605 gab es eine Kanzleiordnung, in der die Verwaltungsabläufe und Kompetenzen geregelt waren. An der Spitze stand der Kanzler; er war Sprecher des Fürsten, führte den Vorsitz bei den Sitzungen des Hofgerichts und des Konsistoriums und verfasste die herzoglichen Landtagsabschiede, ferner war er für die Bearbeitung der Reichskammergerichts- und Reichshofratsangelegenheiten zuständig. Der Kanzler oder sein Vertreter, der Vizekanzler, waren auch als Gesandte die Repräsentanten des Herzogtums bei den Reichstagssitzungen. Da die Herzöge sich nach 1648 überwiegend in Böhmen aufhielten, entwickelten sich Verwaltungsformen, die auf obrigkeitliche Distanz angelegt waren und den Ständen, der Ritter- und Landschaft, nicht nur in Kirchenfragen großen Einfluss erlaubten.

35 E. Opitz, Das Herzogtum Lauenburg in den Kriegen des 17. Jahrhunderts (wie Anm. 25), S. 185 f.

Als Julius Franz 1666 die Regierung im Herzogtum Lauenburg übernahm, ergab sich, dass ein Fürst, der bereits in jungen Jahren zum katholischen Glauben übergetreten war, die Herrschaft in einem Land mit einer streng lutherischen Kirchenordnung antrat, deren Konsequenz seine eigene Ausweisung hätte zur Folge haben müssen. Die Ritter- und Landschaft sorgte dafür, dass die katholische Religionsausübung bei Anwesenheit der herzoglichen Familie im Land streng begrenzt wurde. Dem Konsistorium, das durch die Kirchenordnung von 1585 begründet worden war, kamen dabei besondere Aufgaben und Kompetenzen zu, die bis 1876 bestanden, so die Ausbildung, Einsetzung und die Amtsführung der Geistlichen. Das Konsistorium war auch für das Schulwesen, das grundsätzlich der Kirche unterstand, zuständig. In regelmäßigen Visitationen wurde die Einhaltung der Kirchenordnung durch den Superintendenten überprüft. Das Konsistorium war keine Behörde, es trat nur dreimal jährlich in Ratzeburg zusammen. Ihm gehörte ein fester Stamm von Mitgliedern an, der Kanzler, ein Hofrat, der Superintendent, mehrere Geistliche, der Kanzleisekretär und zwei Mitglieder der Ritterschaft. Die Kirchenordnung enthielt auch eine Reihe von Verordnungen, die in modernen Staatswesen Teil der Strafgesetzgebung sind. Deshalb gehörte der Pastor aus der Sicht der Gemeindemitglieder zur „Obrigkeit", denn er konnte (und musste) „ex cathedra" den Menschen seiner Gemeinde nicht nur ins Gewissen reden, sondern auch Anordnungen der weltlichen Obrigkeit verlesen. Darüber hinaus hatte er Kirchenstrafen auszusprechen – eine Tatsache, die nicht immer zur Beliebtheit des Ortsgeistlichen beitrug.

Moderne Staaten zeichnen sich dadurch aus, dass sie zwischen den drei Gewalten, Legislative (Gesetzgebung), Exekutive (Regierung) und Judikative (Rechtssprechung) unterscheiden und diese gegeneinander abgrenzen. Diese Trennung ist eine Errungenschaft des 19. Jahrhunderts. Im Herzogtum Lauenburg trat dieser Zustand erst mit der Integration in den preußischen Staat ein. Zuvor waren die Zustände „archaisch", d. h., die oberste Gerichtsbarkeit lag auch in der Hand der politischen Führung. Seit 1578 gab es als höchste richterliche Instanz das Hofgericht, für das auch nach einigen Auseinandersetzungen mit den Ständen eine Hofgerichtsordnung verabschiedet wurde. In mehreren Schritten erfolgten Überarbeitungen zugunsten der Ritterschaft, in denen die Termine und die Zusammensetzung der Gerichte festgelegt wurden. Die Position der Adligen Gerichte wurde gestärkt und blieb bis ins 19. Jahrhundert bestimmend. Auch die letzte Fassung vom 10. Oktober 1702 im Rahmen des Landesrezesses[36] hatte nichts am altständischen Prinzip geändert.

1591 wurde eine Policey-Ordnung für das gesamte Herzogtum konzipiert. Beabsichtigt war, alle Fragen, die im modernen Staatswesen als „Innenpolitik" begriffen werden, in Regeln zu fassen, was naturgemäß in einem Ständestaat auf Widerstand stoßen musste. Während die Städte Ratzeburg (1582) und Lauenburg (1599) gültige Policey-Ordnungen besaßen, erlangte eine solche für das gesamte Land niemals Gesetzeskraft. Es ist sinnvoll, die Schreibweise „Policey" beizubehalten, um deutlich zu machen, dass der historische Begriff von dem heutigen weit entfernt ist. Der ältere Obrigkeitsstaat kannte zwar auch zahlreiche Bedienstete, aber keine „Polizisten" (im modernen Sinn). Policey-Ordnungen hatten die Aufgabe, „das Zusammenleben der Bevölkerung unter Einbezug sittlicher und religiöser Vorstellungen und das Verhältnis von Staat und Bürger zu regeln. Unter anderem sollten die

---

36 Christiane Oberländer, Die Verfassungs- und Verwaltungsgeschichte des Kreises Herzogtum Lauenburg vom Mittelalter bis zur Ämterreform 1948, in: Lauenburgische Heimat, Heft 156, 2000, S. 20-83, hier: S. 35 f.

Qualität der Waren, gerechte Preise und die ausreichende Versorgung des Landes mit Nahrung gesichert, der Verschwendung und dem Luxus entgegengewirkt, zu einem christlichen Leben und zur Sparsamkeit erzogen, sowie die Fürsorge für Arme, Kranke, Waisen und Alte sichergestellt werden."[37] Überschneidungen mit Bestimmungen der Kirchenordnung von 1585 sind im Entwurf der Policey-Ordnung nicht zu übersehen. Ob dies dazu beigetragen hat, dass die Ordnung nie in Kraft trat, ist nicht bekannt.

40: Das Wappen der Familie von Bülow in der Kirche zu Gudow

Das wichtigste Verfassungs- und Verwaltungsorgan waren die Landtage, deren Protokolle seit der Mitte des 16. Jahrhunderts überliefert sind. Mitglieder waren die Besitzer von Gütern mit Landstandschaft, d. h. adlige, später auch bürgerliche Gutsherren, mit deren Gütern das Recht der Landesrepräsentation verbunden war und die „Adligen Gerichten" vorstanden. Ende des 16. Jahrhunderts nahmen 42 Personen als Mitglieder der Ritter- und Landschaft an den Landtagen teil. Hinzu kamen die Abgeordneten der Städte Ratzeburg und Lauenburg, nach 1683 auch Mölln (jeweils einer); die Geistlichkeit war – anders als in Schleswig-Holstein – nicht vertreten. „Der Fürst vertrat das Domanialgut, also die in seinem Besitz befindlichen Ämter, mit seiner Person oder durch herzogliche Räte auf dem Landtag. Alle anderen Besitzungen wurden durch die Stände repräsentiert. Die Landtagsmitglieder der Ritterschaft vertraten ihre Interessen als adlige Gutsbesitzer und als Inhaber der Patrimonialgerichtsbarkeit, nicht diejenigen ihrer Gutsleute. Auf den Landtagen wurden im Namen der Ritter- und Landschaft und des Herzogs Gesetze und Steuern verabschiedet, die für alle Landesbewohner Gültigkeit hatten, so dass die Landtagsmitglieder als Repräsentanten des ganzen Landes anzusehen sind. Alle anderen Landesbewohner hatten keinen Einfluss auf die Landtagsabschiede."[38]

Eine wichtige Rolle im Herzogtum spielte der Erblandmarschall. Dieses Amt war mit der Belehnung mit dem Gut Gudow verbunden, das sich seit 1470 im Besitz der Bülows befindet. Gleichwohl bedurfte die Führung des Titels der Bestätigung durch den Landesherrn. Der Landmarschall war einerseits oberster Repräsentant der Ritter- und Landschaft und hatte als solcher deren Interessen (und die des Landes) zu vertreten; deshalb bewahrte er auch das landschaftliche Archiv auf seiner Burg auf. Er war andererseits der erste Ansprechpartner des Herzogs und insofern verpflichtet, Wünsche desselben umzusetzen. Aus dieser Bindegliedfunktion erwuchsen für die Familie von Bülow vielfältige Aufgaben und Probleme, die bis zum Ende der lauenburgischen Selbstständigkeit anhielten.

Versammlungsorte der Stände waren zumeist die Kirche von Büchen oder die Residenzen des Herzogs; später, als sich die Landesherrn überwiegend in Schlackenwerth

41: Büchen: die sog. Priesterkate

37 Ebd.
38 Ebd.

(Böhmen) aufhielten und nicht mehr an den Landtagen teilnahmen, versammelten sich die Mitglieder in der Büchener Priesterkate.

Obwohl die Union von 1585 als besonders ausgereifte, aber auch eine der letzten ständischen Fundamentalurkunden beim Übergang vom Mittelalter zur Neuzeit gelten kann, so darf nicht übersehen werden, dass ihr kein weiterer Ausbau ständischer Mitbestimmungsrechte folgte, sondern sich stattdessen eine Periode anschloss, in der eine Konzentration staatlicher Gewalt in der Hand der Fürsten stattfand. Das gilt trotz der Tatsache, dass die Privilegien durch künftige Landesherren bestätigt wurden und das Herzogtum Lauenburg verfassungsrechtlich ein Ständestaat blieb.

Unterhalb des Landes und oberhalb der Ebene der Dörfer lagen die fünf lauenburgischen Ämter: Lauenburg, Schwarzenbek, Ratzeburg, Neuhaus und Steinhorst (das von 1575 bis 1739 an die Herzöge von Schleswig-Holstein-Gottorf verpfändet war); das Land Hadeln hatte eine eigene Verfassung und galt nicht als „Amt". Die Ämter waren zu Beginn des 16. Jahrhunderts entstanden und hatten sich während der folgenden Jahrzehnte zu Verwaltungsbezirken entwickelt, für die im Verlauf des 17. Jahrhunderts Amtsordnungen und Instruktionen erlassen wurden. Der Landesherr übte seine Herrschafts-, Besitz-, Policey- und Gerichtsrechte in den Ämtern durch die von ihm besoldeten Amtmänner aus. Diese waren deshalb auch für die Ausführung landesherrlicher Pflichten und Rechte, z. B. für die Instandhaltung von Straßen und Brücken, für die Kontrolle der Krüge (Gaststätten) und die Einnahme von Kontributionen und anderen Steuern, zuständig. Sie hatten in ihren Monats- und Quartalsberichten detailliert über den Zustand ihres Bezirks Rechenschaft abzulegen. In Kriegszeiten hatten die Amtmänner und ihre Bediensteten (vor allem die Amtsschreiber) für Einquartierungen, Hand- und Spanndienste und sonstige Aufgaben zu sorgen. Den Amtmännern kamen also erhebliche Kompetenzen zu, die einerseits zur Aufwertung ihrer Position beitrugen, andererseits aber auch zum Missbrauch derselben verführten und deshalb sowohl in askanischer wie auch in welfischer Zeit Kontrollen und Bestrafungen zur Folge hatten.

Neben den Ämtern gab es 26 Gutsbezirke, die im Lauenburgischen als „Adlige Gerichte" bezeichnet wurden, in denen Verwaltung und Gerichtsbarkeit in der Verantwortung der Gutsbesitzer lagen, die ebenfalls Bauervögte in den Dörfern einsetzten. Schließlich sind die Städte, Ratzeburg, Lauenburg und Mölln, zu nennen, die seit dem Mittelalter über Selbstverwaltungsrechte und sonstige Privilegien verfügten.

Dem einfachen Bauern begegnete die Obrigkeit in Gestalt des Bauervogts, Bauermeisters oder Burmeisters. Dieser vertrat auf der untersten Stufe der Verwaltung die landesherrliche Gewalt in den Dörfern. In den Adligen Gerichten wurden die Bauervögte eingesetzt und mit Weisungen versehen, die deren Interessen entsprachen. In der Regel hatten die Bauervögte die Aufsicht über die Hölzungen, sie kontrollierten die Grenzen und waren verpflichtet, Straftaten anzuzeigen. Dafür waren sie von Hof- sowie von Hand- und Spanndiensten oder Kriegsfuhren befreit. Sie genossen darüber hinaus Privilegien in Bezug auf die Krug- und Wirtshausgerechtigkeit. Für die bäuerlichen Untertanen, also für die Mehrheit der Bevölkerung, waren die Landesherren weit entfernt. Als diese sich vorwiegend in Böhmen aufhielten, waren sie auch für die kleine Oberschicht kaum erreichbar.

Doch das Ende der askanischen Herrschaft im Herzogtum Sachsen-Lauenburg hatte nichts mit dem Verhalten der Stände gegenüber dem Herrscherhaus zu tun, sondern mit der Tatsache, dass Herzog Julius Franz 1689, achtundvierzigjährig, an einem Schlaganfall in Reichstadt (Böhmen) starb, ohne männliche Nachkommen zu hinterlassen. Damit fiel das Herzogtum als Reichslehen an den Kaiser zurück.

Er hinterließ zwei Töchter, die als Erben der böhmischen Besitzungen zwar eine „gute Partie", aber in dem norddeutschen Territorium nicht erbberechtigt waren. Versuche, wenigstens das Land Hadeln in weiblicher Erbfolge zu gewinnen, scheiterten.

IV. Viele Hände greifen nach dem Erbe der lauenburgischen Askanier

1. Der askanische Erbfall von 1689

Die Lauenburger Herzöge hatten – zumeist um Kredite zu erlangen – mit vielen Herrscherhäusern Erbverträge abgeschlossen, die darauf hinausliefen, im Falle des Aussterbens im Mannesstamme die Erbfolge an die jeweilige Vertragspartei abzutreten.

Der Tod Herzog Julius Franz' in der Nacht vom 29. auf den 30. September 1689 auf seinem Schloss Reichstadt kam überraschend. Er galt bis dahin als gesund und war mit 48 Jahren noch jung. Deshalb verbreitete sich das Gerücht, er sei Opfer eines Giftmordes geworden – wie seinerzeit üblich – ganz rasch. Aber die Nachricht von seinem Tod aktivierte auch all jene, die Erbansprüche geltend machen konnten. Es kam sogar zu kriegerischen Auseinandersetzungen. Deshalb wurden die Ereignisse um die Erbfolge gelegentlich auch als „Lauenburgischer Erbfolgekrieg" bezeichnet.

Der Übergang von der jahrhundertealten Herrschaft der Askanier auf die der Welfen aus dem Hause Braunschweig-Lüneburg war verbunden mit Prozeduren, die ein spannendes Kapitel im Feld der Politik auf der Wende absolutistischer Denkweisen hin zu solchen der Aufklärung aufzuschlagen vermögen.

Das Herzogtum Lauenburg war zwar klein, doch seine geographische Lage stellte so etwas wie eine Schlüsselrolle für die Beherrschung Norddeutschlands dar. In der Konkurrenz der Mächte am Vorabend des Spanischen Erbfolgekriegs und des Großen Nordischen Kriegs kam diesem Territorium eine wichtige Rolle bei den Konflikten der großen Mächte zu. Es zeigte sich sehr bald, dass nicht rechtliche Ansprüche die Erbfolge entscheiden sollten, sondern machtpolitische.

Was geschah, als nach Bekanntwerden des Todes Herzog Julius Franz' der Erbfall im Herzogtum Lauenburg eintrat? Eine Woche nach dem Tod des Herzogs meldete Kursachsen seine Erbansprüche an, indem es einen Rat entsandte, der auf sehr altertümliche Art Besitz vom Herzogtum ergreifen sollte, auf die noch näher eingegangen werden wird. In Ratzeburg wurden Kommandant und Garnison auf den Kurfürsten vereidigt, die Beamten wurden per Handschlag verpflichtet. Durch zahlreiche Schreiben sollten im ganzen Land, auch in Hadeln, die Regierungsgeschäfte auf das Kurfürstentum Sachsen übergehen. Doch zur Realisierung all dieser Aktivitäten kam es nicht, da die Welfen schneller waren. Herzog Georg Wilhelm von Braunschweig-Lüneburg-Celle[1], der unmittelbare südliche Nachbar jenseits der Elbe, ließ Truppen im Lauenburgischen einrücken und okkupierte auf diese Weise gewaltsam das Land.

Es liegen zahlreiche Berichte darüber vor, wie dies geschah. Einige seien zitiert:

Die Soldaten aus Celle waren „bey der Demmerung in der Stadt und Vestung Ratzeburg angelanget, hatten die versiegelten Gemächer des Schlosses wieder eröfnet und die Sachsen-Lauenburgischen Soldaten (...) wie nicht weniger auch einige derer Lauenburgischen

---

1 Vgl. Biogr. Lex., S. 173 f.

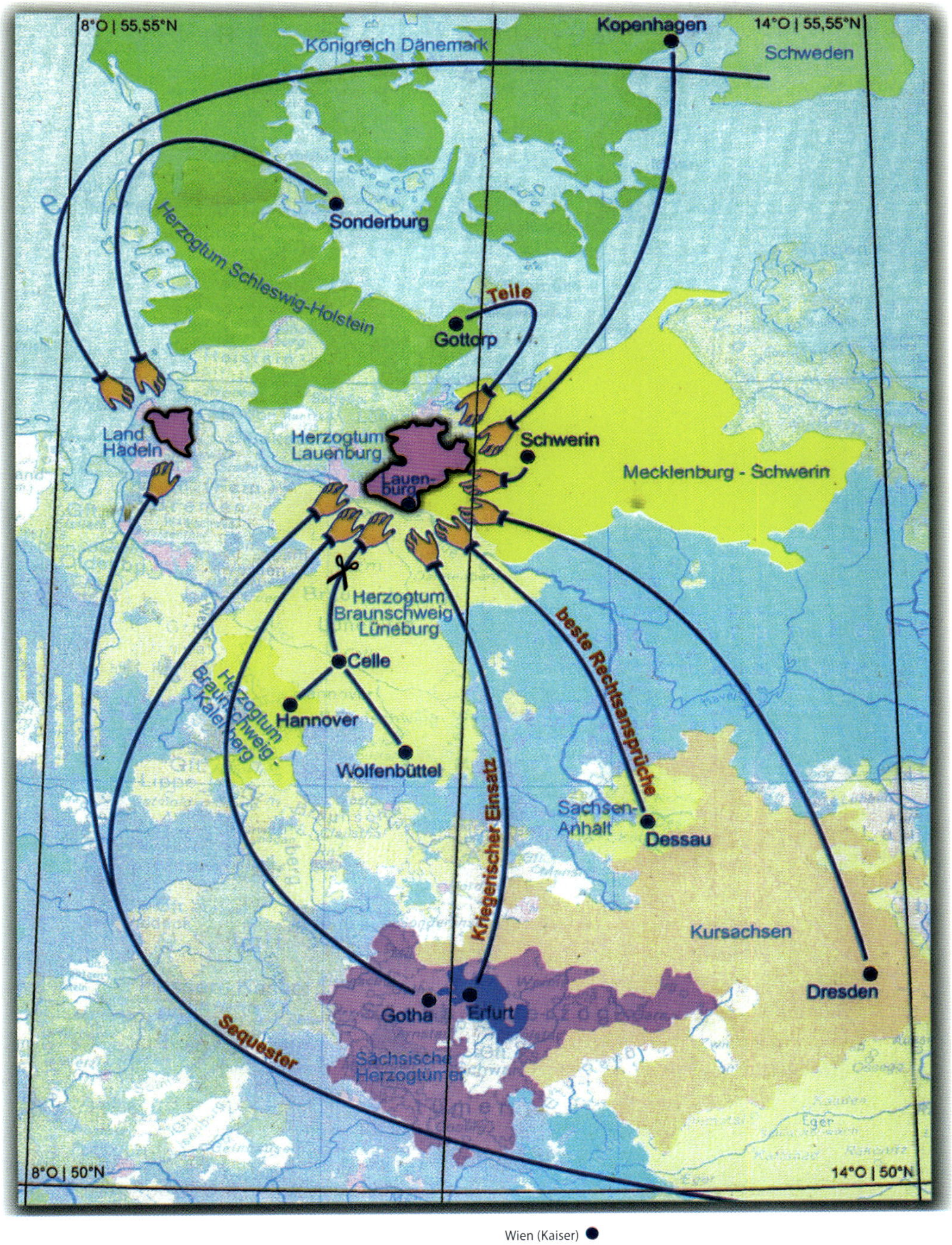

42: *Karte Ansprüche auf Sachsen-Lauenburg, 1689: „Viele Hände greifen nach Lauenburg"*

43: Herzog Georg Wilhelm von Braunschweig-Lüneburg-Celle sorgte für die militärische Besetzung Lauenburgs 1689. (links)

44: Andreas Gottlieb v. Bernstorff d. Ä. war ein wichtiger Ratgeber der Welfen bei der Erwerbung der Kurwürde für Hannover und bei der Einnahme des Herzogtums Lauenburg. (rechts)

Regierungs-Räthe in Arrest genommen". Die neuen Herren hatten „nicht nur an unterschiedenen Orten das Hertzogliche Lüneburgische Wappen ausgehänget und sich so wohl der Regierung, als des Cameral-Wesens angemasset", sondern führten weitere Truppen heran, „welche sonderlich an der Ratzeburgischen Fortifcation Tag und Nacht, Sonn- und Werckel-Tages arbeiteten". Auch „liesse man aus dem Fürstlichen Garten die dickesten und besten Obst-Bäume zu Pallisaden aushauen, worüber derselbe totaliter ruiniret worden". Rüstungsgüter kamen heran: Pulver aus Hamburg und Kanonen aus Lübeck.[2]

Auf dem Regensburger Reichstag wurde versucht, über den Verhandlungsweg die Frage der lauenburgischen Erbfolge zu regeln. Der Vorschlag, den Kaiser als Sequester einzusetzen, wurde zwar versuchsweise unternommen, reichte aber nur für die Inbesitznahme des Landes Hadeln. Auf dieses hatte zuvor schon Schweden als Rechtsnachfolger des Erzbischofs von Bremen Anspruch erhoben.

Ein weiterer Anwärter auf die lauenburgische Erbfolge war Sachsen-Anhalt, das noch von den Askaniern regiert wurde und ebenfalls gute Rechtspositionen innehatte. Der von Dessau entsandte Kommissar kam Ende September in der Stadt Lauenburg an, wurde aber mit Hinweis auf die sächsischen Ansprüche abgewiesen.

Der lauenburgische Landtag, d. h. die Versammlung der Ritter- und Landschaft, verabschiedete sich aus der Entscheidungsfindung am 3. Oktober 1689 in Büchen wie folgt: Die konkurrierenden Ansprüche wären „ein solches Werk, welches der Ritter- und Landschaft zu hoch und außer derselben Macht, daß sie also die Hände daraus und das Werk auf sich selbst beruhen lassen und keinem der höchsten Prätendenten präjudicieren müßten".

2 E. Opitz, Der Streit um das askanische Erbe im Herzogtum Lauenburg 1689, in: Ders. (Hrsg.), Herrscherwechsel im Herzogtum Lauenburg (= Kolloquium X). Mölln 1998, S. 91-104. Hier auch die nachfolgenden Zitate.

2. Der Lauenburgische Erbfolgestreit

Herzog Georg Wilhelm von Celle konnte zwar keine Erbansprüche nachweisen, erklärte aber, als Oberst des Niedersächsischen Kreises habe er die Aufgabe gehabt, das Herzogtum Lauenburg so lange zu sichern, bis die verschiedenen Erbansprüche geklärt worden seien. Dieser Aussage steht entgegen, dass die Welfen sofort nach der Besetzung des Landes damit begannen, das Land militärisch zu okkupieren und damit tatsächlich in Besitz zu nehmen. Dies wurde in Ratzeburg zum Problem, als Herzog Georg Wilhelm sich anschickte, Ratzeburg zur Festung auszubauen. Dadurch veränderten sich die Kräfteverhältnisse im Norden Deutschlands mit der Folge, dass der König von Dänemark als Herzog von Holstein und damit als Herr über Stormarn Sicherheitsinteressen geltend machte und den Rückbau der Festungsanlagen in Ratzeburg verlangte. Ihm war es zuvor nicht gelungen, Oldesloe zur Festung auszubauen, weil die Städte Hamburg und Lübeck dies verhindert hatten.

Als die Forderung König Christians V. nach Aufhebung des Ratzeburger Festungsbaus nicht erfüllt worden war, ließ er im Sommer 1693 Artillerie aufmarschieren und begann am 21. August 1693 mit der Bombardierung der Stadt, die zur weitgehenden Zerstörung Ratzeburgs führte. Der mecklenburgische Archivar des Dombezirkes, Hartwig Riecke, war Augenzeuge und hielt in einem Bericht fest:

„Den 21. August fruhe umb 6 uhr ließ Ihro Konigl. Maytt. von Dennemarck die stadt Ratzeburg von 4 ohrten (...) bombardiren und derogestalt darauff canoniren, daß selbige alsobald hie und da in feuer standt und nicht allein das Magazinhauß, die 2 lange gebauete schöne baraquen, sondern auch die annoch vorhandene 350 schaffe, viel ochsen, auch klein und groß vieh mit verbrandten, und nichts alß nur die sogenandte Petri Kirche, so der König zu schonen expresse befehliget haben soll, bestehen blieben nebst das zeughaus, so die zimmerleute folgig müsten abbrechen, damit durch ferne canoniren (...) die kirche nicht in brandt gerathen möchte. ... Wie des gärtners hauß oder die sogenandte alte capittel stuben auch zimblich durchschoßen worden und eine kugel in daß gewölbe gekommen, hat wein und brandtwein, so die Lüneburger (...) hauffenweis darin gebracht, anfangen außzulauffen, daß es den berg herunter gefloßen und von den soldaten auffgeschöpffet ward."[3]

Während fast alle Wohnhäuser in Ratzeburg zerstört waren, blieben die Festungsanlagen funktionsfähig. Leicht hätte daraus eine weitere Eskalation des Konfliktes folgen können, doch hatten die am gleichzeitigen Pfälzischen Krieg gegen Frankreich (1688–1697) beteiligten Mächte daran kein Interesse. Die Welfen waren mit dem Kaiser verbündet und hatten erhebliche Truppenkontingente zu stellen, während Dänemark an der Seite Frankreichs stand. Als Zeichen guten Einvernehmens lässt sich deuten, dass Herzog Ernst August von Calenberg, Bruder Georg Wilhelms von Celle, 1692 vom Kaiser zum Kurfürsten erhoben wurde. Die Großmächte drängten zum Ausgleich, der am 29. September 1693 im Hamburger Vertrag zustande kam: Dänemark zog seine Truppen zurück und mischte sich nicht weiter in den lauenburgischen Erbstreit ein; die Welfen verpflichteten sich zur Schleifung der Festungsanlagen – mit der Einhaltung nahmen sie es dann allerdings nicht so genau.

---

3 Ders., Die Bedeutung der Ritter- und Landschaft im Herzogtum Lauenburg, in: Matthias Manke und Ernst Münch (Hrsg.), Verfassung und Lebenswirklichkeit. Der Landesgrundgesetzliche Erbvergleich von 1755 in seiner Zeit. Lübeck 2006, S. 357 f.

Der Hamburger Vertrag mit seiner Absage an militärische Gewalt wies den Weg zu weiteren Verhandlungen. Kurfürst Friedrich August von Sachsen trat am 19. Juni 1697 seine sehr wohlbegründeten Ansprüche auf Lauenburg an die welfischen Fürsten ab und erhielt dafür sechs Tonnen Gold, entsprechend eine Million Reichstaler, die er dringend für den Erwerb der polnischen Königskrone benötigte. Stolz trug er diese dann als August I. Mit den ernestinischen Linien Sachsens kam ein Vergleich erst 1732 zustande: Ihre schwächeren Ansprüche brachten ihnen nur 60.000 Reichstaler ein. Im Herzogtum Sachsen-Lauenburg, dem Streitobjekt selbst, erkannten Ritter- und Landschaft am 18. Februar 1699 Georg Wilhelm von Celle als neuen Landesherrn an. Und nach längeren Verhandlungen über die Bestätigung der Privilegien kam am 15. September 1702 mit dem Landes-Rezeß eine Verfassung zustande, die bis zum Übergang Lauenburgs an Dänemark 1815 galt. Der Kaiser bestätigte den Erwerb der Welfen durch förmliche Belehnung Kurfürst Georg Ludwigs von Hannover. Dazu kam es wohl nur deshalb, weil inzwischen bekanntgeworden war, dass der Hannoversche Kurfürst als Georg I.[4] König von Großbritannien würde. Die kaiserliche Sequestration über das Land Hadeln endete 1731 durch Übergabe an König Georg I.

Die Regelung des Lauenburgischen Erbfolgestreits zog sich also über vier Jahrzehnte hin. Beteiligt waren daran acht Parteien, die Erbansprüche geltend machen konnten, und Dänemark, das sicherheitspolitische Interessen ins Feld führte.

Kursachen, die ernestinischen Linien Sachsens und Mecklenburg konnten alte Erbverträge geltend machen. Anhalt und Braunschweig-Lüneburg machten ihr Erbrecht auf Abstammung geltend. Teilforderungen wurden von Schweden als Rechtsnachfolger des Erzbischofs von Bremen auf das Land Hadeln geltend gemacht; Holstein-Gottorf erhob Ansprüche auf acht ehemals reinbekische Dörfer und Holstein-Sonderburg meinte, Ansprüche auf das Land Hadeln stellen zu können.

Diese Rechtsansprüche wurden im Zuge des Erbfolgestreits breit diskutiert. Die Einzelheiten dazu müssen nicht im Detail wiedergegeben werden. Für die Geschichte des Herzogtums Lauenburg wichtig ist aber die Tatsache, dass der Erbfall des Jahres 1689 zu einem Problem wurde, das weit über die Geschichte des Herzogtums hinaus von Bedeutung wurde. Das kleine Herzogtum war nicht nur Reichsterritorium, sondern hatte auch als an zentraler geographischer Stelle gelegenes Gebiet eine wichtige strategische Bedeutung.

Mit dem Königsweg und dem Stecknitzkanal zwischen Lüneburg und Lübeck stellte es eine der kürzesten Verbindungen zwischen Elbe und Ostsee dar und war auch im Ost-West-Verkehr ein Territorium, das sowohl nördlich als südlich der Elbe (im Amt Marschacht) passiert werden musste. Sein Besitz war deshalb für alle, deren Hände nach Ratzeburg griffen, von erheblicher Bedeutung.

Das Kurfürstentum Sachsen arrangierte sich mit Hannover; Dänemark sorgte dafür, dass seine Sicherheitsinteressen gewahrt wurden. Nur Anhalt erhob bis 1918 Ansprüche auf das lauenburgische Erbe, indem es bei jedem Herrscherwechsel seine Rechte in umfangreichen Druckschriften geltend machte.

Herzog Georg Wilhelm von Braunschweig-Lüneburg-Celle hatte das Land Lauenburg gleich nach Bekanntwerden des Todes von Herzog Julius Franz militärisch besetzen lassen. Er war dabei erfolgreicher als alle anderen Mitbewerber, wie bereits ausgeführt wurde.

4 Vgl. Biogr. Lex., S. 169 f.

Nachzutragen ist aber, wie es den Welfen gelang, ihren Gewaltakt zu sanktionieren und am Ende die Belehnung durch den Kaiser zu erlangen, obgleich doch Sachsen und Sachsen-Anhalt bessere Rechtspositionen vorzuweisen hatten.

Im Ratzeburger Stadtbuch sind die Ereignisse aus der Sicht „von unten" festgehalten worden: Kurfürst Johann Georg III. ließ „durch einige Commissarien possession nehmen von dem uralten Schloße zu Ratzeburg, der sogenannten Papenstraße, der Malzmühlen und was sonst nötig geachtet ward, woran die Mecklenburger sonst auch praetension machten, nahmen die Räthe (...) und Canceley-Bediente mit dem Handschlage an, die Guarnison in Eyd, versiegelten das Archyv, Cantzeley und zogen wohlvergnügt wieder davon". Der mecklenburgische Aktuarius Hartwig Riecke hatte die Angelegenheit von seinem Amtssitz auf dem Domhof verfolgt und wusste in seinem Bericht weitere Details mitzuteilen: Zapf habe auch vom Amt Neuhaus im Namen seines Herrn Besitz ergriffen. Am 8. Oktober sei der sächsische Hofrat mit seiner Begleitung „in der sogenannten Pfaffen- und Langen Brückerstrassen vor alle Häuser gegangen, die Türen auf und zu gemachet, einige Steine auf der Gassen ausgebrochen, und nicht allein denen Bürgern der 2 gedachten Strassen, sondern auch denen draußen vor dem Tor wohnenden 2 Maltz- und Korn-Müllern unter anderem angedeutet, daß ihre Türen nunmehr dem Churfürsten von Sachsen und sonsten keinem offen stehen sollten".[5]

Die Mitglieder der kursächsischen Delegation befolgten die üblichen Rechtszeremonien. Julius Bernhard von Rohr beschreibt in seiner „Einleitung zur Ceremoniel-Wissenschaft der Großen Herren" (1733) eine ähnliche Situation: „Bißweilen ergreiffen einige zugleich die Compossess eines gewissen Landes oder Residenz-Schlosses; alsdenn lassen sie einen Notarium und Zeugen dazu requiriren, der ein Instrument hierüber ausfertigen muß, sie hauen zusammen ein Stück Holtz aus der Schloß-Kirche ab, und berühren die Rincken im Thore, ingleichen ein Holtz von der Schloß-Pforte, sie löschen das Feuer in der Küche aus, und befehlen im Nahmen der neuen Besitzer wieder neues anzumachen, sie hauen auch einige Stück Holtz ab von den Thüren der unterschiedenen Collegiorum, und setzen hin und wieder Wachen vor die Thüren."[6]

Salomon Zapf hatte sich nach der Vereidigung der Beamten in Ratzeburg und im Amt Neuhaus über Hamburg nach Otterndorf begeben, um dort die Besitzergreifung des Landes Hadeln zu vollziehen (12. bis 14. Oktober). Doch am 19. Oktober musste der kursächsische Abgesandte berichten, dass sich die Dinge in Ratzeburg grundlegend verändert hatten; Herzog Georg Wilhelm von Braunschweig-Lüneburg-Celle habe mit Waffengewalt Stadt und Schloss Ratzeburg „mithin des ganzen Fürstenthums seither impatronirt".

Die sächsische Delegation war klein und konnte deshalb die weite Reise von Dresden nach Ratzeburg schnell zurücklegen; sie verfügte aber über keinerlei militärische Begleitung, um die Begehrlichkeiten anderer Fürsten abwehren zu können. Die leitenden Beamten hatten Kurfürst Johann Georg III. zwar geraten, den ihm politisch nahestehenden König von Dänemark um die „nötige Miliz" anzugehen; doch dazu kam es nicht.

Während der Kaiser noch darüber nachdachte, auf welche Weise die anderen Prätendenten, vor allem Kurbrandenburg, Anhalt und Braunschweig-Lüneburg, die sächsische

5 E. Opitz, Der Streit (wie Anm. 2), S. 91.

6 Julius Bernhard von Rohr, Einleitung zur Ceremoniel-Wissenschaft der großen Herren (...). Berlin 1733 (Neudruck Weinheim 1990), S. 635 f.

Übernahme Lauenburgs erschweren könnten, waren diese, vor allem der Herzog von Braunschweig-Lüneburg-Celle, schon viel weiter gegangen.

Von den unmittelbaren Nachbarn war Mecklenburg-Schwerin ebenfalls schnell aktiv geworden und hatte noch vor der Vereidigung der Garnison auf den sächsischen Kurfürsten einige Räte und 50 Reiter geschickt. Schwach wie die Rechte dieser Delegation waren auch jene der Mecklenburger Herzöge auf Lauenburg: ein Schutz- und Trutzbündnis von 1431 und ein nicht abgesicherter Erbvertrag von 1518. Die Mecklenburger Räte kamen nur bis zur Malzmühle, wo sie „samt dem Müller unter notariellem Zeugnis einige starke Gläser Wasser aus dem Mühlenteiche auf ihres Herrn Gesundheit tranken". Dabei erhoben sie in ihrem Protest gegen das Vorgehen Kursachsens zugleich Anspruch auf das ganze Herzogtum. Der Malzmüller Heinrich Hudemann und seine Frau gaben am 10. Oktober 1689 in der Ratzeburger Gerichtsstube zu Protokoll, dass der Abgesandte des Herzogs von Mecklenburg „einen Stein aus dem Pflaster genommen und wieder eingesetzt" habe „im Namen des Herzogs"; einen weiteren Stein hätten sie mitgenommen; auch sei „ein Spann aus der Tür" geschnitten worden. Man habe ihnen verboten, den Vertretern Kursachsens Korn auszuhändigen.[7]

Am 10. Oktober erschienen die ersten lüneburgischen Soldaten vor den Toren Ratzeburgs; am folgenden Tag waren es bereits ca. 500 Mann, während ein weiteres Kontingent mit der Besetzung Möllns befasst war. Der bereits zitierte mecklenburgische Aktuarius Hartwig Riecke berichtet: „Weil man sie nicht wolte einlaßen, und die Brücken vor sie aufzoge, bemeisterten sie sich mit Faschienen, Brettern und Kähnen des Grabens und der Thore, kamen auf die Wälle, besetzeten die Stücken, und ließen die vor der langen Brücke postirte Völcker auch ein, und nahmen auf solche Art Ratzeburg ein."[8] Dem Handstreich auf Ratzeburg folgte innerhalb kurzer Zeit die Besetzung des ganzen Herzogtums. Als die Gesandten des Kurfürsten von Brandenburg resp. des Fürsten von Anhalt-Dessau vor Ratzeburg erschienen, um die Ansprüche des Hauses Anhalt geltend zu machen, hatten die Welfen bereits vollendete Tatsachen geschaffen. Im Ratzeburger Stadtbuch heißt es, die Brandenburger seien an der langen Brücke erschienen und „begehrten gleichfalls Possession zu nehmen, weil sie aber nur 10 oder 12 pferde waren, und die andere seite am Burgtore schon eingenommen, zogen sie unverrichteter sachen cum protestatione wieder ab, und blieben die Lüneburger Meister vor dem Ort, fingen an sich zu verpallisadiren und außerhalb der alten Veste nach dem Berge hinaus zu verschanzen".[9]

Kurbrandenburg erhob für sich selbst erst 1733 Ansprüche, als der Kaiser Braunschweig-Lüneburg mit dem Herzogtum Lauenburg belehnt hatte. 1689 unterstützte Kurfürst Friedrich III. die Ansprüche Anhalts, das die gemeinschaftliche Abstammung von Herzog Bernhard von Sachsen, dem Sohn Albrechts des Bären, geltend machte. Neben dem Hinweis auf die Kollateralerbfolge (= Erbfolge einer Seitenlinie) der Fürsten von Anhalt (in den Linien Dessau, Bernburg, Harzgerode, Köthen und Zerbst) konnte der Fürst von Anhalt-Dessau noch auf die Erneuerung einer Erbvereinigung verweisen, die 1678 getroffen worden war.

7 E. Opitz, Der Streit (wie Anm. 2), S. 93.

8 Zitiert nach Hans-Georg Kaack, Bauer, Bürger, Edelmann. Das Herzogtum Lauenburg von der deutschen Besiedlung bis zur Aufhebung der Ständeherrschaft. Ratzeburg 1985, S. 197 f.

9 Ebd., S. 200.

Johann Georg II. von Anhalt-Dessau war brandenburgischer Statthalter in Cölln an der Spree (Berlin). Dort erhielt er von Kurfürst Friedrich III. gleich nach Bekanntwerden des lauenburgischen Erbfalls die Weisung, mit den magdeburgischen Kreisvölkern das Herzogtum Sachsen-Lauenburg militärisch zu besetzen. Der Anhaltiner begnügte sich mit einem Aufgebot von 120 Mann, entsandte die Hofräte Friedrich Rudolf v. Canitz und David Cassius ins Lauenburgische, wo sie aber zu spät anlangten. Die symbolischen Handlungen, welche die anhaltinischen Gesandten in der Stadt Lauenburg und bei der Ständeversammlung in Büchen vornahmen, blieben angesichts der tatsächlichen Machtverhältnisse ohne Folgen, sind aber von großem kulturhistorischen Interesse.

Für die Töchter des lauenburgischen Herzogs plädierte deren Großvater (mütterlicherseits), Pfalzgraf Christian August von Sulzbach, dass Sachsen-Lauenburg ein Erblehen sei, für das auch die weibliche Erbfolge gelte. Besonderen Anspruch erhob er dabei auf das Land Hadeln, das als Allod anzusehen sei.

Ansprüche auf Hadeln erhob auch der König von Schweden, der in diesem Gebiet einen Teil des Erzstifts Bremen sah. In Hadeln war der Kaiser schneller und konsequenter als Schweden. Der in Hamburg weilende Reichshofrat von Reichenbach sorgte Ende Oktober für eine militärische Besetzung. Diese bildete den Beginn einer Sequestration, die bis 1731 anhalten sollte. Das Haus Gottorf begehrte aus dem lauenburgischen Erbe nur acht Dörfer, die vormals zum Kloster Reinbek gehört hatten und um die seitdem gestritten worden war.

In Wien bestand die Absicht, das Herzogtum Sachsen-Lauenburg insgesamt zu sequestrieren; doch die Welfen schufen vollendete Tatsachen, denen der Kaiser nichts entgegensetzen konnte, ohne einen größeren Konflikt heraufzubeschwören. Der Herrscherwechsel von den Askaniern zu den Welfen nahm seinen Anfang am 10. Oktober 1689 mit der Militäraktion des Celler Herzogs; seinen (vorläufigen) Abschluss fand er erst am 28. April 1716 mit der Belehnung des Kurfürsten Georg Ludwig (der 1714 als Georg I. zum König von Großbritannien aufgestiegen war) mit Sachsen-Lauenburg durch den Kaiser.

Der Rechtsstreit war damit aber nicht beendet. Auch nachdem der Reichshofrat 1728 zugunsten der Welfen entschieden hatte, gingen die Verhandlungen weiter. Die Fürsten von Anhalt haben nie Verzicht geleistet; noch 1865 erhoben sie in aller Form Ansprüche auf das Herzogtum Lauenburg.

Der Herrscherwechsel im Herzogtum Lauenburg war ein über das Jahr 1689 hinaus wirkendes Ereignis. Deshalb wurde es so ausführlich behandelt, um die verschiedenen Positionen, die dabei geltend gemacht wurden, nachvollziehen zu können.

V. Die hannoversche Zeit im Herzogtum Lauenburg

1. Die Welfen nehmen das Herzogtum Lauenburg in Besitz

Die Ziele, die der Celler Herzog mit seinem gewaltsamen Auftreten verfolgte, sind nicht einfach zu ergründen. Er selbst hatte zugunsten seines Bruders Ernst August auf die Erbfolge im welfischen Gesamthaus verzichtet. Aus seiner Verbindung mit der Französin Eleonore d'Olbreuse, die als nicht standesgemäß galt, war die Tochter Sophie Dorothea hervorgegangen, die 1682 mit dem hannorverschen Erbprinzen verheiratet worden war und deren Schicksal („Prinzessin von Ahlden")[1] das Ansehen Georgs I. als König nachhaltig trübte.

Die Brüder Ernst August und Georg Wilhelm waren bei den Altonaer Verhandlungen im Juni 1689 für den Gottorfer Herzog Christian Albrecht gegen König Christian V. von Dänemark eingetreten. Mit der Besetzung der mecklenburgischen Stadt Boizenburg hatten sie ihre Absicht deutlich gemacht, nördlich der Elbe kontrollierend eingreifen zu wollen. Eine bessere Kontrolle der Elbe und Intensivierung des Handels auf dem Strom waren die unmittelbaren Ziele. Als Perspektive für künftige Aktivitäten wird eine größere Rolle in der Politik des Nordens sichtbar. Das Streben nach der (neunten) Kurwürde sollte auch mit einem realen Machtzuwachs verbunden sein.

Hinter dem Zugriff auf das Herzogtum Lauenburg stand auf der Seite des Herzogs von Braunschweig-Lüneburg-Celle nicht unbedingt dieser selbst, sondern sein leitender Minister, Andreas Gottlieb von Bernstorff (1649–1726)[2], der Sohn des Ratzeburger Domherrn Andreas von Bernstorff, der 1672 in den Dienst des „Heideherzogs" getreten war und sich gut über die lauenburgischen und mecklenburgischen Verhältnisse nördlich der Elbe auskannte. Er dürfte auch über die rechtshistorischen Recherchen des hannoverschen Hofgelehrten Gottfried Wilhelm Leibniz informiert gewesen sein, die dieser im Zuge seiner Forschungen zur Geschichte der Welfen in den Jahren nach 1681 über einen möglichen Erbfall bei den Askaniern unternommen hatte. Leibniz war schon lange vor 1689 zu der Ansicht gelangt, dass das lauenburgische Gebiet alter Allodialbesitz des Welfenhauses gewesen sei.[3]

Die Besitznahme Lauenburgs erfolgte ausdrücklich für das Gesamthaus Braunschweig-Lüneburg, die Vereidigung der Beamten auf alle drei Fürstenhäuser. Und zur Streitmacht, die rasch einen Umfang von ca. 3000 Mann erreichte, gehörten Kontingente der Wolfenbütteler ebenso wie der Hannoveraner und der Celler Welfen. Das Korps unterstand dem cellischen Generalmajor Boisdavid. Die starke Truppenpräsenz diente dazu, die anderen Prätendenten abzuschrecken.

Die Räte in Hannover, Celle und Wolfenbüttel waren sich sehr wohl bewusst, dass es erforderlich sei, das Anrecht des Gesamthauses Braunschweig-Lüneburg auf Lauenburg gegen die Ansprüche der anderen Prätendenten rechtlich zu verteidigen. Gegen alle sei viel

---

1 Georg Schnath, Sophie Dorothea und Königsmarck. Die Ehetragödie der Kronprinzessin von Hannover. Hildesheim 1976.

2 Vgl. Biogr. Lex., S. 56 f.

3 Walter Junge, Leibniz und der Sachsen-Lauenburgische Erbfolgestreit (= Quellen und Darstellungen zur Geschichte Niedersachsens, Bd. 65). Hildesheim 1965.

45: Ausschnitt aus einer Herman-Moll-Karte, um 1720, auf der die Besitzungen des Kurfürsten von Hannover gezeigt werden.

zu sagen, meinte Leibniz; keiner könne „sein Recht völlig deduciren". Es sei aber nicht zweckmäßig, die endgültige Klärung der Rechtslage abzuwarten, sondern richtig, wenn das Haus Braunschweig „auch ohnedem wegen sovieler des Nieder Sächs. Creises und ganzen Reichs wegen angewandter kosten, solche Lande, wenn sie auch dem Reich eröfnet seyn sollten, in vim satisfactionis debitae, bis zu anderweitiger vergnügung, mit guthem recht behält".[4]

Mit der Ausarbeitung einer gründlichen Deduktion, in der nachzuweisen war, dass sich das Haus Braunschweig-Lüneburg nur angeeignet habe, was zu besitzen sein wohlbegründetes Recht sei, wurde der Hannoversche Vizekanzler Ludolf Hugo beauftragt. Er galt als fähiger Jurist und ausgezeichneter Kenner des Reichsrechts. Für die historische Fundierung konnte er auf die Forschungen Leibniz' zurückgreifen.

Die Verfasser der hannoverschen Staatsschrift waren sich rasch einig, dass im Mittelpunkt die Auseinandersetzung mit den Ansprüchen der Fürsten von Anhalt stehen müsse. Diese hatten ihre Sukzessionsansprüche bereits 1671 angemeldet, und zwar in einer Druckschrift mit dem Titel „Gründliche Fürstell- und Erweisung, daß die Succession in- und an dem Fürstenthum Nieder-Sachsen, insgemein Lauenburg genannt, auf den sich begebenden Abgang des Herrn Hertzogen zu Sachsen, Engern und Westphalen Fürstlichen Leibes-Lehens-Erben, dem HochFürstl. Hause Anhalt allein von Rechtswegen gebühre". Verfasser dieser Schrift war Daniel Mithobius gewesen; ein Neudruck erschien noch 1689. Diese Deduktion führte drei Hauptargumente ins Feld: Der Anspruch des Hauses Anhalt sei „unwiedersprechlich erwiesen", weil „I. Bernardus Hertzog und Churfürst zu Sachsen aus dem Anhaltinischen und Ascanischen Geschlecht entsprossen, dasselbe Fürstenthum Nieder-Sachsen erworben, von dem Kayser Friderico I. damit beliehen, auch des Bernhardi Herrn Sohns Alberti, deme in der Brüderlichen Theilung dasselbe zugefallen, descendenten (wovon allein höchsterwehnter Hertzog Julius Frantzen Fürstl. Durchl. itziger Zeit übrig seynd) mit demselben Fürstenthumb von Kaysern zu Kaysern bis auff den heutigen Tag investiret, und dasselbe von Ihnen bis hieher würcklich genossen und besessen worden.

II. Weil obgedachter Bernhardus, Heinrichs des Ersten Fürsten zu Anhalt und aller itzo lebenden Fürsten zu Anhalt Ahn-Herr Leiblicher Herr Vater und die itzigen noch lebenden Fürsten zu Anhalt seine des Bernhardi als Communis stirpitis wahrhaffte descendenten, des Herrn Hertzogs Julius Frantzen aber unzweifelhaffte näheste Blutsverwandten, Vettern und agnaten seynd.

III. Dieweil Drittens in denen Kayserl. ReichsLehen-Rechten klar versehen, das in dergleichen Altvätterlichen Stamm-Lehen des ersten acquirirten Fürstl. descendenten in infinitum succediren, und von keinen dispositionen, Vergleichen, expectantz- oder Begnadi-

4 Ebd., S. 30 f.

gungs-Brieffen von der in Blut begründeten Succession können abgetragen und verstossen werden."[5]

Diesen Ansprüchen galt es entgegenzutreten. Und das war nur mit einer gründlichen und breit angelegten Schrift möglich, an der zahlreiche Gelehrte beteiligt wurden. Ludolf Hugo wollte der anhaltinischen Prätension jede Berechtigung absprechen; deshalb musste er bis hinter das Jahr 1180 zurückgehen und bei Albrecht dem Bären beginnen. Historische, genealogische, heraldische, philologische und andere Argumente wurden beigebracht, um in jahrelanger Arbeit den Anspruch der Welfen auf das lauenburgische Erbe zu begründen.

Bereits vor der Fertigstellung der Gesamtschrift legte Leibniz mehrere Zusammenfassungen in deutscher und französischer Sprache vor, von denen nicht bekannt ist, ob sie bei verschiedenen Verhandlungen verwendet wurden. Tatsächlich drängten die hannoverschen Diplomaten am Wiener Hof darauf, endlich die Argumentationskette ihrer Herren in Händen zu haben, um dem Kaiser, aber auch anderen Reichsständen gegenüber besser auftreten zu können. Sie wurden immer wieder vertröstet. Bis Ende 1691 wurden die ersten elf Kapitel fertiggestellt, in denen es ausschließlich um die Zurückweisung der anhaltinischen Ansprüche ging; das war erforderlich, weil diese für gefährlich galten, nicht zuletzt wegen der Macht Brandenburgs, die hinter den Anhaltinern stand. Erst 1692 begann Ludolf Hugo, sich mit den Forderungen der Wettiner auseinanderzusetzen; die Kapitel XII bis XIV wurden in den Jahren 1692 bis 1694 verfasst. Dabei standen die juristischen Argumente im Vordergrund; die historische Beweisführung fiel dagegen bescheidener aus.

Die Hugo'sche Deduktion ist 1695 abgeschlossen und gedruckt worden; herausgekommen ist ein Foliant mit 818 Seiten Text und ein Anhang mit 87 Seiten Dokumentation. Den ursprünglichen Zweck hat das Werk nicht erfüllt. Alles spricht dafür, dass es weder auf dem Reichstag noch beim Reichshofrat oder anderswo vorgelegt wurde. Die große Deduktion wurde wie eine Geheimakte im Archiv gehütet. Als in späteren Jahrzehnten einzelne Exemplare in den Katalogen von Buchauktionen auftauchten, setzten die Beamten alles daran, sie zu konfiszieren. Dies Schicksal hatte auch das Exemplar Andreas Gottlieb v. Bernstorffs, das seine Erben 1763 zusammen mit anderen Büchern öffentlich verkaufen wollten. Sie erhielten als Entschädigung für das zurückgezogene Buch 20 Taler ausgezahlt.[6] Im Landesarchiv Schleswig hat sich allerdings ein Exemplar erhalten.

Die Zukunft des Herzogtums Lauenburg wurde nicht auf rechtlichem Felde entschieden, sondern auf machtpolitischem: Für Ernst August von Hannover stand nicht das lauenburgische Erbe im Zentrum seines Interesses, sondern das Streben nach der Kurwürde. Zum Erfolg gelangte er, weil der Kaiser auf seine Unterstützung im Kampf gegen die Türken angewiesen war. Am 22. März 1692 wurde der Kurtraktat von Kaiser Leopold I. unterzeichnet; am 19. Dezember konnte der Vertreter des Herzogs den Kurhut in Empfang nehmen. Jetzt bedurfte es nur noch der Aufnahme in den Kreis der anderen Kurfürsten (die erst am 7. September 1708 erfolgte).

Mit der offenen lauenburgischen Frage, bei der es die Welfen dem Kaiser gegenüber nicht an Provokationen hatten fehlen lassen, hatte die Standeserhöhung also unmittelbar

5 Ebd., S. 35 f.
6 Ebd., S. 111.

nichts zu tun. Es kam auch zu Bündnissen mit anderen Prätendenten, so im Juli 1692 mit Kursachsen und im Dezember mit Brandenburg. Diese Schutzbündnisse kamen zustande, ohne dass die Erbschaftsfrage berührt worden war. Die Kurwürde stellte zweifellos eine Verbesserung der Position Hannovers bei der Lauenburg-Frage dar. Die Auseinandersetzung zwischen Dänemark und Braunschweig-Lüneburg beim Kampf um Ratzeburg bedeutete zunächst zwar einen Rückschlag, erwies sich dann aber als überaus vorteilhaft für die Welfen. Bei den Friedensverhandlungen in Hamburg traten der Kaiser, Kurbrandenburg, England, die Niederlande und Schweden als Vermittler auf. König Christian V. sicherte zu, sich künftig nicht mehr militärisch in den Erbstreit einzumischen, „sondern die Sache bloß mit dem Ausschlag Rechtens heimgestellet seyn"[7] zu lassen. Dahinter stand die Garantie der mächtigen Vermittler. Über die Erbansprüche der Welfen war in Hamburg zwar nicht entschieden worden, ihre Herrschaft über Sachsen-Lauenburg war aber sicherer als zuvor.

Während des Jahres 1694 versuchte Kurfürst Ernst August, in Verhandlungen mit Kursachsen und Brandenburg zu einer Regelung in der Lauenburg-Frage zu kommen; erfolgreich war er dabei aber nicht. Stattdessen erklärte sich im Oktober 1695 der Reichshofrat für die Seite der Wettiner und gegen die der Welfen. Auf Anraten Bernstorffs wandte sich Herzog Georg Wilhelm in einer ausführlichen Denkschrift an den Kaiser. Im Gegensatz zu seinem Bruder war er nicht zu Kompromissen bereit. Er wies die Ansprüche Sachsens zurück und verteidigte das Recht seines Hauses auf die Nachfolge im Herzogtum Lauenburg; die Restitutionsforderungen des Reichshofrates wies er strikt zurück.

Nachdem sich die Positionen Ende 1695 verhärtet hatten, kam es ein halbes Jahr später zu einer unverhofften Wende. Am 17. Juni 1696 war der polnische König Johann Sobieski gestorben. Kurfürst Friedrich August I. bewarb sich für die Nachfolge und musste seine politischen Energien darauf konzentrieren, den Wahlkampf finanziell abzusichern. Das machte ihn im Lauenburgischen Erbfolgestreit gefügig. Jetzt ging es nicht mehr um Gebietsentschädigungen, sondern nur noch um die Höhe des Kaufpreises. Am 2. Juli 1697, wenige Tage nach der Wahl zum polnischen König, verzichtete „August der Starke" auf die Erbansprüche auf das Herzogtum Lauenburg. Den Welfen war dieser Verzicht 1.100.000 Gulden wert. Der Breslauer Vertrag sicherte ihnen den Besitz des Elbherzogtums unwiderruflich zu, enthielt aber auch Formulierungen, die ihn als Erbverbrüderung ausweisen.

Die Einigung zwischen Dresden und Hannover löste in Wien Verärgerung aus, weil der Hofrat sich jahrelang für die Interessen Sachsens eingesetzt hatte. Mit einer Zustimmung konnte deshalb vorerst nicht gerechnet werden, zumal die fürstlich-sächsischen Häuser der ernestinischen Linie an ihren Ansprüchen festhielten. Bis auf die Coburger traten sie ihre Rechte 1699 an Sachsen-Gotha ab. Erst 1732 verzichteten auch die Ernestiner – gegen eine Geldentschädigung – auf ihre Anwartschaft.

Dass das lauenburgische Erbe nach der Erlangung der Kurwürde durch Hannover auch zu einem innerwelfischen Problem wurde, sei hier nur kurz erwähnt. Die Gegensätze zwischen dem Wolfenbüttler Herzog Anton Ulrich und dem Kurfürsten verschärften sich und gipfelten 1702 in einer für Wolfenbüttel negativen Militäroperation, die mit einem Unterwerfungsvertrag (22. April 1703) endete. Nach dem Tod Herzog Georg Wilhelms von Celle (28. August 1705) trat sein Neffe und Schwiegersohn Georg Ludwig vereinbarungsgemäß

7 Ebd., S. 171 f.

46: König Georg I. wurde 1716 von Kaiser Karl VI. mit dem Herzogtum Lauenburg belehnt.

das Erbe an. Für ihn handelte Andreas Gottlieb v. Bernstorff am 17. Januar 1706 einen Rezess aus, in dem die Wolfenbüttler Linie auf ihren Anteil am Herzogtum Lauenburg verzichtete und dafür finanziell und territorial (im Amt Gifhorn) entschädigt wurde.

Der eigentliche Prozess um das askanische Erbe in Lauenburg musste in Wien ausgetragen werden; dort schleppten sich die Verhandlungen hin. Die Eheschließung des Römischen Königs (seit 1690) und späteren Kaisers (seit 1705) Josephs I. mit Wilhelmine Amalia von Hannover (24. Februar 1699), einer Cousine des Kurfürsten, hatte keinen Einfluss auf die Entscheidungen. Der Spanische Erbfolgekrieg und der Nordische Krieg beschäftigten die führenden Politiker und ließen das Schicksal des kleinen Elbherzogtums in den Hintergrund treten. Der Kaiser ließ eine Entscheidung aber auch deshalb hinauszögern, weil er der Unterstützung Brandenburgs und Hannovers gleichermaßen bedurfte.

Kurfürst Georg Ludwig setzte seine Bemühungen fort, über seine Gesandtschaft in Wien auf den Kaiser einzuwirken. Da der Einsatz von Geld bei Kursachsen und Wolfenbüttel geholfen und auch am kaiserlichen Hof bei anderer Gelegenheit bereits Wirkung getan hatte, versuchte er auch in Wien, seinem Wunsch nach einer baldigen Investitur mittels hoher finanzieller Aufwendungen und sonstiger Geschenke Nachdruck zu verleihen. Kaiser Joseph I. hatte bereits 1705 eine Meute Jagdhunde aus dem Nachlass Herzog Georg Wilhelms erhalten. Im Dezember 1709 erteilte Georg Ludwig seinem Residenten in Wien, Daniel Erasmi von Huldeberg, den Auftrag, dem Reichsvizekanzler ein Geschenk von 20.000 Talern auszuhändigen. Vier Wochen später wurde der Diplomat angewiesen, dem Kaiser 100.000 und den Mitgliedern des Reichshofrates 50.000 Taler zur Beförderung der lauenburgischen Angelegenheiten zukommen zu lassen.

Es waren die Aktivitäten Andreas Gottlieb von Bernstorffs, die zur Besitznahme des Herzogtums Lauenburg durch die Welfen geführt hatten. Nach dem Tode des Celler Herzogs war dessen langjähriger Premierminister (er hatte in Celle 30 Jahre alles beherrscht, auch seinen Herrn, den „letzten Heideherzog") in den Dienst des Kurfürsten Georg Ludwig gewechselt; jetzt ergriff Bernstorff 1713 noch einmal die Initiative, um den Lauenburgischen Erbfolgestreit zugunsten der Welfen zu beenden.

Im Winter 1712/13 hatte sich Gottfried Wilhelm Leibniz zur Kur in Karlsbad aufgehalten und sich danach, ohne in Hannover um Erlaubnis zu fragen, nach Wien begeben, wo er sich um die Stelle eines Reichshofrats bemühte. Bernstorff war über diese Eigenmächtigkeit zunächst verärgert, sah dann aber, als er aus Wien hörte, dass Leibniz Zugang zur Gemahlin des Kaisers hatte, eine Chance, den Gelehrten, der als Verfechter der hannoverschen Ansprüche auf Lauenburg galt, für die Verfolgung der Interessen des Kurfürsten einzusetzen. Am 10. März 1713 erhielt Leibniz in einem von Bernstorff verfassten Brief den Auftrag, eine Audienz beim Kaiser zu suchen und die lauenburgische Sache vorzutragen. Zu diesem Zweck verfasste Leibniz noch einmal eine Denkschrift, in der er nicht nur die Geschichte und das Reichsrecht bemühte, sondern auch die aktuelle Entwicklung nach 1689 einschloss; insbesondere hob er die Tatsache hervor, dass die lauenburgischen Stände dem neuen Landesherrn gehuldigt hätten.

Ob Leibniz' Bemühungen beim Kaiser, dem er mehrmals vortragen durfte, Eindruck gemacht haben, ist nicht zu ermitteln. Sie stellen aber gleichwohl einen wichtigen Schritt bei den Bemühungen um die Belehnung mit dem Elbherzogtum dar. Am Ende war es politische Opportunität, die den Ausschlag gab: Seit 1714 war Kurfürst Georg Ludwig von Hannover als Georg I. König von Großbritannien. Dem galt es Rechnung zu tragen, und das tat Kaiser Karl VI., der seinem Bruder 1711 auf dem Thron gefolgt war, am 28. April 1716. Der hannoversche Amtsträger Daniel Erasmi von Huldeberg (seit 1713 Reichsfreiherr) empfing bei Anwesenheit des Kaisers und zahlreicher Würdenträger für seinen König und Kurfürsten die Belehnung über das „Fürstenthum Lauenburg und alle dazu gehörigen Pertinenzien, Landes Fürstl. Hoheit, Regalien, Herrlichkeiten, Sitz und Stimme auf Reichs- und Creyß-Tagen, und allen übrigen Praerogativen, Gerechtigkeiten und Gewohnheiten, wie sie Nahmen haben mögen, und wie sie von denen ausgestorbenen Hertzogen zu Sachsen-Lauenburg beseßen gewesen, und genoßen worden, Ihro Königl. Mt. als Churfürsten und Hertzogen zu Braunschweig und Lüneburg und dero Leibes Erben in absteigender Linie, wie auch wegen der mitbelehnung dero Herrn Brüdern, Herrn Hertzogs Maximilans Wilhelms und Herrn Hertzogs Ernst Augusts und dero Leibes Lehens Erben, wie auch weiter nach diesem auf fernere Mitbelehnschafts Fälle dero Herrn Vettern Wolfenbüttelscher Linie, Herrn August Wilhelms, und dero Herrn Bruders Herrn Hertzogs Ludwig Rudolphs, wie nicht weniger auch endtlich derselben Herrn Vettern Beverscher Linie, Ferdinand Albrechts und Herrn Ernst Ferdinands, aller Hertzogen zu Braunschw. u. Lüneb. Durchlauchtigkeiten, und dero Leibes Lehens Erben".[8]

Mit dieser Belehnung hatte der welfische Gewaltakt des Jahres 1689 die höchstinstanzliche Billigung erfahren. Was bedeutet das? Nicht der Kurfürst (und englische König) wird belehnt, sondern das Haus Braunschweig-Lüneburg. Damit wird der Rechtsanspruch der Welfen, wie Leibniz und Hugo ihn hergeleitet hatten und wie Bernstorff ihn umgesetzt hatte, anerkannt. Die rechtliche Auseinandersetzung ging aber weiter und fand – aus anhaltinischer Sicht – erst mit dem Ende des Kaiserreiches 1918 ein Ende.

2. Der neue Landesherr und die lauenburgischen Stände

Die Ritter- und Landschaft hatte keinen Einfluss auf die Entscheidung, wer künftig der Landesherr sein würde. In diesen Fragen gab es kein Mitspracherecht; wohl aber darüber, *wie* das Land zu regieren sei. Als die Beauftragten der Fürsten von Anhalt resp. des Kurfürsten von Brandenburg die Vertreter der Ritter- und Landschaft am 13. Oktober 1689 in Büchen dazu überreden wollten, die anhaltinisch-brandenburgische Partei zu ergreifen, verhielt sie sich abwartend. Sie beschloss, „daß man nach dem Exempel der löblichen Vorfahren und dem uralten Herkommen es halten, den Fürstl. Reversalen und der Union von 1585 folgen und den neuen Landesherren, wie damals geschehen und bisher wohl geglückt, von Ihro

8 Ebd., S. 171 f.

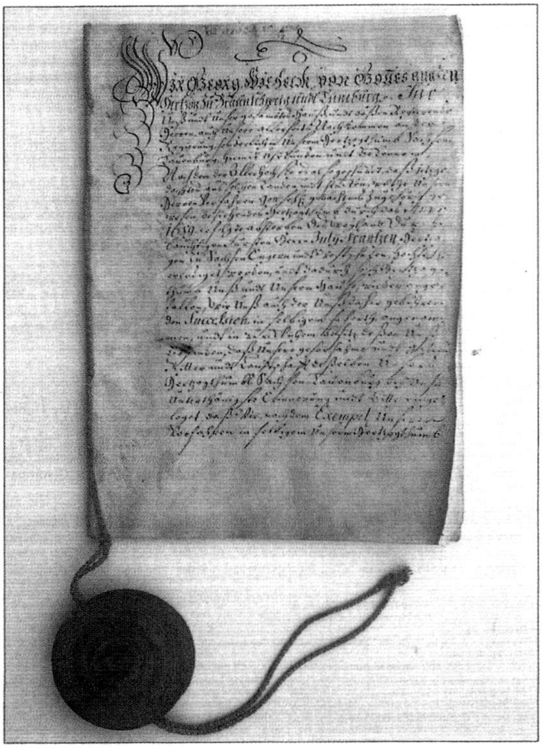

47: Mit dem Landesrezess von 1702 wurde der Herrscherwechsel von den Askaniern zu den Welfen vollzogen. Die Ritter- und Landschaft sicherte sich mit diesem Dokument den Erhalt ihrer Privilegien.

Kais. Majestät und dem heil. Röm. Reich erwarten solle. So viel die höchsten Chur- und Fürstl. bekannten und unbekannten Prätendenten anlange, wäre solches ein Werk, welches der Ritter und Landschaft zu hoch und außer derselben Macht, daß sie also die Hände daraus und das Werk auf sich selbst beruhen lassen und keinen der höchsten Prätendenten präjudiciren müßten."[9]

Zunächst bestand ja auch kein Grund, eine rasche Entscheidung herbeizuführen, weil der Herzog von Braunschweig-Lüneburg-Celle nur als Kreisoberster das Land besetzt hielt, ohne sofort eigene Besitzansprüche geltend zu machen. Dass die kaiserliche Sequestration vereitelt wurde, änderte daran nichts. Doch als sich abzeichnete, dass die Welfen neue Landesherren werden wollten, mussten sich auch die Stände orientieren. Ein Teil der Ritterschaft war von vornherein pro-welfisch, so Ulrich von Wackerbarth, der als Drost zu Harburg in lüneburgischen Diensten stand; ein anderer Teil sah in der offenen Herrscherfrage eine Chance zur Stärkung ritterschaftlicher Positionen. Ob es auch eine anhaltinische Partei gab, ist nicht zu belegen.

Die Folgezeit war durch militärische Maßnahmen (Festungsbau, Versorgung der braunschweigischen Truppen) und die Auseinandersetzung mit Dänemark gekennzeichnet. Verhandlungen über die Rechte der Stände haben – so scheint es – nur „privat" stattgefunden. Im Vordergrund standen der Wiederaufbau Ratzeburgs und die Erholung des Landes von den Kriegsfolgen. Erst danach konnte über die Zukunft verhandelt werden. Den Ständen musste daran gelegen sein, ihre Privilegien durch den neuen Landesherrn bestätigt zu bekommen. Die Gespräche darüber wurden zwar durch die Tatsache erschwert, dass drei „Herren" Ansprüche erhoben; sie wurden andererseits aber deshalb erleichtert, weil die Stände in Braunschweig-Lüneburg eine starke Position hatten und eine Angleichung der Verhältnisse im neuen Landesteil zu erstreben suchten.

Die Lauenburger waren vertreten durch ihren Landmarschall Joachim Werner von Bülow[10]; er stand nicht nur qua Amt an der Spitze, sondern war auch der führende Kopf. An den Verhandlungen waren ferner auf lauenburgischer Seite beteiligt: die Landräte von Witzendorf und von Berkenthin, der Gutsbesitzer von Preten und je ein Vertreter der Städte Lauenburg und Ratzeburg. Die Beratungen zogen sich bis 1698 hin. Erst am 18. Januar 1699

9 Resolution der Ritter- und Landschaft vom 4. / 14. Oktober 1689, zitiert nach A.E.E.L. v. Duve, Mittheilungen zur näheren Kunde des Wichtigsten der Staatsgeschichte und Zustände der Bewohner des Herzogthums Lauenburg von der Vorzeit bis zum Schlusse des Jahres 1851. Ratzeburg 1857, S. 768 f.

10 Vgl. Biogr. Lex., S. 98 f.

fasste die Ritter- und Landschaft auf ihrem Büchener Konvent den Beschluss, Herzog Georg Wilhelm zu ersuchen, die Privilegien anzuerkennen und zu bestätigen; der Herzog wurde um einen Landesrezess gebeten. Nach Diskussion mehrerer Entwürfe kam das endgültige Dokument am 15. September 1702 zustande. Es wurde am 2. April 1703 von Herzog Georg Ludwig unterzeichnet.

Der Landesrezess enthielt eine Bestätigung der Privilegien und legte die Strukturen für die eigene Regierung des Landes fest. Aus der Sicht der Stände war mit dem Landesrezess von 1702 der Herrscherwechsel vollzogen. Schon 1701 hatte die Ritterschaft zu verstehen gegeben, „daß die vorhin im Lande gewesenen adelichen Familien wieder hereinzutreten invitirt und die jetzt sehr kleine Ritterschaft zu Splendeur des Landes, mit der Zeit vermehrt, auch durch das denen von Adel competirende Retractsrecht in gutem Esse möge erhalten werden". Herzog Georg Wilhelm war dem aufgeschlossen begegnet.[11]

Andreas Gottlieb von Bernstorff hatte neben seiner politischen Tätigkeit auch für seine Familie gesorgt und mehrere Güter in Mecklenburg und im Lüneburgischen erworben. Als Belohnung für seine Verdienste beim Erbfolgestreit hatte ihm Kurfürst Georg Ludwig eine Lehnsanwartschaft für das nächste freiwerdende Gut im Herzogtum Lauenburg zugesagt. 1717 konnte Bernstorff das Adlige Gericht Wotersen einschließlich der Gehöfte Sahms, Elmenhorst und Groß Pampau erwerben, darüber hinaus Lanken; Besitzungen, die sich zuvor in der Hand der Gottorfer Herzöge befunden hatten. Er hat also nicht nur für die Machtausdehnung der Welfen gesorgt, sondern auch dazu beigetragen, der Lauenburgischen Ritterschaft wieder zu „Splendeur" zu verhelfen; dieser trat er bei, resp. er wurde von ihr rezipiert.[12]

3. *Die Anfänge der Welfen im Herzogtum Lauenburg*

Als es Ende des 19. Jahrhunderts um die Integration Lauenburgs in den preußischen Staatsverband ging, wurde von den Vertretern Lauenburgs der Wunsch geäußert, der Provinz Hannover zugeordnet zu werden und nicht der Provinz Schleswig-Holstein. Die Begründung: Unter der hannoverschen Herrschaft habe das Herzogtum eine glückliche Zeit gehabt und an diese wolle es wieder anknüpfen. Bismarck hat anders entschieden (davon wird noch zu reden sein). Was war es, das bei den Lauenburgern eine so positive Erinnerung an die hannoversche Zeit hinterlassen hat?

Es wurde bereits darauf hingewiesen, dass Lauenburg wegen seiner geographischen Lage jahrhundertelang Durchzugsgebiet fremder Truppen war und deshalb den Bewohnern des Landes erhebliche Lasten auferlegt hatte. Die askanischen Herrscher waren zu schwach, sich dagegen zu wehren. Mit der Inbesitznahme des Herzogtums 1689 war mit Braunschweig-Lüneburg eine Macht präsent, die auch militärisch von Gewicht war.

Die Art der Kriegführung hatte sich seit dem Dreißigjährigen Krieg nicht grundsätzlich verändert. So kam es unter den streitenden Parteien kaum zu einer größeren Feldschlacht. Auf dem Territorium des Herzogtums Lauenburg fanden bestenfalls kleine Scharmützel

11 Peter v. Kobbe, Geschichte und Landesbeschreibung des Herzogthums Lauenburg, Bd. 3. Altona 1837, S. 143.
12 Aage Friis, Die Bernstorffs, Bd. 1. Leipzig 1905, S. 278 und 318 ff.

statt. Waren die Regimenter im Dreißigjährigen Krieg verwilderte und schwer zu kontrollierende Haufen gewesen, so hatte sich nach 1648 so etwas wie Kriegsdisziplin durchgesetzt. Die Verantwortlichkeiten waren klarer erkennbar und die Beamtenschaft hatte gelernt, mit den Problemen umzugehen. Der Krieg hatte insofern eine Verstaatlichung erfahren, als er von der Staatsräson souveräner, teilweise absolutistisch regierender Fürsten bestimmt wurde. Nach 1660 gab es – z. B. in Brandenburg – stehende Heere, die sich anders verhielten als die kurzfristig geworbenen Regimenter in den Jahrzehnten zuvor.

Ein Blick auf die Ereignisse während des zweiten Teils des Großen Nordischen Krieges zeigt, dass sich das Verhalten der fremden Truppen, die wieder das Land durchzogen (dabei war es geblieben!), gründlich geändert hatte. Im Juli 1711 zeichnete sich ab, dass dänische Truppen sich in Holstein auf einen Marsch nach Pommern vorbereiteten. In Zusammenarbeit zwischen der Ratzeburger Regierung und den Beamten in Hannover einerseits und der dänischen Generalität andererseits wurden genaue Pläne für den Durchmarsch erarbeitet. Die Truppen hatten ihre Fourage mitzubringen. Was sie aus dem Lande haben wollten, musste bar bezahlt werden. Es wurden alle Vorkehrungen getroffen, um den Marsch so schnell wie möglich abzuwickeln: Wege wurden ausgebessert, Brücken verstärkt.

Der dänische König hatte offiziell um die Erlaubnis zum Durchmarsch gebeten; diese war ihm vom Kurfürsten in Hannover mit Auflagen erteilt worden. Der Marsch wurde reibungslos abgewickelt. Nicht anders verhielt es sich im Januar 1712 beim Rückmarsch der Dänen. Alle Kosten wurden registriert und am Ende durch einen Kommissar abgerechnet; es wurde eine Summe von 986 Rtlr. ausgezahlt. Gemessen an den Beträgen, die während der Kriege des 17. Jahrhunderts in den Akten erschienen, handelte es sich 1712 um einen lächerlichen Betrag. Nach Ende der Kriegshandlungen wurden die bei den Durchmärschen der „nordischen Alliierten" entstandenen direkten und indirekten Schäden aufgelistet. Auf der Grundlage dieser Listen erfolgte die Forderung von „Satisfaktionsgeldern". Sie wurden den Geschädigten tatsächlich ausgezahlt.

Die Lauenburger hatten über eine lange Zeit erfahren müssen, was der Grundsatz bedeutet: Die Großen tun, was sie können; die Kleinen leiden, was sie müssen. Jetzt durften sie erstmals erfahren, was es bedeutet, von den Großen beschützt zu werden. Aber die Präsenz Hannovers als deutscher Mittelmacht im Herzogtum Lauenburg, hinter der nach 1714 auch das 1707 zum Vereinigten Königreich Großbritannien gewordene England stand, bedeutete nicht nur erhöhten militärischen Schutz, sondern auch Teilhabe an den von Hannover ausgelösten Modernisierungsmaßnahmen im gesamten Land.

Andreas Gottlieb von Bernstorff[13] darf als führende Kraft angesehen werden, die hinter dem Erwerb Lauenburgs für das Haus Hannover stand. Als Belohnung für seine Verdienste beim Erbfolgestreit erhielt er 1717 das Adlige Gericht Wotersen. Bernstorff sorgte damit nicht nur für die Machtausdehnung der Welfen in einem Territorium nördlich der Elbe, sondern wurde selbst auch ein Pionier für die Ausbreitung des „hannoverschen Stils" im Herzogtum Lauenburg.

Die Vertreter des Hauses Braunschweig-Lüneburg, die für die Übernahme des Herzogtums Lauenburg große Anstrengungen unternommen hatten, dürften dies kaum getan

13 Hartwig Graf von Bernstorff, Andreas Gottlieb von Bernstorff (1649–1726). Staatsmann, Junker, Patriarch. Bochum 1999, S. 62 ff.

haben, weil sie sich Mehreinnahmen für ihren Staatshaushalt davon versprachen; diese waren vergleichsweise gering. Die lauenburgischen Kammerrechnungen weisen für das Jahr 1689/90 an Einkünften aus: 46.000 Taler, davon 18.000 Taler aus dem Elbzoll und 25.000 Taler aus den Ämtern. Alles spricht dafür, dass es wohl eher die strategischen Erwägungen waren, die beim Engagement der Welfen für das Herzogtum Lauenburg ausschlaggebend waren. Sowohl die den lauenburgischen Ständen entgegenkommende Haltung beim Landesrezess als auch die in den folgenden Jahrzehnten erfolgte territoriale Rückerwerbungspolitik der Welfen deutet darauf hin.

Die Beziehungen zwischen Ratzeburg und Hannover, von denen die neuen Untertanen des Kurfürsten Georg Ludwig (als englischer König Georg I.) besonders betroffen waren, regelte der Landesrezess vom 15. September 1702, in dem nicht nur die Privilegien der Ritter- und Landschaft bestätigt wurden, sondern auch festgelegt war, dass im Herzogtum Lauenburg „allerzeit eine absonderliche Regierung, Hof Gericht und Consistorium" bestehen bleiben solle. Die Regierung in Ratzeburg sollte als oberstes Kollegium im Lande auch die Funktion der Justizkanzlei ausüben; ihre Mitglieder wirkten – zusammen mit den Angehörigen der Stände – auch im Hofgericht und im Konsistorium mit. Sie unterstanden allerdings grundsätzlich den Zentralbehörden in Hannover, die als Zwischeninstanz sowohl die Beziehungen zum Landesherrn, dem König von England, als auch die zum Reichsoberhaupt, dem Kaiser, regelten. Die lauenburgischen Ämter, die zum Kammergut des Landesherrn gehörten, unterstanden direkt den Behörden in Hannover. Der Landesrezess hatte für Lauenburg eine besondere Rechtsstellung geschaffen, die weder eine Personal- noch eine Realunion zum Ziel hatte, sondern eine Zwischenstellung einnahm. Die alten Gerechtsame und Einrichtungen des Landes blieben weitgehend uneingeschränkt bestehen. Damit wurde ein Land zu einem Teil Hannovers, das sich grundsätzlich von den Stammlanden unterschied.

Es waren vor allem die von Hannover entsandten Beamten, die in der Folgezeit für die Integration des neuen Territoriums in das Kerngebiet sorgten. Ihre Arbeit gestaltete sich über die Jahrzehnte so erfolgreich, dass nach Beendigung dieser Verhältnisse die Bevölkerung den hannoverschen Zeiten nachtrauerte.

Im politischen Leben des Kurfürstentums Hannover spielte Lauenburg keine besondere Rolle; das Herzogtum war Objekt und nie Subjekt in der Politik Hannovers. Unter dieser peripheren Rolle haben die Lauenburger aber nicht gelitten, sondern eher von ihr profitiert. Die geringe Wahrnehmung des neuen Landesteils hat in der Historiographie Hannovers resp. Niedersachsens keinen Niederschlag gefunden. Die 1689 erfolgte und in den folgenden Jahren durchgesetzte Erwerbung eines nordelbischen Landesteils ist weder von politisch verantwortlichen Zeitgenossen noch von den der hannoverschen Landesgeschichte Verpflichteten mit besonderer Aufmerksamkeit registriert worden. Das „Ländchen" lag – von Hannover aus gesehen – in einem entfernten Winkel; es machte nur ein Zwanzigstel der Fläche des Kurfürstentums aus; die Einwohnerzahl Lauenburgs betrug nur ein Dreißigstel der Bevölkerung des Kurfürstentums Hannover.

Auf dem Gebiet der Verfassungsentwicklung trat nach dem Landesrezess eine Phase der Stagnation ein, die bis zum Ende der hannoverschen Zeit anhielt; gleichzeitig ist eine intensive Beeinflussung durch Gesetze und Verordnungen nicht zu übersehen, bei der erkennbar wird, dass Lauenburg Anschluss an die Stammlande gewinnen sollte. Auf beiden Feldern sind aber erhebliche Diskrepanzen zwischen Theorie und Praxis, zwischen Anspruch und Wirklichkeit auszumachen. So wurde im Landesrezess zugesagt, dass die Stände vor Änderungen von das Land betreffenden Ordnungen auf Landtagen hinzugezogen werden müssten. Auch bei Kontributionen oder anderen Geldumlagen sollte die Zustimmung der Ritter- und Landschaft – wie zuvor üblich – erforderlich sein. Tatsächlich hat von 1689 bis 1702 kein Landtag stattgefunden. Auch für die Folgejahre erhebt sich die Frage, ob überhaupt Landtage abgehalten wurden oder ob deren Funktion durch Ausschüsse oder Konvente übernommen wurde, die nur als Landtage betitelt wurden.

Als Johann Jacob Moser 1769 den Zustand der Reichs- und Landstände in Deutschland beschrieb, berücksichtigte er auch Lauenburg und stellte fest: „Die Sachsen-Lauenburgische feyerliche Land-Tage werden zu Büchen gehalten, die besondere Versammlungen aber zu Ratzeburg in einem besondern Zimmer der Regierungs-Canzley."[14] Er unterschied also zwischen Landtagen und anderen Versammlungen. Letztere wurden auch als „Deputationstag" oder „Particular-Conferenz" und „Convent" bezeichnet. Dem Landmarschall kam bei der Festlegung der Versammlungsform zwar eine Bedeutung zu; die letzte Entscheidung in Angelegenheiten der Verwaltung und des Rechts lag aber bei der Zentralbehörde in Hannover. Lediglich die innere Verwaltung des Herzogtums oblag dem Regiment der Stände.[15]

Zunächst sollte die hannoversche Amtsordnung von 1674 (mit den Ergänzungen und Erläuterungen von 1683), in der die Aufgaben der Verwaltung und die Pflichten der Beamten auf allen Ebenen geregelt waren, auch im Herzogtum Lauenburg gelten. Daraus resultiert das neugeschaffene Amt des Landdrosten. Erst 1731 wurden die Aufgaben der lauenburgischen Beamten in einer Instruktion spezifiziert. Im Mittelpunkt standen Funktionen der Steuerverwaltung und der Wirtschaftsförderung für das Land. Erst 1787 wurde der Lauenburgischen Ritter- und Landschaft gestattet, einen Landrat als Mitglied in die hannoversche Kammer zu entsenden und damit Einfluss auf die Angelegenheiten des ganzen Landes zu nehmen.

Insgesamt kann festgestellt werden, dass die Lauenburger es verstanden haben, sich trotz mancherlei Diskrepanzen zwischen der Verfassungstheorie und ihrer praktischen Anwendung auch gegenüber den neuen Landesherren zu behaupten und über ihre ständische Vertretung Mitwirkungsmöglichkeiten auf dem Gebiet der Finanzverwaltung und des Justizwesens zu festigen. Das schlug sich auch bei der Behandlung von Gesetzesvorlagen nieder, die von Hannover ausgingen und im Lauenburgischen Geltung erhalten sollten. Zu den ersten konkreten Maßnahmen der neuen Herren gehörten Anweisungen für die Forst- und Jagdverwaltung; so trat die Forst-Ordnung von 1678, die bis weit ins 18. Jahrhundert hinein als vorbildlich galt, weil sie u. a. dem Raubbau, der durch die Hüttenbetriebe im Harz oder die Salinenwirtschaft in Lüneburg verursacht worden war, Einhalt zu gebieten suchte, auch für Lauenburg in Kraft. Konkrete Auswirkungen hatte dies aber erst in den Jahren nach 1743.

Es ist oft gefragt worden, ob die Zeit der Regierung aus Hannover für das Herzogtum Lauenburg einen „Modernisierungsschub" mit sich gebracht habe. Es hat zweifellos zahl-

14 Johann Jacob Moser, Von der Teutschen Reichs-Stände, Landen, deren Land-Ständen, Unterthanen, Landes-Freyheiten, Beschwerden, Schulden und Zusammenkünften. Frankfurt 1769 (Nachdruck Hildesheim 1977), S. 1441.

15 Peter v. Kobbe (wie Anm. 10), Bd. 3, S. 184.

reiche Reformen gegeben, so z. B. bei der Verkoppelung (über die noch zu berichten sein wird), aber das waren im Wesentlichen Anpassungen an Verhältnisse im Kurfürstentum Hannover. Weiterreichende Veränderungen, die als Modernisierung hätten bezeichnet werden können, stießen auf den Widerstand der Ritter- und Landschaft, die sich auf die ihr bestätigten Privilegien berufen konnte.

4. Die Rückerwerbungspolitik der Welfen für das Herzogtum Lauenburg im 18. Jahrhundert

Die Hannoversche Regierung setzte im Auftrag des Kurfürsten und Königs von England die Politik der letzten askanischen Herzöge zur Rückerwerbung verpfändeter Gebiete fort. Bei der Rückgabe Möllns aus lübischer Pfandschaft 1683 war der Status der Vogtei Mölln strittig geblieben. Erst 1747 gelang es nach langen Rechtsstreitigkeiten, eine Übereinkunft zu finden. Lübeck trat folgende Dorfschaften an das Herzogtum ab: Hof und Dorf Woltersdorf, Alt-Mölln, Hornbek, den lübschen Teil des Dorfes Breitenfelde, den lübschen Teil des Dorfes Berkenthin, Niendorf, Koberg, Sirksfelde, den lübschen Teil des Dorfes Siebenbäumen, den lübschen Teil des Dorfes Duvensee, außerdem die Hoheit über die adligen Güter Rondeshagen, Kastorf, Bliestorf und Grinau. Die Hansestadt behielt Hof und Dorf Ritzerau, das Kirchspiel Nusse, Hof und Dorf Behlendorf mit den Dörfern Albsfelde, Giesensdorf, Harmsdorf, außerdem die Dörfer Poggensee und Tramm, Schretstaken, Düchelsdorf, Sierksrade, Hollenbek bei Berkenthin. Sie behielten auch den Krummesser Hof, Kronsforde, den halben

Ausführung
des
Rechts
Ihro Königl. Majest.
von Groß-Britannien
als
Hertzogs zu Lauenburg,
an das
Amt Steinhorst.
Nebst Beyfügung derer,
von
Königl. Dänischer Seite
bißhero in dieser Sache publicirten Schriften,
und deren
gründlichen Beantwortung.

1739.

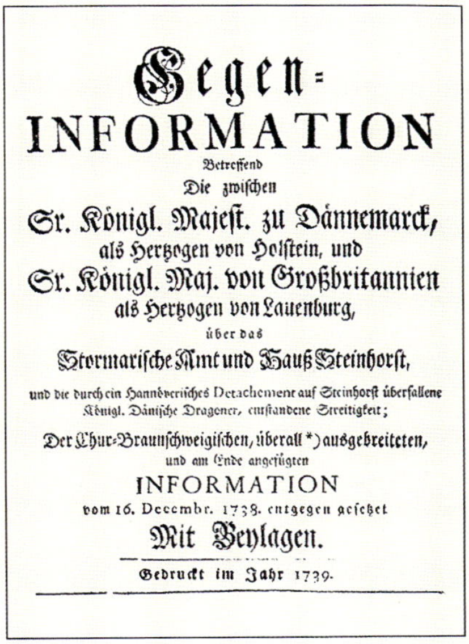

Gegen-
INFORMATION
Betreffend
Die zwischen
Sr. Königl. Majest. zu Dännemarck,
als Hertzogen von Holstein, und
Sr. Königl. Maj. von Großbritannien
als Hertzogen von Lauenburg,
über das
Stormarische Amt und Hauß Steinhorst,
und die durch ein Hannöverisches Detachement auf Steinhorst überfallene Königl. Dänische Dragoner, entstandene Streitigkeit;
Der Chur-Braunschweigischen, überall *) ausgebreiteten, und am Ende angefügten
INFORMATION
vom 16. Decembr. 1738. entgegen gesetzet
Mit Beylagen.

Gedruckt im Jahr 1739.

48 a + b: Der Streit um das Amt Steinhorst wurde in den Jahren 1736–1739 nicht nur juristisch, sondern 1738 auch militärisch ausgetragen.

49: Das Herrenhaus Steinhorst wurde 1721/22 erbaut.

Hof Niemark, die Dörfer Wulfsdorf, Blankensee, Beidendorf sowie die Dörfer Utecht und Schattin.

Im Herzogtum Lauenburg verblieben also auch nach 1747 eine Reihe von lübischen Exklaven. Erst das Groß Hamburg-Gesetz von 1937 schuf ein höheres Maß an Geschlossenheit. Während die Auseinandersetzungen mit Lübeck um die Vogtei Mölln am Ende friedlich gelöst werden konnten, brachte ein anderer Konflikt das Herzogtum Lauenburg an den Rand eines Waffengangs: die Streitigkeiten um das Amt Steinhorst.

Das Amt Steinhorst ist vergleichsweise spät entstanden: Bis ins 15. Jahrhundert hinein befand sich das Gebiet um Steinhorst im Besitz weniger adliger Familien, darunter die Scharfenbergs mit ihrer Burg in Linau. Den lauenburgischen Herzögen gelang es, bis zum Ende des 15. Jahrhunderts einen Großteil des Adelsbesitzes zu erwerben und aus diesen Gütern das Amt Steinhorst zu machen, für das Herzog Magnus I. 1524 Christoph von Lüssow zum Vogt bestellte. Während es annähernd zwei Jahrhunderte gedauert hatte, aus vereinzeltem Streubesitz ein herzogliches Amt zu machen, vollzog sich der wirtschaftliche und – damit verbunden – politische Niedergang innerhalb weniger Jahrzehnte. Herzog Franz I. hatte sich auch hier hoch verschuldet und konnte den dabei eingegangenen Verpflichtungen nicht nachkommen. Hauptgläubiger war Friedrich von Brockdorff, den der Herzog als Amtmann in Steinhorst eingesetzt hatte. Brockdorff war aber auch Lehnsmann des Herzogs von Schleswig-Holstein-Gottorf. 1568 musste der Rechtsweg der Verpfändung beschritten werden. Brockdorff wurde Pfandbesitzer des Amtes Steinhorst, was ihm aber keine Vorteile brachte, weil er den Gewaltakten des lauenburgischen Herzogs ausgesetzt war.

Doch Herzog Adolf von Schleswig-Holstein kam seinem Lehnsmann zu Hilfe, aber sorgte auch für seinen eigenen Gewinn: Herzog Franz II. musste 1574 das Amt Steinhorst an den Gottorfer Herzog Adolf als Pfandbesitz abtreten.

Dieser Rechtsakt erfolgte im Rahmen der Bemühungen Franz II., die alleinige Erbfolge seines Vaters anzutreten. Das Schicksal des Amtes Steinhorst war somit Teil des Bruderkampfes im Hause der Askanier. Für seine Unterstützung Franz' II. gegen dessen Bruder

Magnus hatte der Gottorfer 85.000 Reichstaler in Rechnung gestellt und dafür nach weitergehenden Forderungen die Pfandverschreibung auf das Amt Steinhorst durchgesetzt. Da die Höhe der Pfandsumme eine Auslösung nahezu ausschloss, erfolgte 1575 die Abtretung des Amtes an den Gottorfer Herzog. Für einen weiteren Geldbetrag trat Herzog Franz II. von Lauenburg das Amt Steinhorst am 11. Mai 1575 an Herzog Adolf von Schleswig-Holstein in einem „beständigen unwiderruflichen Erbkauf" ab.

Dieser Vertrag war aus einer Notsituation seitens der Askanier geschlossen worden. Da diese das Amt Steinhorst aber stets als „rechten Kern und Herz im Lande Sachsen" bezeichnet hatten, suchten sie nach Wegen für einen Rückerwerb, wobei sie geltend machten, dass die Vereinbarung von 1575 kein Kauf, sondern eine Verpfändung gewesen sei. Eine Klage auf dieser Grundlage erhob schließlich Herzog Julius Heinrich 1662 gegen Herzog Christian Albrecht vor dem Reichshofrat in Wien.

Der Lauenburger Herzog starb (1689), bevor es in Wien zu einer Entscheidung gekommen war. Die Welfen in Hannover traten das „Erbe" dieses Rechtsstreits an. Sie und die Untertanen des Amtes Steinhorst mussten weitere 50 Jahre warten, bis über seine Zugehörigkeit entschieden wurde. Während dieser 50 Jahre wechselten die Besitzverhältnisse des Amtes mehrfach, weil die kriegerischen Ereignisse die Position des Gottorfer Herzogs bis zum Ende des Großen Nordischen Krieges häufig veränderten.

1691 verkaufte der Gottorfer Herzog die Ämter Steinhorst und Tremsbüttel an seinen Geheimen Rat Magnus von Wedderkop[16]; im Zuge dieser Aktion wurde das Amt Steinhorst bis 1739 zu einem „reichsfreien adligen Gut". Sein Besitzer Magnus von Wedderkop, 1637 in Husum geboren, war ein typischer Aufsteiger des 17. Jahrhunderts. Er brachte es nach Studium, Promotion und Professur in Kiel bis zum Präsidenten des Geheimen Rates in gottorfischen Diensten.

Sein Sohn, Gottfried von Wedderkop, begann nach dem Tod des Vaters, 1721, mit dem Ausbau des Steinhorster Herrenhauses zu einem repräsentativen Adelssitz.[17] Der junge Wedderkop stand in dänischen Diensten und übertrug seinem Monarchen das Anfallsrecht auf das „immediate Reichsgut Steinhorst", d. h., im Falle des Aussterbens der Familie sollte der König von Dänemark das Gut/Amt erben. Doch dazu kam es nicht. Der Gesandte Dänemarks am französischen Hof war hochverschuldet, nicht zuletzt wegen des Baues in Steinhorst. 1736 musste er ein Darlehen des Kurfürsten von Hannover, Georgs II. von Großbritannien, aufnehmen in Höhe von 50.000 Reichstalern. Die Übergabe des Geldes wurde diskret gehandhabt, so dass die Regierung in Hannover zunächst nicht in Erscheinung trat.

Weitere Darlehen (zusammen 90.000 Reichstaler) erfolgten in kurzen Abständen. Wedderkop war zahlungsunfähig und musste 1738 sein „Reichsgut" in einem „Erb-Verkaufs und Cessions-Contract" Georg II. abtreten. Dieser hatte beim Gottorfer Herzog Karl Friedrich sicherheitshalber das Vorkaufsrecht (für 53.000 Reichstaler) für das Amt Steinhorst erworben. Damit schien dem Wiederanschluss des Amtes an das Herzogtum Lauenburg nichts mehr im Wege zu stehen, wenn es nicht die Übertragung des Anfallrechtes an den dänischen König gegeben hätte. König Christian VI. von Dänemark ließ das Amt Steinhorst am 24. November 1738 militärisch besetzen und hielt weitere Truppen in Oldesloe bereit.

16 Vgl. Biogr. Lex., S. 399 f.

17 Volker Konerding, Das Herrenhaus Steinhorst, in: Das Herrenhaus Steinhorst und die Sammlung Schwarzkopf (= Schriftenreihe der Stiftung Herzogtum Lauenburg, Bd. 2). Neumünster ^{2}1985, S. 16-36.

Hannover reagierte und entsandte Teile eines Infanterieregiments aus Ratzeburg und Mölln unter dem Kommando eines Obristen nach Steinhorst. Der Oberst versuchte vergeblich, den dänischen Kapitän, der auf der Gegenseite das Kommando hatte, zum Abzug zu bewegen, da der Konflikt ohnehin nur politisch entschieden werden könne. Der Däne und seine Truppe zeigten sich jedoch entschlossen, Steinhorst zu halten. In einem auf hannoverscher Seite abgefassten Bericht heißt es: „Der Dänische Capitain erwiederte, er habe Ordre, sich biß auf den letzten Bluts-Tropffen zu wehren; er stellte sich mit dem Degen in der Faust auf die Zug-Brücke, vor die Spitze seiner Mannschafft, gegen den [hannoverschen] Lieutenant Conerding, und da dieser ihm annoch gütlich zuredete, gab er solchem, der doch seinen Degen noch nicht entblösset, sondern nur seinen Exponton in Händen hatte, eine harte Blessure, worauf dieser nach empfangener Wunde mit dem Esponton wieder auf den Capitain gestossen und sich gewehret.

Der Dänische Capitain ruffte darauf seinen Leuten zu, Feuer zu geben, welches auch geschahe, und 3. Mann von den Chur-Braunschweigischen Trouppen getödtet, 2. aber blessiret wurden.

Nachdem mit solchem Feuergeben von den Dänischen Dragonern der Anfang gemachet war, wurde allererst von dem Chur-Braunschweigischen Commando, wie natürlicher Weise geschehen mußte, gleichfals gefeuret, eingedrungen, und das Dänische Commando disarmiret, jedoch honorabel gehalten, und biß an die Landes-Gräntzen zurück convoyirt, sodann die Waffen wieder zugestelltet."[18]

Später stellte sich heraus, dass der dänische Kapitän keineswegs über so rigorose Befehle verfügte, wie er geltend gemacht hatte. Die Abläufe der militärischen Konfrontation werden in dem von dänischer Seite verfassten Bericht ähnlich geschildert; aus dieser Quelle geht darüber hinaus hervor, dass bei dem Kampf um das Steinhorster Amtshaus zwei Offiziere und sieben Soldaten im Mannschaftsrang getötet und ein Offizier und 14 Soldaten verwundet wurden. Die Hannoveraner zeigten ihre Entschlossenheit, um Steinhorst zu kämpfen, indem sie weitere Truppen in den Amtsbezirk beorderten und Verteidigungsstellungen einrichteten.

Der Konflikt wurde schließlich durch Diplomaten (unter denen Johann Hartwig Ernst von Bernstorff hervorzuheben ist) und Juristen beigelegt, nachdem jede Partei die Richtigkeit ihres Rechtsstandpunktes in umfangreichen Druckschriften kundgetan hatte. Der Verzicht des Königs von Dänemark auf sein „Anfallsrecht" kostete den britischen König 70.000 Goldgulden. Als Kaufpreis wurde nach gründlichen Erhebungen der hannoverschen Kommissare die Summe von 418.606 Reichstalern festgesetzt. Nach Abzug aller Verbindlichkeiten blieben für den Vorbesitzer nur 500 Reichstaler übrig. Am 4. August 1739 fand die Vereidigung der Untertanen des Amtes Steinhorst auf den neuen Herrn statt, auf Georg II., den Herzog von Lauenburg, der auch Kurfürst von Hannover und König von Großbritannien war.

50: König Georg II.

18 Ebd., S. 31.

51 a, b: Die Könige von Großbritannien, die auch Herzöge von Lauenburg waren:

Georg III. (links)

Georg IV. (rechts)

Gottfried von Wedderkop zog sich nach Lübeck zurück, wo er zwei Jahre später starb. Die hannoversche Zeit wurde für Steinhorst eine Periode des Fortschritts und der wirtschaftlichen Prosperität. Die Integration in das Herzogtum Lauenburg erfolgte ohne nennenswerte Probleme.

Es kann kein Zweifel daran bestehen, dass die Rückerwerbungspolitik der Welfen deshalb so erfolgreich war, weil sie nicht nur von den finanziellen Möglichkeiten eines großen Staatsverbandes getragen wurde, sondern durch den Druck beeinflusst war, der von England als Großmacht ausging. Diesen machten sie auch sichtbar.

Am 28. April 1716 waren die Welfen vom Kaiser mit dem Herzogtum Lauenburg, in dessen Besitz sie sich de facto seit 1689 befunden hatten, belehnt worden. Die bei jedem Herrscherwechsel üblichen Huldigungen waren durch Beauftragte des Landesherrn entgegengenommen worden. Angesichts dieser Praxis wurde der Besuch König Georgs II. im Herzogtum Lauenburg 1748 zu einem Ereignis, das bei den Zeitgenossen große Beachtung fand und deshalb auch bei einer historischen Bilanz berücksichtigt werden muss.

König Georg II. konnte einen Besuch auf dem Kontinent machen, nachdem sein Sohn, Wilhelm August, Herzog von Cumberland, im April 1746 die Schotten in der Schlacht bei Culloden geschlagen und anschließend das Hochland erobert hatte. Zuvor war es ihm und davor seinem Vater untersagt, die britische Insel zu verlassen, um sein Stammland Hannover aufzusuchen.

Die Städte Lauenburg und Ratzeburg waren Ziele der Reise. Bereits in Artlenburg wurde der König am 30. September von Vertretern der Stadt Lauenburg empfangen und über die Elbe geleitet. In der Stadt war alles aufgeboten worden, was geeignet erschien, den Landesherrn würdig zu empfangen. Alle Stände waren angetreten, um – wie es in einem Bericht heißt – „mit freudigem Mute zu tönen: ‚Es lebe unser allergnädigster König!'". Am Abend waren die meisten Häuser illuminiert. Als Bilanz des großen Tages hält der Bericht fest: „Es ist nicht auszudrücken, wie Stadt und Bürgerschaft frohlocket, daß sie die große Gnade einmal gehabt, ihren allergnädigsten lieben König in hohem und vergnügtem Wohlsein durchpassieren zu sehen."[19]

Am 1. Oktober um die Mittagszeit zog König Georg in Ratzeburg ein. Da die Zeit nicht gereicht hatte, das schlechte Straßenpflaster in Ordnung zu bringen, war die Herrenstraße mit weißem Sand bestreut worden. Für das Ehrengeleit waren die ausgewählten Bürger eigens in eine Art Uniform gesteckt worden. Es gab Ehrenpforten und Girlanden, Sinnsprüche an den Häusern und mancherlei andere Willkommensbekundungen. „Des Königs Majestät", heißt es, „fuhren in einer halben Chaise und hatten den Grafen von Plate bei sich darinnen. Ihro Kgl. Majest. stiegen zusamt diesem ihrem Gesellschafter bei des Herrn Landdrosten Hause aus dem Wagen, allwo unten an der Treppe der Herr Landdrost, dessen Frau Gemahlin und noch verschiedene Damen und Cavaliers parat standen und den König empfingen. Ihro Maj. waren gegen einen jeden besonders gnädig und freundlich. Sie nahmen darauf das Mittagsmahl ein. Nach gehaltener Tafel wurde die Garnison bei denen Baracken gemustert. Der König besahen auch die lange Brücke, spazierten darauf nach Hr. Landdrosten Hause, allwo sich sodann Ihro Majest. mit der vornehmsten Gesellschaft an den Spieltisch setzten. Weiter aufm Abend gegen 9 Uhr fuhren Ihro Majest. in der Stadt herum, besahen die Illuminationes. Auf der Kanzlei waren viele artige Sinnbilder ausgestellt, wovon der Herr Landdrost selbsten der Inventor sein sollen. Diesem nächst waren die Häuser des Herrn Sekretär Steding und Herrn Stadtkommissar Raven am besten illuminiert". Ein Abendessen beendete das Besuchsprogramm.[20]

Am nächsten Morgen brach König Georg um sieben Uhr auf, um die Rückreise in die Göhrde anzutreten. Eine Bürgergarde der Ratzeburger begleitete ihn bis Mölln. Dorthin hatten sich mehrere tausend Schaulustige aus der Umgebung, auch aus Lübeck, begeben, um den englischen König zu bestaunen. Die Reise Georgs II. war der erste und einzige Besuch eines Welfenherrschers im Herzogtum Lauenburg.

Die Rückerwerbungspolitik der Welfen hatte aber auch eine Kehrseite, denn die territoriale Arrondierung im Herzogtum Lauenburg diente stets auch der strategischen Absicherung des Kurfürstentums Hannover. Was 1815 beim Übergang des Herzogtums an die dänische Krone sichtbar wurde, war lange vorbereitet: Das Land Hadeln, das Amt Neuhaus und die linkselbische Marschvogtei verblieben bei Hannover. Das Herzogtum Lauenburg blieb bestehen, aber wesentliche Teile, die seit Jahrhunderten dazugehört hatten, wurden abgetrennt.

19 Zitiert nach: Hans-Georg Kaack, Bauer. Bürger. Edelmann. Ratzeburg 1985, S. 220 f.

20 Zitiert nach: Hans-Georg Kaack, Ratzeburg. Geschichte einer Inselstadt. Neumünster 1987, S. 202.

5. Die Bemühungen der Welfen, auch im Ständestaat Herzogtum Lauenburg Reformen durchzusetzen – mit einem besonderen Blick auf die Schulgeschichte

Im Landesrezess von 1702 hatte der neue Landesherr den lauenburgischen Ständen zwar die Privilegien von 1585 (Union der Ritter- und Landschaft) im Wesentlichen bestätigt, gleichwohl war die Hannoversche Regierung aber bestrebt, Reformen, die in den welfischen Stammlanden vorgenommen wurden, auch auf das nördlich der Elbe gelegene Herzogtum zu übertragen. Bei der Umsetzung solcher Bemühungen erwies sich die Ritter- und Landschaft oft genug als Hemmschuh. Umso mehr verdienen die Anstrengungen der Beamten in Hannover, den wirtschaftlichen und kulturellen Rückstand Lauenburgs gegenüber dem Stand im Kurfürstentum auszugleichen, Beachtung, auch und besonders dann, wenn diesen Bemühungen wegen der reaktionären Grundhaltung der Stände der Erfolg oft genug versagt blieb.

Eine Zusammenfassung der wichtigsten Verordnungen enthält die „Instruction" für die Ratzeburger Regierung vom 6. Februar 1731, mit der dieser aufgetragen wurde, „die Gerechtsamen des Landesherrn in steter Obacht zu behalten; darauf zu sehen, daß die Grenzen nicht verrückt werden, auf des Landes Cultur und Wohlstand zu achten, Handel, Manufacturen, Schiffahrt auf der Elbe und Stecknitz zu befördern; auf gute Münze zu sehen, eine angemessene Polizeiordnung, eine allgemeine Feuerordnung zu errichten, die Landstraßen, Brücken und Wege in gutem Stande zu erhalten, ein wachendes Auge auf die Hölzungen und das Deichwesen zu haben, die Anordnung der Contribution mit der Landschaft zu erwirken, Gesuche wegen Befreiung oder Schutzbriefe zu untersuchen".[21] Das markanteste Beispiel für einen gescheiterten Reformversuch stellt die „Schulordnung für Landschulen" vom 5. April 1757 dar. Ihre Verfasser wollten – vom Geist der Aufklärung getragen – durchsetzen, dass auch auf dem Lande die Kinder lesen, schreiben und rechnen lernen sollten. Es galt, ein seit Jahrhunderten bestehendes Defizit zu beheben.

Schulgeschichte ist bis weit ins 19. Jahrhundert hinein Teil der Kirchengeschichte (ausgenommen sind oft die städtischen Lateinschulen, die späteren Gymnasien). Im allgemeinen Bewusstsein dürfte – durch kirchengeschichtliche Darstellungen gefestigt – etwa folgendes Bild vorherrschend sein: Mit dem Inkrafttreten von Kirchenordnungen begann ein geordnetes kirchliches Leben im Sinne Martin Luthers. Auch die Schulen wurden rasch nach den Vorstellungen des Reformators organisiert. Zweifel daran, dass sie sofort eine „gedeihliche Wirkung" entfalteten, waren kaum angebracht.

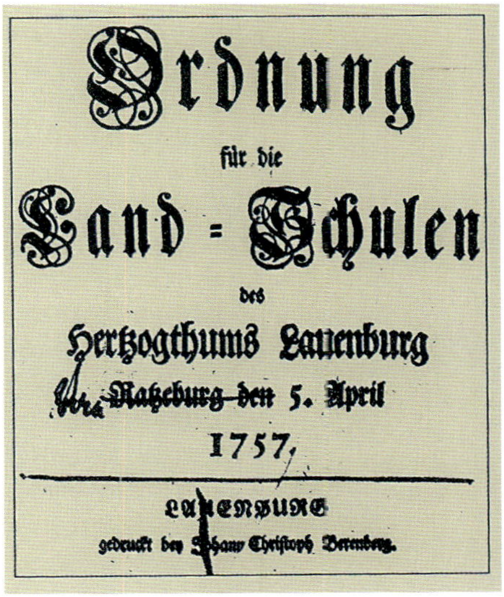
Ordnung
für die
Land-Schulen
des
Hertzogthums Lauenburg
Ratzeburg den 5. April
1757.
Lauenburg
gedruckt bey Johann Christoph Berenberg.

52: In hannoverscher Zeit wurde – ohne großen Erfolg – versucht, das Schulwesen zu verbessern, so auch 1757 durch Erlass einer Ordnung für die Landschulen.

21 Zitiert nach: Handbuch, S. 261.

Der erste bedeutende Chronist des lauenburgischen Schulwesens war Christian Mirow[22], der aber über die Zustände des 16. und 17. Jahrhunderts wenig unterrichtet war. Otto Scharnweber[23] hatte Kenntnis von den Visitationsberichten des 16. und 17. Jahrhunderts, nutzte sie aber nur sehr oberflächlich. Sein Interesse galt ebenfalls – trotz der Rückblicke bei Einzelfragen – vorwiegend dem 18. und 19. Jahrhundert.

Eine Geschichte des Schulwesens im Herzogtum Lauenburg muss noch geschrieben werden. Besonders groß sind die Defizite auf dem Gebiet der Landschulen/Dorfschulen, die – auch begrifflich – nicht mit den „Volksschulen" verwechselt werden dürfen.

Ein geordnetes Schulwesen auf dem Lande hat es vor dem 17. Jahrhundert in Norddeutschland nicht gegeben. Die Reformation hat sich zwar für die Schulen in den Städten relativ schnell positiv ausgewirkt, nicht zuletzt deshalb, weil Martin Luther einschlägige Forderungen gestellt hatte. Das Landschulwesen aber lag dem Reformator nicht besonders am Herzen und auch die evangelischen Kirchenordnungen behandelten die Unterrichtung der Kinder auf dem Lande eher stiefmütterlich. In der lauenburgischen Kirchenordnung von 1585 wird die Notwendigkeit einer Schulbildung auf dem Lande zwar betont; doch diese darf recht bescheiden ausfallen:

„Auf den dörfern sollen gleiches falles die kneblein und megdlein bei dem cüster oder pastorn und ihren frauen zur lehre gehalten werden, doch also, dass die megdlein alleine, und also auch desgleichen die knaben besonders gelassen werden, und in schreiben, lesen, nehend, catechismo beten lernen und dergleichen, von jugend auf gehalten werden. Und sol allen pastoren hiemit ernstlich auferlegt sein, die leute offentlich und persone weiss, hiezu mit ernste zu ermanen, dass sie ihre kinder nicht lenger, wie leider bisher geschehen, so unchristlicherweise wie das unvornünftige vieh aufwachsen lassen. Denn solches werden die eltern nimmermehr in alle ewigkeit für gott, noch in ihrem gewissen vorantworten können. Und wo die eltern sich hierin nicht sollen willig, sondern widersetzig erzeigen, wollen wir ampts halben hiezu das unser thund nicht vergessen, sobald wir des erinnert werden."[24]

Generell darf festgestellt werden, dass auch 200 Jahre nach Einführung der Reformation die Sitten auf dem Lande alles andere als „christlich" und der Bildungsstand der Bauern minimal war. Die Gülzower lehnten Ende des 17. Jahrhunderts die Einstellung eines Lehrers ab, weil sie „Bauern bleiben" wollten. Seit der Mitte des 17. Jahrhunderts gab es auch im Herzogtum Lauenburg Bestrebungen, den Schulunterricht, der in der Regel durch die Küster in den Kirchspielen wahrgenommen wurde, nicht allein auf die Vermittlung des Katechismus, sondern auch auf die (modern gesprochen) Einübung elementarer Kulturtechniken zu konzentrieren. Tatsächlich aber war der Schulbesuch gering und die Qualität der Wissensvermittlung mangelhaft. Die Inspektionen durch die Superintendenten ergaben durchweg denselben Befund: „Die Kinder wissen nichts und können den Katechismus nicht. Lesen und schreiben kann keines der anwesenden Kinder. Unwissenheit weit und breit, besonders bei Kindern aus entlegenen Dörfern."

---

22 Christian Mirow, Das Landschulwesen im Kreis Herzogtum Lauenburg von 1585 bis 1895. Ratzeburg 1898. – Vgl. Biogr. Lex., S. 286.

23 Otto Scharnweber, Die Landschule des ehemaligen Herzogtums Lauenburg von der Reformation bis zur Eingliederung in Preußen, in: Lauenburgische Heimat, Hefte 7 und 8, 1955.

24 Emil Sehling (Hrsg.), Die Evangelischen Kirchenordnungen des XVI. Jahrhunderts, Bd. 5. Leipzig 1913, S. 446 f.

Zum Ende des 17. Jahrhunderts kann über den Zustand des Landschulwesens im Herzogtum Lauenburg festgestellt werden: Ein geregelter Unterricht fand, wenn überhaupt, nur von Martini bis Ostern statt. Die Kinder lernten meist nur den Katechismus auswendig. Da ihre Lehrer selbst kaum lesen und schreiben konnten, hatten sie nur wenig Gelegenheit, sich in dieser Kunst zu üben. Die Pastoren, denen die Aufsicht oblag, kümmerten sich in den wenigsten Fällen um eine qualifizierte Unterrichtung der Kinder. Die Zahl der Schulen und der Schulmeister hatte zwar in der zweiten Hälfte des 17. Jahrhunderts zugenommen, deren Qualität aber kaum. Daran änderten auch die neuen Landesherren, die Herzöge von Braunschweig-Lüneburg, zunächst nichts. Weder die Gutsherrn noch die Bauern hatten ein besonderes Interesse an einer Verbesserung des Schulwesens, vor allem dann nicht, wenn dies mit zusätzlichen Kosten verbunden war.

Die Beamten in Hannover, aber auch die in Ratzeburg tätigen Räte waren an Reformen interessiert; aber zunächst mussten die Rechnungsbücher in Ordnung gebracht werden, auch und gerade im kirchlichen Bereich. Erste Anstalten zu einer Schulreform erfolgten in den 30er Jahren des 18. Jahrhunderts. In einem Schreiben an die Regierung in Ratzeburg vom 23. Dezember 1737 stellten die Geheimräte in Hannover fest: „Es hat uns die Erfahrung gelehrt, wasmaßen die mehresten Schulen im Lande sich in einer solchen Verfassung befinden, welche wegen der Vorsorge, so man der Jugend schuldig ist, wohl eines Einsehens bedarf und eine vordersamste Verbesserung erforderte. Man kann nicht sagen, daß das Schulwesen im Lande [Lauenburg] in einen Verfall geraten sei, indem mehr zu glauben, daß es – wenige Schulen ausgenommen – noch niemals in den Stand damit gekommen, den man sowohl Lehrenden als Lernenden verträglich erachten kann." Als wichtigster Grund wird der Mangel an geeigneten Lehrern angenommen; ferner werden falsche Lehrmethoden und ungeeignete Lehrbücher genannt.[25]

Das Ratzeburger Konsistorium nahm die Kritik auf und suchte nach realisierbaren Abhilfen, wobei stets bedacht werden musste, dass die meisten Eltern ihre Kinder deshalb nicht zur Schule schickten, weil sie diese bei der Arbeit auf dem Felde sowie im Haus und Stall dringend brauchten. Die weiten Wege zum Küster, vor allem im Winter, waren darüber hinaus ein ernstes Hindernis. Deshalb sollten Schulen in den Dörfern eingerichtet und geeignete Lehrer gefunden und so bezahlt werden, dass ihre Existenz gesichert war. Als 1740 die Bauervögte des Amtes Schwarzenbek gefragt wurden, ob außerhalb der Kirchspielorte weitere Schulen eingerichtet werden sollten, war ihre Antwort eindeutig: Die Zahl der Schulen reiche aus; weitere könne man nicht bezahlen. Überhaupt seien Reformen beim Schulwesen überflüssig.

Eine modernen Ansprüchen genügende Schulorganisation wurde von keiner Seite angestrebt. Die Einsicht, eine Reform einzuleiten, war eine Sache; die Bereitschaft, die Kosten dafür aufzubringen, eine andere. Eine grundsätzliche Verbesserung sollte deshalb die von Kurfürst Georg II. am 5. April 1757 verfügte „Ordnung für die Landschulen des Herzogthums Lauenburg" bringen.[26]

25 Zitiert nach: E. Opitz, Vierhundert Jahre Schule Brunstorf, in: Christian Lopau u. a. (Hrsg.), 700 Jahre Brunstorf 1299–1999. Schwarzenbek 1999, S. 108 f.

26 E. Opitz, „Es mangelt an Schulen zur Kinder-Zucht". Die Anfänge des Schulwesens im Herzogtum Lauenburg, in: Kurt Jürgensen (Hrsg.), Schule und Lehrerbildung im Herzogtum Lauenburg (= Kolloquium VII). Mölln 1996, S. 22 ff.

In sechs Kapiteln mit insgesamt 30 Paragraphen wurde geregelt: 1.) Die Grundversorgung der Schulmeister und deren Examination, wobei es mehr auf die Frömmigkeit als auf andere Qualitäten ankommen sollte. 2.) Die Schulpflicht der Kinder vom 6. bis zum 14. Lebensjahr, und zwar vom 1. Oktober bis zum 30. März die ganze Woche hindurch, in der Zeit vom 1. Mai bis zum 30. September sonnabends (Sommerschule). 3.) Die Inhalte des Unterrichts (mit didaktischen Erläuterungen): Lesen der Fibel, des Katechismus, des Gesangbuches und der Bibel; Beten und Singen. Knaben, die lesen können, dürfen auch schreiben und rechnen lernen. 4.) Die Pastoren haben die Schulaufsicht sorgfältig wahrzunehmen. 5.) Vor der Einsegnung der Kinder hat eine öffentliche Katechismus-Prüfung stattzufinden.

Die in dieser „hannoverschen" Schulordnung gesetzten Ziele waren bescheiden; im Wesentlichen wurde die Grundfunktion der Dorfschulen als Mittel zur Durchsetzung der Kirchenzucht konserviert. Das „Eintrichtern" von Bibelsprüchen und von Luthers Katechismus sollte bewirken, „daß den Kindern dadurch eine heilsame Erkenntnis Gottes und ihrer selbst zur Buße, zum Glauben und zum gottseligen Lebenswandel eingepflanzt werde: in welcher Absicht auch, wenn die Kinder außer den Schulstunden eine oder andere Ergötzlichkeit vornehmen, ihnen durchaus kein unanständiger Zeitvertreib noch sonsten eine unartige Aufführung zu verstatten" ist.[27]

Bis zum Ende der Welfenzeit war es in Lauenburg nicht gelungen, die Verordnung von 1757 umzusetzen. Die Visitationsberichte beklagten die miserablen Zustände in den Dorfschulen. In Aumühle konnten 1790 von 40 Kindern nur vier schreiben; 1804 ergab eine Überprüfung in Schmilau, dass von 48 Kindern nur eines richtig lesen konnte. Den Lehrern, sofern sie nicht zugleich Küster waren, ging es schlecht; sie mussten ein zusätzliches Gewerbe ausüben. Darüber hinaus war der Zustand der Schulklassen in den Lehrerkaten mangelhaft. Bis weit ins 19. Jahrhundert hinein wurde die unzureichende Schulaufsicht seitens der dazu verpflichteten Pastoren beklagt.

Trotz einiger Bemühungen der Beamten in Ratzeburg und mancherlei Anstrengungen seitens der Superintendenten und des Konsistoriums blieb das Schulwesen auf dem Lande bis zum Ende des 19. Jahrhunderts rückständig. Erst die Anpassung an preußische Normen führte dazu, dass auch im Lauenburgischen ein modernes Schulwesen Einzug halten konnte.

6. Erfolgreiche Reformen in hannoverscher Zeit

Die hannoversche Zeit blieb den Lauenburgern über annähernd 200 Jahrhunderte hinweg in positiver Erinnerung. Die von Hannover ausgehenden Impulse befanden sich nicht immer in Einklang mit den Privilegien des Adels, doch sie hatten messbare Vorteile für das Land und für die Mehrzahl der Bewohner.

Allein die statistischen Daten bieten ein eindrucksvolles Bild. So weist das Geldregister, in dem Einnahmen und Ausgaben bilanziert wurden, für das Amt Ratzeburg im Rechnungsjahr 1700/01 den Betrag von 8582 Rtlr. aus. Bis 1800 stieg er auf 64.401 Rtlr. Die Daten für die übrigen Ämter weisen ein ähnliches Bild aus: Der Überschuss im Amt Schwarzenbek betrug

27 Ders., Vierhundert Jahre Schule (wie Anm. 25), S. 110.

1700/01 8284 Rtlr.; 1800/01 waren es 21.283 Rtlr. Für das Amt Lauenburg sind für 1700/01 7283 Rtlr. Überschuss angesetzt; 1801/02 waren es 11.083 Rtlr. Ursache für diese positive Entwicklung war zweifellos der Erfolg der Verkoppelung; darüber hinaus muss auch der generelle Einfluss tüchtiger Beamter aus Hannover hervorgehoben werden.

Während des 18. Jahrhunderts ist eine große Zahl adliger und bürgerlicher Familien aus dem Kurfürstentum Hannover im Lauenburgischen ansässig geworden und hat rasch Einfluss genommen. Zu nennen sind die Berckemeyers, Bernstorffs, Fabrices, Kielmannseggs, Lufferts, Schraders, Schuldts und Witzendorffs. Gleichzeitig verließen im Lauenburgischen angestammte Familien das Land, so die Schacks und die Wackerbarths, oder starben aus wie die Dalldorfs und Parkenthins.

Einige der neuen adligen Amtsträger wurden nicht nur in die lauenburgische Ritterschaft rezipiert, sondern trugen auch dazu bei, dass die Ständeorganisation der Ritter- und Landschaft an politischem Einfluss gewann.

Zu diesen gehörte Andreas Gottlieb von Bernstorff (1649–1726)[28]. Er war der Sohn eines Ratzeburger Domherrn, hatte eine gründliche juristische Ausbildung genossen und war, nachdem er in die Dienste des Herzogs von Braunschweig-Lüneburg-Celle getreten war, rasch zum Kanzler aufgestiegen und betätigte sich auch als Diplomat. Nach Aussterben der Celler Linie der Welfen wechselte er in den Dienst der Hannoveraner, um dort die in Celle begonnene Politik der Erwerbung des Herzogtums Lauenburg für die Welfen fortzusetzen. Von ihm wird gesagt, er sei die treibende Kraft gewesen, als es darum ging, durch die Entsendung von Truppen in Lauenburg vollendete Tatsachen zu schaffen. Von ihm gingen auch wichtige Impulse bei der Anerkennung des Hauses Hannover für die neunte Kurwürde im Reich und bei der Absicherung der Erbfolge der Welfen für den englischen Königsthron aus.

Andreas Gottlieb von Bernstorff war durch seine erfolgreiche Politik zu großem Reichtum gekommen. Dieser erlaubte es ihm, zahlreiche Güter für sich und seine Familie zu erwerben, neben dem künftigen Stammsitz Gartow auch solche in Mecklenburg. Im Herzogtum Lauenburg gelangte er in den Besitz von Wotersen und Lanken. In seinen testamentarischen Verfügungen machte er deutlich, dass auch seine Nachkommen verpflichtet seien, ihre Besitzungen durch politische Aktivität abzusichern.

Für Lauenburg bedeutsam war die Tatsache, dass einer der Enkel, Johann Hartwig Ernst von Bernstorff (1712–1772), in den Dienst des Königs von Dänemark eintrat und dabei bis 1770 zu einem umsichtigen und einflussreichen Staatsmann aufstieg, dessen Entscheidungen auch die Geschicke des Hauses Braunschweig-Lüneburg und damit die des Herzogtums Lauenburg beeinflussten. Der „ältere Bernstorff" – so wird Graf (seit 1767) Johann Hartwig Ernst von Bernstorff in der dänischen Geschichtsschreibung meist bezeichnet, um ihn von seinem Neffen Andreas Peter, dem „jüngeren Bernstorff" zu unterscheiden – war es auch, der dafür sorgte, dass der Bau des Herrenhauses („Schlosses") Wotersen, der 1721 als weiträumige Dreiflügelanlage begonnen worden war, seit 1739 seiner Vollendung als prächtiger Barockbau entgegengeführt wurde. Den Abschluss der Bauarbeiten, der 1772 erfolgte, hat er nicht mehr erlebt. Johann Hartwig Ernst von Bernstorff erwarb 1739 auch das Gut Stintenburg am Schaalsee und ließ auch dort ein neues Herrenhaus errichten, das aber 1810–1817 durch ein neues Gebäude ersetzt wurde.

28 Vgl. Biogr. Lex., S. 56 f.

Sein Neffe und Erbe, der „jüngere Bernstorff", hielt sich nur selten auf seinen lauenburgischen Gütern auf. Er lenkte von Kopenhagen aus die europäische Politik; seine Güter überließ er der Obhut von Verwaltern.[29] Ob die beiden „großen" Bernstorffs auf die Politik der Ritter- und Landschaft und damit auf die Geschicke des Herzogtums Lauenburg während des 18. Jahrhunderts Einfluss genommen haben, ist bisher nicht näher untersucht worden. Es spricht nicht viel dafür, dass sie sich über die Regelung konkreter Einzelfragen (besonders in Justizangelegenheiten) für lauenburgische Probleme engagiert hätten.

Zu den „neuen Familien" zählen auch die Kielmannseggs. Graf Georg Ludwig von Kielmannsegg (1705–1785)[30] war hannoverscher Offizier und konnte 1736 das Gut Gülzow mit den Vorwerken Wierstorp, Hasenthal und Melusinenthal erwerben. Nachdem er es nicht nur bis zum General, sondern auch zu Wohlstand gebracht hatte, konnte er das alte Herrenhaus abreißen und 1783 ein neues errichten lassen, nachdem bereits nach 1765 eine großzügige barocke Parkanlage entstanden war. Kielmannsegg hat sich nach seinem Ausscheiden aus dem Militärdienst besonders auf dem Gebiet der Forstwirtschaft hervorgetan. Er orientierte sich dabei an den Aktivitäten, die in Dänemark früh begonnen wurden und später aufs engste mit denen Christian Detlev Friedrich von Reventlows (1748–1827) in Verbindung gebracht wurden. Er ließ große Heideflächen aufforsten und war in wirtschaftlicher Hinsicht Vorbild für andere Gutsbesitzer. Sein Sohn, Graf Friedrich von Kielmannsegg (1728–1800)[31], der in Göttingen Jura studiert hatte, trat in den hannoverschen Verwaltungs- und Justizdienst ein und wurde bereits 1752 am Ratzeburger Hofgericht tätig. 1771 wurde er Landgraf/-drost des Herzogtums Lauenburg. In dieser Eigenschaft ließ er die Lauenburg betreffenden Verordnungen seit 1585 zusammentragen; er wollte sie – nach hannoverschem Vorbild – als Sammlung herausgeben. Dieser Plan scheiterte aber wegen der Differenzen zwischen der Regierung und der Ritter- und Landschaft, die bei der Auswahl der zu publizierenden Dokumente entstanden waren. Erst 1822 konnte Ernst Spangenberg den kielmannseggschen Plan mit der Veröffentlichung des „Corpus Constitutionum Ducatus Lauenburgici" realisieren.

Friedrich von Kielmannsegg etablierte in Ratzeburg eine kulturelle Atmosphäre, die durch Gedanken der Aufklärung geprägt war. Vertreter des Adels, Offiziere und führende Beamte schufen eine Art Gemeinschaft, in der fortschrittlich gedacht wurde.

Diesem Kreis ist auch die Familie Schrader zuzuordnen. Der hannoversche Geheimrat Kilian von Schrader hatte bereits 1695 das lauenburgische Gut Kulpin erworben. 1832 konnte die Familie noch die Güter Bliestorf, Genau, Kastorf und Rondeshagen hinzugewinnen. Kilian von Schrader hat die klassische Karriere des Sohnes aus „gutem Hause" (sein Vater war Professor in Helmstedt) gemacht, der über ein Jura-Studium in die Beamtenlaufbahn des frühmodernen Staates gelangte und wegen seiner Tüchtigkeit bis zum Geheimrat (1709) aufgestiegen und dann in den Adelsstand erhoben worden war. Karrieren dieser Art, d. h. der Aufstieg vom „Gelehrten Rat" an die Spitze der sozialen Hierarchie, hatten

29 Vgl. Jørgen Hornemann, Andreas Peter Bernstorff. Ein europäischer Staatsmann des Revolutionszeitalters. Hrsg. v. Hartwig Graf von Bernstorff. Kiel/Hamburg 2020.

30 Vgl. Biogr. Lex., S. 243 f.

31 Ebd., S. 242 f.

die traditionelle Gesellschaftsordnung, in welcher der Adlige als „Rat von Haus aus" seine Position zur Geltung bringen konnte, grundsätzlich umgewandelt und in Frage gestellt. Die Kielmannseggs aus Itzehoe, die Schraders aus Helmstedt und die Berckemeyers aus Hamburg sind die Familien, die den traditionellen Geschlechtern, die seit dem Mittelalter im Lande bestimmend waren, an die Seite traten und/oder sie ablösten. Sie kauften Güter und wurden anschließend vom Landesherrn mit diesen belehnt. Damit gelangten sie in den Kreis der Ritter- und Landschaft, sofern sie von dieser rezipiert, d. h. in ihren Kreis aufgenommen wurden. Vertreter dieser Familien waren es auch, die wichtigen Reformen im Land die erforderlichen Anstöße gaben, denn politischer und wirtschaftlicher Fortschritt vollzog sich im Herzogtum Lauenburg auch unter welfischer Herrschaft nur sehr langsam.

Da die Privilegien der alten Stände seit dem Landesrezess 1702 stets bestätigt wurden, gab es auch kaum Impulse für die Erneuerung; solche, die von Einzelnen unternommen wurden, scheiterten in der Regel an der Solidarität der Ritter- und Landschaft.

Eine Reform aber ist gelungen, die Verkoppelung. Sie darf als größter und bedeutendster Erfolg bei allen wirtschaftlichen Reformbemühungen des 18. Jahrhunderts angesehen werden. Deren Anfänge lassen sich in der „Landesherrlichen Resolution vom 8. Juli 1718 wegen Versetzung der Gutsleute" festmachen. Ihren vorläufigen Abschluss fanden die damit verbundenen Maßnahmen allerdings erst 1816.

Verkoppelung bedeutet ursprünglich nur die Einrichtung eines Stückes Land, das mit Wall und Hecke umgeben ist und mit einem Paar Ochsen gepflügt werden kann. Erst später wurde dieser Begriff auch auf jenen Vorgang angewendet, der in anderen Territorien Namen wie Separation, Arrondierung, Zusammenlegung oder Konsolidierung trägt. In Schleswig-Holstein und Lauenburg, später auch in anderen Teilen Norddeutschlands bedeutet Verkoppelung die Privatisierung der genossenschaftlich genutzten Acker-, Weide- und Wiesenländereien. Besonders die Ackerflächen wurden bis ins 18. Jahrhundert hinein in Feldgemeinschaft bewirtschaftet, weil jede Parzelle („Gewann") in schmale Streifen unter allen Anteilsberechtigten geteilt war. Es bestand zudem Flurzwang, d. h., die gemeinschaftlich gleiche Bewirtschaftung eines Gewanns war erforderlich. Von der Aufhebung dieser Zwänge versprachen sich die Beteiligten (von wenigen Ausnahmen abgesehen) Vorteile, die vor allem in der individuellen Bewirtschaftung bestanden. Die Lage der Bauern im Herzogtum Lauenburg war schlecht; in der Regel ging es denen in den Adligen Gerichten schlechter als denen in den Ämtern. Trotz der Nähe zu den Städten Hamburg und Lübeck, die eine günstige Marktsituation für landwirtschaftliche Produkte boten, brachten es nur wenige Bauern zu Wohlstand. In den meisten Fällen waren die Überschüsse viel zu gering, um gut wirtschaften zu können. Die Lebensverhältnisse auf den Dörfern waren dürftig, und sie wurden grundsätzlich erschwert durch die hohen Abgaben resp. die ausgedehnten Dienstleistungen für die Herrschaft. Oft konnten die bäuerlichen Familien nur existieren, wenn ein Nebenerwerb, etwa Fuhrdienste, gefunden wurde. Von einer profitablen Landwirtschaft konnte nicht die Rede sein. Deshalb erstaunt es nicht, dass sich nicht nur die Regierung, sondern auch die Bauern Vorteile von der Verkoppelung versprachen; schließlich konnten auch die Gutsbesitzer, die zunächst gezögert hatten, die Erfolge, die sich in anderen Ländern, etwa in Dänemark, bereits abzeichneten, nicht ignorieren.

Nachdem bei allen Beteiligten die Bereitschaft vorhanden war, eine Agrarreform einzuleiten, stand ihrer Realisierung kaum noch etwas entgegen. Hinzu kam, dass bereits im Verlauf der Anstrengungen zur Effektivierung der Landwirtschaft bei den Hofländereien praktische Erfahrungen gemacht worden waren; die Gutsherren hatten damit begonnen, im Rahmen von Tauschaktionen das Hufland aus den Gemengelagen mit dem Bauernland herauszulösen. Was aus der Sicht der Betroffenen und auch jener neutraler Beobachter oft als „Bauernlegen" erschien, wurde von den Gutsbesitzern gegenüber der Regierung in Ratzeburg und Hannover als Wahrnehmung ihrer Rechte und Befolgung wirtschaftlicher Notwendigkeit gegenüber den Untertanen deklariert und zudem als in den Nachbarländern Holstein und Mecklenburg üblich herausgestellt.

Am Anfang dieser Entwicklung stand zwar die Anerkennung des Antrags der Gutsbesitzer auf Versetzung von Gutsuntertanen zum Zwecke der Arrondierung des Hofgutes von 1718 seitens der Regierung, die allerdings Auflagen machte, um Ungerechtigkeiten möglichst zu vermeiden und die Kontrolle über die diesbezüglichen Vorgänge sicherzustellen. Doch der eigentliche Anstoß zur Verkoppelung der Dorffeldmarken ging 1739 von Bauern in Siebenbäumen und Linau aus, die darum baten, „daß ihr Land in Koppeln geschlagen werden, mahlen sie solches für ein Mittel hielten, emporzukommen".[32] Die Kammer, an die sie sich gewandt hatten, wies sie zunächst ab, weil sie in einer solchen Maßnahme keine Verbesserung erblicken konnte. Erfolgreich war erst der 1762 vorgenommene Vorstoß der Sandesnebener (Amt Steinhorst), deren Antrag vom Amt und schließlich auch von der Kammer befürwortet wurde. 1764 begann die Verkoppelung im Amt Steinhorst und wurde während der folgenden zwei Jahrzehnte fortgesetzt. Der Anstoß kam von außen; die Nachbarschaft und traditionelle Verbindungen zu Holstein hatten die Initiative der Sandesnebener befördert. Bemerkenswert ist aber allemal, dass die Initiative von den Bauern ausging, die in der Regel am Althergebrachten zu hängen pflegen. Indem der Bauer von sich aus aktiv wurde, widerlegte er zugleich die These, dass er nur zum Objekt der Gesetzgebung tauge. Die Ausführung der von den Bauern bewirkten Reformen lag freilich in der Hand der Herrschaft, und die konnte erst nach Beendigung des Siebenjährigen Krieges tätig werden. Deshalb begann die Verkoppelung der lauenburgischen Amtsdörfer erst 1764. Während in anderen Ländern Verkoppelungsgesetze erlassen wurden, kam ein solches in Lauenburg nicht zustande, obwohl König Georg III. 1767 darauf gedrungen hatte. Stattdessen bildeten sich Verfahren heraus, die aufgrund praktischer Erfahrungen entstanden; dabei spielte die Resolution für die Adligen Gerichte von 1718 eine Rolle.

In den Ämtern war die Zustimmung jedes Landbesitzers in den Dörfern notwendig. In den Adligen Gerichten musste der Gutsbesitzer zur Reform bereit sein und sich mit den Dorfeingesessenen verständigen. In jedem Fall wurden Kommissionen eingesetzt, und am Ende war die Zustimmung der Regierung in Ratzeburg erforderlich, da der neue Zustand rechtlich in einem Rezess gesichert werden musste.

Was war das Ergebnis der Verkoppelung? Das einschneidendste (aber auch gewollte) Resultat war die klare Trennung – rechtlich und räumlich – von Herrenland und Bauernland. So erhielt die Herrschaft, in den Ämtern der Landesherr, in der Regel ein Drittel der Forsten;

32 Gerhard Meyer, Die Verkoppelung im Herzogtum Lauenburg unter hannoverscher Herrschaft. Hildesheim 1965, S. 66.

zwei Drittel wurden an die Bauern abgegeben, um sie für die bisherigen Weide-, Holz- und sonstigen Nutzungsrechte zu entschädigen. Die traditionelle Gemeine Weide wurde auf die Bauern aufgeteilt, wohingegen die Torfmoore an die Herrschaft fielen, mit dem Ziel, eventuell eintretenden Brennstoffbedarf steuern zu können.

Das eigentliche Bauernland wurde neu aufgeteilt, und zwar so, dass die alten Besitzverhältnisse stabilisiert wurden, d. h., die Hufner erhielten einen jeweils größeren Anteil als die kleineren Landbesitzer. Ein weiterer Schwerpunkt war die Ablösung der vielfältigen Dienste durch Geldzahlungen. Diese Maßnahme ermöglichte den Bauern die unabhängige, eigenverantwortliche Bewirtschaftung ihrer Ländereien. Dass ein so grundlegender Umverteilungsprozess nicht ohne erhebliche Streitigkeiten abzuwickeln war, dürfte den verantwortlichen Beamten von vornherein klar gewesen sein; sie erfanden aber umfangreiche Druckmittel, um ein Einvernehmen herbeizuzwingen.

Die Verkoppelung war mit erheblichen Kosten verbunden, an denen sich der Landesherr maßgeblich beteiligte und darüber hinaus durch Meliorisierungsmaßnahmen wie Brücken- und Wegebau die großangelegte Reform unterstützte. Eine Überprüfung der einzelnen Ausgabeposten hat ergeben, dass für jedes Dorf, das verkoppelt wurde, der Landesherr ca. 1000 Rtlr. an Zuschüssen gewährte. In den Adligen Gerichten mussten die Gutsbesitzer für die Kosten aufkommen, wenn es ihnen nicht gelang, diese auf die Bauern zu verteilen.

Das große Ziel der Verkoppelung war eine Strukturverbesserung der Wirtschaftsverhältnisse auf dem Lande. Dass diese Reform zu Erfolgen führen würde, galt seitens der Regierung und der Grundbesitzer als sicher; deshalb waren auch die Herrschenden und Besitzenden bereit, in dies großangelegte Projekt zu investieren.

Die Landesregierung, die Kammer in Hannover, aber auch die Regierung in Ratzeburg, verfolgte mit der Verkoppelung auch ein sozialpolitisches Ziel: Es galt, Besitzlosen Stellen bereitzustellen, die ihnen und ihren Familien eine existenzsichernde Position auf dem Lande gewährten. Die Anbauern sollten mit Ländereien aus der Gemeinen Weide ausgestattet werden. Diese Politik hatte zwar Tradition, zielte sie doch ursprünglich darauf ab, im Dreißigjährigen Krieg wüst gewordene Dörfer wieder zu bewirtschaften. Nachdem dieser Prozess weitgehend abgeschlossen war, sollten die Reste der noch nicht wieder unter den Pflug gekommenen Flächen im Zuge der Verkoppelung vergeben werden. Diese Absicht konnte die Ratzeburger Regierung besonders erfolgreich im Amt Steinhorst realisieren; in den anderen Ämtern war die Schaffung von Anbauerstellen weniger erfolgreich. Der Grund für die unterschiedlichen Erfolge ist in der Tatsache zu sehen, dass der Anbauer auf Nebenerwerb als Tagelöhner, Handwerker oder Waldarbeiter angewiesen war. Die Aussichten, zusätzliche Arbeit zu finden, waren in den Ämtern unterschiedlich.

Die Umsetzung des großen Reformvorhabens der Hannoverschen Regierung zog sich bis ins 19. Jahrhundert hinein. Der Schwerpunkt der damit verbundenen Maßnahmen lag in den Ämtern während der Jahre 1775 bis 1795. In den Adligen Gerichten, in denen die Lage der Bauern durchweg schlechter war, verzögerte sich dieser Prozess und war abhängig von den wirtschaftlichen Verhältnissen der jeweiligen Gutsbesitzer. Letztlich war es auch auf den Gütern das Interesse der Landesherren, das die Landreform beförderte, wenn auch mit erheblicher Verzögerung, die dazu führte, dass die Verkoppelung im Herzogtum Lauenburg erst in dänischer Zeit ihren Abschluss fand.

Ein Aspekt darf nicht unerwähnt bleiben. Voraussetzung für die Realisierung war eine Vermessung und eine Kartographierung der Ländereien. Sie hat sich niedergeschlagen in Flurkarten, von denen sich viele erhalten haben und in den Archiven verwahrt werden. Sie gehören zu den besonders wertvollen Quellen für die Erforschung der Strukturveränderungen auf dem Lande im 18. und frühen 19. Jahrhundert.

Die Auswirkungen der Verkoppelung waren weit ins 20. Jahrhundert hinein in der Kulturlandschaft Lauenburgs sichtbar: Aus den ursprünglich leblosen Zäunen waren grüne Hecken, also lebende Zäune, die Knicke, geworden, die ihrerseits als Holzlieferanten einen Wirtschaftsfaktor darstellten. Erst mit der Großraumlandwirtschaft des späten 20. Jahrhunderts wurde diese Form der Landbebauung obsolet. Die durch die Verkoppelung geschaffene „Knicklandschaft" bedarf heute des Natur- und Landschaftsschutzes.

Die bis in die Gegenwart hineinreichenden Folgen der Verkoppelung dürfen nicht von der Frage ablenken, ob die ursprünglich mit dieser Reform verfolgten Ziele ebenfalls erreicht wurden. Es gilt deshalb zu fragen, ob sie zu einer Verbesserung der bäuerlichen Verhältnisse im Herzogtum und zugleich zu einem wirtschaftlichen Aufschwung des Landes insgesamt beitrugen. Die Antwort auf die diesbezügliche Frage ist eine uneingeschränkt bejahende: In erstaunlich kurzer Zeit und unter – kriegsbedingt – ungünstigen Umständen wurden Bedingungen geschaffen, die zu einer positiven Veränderung der Verhältnisse führten, von der die Bauern und die Gutsbesitzer gleichermaßen profitierten. Auch die Investitionen des Landesherrn in die Verbesserung der Infrastruktur, vor allem beim Straßen- und Wegebau, zahlten sich letztlich aus, weil damit der Handel neben der Landwirtschaft gefördert wurde. Die letzten der während des Dreißigjährigen Krieges wüst gewordenen Dörfer waren wieder besiedelt und darüber hinaus zuvor unerschlossene Moor- und Heideflächen kultiviert worden. Berichte, die den Abschluss der Verkoppelung beschreiben sollten, hoben hervor, dass man von „einem wohlbestellten Garten" sprechen könne, „worin kein Fleck ist, der nicht vorteilhaft genutzt wird".[33]

Auch die verschiedenen Statistiken, die für die landwirtschaftliche Produktion nach der Verkoppelung erstellt wurden, erwiesen die vorteilhafte Wirkung der Landwirtschaftsreform. Diese wirkte sich bis in die Zeit der französischen Besetzung aus, was der Amtmann Friedrich Wilhelm Compe bekundet, wenn er 1812 feststellt:

„Vor 50 Jahren war der größte Theil des Landes noch eine Wüsteney, die Bauern waren arm, und das Land erzeugte nicht soviel Korn, wie es gebrauchte. Durch die Verkoppelungen sind die Heiden und Mööre verschwunden, es wird Korn ausgeführt, der Viehstapel ist verbessert und vermehret, und der Bauer ist so wohlhabend geworden, daß er die 10 schweren Kriegsjahre hat aushalten können, und sich auch noch halten würde, wenn die jetzigen Abgaben nicht so hart wären, und wenn er die Handelssperre nicht so tief fühlte."[34] Andere Quellen bestätigen diesen Befund.

Die der Aufklärung verpflichtete Reformdiskussion zur Verbesserung der Landwirtschaft wirkte sich auch auf die Entwicklung im Herzogtum Lauenburg aus. Neue Fruchtarten und Methoden des Fruchtwechsels hielten Einzug, so der Anbau von Steckrüben, Kartoffeln

33 Ebd., S. 98.
34 Ebd., S. 99.

oder des Klees. Die Bauern der Region fanden Anschluss an den Markt in den benachbarten Großstädten Hamburg und Lübeck.

Die Verkoppelung hat – nicht zuletzt wegen der Ansiedlung von Anbauern – einen Anstieg der Bevölkerungszahl zur Folge gehabt, der besonders in den ersten Jahrzehnten des 19. Jahrhunderts sichtbar wurde. Der Erfolg der Agrarreform steht in Verbindung mit dem gestiegenen Interesse für Fragen der Landwirtschaft beim aufgeklärten Bürgertum. Eine Fülle von Schriften zur Verbesserung der Methoden erschien und wurde befolgt. Ausbildungsstätten wurden gegründet, zu nennen sind Philipp Ernst Lüders (1702–1786) mit seiner „Ackerakademie" in Glücksburg (1762) oder Caspar von Voght (1752–1839), der 1785 in Klein Flottbek, vor den Toren Hamburgs, ein Gut kaufte mit dem Ziel, über die Förderung der Landwirtschaft in Schleswig-Holstein den Wohlstand der Bevölkerung zu vermehren. Zu nennen ist auch Albrecht Thaer (1752–1828), der von Celle aus damit begann, der Landwirtschaft eine wissenschaftliche Grundlage zu schaffen, und dessen Experimente zu einem agrikulturellen Modernisierungsschub beitrugen. Aber auch König Georg III. gehört zu den Reformern der Landwirtschaft in seinen deutschen Stammlanden. Er kannte die fortschrittlichen englischen Methoden und wollte sie auch im Kurfürstentum Hannover durchsetzen. Im Lauenburgischen hatte er dabei Erfolg. Hier begannen die Pastoren und Lehrer, eigene ökonomische Erfahrungen und Lesefrüchte über die Schulkinder zu verbreiten; so wurde der Anbau von Obstbäumen und deren Veredelung Gegenstand des Unterrichts.

Im Herzogtum Lauenburg war der Erfolg der Verkoppelung aufs engste verbunden mit dem Engagement der damit befassten Beamten. Dabei sind drei Persönlichkeiten besonders hervorzuheben: Georg Heinrich Schwarzkopf (1735–1795), der 1763 Amtsschreiber in Steinhorst wurde und dort die Verkoppelung besonders intensiv vorantrieb. Seine Verdienste wurden durch die Beförderung zum Amtmann in Ratzeburg (1792) honoriert. Johann Friedrich Meyer (1741–1810) hatte bei der Verkoppelung im Herzogtum Lauenburg als Planer Erfahrungen gesammelt und diese 1784 in einer Schrift niedergelegt. Diese und weitere Veröffentlichungen trugen erheblich zur Ausbreitung des lauenburgischen Verkoppelungsverfahrens im Lüneburgischen bei. Der bekannteste unter den Reformern dürfte der in der Geschichte Lauenburgs legendäre Schwarzenbeker Amtmann Friedrich Wilhelm Compe (1751–1827)[35] gewesen sein. Er wirkte seit 1788 in Ratzeburg und seit 1793 in Schwarzenbek und von dort aus weit über seinen engeren Bezirk hinaus auf die Entwicklung des ganzen Herzogtums während der Franzosenzeit; doch zuvor hatte er sich bereits bei der Verkoppelung große Verdienste erworben.

Das Herzogtum Lauenburg war bis weit ins 20. Jahrhundert hinein ein landwirtschaftlich geprägtes Land. Die Verkoppelung war deshalb auch im Bewusstsein der Bevölkerung ein historischer Einschnitt, der auch über den Herrscherwechsel von 1815 hinaus mit den welfischen Landesherrn verbunden wurde. Die Erinnerung an die „hannoversche Zeit" war auch Ende des 19. Jahrhunderts noch so positiv, dass sie bei der Integration Lauenburgs in den preußischen Staat noch eine Rolle spielte. Die Verkoppelung war ein vor allem von Hannover aus betriebenes Reformvorhaben und hat deshalb zu der Wertschätzung der „hannoverschen Zeit" beigetragen.

35 Vgl. Biogr. Lex., S. 115 f.

Geistesgeschichtlich sind die welfischen Reformen des 18. Jahrhunderts der Aufklärung zuzuordnen. Deshalb erhebt sich die Frage, ob diese für die kulturelle Entwicklung Europas zentrale geistige Reformbewegung auch im Herzogtum Lauenburg gewirkt und dabei Spuren hinterlassen hat.

7. Das Herzogtum Lauenburg im Zeitalter der Aufklärung

Seit Beginn der hannoverschen Herrschaft gab es im Lauenburgischen nur eine Stadt, die als Residenz und Verwaltungsmittelpunkt einen gewissen Rang einnehmen konnte: Ratzeburg. Nur hier gab es neben dem Adel ein gehobenes Bürgertum, das teilhatte am überregionalen Geistesleben. Das Herzogtum Lauenburg konnte politisch davon profitieren, dass sein Landesherr König einer europäischen Großmacht war, musste aber auch erfahren, dass die Zugehörigkeit zu Hannover nicht ohne Folgen für die Entwicklung auf dem Kontinent sein konnte. Deshalb war auch Lauenburg betroffen von Ereignissen wie dem Siebenjährigen Krieg und anderen Konflikten, an deren Ende die Französische Revolution stand. Die geographische Lage Lauenburgs hatte von jeher dazu geführt, dass das Land von den Konflikten seiner Nachbarn betroffen war. Aber gerade die zweite Hälfte des 18. Jahrhunderts war für Hannover, und damit auch für Lauenburg, eine relativ friedliche Zeit, in welcher die Reformen, die in Europa allgemein der Aufklärung zugeordnet werden und mit ihr ideell eng verbunden sind, realisiert wurden.

Im Lauenburgischen waren es vor allem diejenigen, die in Ratzeburg oder in den anderen größeren Gemeinden wie Mölln und Lauenburg tätig waren, die dazu beitrugen, den Geist der Aufklärung auszubreiten. Sie waren in der Regel juristisch gebildet und waren während ihres Studiums mit der neuen Weltanschauung in Kontakt gekommen. Nach ihrer Einstellung unternahmen sie den Versuch, die erlernten Theorien in die Praxis umzusetzen. Prozesse dieser Art haben in vielen Territorien, so auch in Preußen, stattgefunden. Hannover ist ein besonders markantes Beispiel für den Einfluss aufklärerischen Gedankenguts auf die Aktivitäten der Beamten; denn die 1737 gegründete Universität Göttingen wurde schnell zu einer der wichtigsten Pflanzstätten für die Verwaltungs- und Justizpraxis einer aufgeklärten Zeit. Die von Göttingen ausgehenden Impulse waren auch in Ratzeburg spürbar. Denn dort mussten Verwaltung und Rechtsprechung ungetrennt wahrgenommen und zugleich mit althergebrachten Privilegien, die längst obsolet geworden waren, in Einklang gebracht werden.

Was in Lauenburg gänzlich fehlte, war die Ausstrahlung eines Hofes, einer Residenz. Die Askanier hatten bis 1689 wenigstens eine Option auf einen zentralen Ort in ihrem Herzogtum; Ratzeburg oder Lauenburg waren die Städte, die als politische und kulturelle Mittelpunkte hätten fungieren können. Die Übernahme des Herzogtums durch die Welfen hatte auch zur Folge, dass es einer Residenzstadt im Lande nicht mehr bedurfte. Ratzeburg wurde Garnison und Sitz einer Provinzverwaltung, die ihre Weisungen aus Hannover empfing. In dieser Situation darf eine der wenigen Parallelen zur Entwicklung in Schleswig und Holstein gesehen werden. Auch dort fehlte ein städtischer Mittelpunkt, nachdem der dänische König sich auf den Ausbau Kopenhagens als Residenz konzentriert hatte und die Gottorfer Herzöge nach dem Verlust Schleswigs nach Kiel ausweichen mussten und schließlich im Vertrag von Zarskoje Selo (1773) ganz auf ihre Ansprüche in Schleswig und Holstein verzichtet hatten. Danach blieb nur noch Eutin als Residenz der Oldenburger bestehen, allerdings ohne den Anspruch, auf das ganze Land zu wirken.

Die Höfe im niedersächsischen Raum, Hannover, Wolfenbüttel, Salzdahlum, Bückeburg, Aurich, Bentheim, Pyrmont, Kniphausen und andere, strahlten nicht über die Elbe hinweg nach Norden aus; auch das Jagdschloss Göhrde verlor mit dem Regierungsantritt König Georgs III. (1760) an Bedeutung, weil dieser Monarch seine Stammlande auf dem Kontinent nie besuchte, sondern mit der Tradition seines Vaters brach, der regelmäßig bei großen Hoffesten und spektakulären Truppenrevuen seine Herkunft zu bekunden suchte.

Weder für den Adel, der seine Güter bewirtschaften wollte oder musste, noch für das aufstrebende Bürgertum gab es ein kulturelles, wirtschaftliches oder soziales Zentrum im Lande; Lauenburg war in mehrfacher Hinsicht periphere Provinz, und das in einer Zeit, als die höfische Kultur mit ihrem Repräsentationsgedanken eine zuvor nie gekannte Ausstrahlung hatte und dabei auch das Wirtschaftsleben wesentlich bestimmte. Die Wirtschaft Lauenburgs musste sich notgedrungen nach den Hansestädten Hamburg und Lübeck orientieren und jene, die diese Verbindungen pflegten, wussten auch von den Angeboten dieser Städte zu profitieren. Die Mehrheit der Bevölkerung, auch die sogenannten Honoratioren, mussten sich mit der Kleinprovinz abfinden. Und auf dieser Ebene war Ratzeburg ein kulturelles Zentrum, der einzige Ort, in dem der Geist der Aufklärung Einzug hielt, und zwar als rationales Prinzip der staatlichen Verwaltung, das bald auch auf deren Untergliederungen, Wirtschaftsförderung, Medizinal- und Bildungswesen, an Einfluss gewann.

Ratzeburg hatte im Jahre 1756, nach Angaben des Magistrats, 1943 Einwohner, von denen 1209 der Stadtjurisdiktion unterstanden, 173 auf der Freiheit lebten und 561 beim Militär. In demselben Jahr werden für die Stadt 33 ganze Häuser, 93 Buden und 25 kleine Hütten, insgesamt also 151 Wohnbauten, genannt. Mehr als ein Viertel der Bewohner der Stadt waren also Angehörige des Militärs. Ob auch Ratzeburg vom Truppenabbau betroffen war, der nach Beendigung des Siebenjährigen Krieges erfolgte, ist nicht bekannt. Am Ende der hannoverschen Zeit hatte der Kommandant der Festung Ratzeburg (die nie im Register der Festungen aufgeführt war) Generalsrang. Die Garnison bestand aus dem Stab und dem ersten Bataillon des 11. Infanterieregiments, dessen zweites Bataillon in Lüneburg stationiert war. Ferner lag eine Abteilung eines Artilleriebataillons in Ratzeburg; die anderen Abteilungen befanden sich in Harburg und Stade. Nach der Konvention von Artlenburg am 5. Juli 1803 wurden die Truppen aufgelöst und in ihre jeweilige Heimat entlassen.[36] Die Offiziere gehörten selbstverständlich zur gesellschaftlichen Oberschicht und bestimmten auch das kulturelle Leben der Stadt. Da die vorhandene Gastronomie als unzureichend empfunden wurde, gründeten findige Beamte sogenannte Mittagstische und belieferten ihre „gehobene Kundschaft" auch mit Wein. Das führte zu langjährigen Auseinandersetzungen mit dem Pächter des Ratskellers.

Einige Unteroffiziere und entlassene Soldaten versuchten ebenfalls, sich als Gastwirte, meist vor der Stadt, zu etablieren. Um die Gastlichkeit war es im Lauenburgischen so schlecht bestellt, dass die Regierung 1765 anordnete, in allen Gasthäusern ein gedrucktes Mandat auszuhängen: „Wir vernehmen misfällig, welchergestalt verschiedene Pächter der

36 L. Hellwig (Hrsg.), Chronik der Stadt Ratzeburg. Ratzeburg [2]1927, S. 39.

Wirtshäuser und Krüge, die ankommende Fremde und Gäste nicht mit behöriger Bescheidenheit begegnen, denenselben wenn von Ihnen Essen und Trincken gefordert wird, solches aus Gemächlichkeit vorenthalten, und ihnen, wo es doch thunlich, und sie es verlangen, eine besondere Kammer versagen, und sie in die ordentliche Gast-Stube, wo allerhand Leute vorhanden, verweisen: Ferner daß es in verschiedenen dergleichen Häusern an Vorath von Lebens-Mitteln, an der so nöthigen Reinlichkeit, an Betten und sonstigem Geräth ermangeln soll, nicht weniger, daß die Zehrung unbillig übersetzet wird." Es sei königlicher Wille, im Lande gute Wirtshäuser einzurichten. Das wirtschaftliche Interesse der Wirtsleute gebiete es, die Gäste anständig zu behandeln.[37]

Die im Lauenburgischen stationierten Soldaten waren in vielen Ländern angeworben worden. Dabei konnte im 18. Jahrhundert kaum Rücksicht auf die konfessionelle Zugehörigkeit genommen werden; denn viele Offiziere machten das Recht auf uneingeschränkte Religionsausübung zum Gegenstand ihrer Verpflichtung. Daraus ergaben sich Konflikte mit dem Konsistorium, das auf Einhaltung der Kirchenordnung drang. Was war also zu tun, wenn geistlicher Beistand bei schwerer Erkrankung oder das Lesen der Messe an hohen Feiertagen gefordert wurden? Kurfürst Georg hatte 1706 angeordnet, dass für den Fall, dass in Ratzeburg ein katholischer Geistlicher benötigt würde, dieser aus Celle zu beordern sei. Angesichts des langen Weges war dieses Verfahren kaum praktikabel, weshalb sich die Katholiken der Garnison darauf verständigt hatten, einen Priester aus Lübeck kommen zu lassen, wo es auch nach der Reformation noch katholische Domherren gab. Dieser Priester durfte aber nur nach Lauenburg einreisen, wenn er zuvor einen Pass beantragt hatte. Die Auseinandersetzung um die katholische Militärseelsorge zog sich weit in die zweite Hälfte des 18. Jahrhunderts hinein und signalisiert, an welch enge Grenzen Aufklärung und Toleranz im Lande stießen.

Dies war in Schleswig-Holstein anders. Dort gab es religiöse Freistätten wie Altona und Friedrichstadt. Aber auch in Garnisonen wie Glückstadt wurden katholische Soldaten seelsorgerisch betreut. Seit 1645 waren in Glückstadt zwei Jesuitenpatres mit Privilegien des Königs/Herzogs ausgestattet, die Soldaten in den Garnisonen, z. B. in Rendsburg, betreuten. Dies war eine militärische Notwendigkeit, hatte also mit religiöser Toleranz wenig zu tun. Doch für eine ähnliche Lösung im Lauenburgischen haben die Maßnahmen der Aufklärung nicht gereicht.

Wenn aber von den Militärs ein Minimum an Toleranz eingeklagt wurde, zeigt dies auch, dass Ratzeburg zu den Garnisonen gehörte, die im Hannoverschen als Mittelpunkte aufklärerischer Bestrebungen angesehen werden können. In Verbindung mit den Gebildeten anderer Berufe entstand eine aufklärerische Öffentlichkeit, die sich in Lesegesellschaften, Clubs und Logen organisierte. Im Herzogtum Lauenburg vollzog sich diese Entwicklung auf bescheidenem Niveau; es fehlten die Impulse, die sich in Universitäts- oder Residenzstädten bemerkbar machten.

Wenn für die Modernisierung der Verwaltung im Geiste der Aufklärung in den Jahren nach 1763 festgestellt wird, dass in „Ländern mit Schattenhöfen" (und zu diesen kann auch Lauenburg gezählt werden) „die relative Autarkie der Ministerien" sowie „Art und Tempo der Reformen von Ethos und Arbeitseifer der Beamten, der einzelnen Minister beziehungs-

---

37 E. Opitz, Weinbau und Weinhandel im Herzogtum Lauenburg, in: Kurt Jürgensen (Hrsg.), Geschichtliche Beiträge zu Gewerbe, Handel und Verkehr im Herzogtum Lauenburg (= Kolloquium IX). Mölln 1997, S. 125.

weise der Kräfte der zweiten Ebene, der Sekretäre und Regierungskonsulenten, abhingen",[38] dann ist davon in Ratzeburg nur wenig zu spüren, weil die retardierenden Kräfte – von Ausnahmen wie der Verkoppelung abgesehen – möglichen Reformen mit einem Beharren auf den Privilegien begegneten.

Die in anderen Teilen Deutschlands bereits im späten 18. Jahrhundert spürbaren wirtschaftlichen Veränderungen und die damit verbundenen sozialen Folgen spielten in Lauenburg kaum eine Rolle; deshalb war der Druck auf die Regierung nur gering. Gleichwohl hat es mit der Einrichtung von Versorgungskassen (z. B. Witwenversorgungsgesellschaften) und genossenschaftlichen Institutionen der Brandversicherung auch ein wenig „Fortschritt" gegeben.

Die Französische Revolution löste in allen Teilen Europas eine politische Erregung aus, bei der es zu sehr unterschiedlichen Bekundungen der Sympathie oder der Ablehnung kam. Soziale Probleme und strukturelle Verzerrungen, administrative Versäumnisse und Missstände bei der Justiz gerieten schärfer in das Blickfeld der Öffentlichkeit und veranlassten die Gebildeten, die Ereignisse in Frankreich engagiert zu verfolgen und die eigene politische Umgebung kritischer als bisher zu beobachten. Die Reformansätze, die von Männern wie Karl August von Hardenberg, der von 1783 bis 1790 in hannoverschen Diensten stand, ausgingen, stärkten einerseits das ständische Prinzip, sorgten aber zugleich dafür, dass die Bereitschaft zu revolutionären Aktivitäten reduziert wurde. „Krisenhafte Zuspitzungen" sollten vermieden werden, was auch gelang. Die Emigranten, die aus Frankreich ins Reich strömten, stellten aber ebenfalls eine Gefahr dar, weil sie den Versuch unternahmen, sympathisierende Regierungen zu gegenrevolutionären Aktivitäten aufzurufen. Parallel dazu kam die Furcht vor revolutionären Aktivitäten im eigenen Land auf und veranlasste jetzt auch die bisher progressiven Beamten resp. Sekretäre zu einem konservativ ausgerichteten Kurs. Denn der Amerikanische Unabhängigkeitskrieg hatte schon Jahre vor Ausbruch der Französischen Revolution deutlich gemacht, dass die Herrschaftsstrukturen des Ancien Régime fragwürdig geworden waren. Der aufgeklärte Absolutismus, der in Ländern wie Preußen oder Österreich zu Erfolgen geführt hatte, war am Kurfürstentum Hannover vorbeigegangen, nicht zuletzt deshalb, weil es hier nie einen etablierten Absolutismus gegeben hatte. Am weitesten entfernt von diesen möglichen Entwicklungen war das Herzogtum Lauenburg, das ein durch vielfältige Privilegien abgesicherter Ständestaat war und blieb.

Während der hannoverschen Zeit haben Ereignisse von weltpolitischem Rang stattgefunden, in die England und damit der Landesherr des Herzogtums verwickelt war: Zu nennen sind der Siebenjährige Krieg, die Polnischen Teilungen und der Amerikanische Unabhängigkeitskrieg. Gleichwohl gilt das 18. Jahrhundert in der Landesgeschichte als eine ereignislose Zeit. Peter von Kobbe stellte lapidar fest: „Aus dieser Zeit ist für die äussere Geschichte kein Ereignis von Erheblichkeit zu verzeichnen; die Gesetzgebung bietet gleichfalls wenige durchgreifende Veränderungen dar."[39]

L. Hellwig hält in seiner Chronik der Stadt Ratzeburg fest: Nach 1714 „genoß Ratzeburg die Segnungen einer guten und gerechten Regierung, die ihm volle hundert Friedensjahre

38 Christof Römer, Niedersachsen im 18. Jahrhundert (1714–1803), in: Geschichte Niedersachsens, bgr. v. Hans Patze, hrsg. v. Ernst Schubert, Bd. 3, T. 1. Hannover 1989, S. 149 ff.

39 P. v. Kobbe (wie Anm. 10), Bd. 3, S. 168.

zu einer gedeihlichen Entwicklung bescherten; und es ist gewiß ein Vorzug, daß aus diesem ganzen 18. Jahrhundert keine aufregenden Vorgänge zu berichten sind".[40]

Tatsächlich hat sich das kleine Land im Stillen weiterentwickeln können, weil es von den großen Begebenheiten kaum berührt wurde. Nicht einmal die Turbulenzen, in die Kaiser Joseph II. die Reichsterritorien mit seinen Bayern betreffenden Tauschplänen 1778 und 1784 stürzte, erregten in Ratzeburg Unruhe.

Dabei gab es im „Zeitalter der Vernunft" vor und nach der Französischen Revolution in Deutschland zahlreiche weitere Überlegungen, kleine Territorien in größere Strukturen zu überführen. So wurden 1774, zwei Jahre nach der Ersten Polnischen Teilung, Pläne erörtert, das Herzogtum Lauenburg im Tausch gegen Teile der Altmark und des Herzogtums Halberstadt an Preußen abzutreten. Auch wenn die Gespräche nicht über Sondierungen hinauskamen, machten sie doch deutlich, dass im Vorfeld der durch die Französische Revolution ausgelösten Reichsreformen bereits Diskussionen stattgefunden haben, die auf eine Überwindung der dynastisch geprägten Klein- und Kleinststaaterei abzielten. Die Lauenburg betreffenden Pläne lösten in Ratzeburg möglicherweise deshalb keine Beunruhigungen aus, weil sie dort nicht bekannt wurden.

Anders verhielt es sich mit dem Ausbruch der Französischen Revolution im Sommer 1789, der nicht nur wahrgenommen, sondern auch kommentiert wurde. Erstmals gab es ein breites „Presseecho": Immer neue Berichte von Parisreisenden wurden gedruckt; die Schriften Adolph von Knigges und Johann Heinrich Campes lösten kontroverse Diskussionen aus, die nicht auf Braunschweig, Göttingen und Hannover begrenzt blieben, sondern auch Ratzeburg erreichten. Doch die Nähe zum dänischen Gesamtstaat und den großen Hansestädten brachte es mit sich, dass bis 1792 eine Neugier aus der Distanz dominierte.

Erst als die Niederlagen Österreichs und Preußens gegen Napoleon bekannt wurden, gab es bei der Regierung in Hannover Reaktionen, von denen auch Lauenburg berührt wurde. Es wurden Aufenthaltsverbote für reisende Franzosen erlassen, und die Regierung in Ratzeburg wurde aufgefordert, die Meinungsäußerungen der Bevölkerung zu überwachen und das Tragen von Kokarden zu verfolgen. Zeitungen wurden kontrolliert, Lesegesellschaften beobachtet. Den Offizieren wurde sogar verboten, über Politik zu reden. Eine allgemeine Revolutionsfurcht breitete sich bei der Hannoverschen Regierung aus.

Als der Regensburger Reichstag am 22. März 1793 den Reichskrieg beschloss, kam Hannover seinen in der Reichsmatrikel festgelegten Verpflichtungen mit der Begründung nicht nach, das Land habe bereits erhebliche Truppen in die Niederlande entsandt. Damit blieben auch die Lauenburger davon verschont, an einem unpopulären Krieg teilzunehmen. Der Verlauf des Krieges wurde zu einem Debakel für die Reichstruppen, mit der Folge, dass jetzt auch Flüchtlinge nach Niedersachsen strömten. Versuche, eine Landesverteidigung der hannoverschen Stammlande zu organisieren, schlugen fehl. Im Frieden von Basel (5. April 1793) hatte Preußen, um freie Hand in Polen zu erhalten, das linke Rheinufer den Franzosen überlassen und erwirkt, dass Norddeutschland neutralisiert würde. In das zu neutralisierende Gebiet sollten Hannover, Braunschweig, Hessen-Kassel und Sachsen einbezogen werden. König Georg III. musste sich den Bedingungen des Baseler Friedens anschließen, da Preußen anderenfalls Hannover besetzt hätte.

40 L. Hellwig (wie Anm. 36), S. 33.

Bevor der König diesen Schritt tat, wurden die hannoverschen Truppen in Westfalen und Ostfriesland in Kampfbereitschaft gehalten. Um möglichen Angriffen aus dem nördlichen Holland vorzubeugen, wurde im März 1795 ein Kordon an der Hunte errichtet; Gebiete der Reichsstädte Bremen und Hamburg (Amt Ritzebüttel) erhielten eine Besatzung. Das Land Hadeln hatte Fuhrdienste zu stellen und Quartierlasten zu tragen. Angesichts der bedrohlichen Situation trat auch Bremen in Verhandlungen mit Frankreich ein, denen sich 1798 auch Hamburg anschloss; beide Städte ignorierten das Reichsrecht, erhielten dafür aber eine Neutralitätsgarantie aus Paris.

Zum Schutz der norddeutschen Neutralität wurde 1796 eine Observationsarmee aufgestellt. Um diese zu versorgen und zu finanzieren, wurde die alte Kreisverfassung noch einmal aktiviert. Im April 1796 traten die Vertreter des Niedersächsischen Kreises (zu dem auch das Herzogtum Lauenburg gehörte) in Hildesheim zu einem Kreistag zusammen. Die letzte Zusammenkunft dieser Art hatte 1682 in Lüneburg stattgefunden. Am Hildesheimer Kreistag nahmen Vertreter fast aller Kreisstände teil; das Direktorium lag bei Preußen und Braunschweig, und diese beiden Mächte verstanden es, ihre Interessen durchzusetzen. Eine zweite Sitzungsphase fand Anfang 1797 statt; danach vertagte sich das Gremium. Das Ergebnis ist zwiespältig: Einerseits wurde mit den Beschlüssen des letzten Kreistages des Niedersächsischen Kreises die norddeutsche Neutralität reichsrechtlich abgesichert; andererseits trugen die bei der Wiederbelebung des Niedersächsischen Kreises gefassten Beschlüsse erheblich zur Auflösung des Reichsverbandes bei.

Die norddeutsche Neutralität, die sich im Einklang befand mit der Politik des dänischen Gesamtstaats, hatte eine wirtschaftliche Prosperität zur Folge; nicht nur die Hafen- und Handelsstädte erlebten während der Jahre von 1796 bis 1806, die als norddeutsche Friedenszeit während einer ansonsten unruhigen Epoche begriffen wurden, eine Hochkonjunktur, sondern auch „die Provinz", zu der das Herzogtum Lauenburg gehörte. Von den Folgen, die sich aus dem Frieden von Rastatt, der von Ende 1797 bis zum 23. April 1799 zwischen dem Deutschen Reich und Frankreich ausgehandelt wurde, ergaben und zu denen die Abtretung des linken Rheinufers an Frankreich gehörte, war Lauenburg nicht betroffen. Das kleine Elbherzogtum wurde (zu diesem Zeitpunkt noch) nicht zum Objekt jener Tauschaktionen, die von den Zeitgenossen als „Leichenfeier des Heiligen Römischen Reiches" kritisiert, in der Geschichtsschreibung diskret mit „Mediatisierung" und „Säkularisierung" bezeichnet werden. Die Rolle Preußens war entscheidend für die weitere Auseinandersetzung mit der französischen Republik. In Berlin gab es keine Bereitschaft, den Krieg gegen Frankreich wiederaufzunehmen, schon gar nicht mit dem Ziel, die traditionellen Verbindungen zwischen Niedersachsen und England, die durch die französische Besatzung der Niederlande unterbrochen waren, wiederaufzunehmen.

Nachdem Preußen, Russland, Schweden und Dänemark Ende 1800 einen Bund zur Sicherung der Neutralität auf den Weltmeeren geschlossen hatten, der sich zwar grundsätzlich gegen die Kaperpolitik Englands richtete, bestand gleichwohl die Gefahr, dass Frankreich Hannover in einer militärischen Aktion besetzen könnte. Um dieser Aktion vorzubeugen, rückte Preußen im April 1801 mit Truppen in Hannover ein, die hannoversche Armee wurde demobilisiert und die Verbindungen zwischen Hannover und London unterbrochen. Gleichzeitig besetzten dänische Truppen Hamburg und Lübeck und rückten am 7. April 1801, „2.000 Mann stark, vor Ratzeburg". Von dort zogen sie sich aber nach wenigen Tagen aus Furcht vor den preußischen Truppen zurück. Diese verließen Kurhannover erst nach dem Vorfrieden zwischen London und Paris vom 1. Oktober 1801. Frankreich war inzwischen unter den Einfluss Napoleon Bonapartes gelangt und schickte sich an, republikanische Prinzipien zugunsten diktatorischer zu verlassen.

Die im Verlauf der Reichsgeschichte während der Jahre 1802 bis 1806 erfolgten territorialen Regelungen hatten erheblichen Einfluss auf die Gestaltung Hannovers während des Wiener Friedenskongresses von 1815. Das Schicksal des Herzogtums Lauenburg wurde von dieser Entwicklung abgekoppelt und in einem zwischen Hannover, Preußen und Dänemark verabredeten Plan, der sich aus der künftigen Gestaltung der skandinavischen Staaten ergeben hatte, eingebracht. Davor standen die Pläne zur Neugestaltung Europas, dabei auch Entwürfe für Norddeutschland, die Napoleon Bonaparte entwickelt hatte, die aber im Zuge seiner auf die Errichtung eines Europa dominierenden Imperiums fragwürdig wurden.

VI. Die „Franzosenzeit" im Herzogtum Lauenburg

1. Der historische Hintergrund

Betrachtet man die Jahre 1806 bis 1816 nur unter dem Aspekt der förmlichen Herrschaftswechsel, dann waren diese zehn Jahre die ereignisreichsten, die das Herzogtum Lauenburg in seiner langen Geschichte zu verzeichnen hatte[1]:

1. im April 1806 die Inbesitznahme durch Preußen,
2. im August desselben Jahres die Restitution der hannoverschen Macht,
3. zum 1. Januar 1811 die Einverleibung in das französische Kaiserreich,
4. im Zuge des Befreiungskrieges von März bis Mai 1813 die erneute Restitution der hannoverschen Herrschaft,
5. von Juni bis Dezember 1813 die Wiederherstellung der kaiserlich französischen Autorität,
6. im Dezember 1813 die dritte Restitution der hannoverschen Oberhoheit,
7. die Übergabe an Preußen im Mai 1815 und schließlich
8. die Abtretung des Landes an Dänemark im Juli 1816.

Hinzu kamen noch vier militärische Besetzungen, denen kein Herrschaftswechsel de iure folgte:

1. von April bis November 1801 durch preußische Truppen,
2. von Juli 1803 bis September 1805 durch die französische Armee,
3. mit einigen Unterbrechungen von Oktober 1805 bis April 1806 durch schwedische und russische Kontingente und
4. von August bis November 1806 erneut durch schwedische Einheiten.

Darüber hinaus erfolgte von November 1806 bis Ende 1810 eine zweite militärische Besetzung durch die französische Armee, die Anfang 1811 zur genannten Einverleibung in das französische Kaiserreich führte. Abgesehen von diesen Herrschaftswechseln und Besetzungen erlebte das Land noch ein halbes Dutzend Durchzüge fremder Armeen, die jeweils nur wenige Tage währten.[2]

Die Ursachen für diese bewegten Ereignisse lagen bei der Zugehörigkeit Lauenburgs zu Hannover. Diese wurde zwar bereits in ihren Grundsätzen dargestellt. Um die Ereignisse der Jahre nach Beginn der Koalitionsbriefe (1792) aber noch einmal herauszustellen, seien einige Daten wiederholt.

Im April 1795 schied Preußen mit dem Sonderfrieden von Basel aus der ersten Koalition gegen Frankreich aus. Für König Friedrich Wilhelm II. und seine Regierung war die Dritte Polnische Teilung wichtiger als die Integrität des Deutschen Reiches. Preußen billigte die Inbesitznahme der linksrheinischen Gebiete des Reiches durch französische Truppen. Unter

1 Die folgenden Aussagen folgen Michael Hundt, Das Herzogtum Lauenburg im Zeitalter Napoleons I., in: E. Opitz (Hrsg.), Herrscherwechsel im Herzogtum Lauenburg (= Kolloquium X). Mölln 1998, S. 105-130.

2 Ebd., S. 107 ff.

preußischer Führung versprachen sich die meisten Länder Norddeutschlands von einer Neutralitätspolitik politische und vor allem wirtschaftliche Vorteile, die es aber nur für kurze Zeit gab.

Preußen übte auch Druck auf Großbritannien aus, weil es das Inselreich zwingen wollte, sich der Neutralitätspolitik der nordischen Länder und Russlands anzuschließen. Dänische Truppen besetzten deshalb Anfang April 1801 neben Hamburg und Lübeck auch für einen Tag das Herzogtum Lauenburg. Danach wurden sie von preußischen Truppen abgelöst, die zuvor Hannover besetzt hatten. Die preußischen Truppen blieben sieben Monate lang als Besatzung im Lande und mussten versorgt werden. An der Arbeit der Regierung in Ratzeburg änderte sich kaum etwas, denn Preußen unternahm nichts, um die verfassungsrechtliche Lage des Landes zu verändern. Und die preußische Besatzung hinterließ kaum negative Spuren im Gedächtnis der Bevölkerung.

Das änderte sich, als es zur Besetzung durch französische Truppen kam in den Jahren 1803 bis 1805. Im Mai 1803 war eine neue Kriegserklärung Londons an Paris erfolgt. Das Kurfürstentum Hannover schloss sich dieser Erklärung nicht an. Dennoch besetzten französische Truppen Ende Mai / Anfang Juni das hannoversche Territorium und im Juli 1803 auch Lauenburg, nachdem sich die hannoversche Armee dorthin zurückgezogen hatte, aber am 15. Juli aufgrund einer bei Artlenburg abgeschlossenen Vereinbarung aufgelöst worden war. Die Regierung in Hannover hatte Vorkehrungen für eine Besatzung des Landes getroffen; deshalb gab es Anweisungen, wie die französischen Truppen im Lande versorgt werden sollten. Der französische Befehlshaber, General Edouard Adolphe Mortier[3], griff diese Vorkehrungen auf, fasste sie aber in einem „Landes-Deputations-Kollegium“ zusammen. Er bestätigte aber ebenfalls die Behörden im Rahmen der jeweiligen Verfassungen. Nur das „Ministerium“ wurde aufgelöst und durch eine „Exekutionskommission“ ersetzt. Diese sollte für die Versorgung und Unterbringung der französischen Besatzung sorgen. Im Herzogtum Lauenburg war die Ritter- und Landschaft gefordert; sie bestimmte Carl Hans von Bülow, den Erblandmarschall, zum Vertreter der Exekutionskommission, nachdem andere Vertreter der Ritterschaft sich verweigert hatten. Aber auch von Bülow widmete sich mehr der Verwaltung seines Gutes als der Arbeit in der Exekutionskommission. Deshalb wählte die Ritter- und Landschaft 1804 den Landrat Georg Hans Werner von Meding zu ihrem Vertreter in der Kommission. Er übernahm diese Aufgabe bis 1807.[4]

Das Land hatte unter der Besatzung und unter den hohen Kontributionen zu leiden. Auch die Durchzüge von schwedischen und russischen Truppen brachten Belastungen durch Einquartierungen mit sich.

Das Jahr 1806 veränderte die politischen Verhältnisse in Mitteleuropa von Grund auf. Preußen war zwar 1795 aus der Koalition der Gegner des französischen Revolutionsregimes ausgeschieden und hatte seine Politik auf eine bewaffnete Neutralität ausgerichtet. Doch neben der Dritten Polnischen Teilung gehörte auch die Einverleibung Hannovers zu den angestrebten Zielen. Den Erwerb Hannovers hatte Napoleon Preußen bereits 1801 und 1803 – wenn auch vergeblich – angeboten, um diese bedeutende Militärmacht im Kampf gegen England auf seine Seite zu ziehen. Erst 1805 erregte ein neues Angebot in Berlin positives Interesse.

---

3 Vgl. Biogr. Lex., S. 289.

4 M. Hundt (wie Anm. 1), S. 113.

Doch der Konflikt mit Österreich veranlasste Napoleon, seine Truppen gegen den Süden des Reiches zu richten. Preußen vollzog einen Kurswechsel und schloss im November 1805 einen Vertrag mit Zar Alexander. Doch Preußens Politik war schwankend. Am 15. Dezember 1805 schloss König Friedrich Wilhelm II. mit Napoleon den Vertrag von Schönbrunn, in dem Preußen auf Ansbach, Neuenburg/Neufchâtel und den rechtsrheinischen Teil von Kleve verzichtete, dafür aber den Besitz des Kurfürstentums Hannover zugesprochen bekam. Dieses Bündnis mit Frankreich machte Preußen zum Gegner der Dritten Koalition.

53: Kaiser Napoleon Bonaparte ordnete 1811 das Herzogtum Lauenburg dem „Département des Bouches de l'Elbe" zu und machte es damit für einige Jahre zu einem Teil des französischen Kaiserreichs.

Preußen entsandte Anfang Januar 1806 Truppen nach Hannover und erklärte, dass es das Kurfürstentum bis zum Friedensschluss in Verwahrung genommen habe.[5] König Georg III. von England protestierte und kündigte Widerstand an, doch angesichts der preußischen Übermacht zogen sich die noch im Lande verbliebenen Truppen der Allianz zurück. Auch die im Lauenburgischen stationierten schwedischen Truppen verließen bis auf ein Restkontingent von 200 Mann das Land und wurden nach Pommern verlegt. Die restlichen 200 Mann wurden im April von den Preußen vertrieben. Preußen nahm das Kurfürstentum Hannover am 1. April 1806 vertragsgemäß in Besitz. Ende April wurde das Herzogtum Lauenburg in diese Besitznahme einbezogen.

Zu den Besonderheiten des Herrscherwechsels nach 1689 gehört, dass aus der Personalunion mit Hannover (= der Kurfürst von Hannover / König von England war auch Herzog von Lauenburg) nie eine Realunion geworden war (= das Herzogtum Lauenburg wurde nie in das Herzogtum Braunschweig-Lüneburg integriert, d. h., Lauenburg blieb selbständiges Herzogtum). Preußen wollte das 1806 ändern, denn es traf Maßnahmen, die auf eine vollständige und dauerhafte Inbesitznahme Hannovers und Lauenburgs ausgerichtet waren. Die damit verbundenen Reformen hatten ihren Anfang genommen, als Preußen erneut eine politische Wende vollzog.

Nach der Schlacht bei Austerlitz (2. Dezember 1805), in der Napoleon die verbündeten Armeen Kaiser Franz' II. und des Zaren Alexander I. besiegt hatte, war dem Kaiser der Franzosen (seit 1804) der Weg zur Hegemonie über Mitteleuropa geöffnet. Diesen Weg hatte ihm auch Preußen geebnet, als es seinen Beitrag dazu leistete, das alte Reich zur Auflösung zu bringen.[6] Es wurde sogar über ein preußisch geführtes norddeutsches Kaisertum verhandelt, als in Berlin bekannt wurde, dass Napoleon den Besitz Hannovers wieder England angeboten habe, um damit eine Wende in der Kontinentalpolitik herbeizuführen. In Preußen wurde die Armee mobilisiert; Napoleon forderte die Demobilisation. Preußen verlangte Ende September 1806 den Abzug der französischen Truppen aus Süddeutschland und die Bildung eines norddeutschen Bundes.

Die Politik Preußens in den Jahren bis 1806 ist oft bewundert, aber genauso oft auch kritisiert worden. Sie hatte über Jahrzehnte hinweg wegen ihrer Neutralität Vorteile

5 Vgl. Christopher Clark, Preußen. Aufstieg und Niedergang. 1600–1947. München [5]2007, S. 344 ff.

6 Ebd., S. 352.

für das Land gebracht. Doch im Umgang mit Napoleon versagte die bis 1805 bewährte Politik.[7]

„Zum Krieg kam es, weil der Anspruch Napoleons auf Hegemonie und der Anspruch Preußens auf eine nur annähernd selbständige Rolle als Partner eines Bündnisses unversöhnlich einander gegenüberstanden."[8] Napoleon hatte es verstanden, zuvor noch den Rheinbund hinter sich zu bringen.

Am 9. Oktober erklärte Preußen den Krieg und wurde am 14. Oktober bei Jena und Auerstedt vernichtend geschlagen. Diese Niederlage hatte weitreichende Folgen. Sie beendete die auf Hannover (und damit auch auf Lauenburg) gerichtete Politik und eröffnete für das Herzogtum Lauenburg eine Phase tiefster Erniedrigung. Die „Franzosenzeit" wird in der älteren Geschichtsschreibung als „Zeit der Drangsal und Aussaugung" bezeichnet.[9]

2. Lauenburg wird Teil eines französischen Departements

Die „Franzosenzeit" begann für Lauenburg schon kurz nach der preußischen Niederlage bei Jena und Auerstedt am 5. November 1806. Wenige Tage später wurden Lauenburg und danach die anderen hannoverschen Landesteile besetzt. Napoleon machte schnell deutlich, dass er langfristig über das Kurfürstentum zu verfügen beabsichtigte. Im Vordergrund seiner Verordnungen standen die Finanzforderungen. Gerade im Lauenburgischen wurde versucht, die Anordnungen der Besatzer zu umgehen, was dazu führte, dass die französischen Intendanten in die Verwaltungs- und Verfassungsstruktur eingriffen. Doch das Jahr 1807 brachte noch sehr viel gravierendere Veränderungen für Lauenburg mit sich.

Napoleon schuf das Königreich Westphalen, dem weite Teile des Kurfürstentums Hannover zugeordnet wurden; 1810 traten weitere Teile hinzu. Napoleons Bruder Jérôme trat als König an die Spitze. Das Herzogtum Lauenburg sollte zunächst ebenfalls in das Königreich Westphalen überführt werden, doch dann wollte Napoleon Sonderregelungen einführen: Nur ein Teil sollte dem Königreich Westphalen zugeordnet werden, aber 15.000 Einwohner (ca. 35 % der Bevölkerung) beanspruchte Napoleon für sich als „kaiserliche Domänenuntertanen". Der Hintergrund für diesen Plan ist rätselhaft.

Michael Hundt schreibt dazu: „Wie diese Zahl von 15.000 Domänenuntertanen zustande11kam, bleibt unklar, denn in den herzoglichen Ämtern lebten zu diesem Zeitpunkt etwa 25.000 Einwohner. Denkbar wäre ein Irrtum bei der Gesamtbevölkerung Lauenburgs, so daß bereits im Januar 1810 an die Ausklammerung des ganzen Landes gedacht war. Indiz hierfür könnte die Äußerung Napoleons gegenüber Marschall Davout vom März 1811 sein, Lauenburg liege strategisch günstig und würde einen geeigneten Ausgangspunkt für eventuell notwendig werdende Angriffe auf Preußen oder Dänemark abgeben."[10]

Derartige Überlegungen waren auch 1689 in Celle und Hannover angestellt worden und spielten ebenfalls 1815 eine Rolle, als in Wien über die Zukunft des Herzogtums diskutiert wurde.

---

7 Vgl. Neil Mac Gregor. Deutschland. Erinnerungen einer Nation. München 2015, S. 293 ff.

8 Thomas Nipperdey, Deutsche Geschichte 1800–1866. Bürgerwelt und starker Staat. München 1983, S. 15.

9 L. Hellwig, Grundriß der Lauenburgischen Geschichte. Ratzeburg [3]1927, S. 21.

10 M. Hundt (wie Anm. 1), S. 113.

Es wurde auch ein anderes Argument genannt, warum Lauenburg nicht an Jérômes Königreich Westphalen abgetreten wurde. Seit 1809 unterstand die Verwaltung des Herzogtums dem Intendanten d'Aubignosc[11], der ein gespanntes Verhältnis zu König Jérôme gehabt und sich zudem wie ein Fürst im Herzogtum aufgeführt haben soll. Während die Regierung des westphälischen Königreichs in Kassel die Integration Lauenburgs vorbereitete, setzte der Intendant im März 1810 eine „Landes-Administrations-Kommission" ein, d. h. eine eigene Regierung. Darüber hinaus befahl er, Anweisungen aus Kassel nicht zu befolgen.

Dass d'Aubignosc ganz ohne Zustimmung aus Hannover oder sogar aus Paris gehandelt hat, gilt als unwahrscheinlich. Was tatsächlich dazu geführt hat, dass Lauenburg nicht Teil des Königreichs Westphalen wurde, bleibt offen.

Napoleon unternahm weitere Schritte, Europa umzugestalten, nicht zuletzt um die Kontinentalsperre gegen England zu verstärken. Im Dezember 1810 erfolgte die Einverleibung Hollands und ganz Nordwestdeutschlands von der Ems bis an die Trave in das französische Kaiserreich. Das bedeutete für Lauenburg das vorläufige Ende als selbständiges Herzogtum. Mit der Annektierung weiter Teile Norddeutschlands wurde auch eine Verwaltungsreform geschaffen. Es entstanden drei Departements: Ober-Ems, Wesermündung und Unterelbe. Jedes Departement wurde in vier Arrondissements gegliedert: Stade, Lüneburg, Hamburg und Lübeck. Michael Hundt hat die neugeschaffenen Verhältnisse am präzisesten beschrieben; er sei deshalb noch einmal ausführlich zitiert:

„Jedes Arrondissement bestand wiederum aus mehreren Kantonen, in denen es jeweils mehrere Mairies / Kommunen als kleinste Verwaltungseinheiten gab. Zum Arrondissement Lübeck gehörten die drei Kantone der Stadt Lübeck sowie die Kantone Steinhorst, Ratzeburg, Mölln, Schwarzenbek, Lauenburg und Neuhaus, die sich aus dem Territorium des Herzogtums Lauenburg und den darin eingeschlossenen ehemaligen lübeckischen Enklaven bildeten. Die Enklaven des Fürstentums Ratzeburg im Lauenburgischen – Horst, Panten und Walksfelde – wurden nicht von Frankreich in Besitz genommen; dagegen wurde das lauenburgische Territorium südlich der Elbe mit Artlenburg, Ober-Marschacht und Lüdersburg dem Arrondissement Lüneburg zugeschlagen. Die Kantonseinteilung im Lauenburgischen orientierte sich in ihren Grundzügen an den alten herzoglichen Ämtern, wobei die aufgehobenen Adeligen Gerichte mit einbezogen wurden. Aus dem südlichen Teil des Amtes Ratzeburg und den umliegenden größeren Adligen Gerichten war zusätzlich der Kanton Mölln errichtet worden."[12]

Die Zuordnung der Landesbehörden in Ratzeburg direkt nach Paris führte zu grundsätzlichen Veränderungen in der Verwaltung. Das Konsistorium, d. h. die Kirchenverwaltung blieb zwar weitgehend verschont, doch die Besetzung der Pfarrstellen musste vom Innenministerium in Paris bestätigt werden.

1811 wurde Marschall Louis Davout (1770–1832)[13], den Napoleon schon zum Herzog von Auerstedt (1808) und zum Fürsten von Eckmühl (1809) gemacht hatte, zum „außerordentlichen Generalgouverneur der drei Hanseatischen Departements" ernannt. Unter seiner Herrschaft wurde der Versuch unternommen, in Norddeutschland ein französisches

11 Vgl. Biogr. Lex., S. 24.
12 M. Hundt (wie Anm. 1), S. 114 ff.
13 Vgl. Biogr. Lex., S. 122 f.

Verwaltungssystem zu errichten, das vor allem darauf ausgerichtet war, die eroberten Länder so auszubeuten, dass sie den großen Zielen Napoleons würden dienen können. Denn er organisierte die Erhebung der direkten Steuern, leitete die Aushebung der Rekruten, überwachte die Polizei und war auch sonst entscheidend in der Verwaltung des Landes.

Davout sorgte auch dafür, dass auf kommunaler Ebene die Grundsätze der den neugeschaffenen Departements auferlegten Verordnungen umgesetzt wurden. Darum kümmerten sich die neueingerichteten Mairies, von denen es im ehemaligen Herzogtum Lauenburg 17 gab.

Die Integration Lauenburgs in das französische Kaiserreich dauerte zwar nur zweieinhalb Jahre, hinterließ aber weitreichende Spuren. Die Erinnerung daran reichte bis über das Ende des 19. Jahrhunderts hinaus. Die positiven Veränderungen im Rechtssystem, die 1811 in Kraft traten, wurden kaum wahrgenommen, denn von den Prinzipien der Französischen Revolution – Freiheit, Gleichheit, Brüderlichkeit – waren kaum Grundrechte übriggeblieben. Nicht einmal die Aufhebung der Lehensrechte führte zu einer spürbaren Veränderung der Lebensumstände der Landbevölkerung. Die von der französischen Verwaltung, die als Besatzungsmacht empfunden wurde, erhobenen Steuern waren exorbitant. Sie überstiegen die alten Steuersätze oft um bisweilen 400 %. Hinzu kamen die „Zulags-Centimen", die als Gebühr für die Verwaltungskosten erhoben wurden. Weitere Steuern wurden eingeführt: z. B. Personal- und Mobiliarsteuer, Türen- und Fenstersteuer. Auch die indirekten Steuern auf Wein, Branntwein, Bier, Essig, Zucker, Salz, Tabak, Spielkarten, Gold- und Silberarbeiten zielten darauf ab, die Bevölkerung auf allen Ebenen auszubeuten. In den Jahren 1812 und 1813 kamen noch Kriegssteuern und Naturalleistungen hinzu.[14]

Als besonders gravierend wurde aber die Einführung der Allgemeinen Wehrpflicht empfunden. Sie löste bei vielen Betroffenen eine Fluchtbewegung aus, was sich selbstverständlich negativ auf die Daheimgebliebenen auswirkte. Auch viele Lauenburger wurden zu Opfern des napoleonischen Russlandfeldzugs.

In wirtschaftlicher Hinsicht war die „Franzosenzeit" ebenfalls ein Fiasko. Die wenigen in die Zukunft weisenden Projekte wie Straßen- und Kanalbauten bleiben im Anfang stecken. Ansonsten behandelten Napoleon und seine Regierung die eroberten und annektierten Gebiete, so auch Lauenburg, wie Kolonien. Dabei wurden die französischen Besatzer allerdings auch unterstützt von Vertretern der alten Eliten. So versuchten etliche adlige Familien, sich durch Arrangement mit den Franzosen Vorteile zu verschaffen. Gerade in Krisenzeiten hat die Korruption Konjunktur, so auch im Lauenburgischen während der „Franzosenzeit".

3. Die Lauenburger im Widerstand gegen Napoleon

Die meisten Lauenburger waren zu Beginn des 19. Jahrhunderts Bauern und nahmen am politischen Leben des Landes nur insofern teil, als sie zu zahlen hatten. Auch der Anteil der städtischen Bevölkerung, der sich für politische Probleme interessierte oder gar auf diesem Gebiet aktiv war, war gering.

---

14 M. Hundt (wie Anm. 1), S. 116 ff.

Dennoch spielte auch Lauenburg im Widerstand gegen Napoleon eine Rolle. Besonders militärisch, denn es wurden zahlreiche Korps aufgestellt, darunter nicht nur die „Hanseatische Legion" und die „King's German Legion", sondern auch das „Lauenburgische Freiwilligenbataillon", das im Frühjahr 1813 von Friedrich Karl von Tettenborn (1778–1845)[15] errichtet worden war und von den Briten mit Waffen ausgestattet wurde.

Tettenborn war 1812 in die russische Armee eingetreten, nachdem er zuvor in kaiserlichen Diensten gestanden hatte. Auf dem Winterrückzug Napoleons verfolgte er französische Truppen bis Ostpreußen und besetzte Königsberg. Danach operierte er in Norddeutschland, so in Mecklenburg und Lauenburg, wo er Mölln besetzte. Am 18. März 1813 gelang es ihm, mit geringen Truppen Hamburg einzunehmen. Von hier aus erließ er einen Aufruf an die Bewohner des Herzogtums Lauenburg, sich zum freiwilligen Kampf gegen die Truppen Napoleons bereitzufinden:

„Bewohner des Herzogthums Lauenburg! Der Jubel, womit ihr die Russischen Truppen in euere Mitte aufgenommen habt, und die Bereitwilligkeit, womit sich schon einige Gemeinden unter euch bewaffnet haben, um Feinde abzuwehren, bürgen meinem erhabenen Monarchen für die Richtigkeit eurer Gesinnungen und für euren kräftigen Willen, daß das Werk der Rettung Deutschlands nicht ohne euch vollbracht werde. Doch, ihr Lauenburger, eure Anstrengungen müssen allgemein sein und mit Weisheit geleitet werden, um Nutzen zu bringen. Auf denn also zu den Waffen jeder, der sich wehrhaft fühlt, wie euere Brüder im Osten und Norden euch bereits das Beispiel geben, und Gut und Blut an die Freiheit gesetzt. Ihr werdet Anführer erhalten, die euch unter euren eigenen Fahnen zu Sieg und Ruhm führen werden."[16]

Dieser Aufruf wurde begeistert aufgenommen, wohl auch deshalb, weil er verbunden war mit der Wiedereinsetzung der hannoverschen Regierungsgewalt. Tettenborns Erfolge waren von geringer Dauer, denn gegen die zahlenmäßig überlegenen Truppen Marschall Davouts konnte er Hamburg nicht halten. Er wich ins Lauenburgische aus. Nach dem Waffenstillstand mit Napoleon am 16. August 1813 wurde er dem Hannoverschen Oberbefehlshaber General Ludwig Graf Wallander unterstellt. Das Lauenburgische Bataillion blieb ohne militärische Bedeutung.

Das berühmteste aller Korps war das des Ludwig von Lützow[17] („Lützows wilde verwegene Jagd"), dem auch der Befreiungskriegspoet Theodor Körner (1791–1813) angehörte, der zuvor bereits in Wien als „Hoftheaterdichter" Karriere gemacht hatte. Seine patriotischen Gedichte wurden von seinem Vater unter dem Titel „Leyer und Schwert" herausgegeben und wurden zu einem der größten literarischen Erfolge des 19. Jahrhunderts. Theodor Körner hielt sich am 24. August 1813 in Büchen auf. Danach nahm sein Korps an der Schlacht von Rosenow bei Gadebusch teil, in der Körner fiel. Seine Mitgliedschaft im Korps Lützow und seine Gedichte haben dazu beigetragen, dass die militärischen Leistungen der Lützower Jäger in der Geschichtsschreibung lange Zeit überschätzt wurden. Diesem Verband gehörten besonders viele Studenten an, die in späteren Jahren in ihren Memoiren die Heldentaten ihres Korps beschrieben haben. Diese Erinnerungsbücher und die Legenden, die um Theodor Körner entstanden, haben dazu geführt, dass den Aktivitäten der Lützower Jäger

15 Vgl. Biogr. Lex., S. 373.

16 Manfred Hanisch, Restaurationspolitik zwischen ideellem Anspruch und fragwürdiger Wirklichkeit: Herrschaftswechsel in Lauenburg 1813–1816, in: E. Opitz (Hrsg.), Herrscherwechsel im Herzogtum Lauenburg (= Kolloquium X). Mölln 1998, S. 132.

17 Vgl. Biogr. Lex., S. 272 f.

54: Friedrich Wilhelm Compe hat sich in vielfacher Hinsicht um das Herzogtum Lauenburg verdient gemacht. Sein Widerstand gegen die französische Okkupation hat sich im Gedächtnis des Landes erhalten.

eine besondere Aufmerksamkeit gewidmet wurde. Die Leistungen dieses Korps waren deutlich bescheidener, als sie dargestellt wurden. In Büchen erinnert eine Tafel neben dem historischen Pfarrhaus an die Anwesenheit Theodor Körners am 14. August 1813.

Bereits im März 1813 war die zuvor verbreitete Depression in Deutschland in einen Enthusiasmus für einen Krieg gegen die französische Unterdrückung umgeschlagen. Von dieser Stimmung waren auch im Lauenburgischen einige Kräfte erfüllt. Doch die Realitäten waren zunächst andere: Am 19. August vertrieb General Davout die sehr unterschiedlichen Verbände, die sich im Lauenburgischen versammelt hatten, um die unterbrochenen logistischen Verbindungen wiederherzustellen. Denn das lauenburgische Territorium war nach der Eroberung weiter Teile Norddeutschlands von strategischer Bedeutung. Darüber hinaus gibt es auch französische Quellen, die aussagen, dass Lauenburg auch in wirtschaftlicher Hinsicht von Interesse war. Das Steueraufkommen aus dem ehemaligen Herzogtum galt als so hoch, dass an dessen Festhalten unter französischer Herrschaft gesorgt werden müsse. Auch die Gewinnung von Wehrpflichtigen wird für den Verbleib unter französischer Hoheit genannt.

Nach Napoleons Russlandkatastrophe änderten sich zwar die politischen Verhältnisse in Europa grundsätzlich. Doch bis zum Ende des Krieges hatte Lauenburg noch etliche Durchmärsche und Scharmützel zu ertragen. General Friedrich K. von Tettenborn stieß hier mit dem französischen General Morrand zusammen. Ein halbes Jahr später stieß Marschall Davout auf seinem Zug gegen Schwerin auf gegnerische Truppen an der lauenburgisch-mecklenburgischen Grenze. Erst Anfang Dezember 1813 fasste er den Entschluss, Lauenburg zu verlassen und sich in der Festung Harburg festzusetzen.

Tettenborn hatte im März 1813, ein halbes Jahr vor der Völkerschlacht von Leipzig (16.–19. Oktober 1813), Lauenburg nicht für den russischen Zaren, in dessen Diensten er stand, in Besitz genommen, sondern für den angestammten Herrscher, den König von Großbritannien und Kurfürsten von Hannover, Georg III., der auch (in Personalunion) Herzog von Lauenburg war, bevor Napoleon dieses Herzogtum in sein Kaiserreich inkorporiert hatte. 1813 stand dieses kleine Territorium wieder, wie zu Zeiten des Alten Reiches, unter der Herrschaft Hannovers. Die militärischen Aktionen hatten deshalb erst einmal ein Ende.

Der Widerstand gegen die Okkupation der Franzosen war aber nicht nur militärischer Natur. Er fand auch zivil statt. Die Ausbeutung der Untertanen durch immer höhere Steuern und zusätzliche Abgaben brachte die Bauern und Handwerker an die Grenzen ihrer Leistungsfähigkeit. Deshalb waren sie bereit, Tettenborns Aufruf zu folgen. Doch es fehlte an Kräften, den Widerstand zu organisieren. Nur in der Verwaltung war es möglich, die Weichen so zu stellen, dass es zu Erleichterungen kam.

Einer von denen, die sich dabei hervortaten, war Friedrich Wilhelm Compe (1751–1827)[18]. Er stammte aus Solling, hatte in Göttingen Jura studiert und wurde hannoverscher Beamter. 1788 wurde er ins Lauenburgische versetzt, wo er im Amt Schwarzenbek wirkte und zum

18 Vgl. ebd., S. 115 f.

Amtmann befördert wurde. Er setzte sich für die Förderung der Landwirtschaft ein und wurde zu einem Förderer der Agrarreform, besonders für die Verkoppelung. Dabei wies er sich durch eine geschickte Verhandlungsführung aus.

Seine Verdienste sind aber weniger mit seinen Leistungen vor 1803 verbunden, als vielmehr mit jenen, die er sich in der „Franzosenzeit“ erwarb. Er hatte in der Besatzungszeit nicht nur für die Versorgung der einquartierten Truppen zu sorgen, sondern auch für die Schonung der Bevölkerung. Compe war Mitglied der unter dem Intendanten d'Aubignosc geschaffenen Regierungskommission und unternahm alles, um die Lasten vom Lande abzuwehren. Er weigerte sich, das Amt des Maire in Schwarzenbek zu übernehmen, weil er nicht in den französischen Staatsdienst übertreten wollte. 1813, als seine Distanz zum französischen Besatzungsregime allzu offenkundig wurde, musste er aus Schwarzenbek flüchten.

55: „Wer so strebte wie du, für des Landes Wohl und der Menschheit …“ Rückseitige Inschrift des von Witterungsschäden gezeichneten Grabmals für Friedrich Wilhelm Compe auf dem Schwarzenbeker Kirchhof

Compes Karriere als flüchtiger Beamter setzte sich nach 1813 fort, als er in hannoverschen Diensten stand. Doch er entschied sich, auch nach der Überleitung Lauenburgs an Dänemark in Diensten Schwarzenbeks zu bleiben. Dafür wurde er auch vom dänischen König ausgezeichnet.

Friedrich Wilhelm Compe hat nie ein hohes Staatsamt innegehabt, doch er genoss lange Zeit den Ruf, ein „lauenburgischer Herrgott“ gewesen zu sein. Seine Verdienste im Kampf gegen die französische Besatzung sind legendär. Doch gesicherte Quellen über seinen Widerstand gibt es kaum. Die wenigen, die es gibt, besagen, dass er immer wieder versucht hat, die Forderungen der Franzosen zu hintertreiben. Die Lauenburger waren ihm dankbar.

4. Das Herzogtum Lauenburg als diplomatisches Tauschobjekt

Das Herzogtum Lauenburg geriet 1813 aus der Zugehörigkeit zum französischen Kaiserreich zurück in den Herrschaftsbereich des Kurfürsten von Hannover. Die Restitution der hannoverschen Herrschaft verlief unspektakulär; die alten Rechte wurden wiederhergestellt, auch die Privilegien des Adels. Eine Untersuchung, welche Vertreter der Ritter- und Landschaft sich mit den französischen Mandatsträgern arrangiert hatten, erfolgte nicht. Am 20. März 1813 wurde per Ausschreiben bekannt gegeben: Die ehemalige Landesverfassung sei wieder eingeführt worden. Damit hätten auch die „Regiminal-, Justiz- und Polizei-Verordnungen und Reglements wieder ihre vorige Kraft“ erlangt. Es wurden auch Abgaben verlangt. Napoleon hatte die Zahlung von Domanialgefällen, also Abgaben zu unmittelbarem Nutzen des Landesherrn, abgeschafft. Jetzt wurden die wieder eingeführt, und jene, die zu derartigen Abgaben verpflichtet waren, hatten diese für die Zeit der französischen Besatzung nachzuzahlen. Die Regierungen in Hannover und London brauchten Geld, denn der Krieg gegen Napoleon war noch nicht zu Ende. Deshalb blieben die von den Franzosen eingeführten Steuern und Abgaben erhalten; es traten sogar neue hinzu.

Die Restaurationspolitik, die von 1813 bis 1816 zu beobachten ist, brachte für die Untertanen also nur insofern eine Befreiung, als das Land nicht mehr von fremden Truppen besetzt war. Eine Erleichterung von Abgabenlasten war damit aber nicht verbunden.

Die Napoleonischen Kriege, die sich den sogenannten Koalitionskriegen (1792–1806/07) anschlossen und dazu führten, dass der selbsternannte französische Kaiser weite Teile Europas eroberte, endeten mit dem misslungenen Russlandfeldzug 1812. Mit dem Ende der Verbindung Preußens zu Napoleon in der Konvention von Tauroggen (30. Dezember 1812) begannen die Befreiungskriege, die ihren ersten Höhepunkt in der Völkerschlacht bei Leipzig (16.–19. Oktober 1813) hatten. Deutschland befreite sich bis zum Ende des Jahres weitgehend von den von Napoleon geschaffenen politischen Strukturen; in vielen Landesteilen wurden die alten Verhältnisse mit der Rückkehr der Fürsten wiederhergestellt und damit eine Restaurationspolitik eingeleitet, welche die ersten Jahrzehnte des 19. Jahrhunderts in Deutschland bestimmte und die mit dem kulturgeschichtlichen Begriff „Biedermeier“ nur unzutreffend beschrieben wird.

Die Befreiungskriege hatten bei Leipzig noch kein Ende gefunden. Napoleon wich nach seiner Niederlage nach Westen aus und wurde mehrfach von alliierten Truppen, auch jenen Blüchers, gestellt und teilweise besiegt. Doch die Uneinigkeit der Verbündeten erlaubte es Napoleon immer wieder, in Positionen zu gelangen, aus denen heraus er bei Verhandlungen Forderungen zu stellen vermochte, dabei besonders die nach „natürlichen Grenzen“ für Frankreich nach Osten, d. h. den Rhein. Erst nach seinen Niederlagen in der Schlacht bei Laon (9./10. März 1814) und in jener von Arcis-sur-Aube (20./21. März 1814) sowie der Kapitulation von Paris (31. März) entschloss er sich am 6. April 1814 zur Abdankung. Am 30. Mai 1814 wurde in Paris ein Friedensvertrag unterzeichnet, der für Frankreich nicht nur den Zustand vor den Revolutionskriegen garantierte, sondern auch noch etliche Eroberungen anerkannte.

Der Wiener Kongress trat im Herbst 1814 in Wien zusammen. Auf ihm wollten die führenden europäischen Herrscher und/oder ihre diplomatischen Vertreter eine Neugestaltung Europas herbeiführen. Die Wertschätzung für die Leistung dieses Kongresses war in der Geschichtsschreibung des 19. und frühen 20. Jahrhunderts sehr unterschiedlich. „Der Kongress tanzt“ war eine gängige Charakterisierung, um dessen Leistung zu diffamieren. Tatsächlich hat er unter der Führung von Klemens Graf Metternich (1773–1859) eine Friedensordnung für Europa herbeigeführt, die viele Jahrzehnte lang Bestand hatte. Dass das „System Metternich“ eine Restauration und eine Unterdrückung von Freiheiten eingeleitet hat, darf aber nicht verschwiegen werden.

Spätestens an dieser Stelle erhebt sich die Frage: Was haben die geschilderten Ereignisse, die zum Wiener Kongress führten, mit der Geschichte Lauenburgs zu tun?

Das Herzogtum Lauenburg hatte in napoleonischer Zeit eine wichtige Funktion im europäischen Mächtespiel eingenommen. Auf dem Wiener Kongress wurde über seine Zukunft verhandelt und dabei wurde deutlich, dass es zwar einerseits strategisch wichtig, andererseits aber als kleines Territorium nicht von zentraler Bedeutung war. Seine strategische Bedeutung hatte sich zudem geändert, weil im Norden mit der Niederlage Napoleons neue Verhältnisse geschaffen worden waren, welche die Rolle Dänemarks in besonderem Maße betrafen. Dänemark war durch eine von England forcierte Politik in die Arme Napoleons getrieben worden und konnte sich aus dieser Situation auch nicht befreien.

Deshalb musste dieses Königreich am 14. Januar 1814 im Kieler Frieden Norwegen an Schweden abtreten. Das hatte Jean Baptiste Bernadotte (1783–1844), ein ehemaliger napoleonischer General, gefordert, um für Schweden „natürliche Grenzen" zu erlangen. Die Schweden hatten sich für ihn als künftigen König, Karl XIV. Bernadotte, entschieden. Da Dänemark für diesen empfindlichen Verlust – immerhin war Norwegen mit Dänemark seit 1387 verbunden und spielte im Dänischen Zentralstaat ein wichtige Rolle – entschädigt werden musste, wurde ihm Vorpommern, das zuvor Teil Schwedens war, zugebilligt, dazu eine Million Rtlr. Das war für Dänemark, das sich am Rande einer Staatskapitulation befand, zwar ein interessantes Angebot, konnte aber für den Verlust Norwegens nicht entschädigen.

Preußen war an Vorpommern interessiert, besaß hingegen das weit von seinen Stammlanden entfernte Ostfriesland, an dem Hannover interessiert war. So kam es beim Wiener Kongress und bei gleichzeitig in Paris stattfindenden Verhandlungen zu einer Tauschaktion: Preußen erhielt Vorpommern, Hannover Ostfriesland und Dänemark das Herzogtum Lauenburg, allerdings ohne das Amt Neuhaus, die linkselbischen Marschvogteien und das Land Hadeln, also die Gebiete, die an Hannover gefallen waren, als es 1814 zum Königreich aufgestiegen war.

Die Lauenburger wären lieber bei Hannover geblieben; unter der Herrschaft der Welfen war es ihnen gut gegangen. In der langen Geschichte Sachsen-Lauenburgs hatte es nie enge Verbindungen zu Schleswig-Holstein gegeben. Das sollte jetzt anders werden, denn der neue Landesherr, der König von Dänemark, war auch Herzog von Schleswig und Holstein.

Nach sechs Tagen (formaler) preußischer Herrschaft übernahm Dänemark das Herzogtum Lauenburg. Preußen zahlte zusätzlich noch 600.000 Schwedische Thaler und 2 Millionen Thaler preuß. Courant an Dänemark. Vorpommern war für Preußen also deutlich wertvoller als Lauenburg.

Verfassungsrechtlich wichtig für das Herzogtum war eine Vertragsformulierung: Das Herzogtum Lauenburg wurde dem dänischen König zum vollen Eigentum und mit voller Souveränität übergeben, und zwar „für ewige Zeiten". Damit erhielt das Herzogtum einen anderen Rechtsstatus als Schleswig und Holstein. Das wurde 1848 von Bedeutung.

Die Übergabe Lauenburgs fand zwischen Hannover und Dänemark statt. König Georg III. von England und Hannover verkündete am 16. Juli 1816 in einem Patent diesen Herrschaftswechsel, wies auf die Abtretung des Amtes Neuhaus und der linkselbischen Gebiete hin und betonte, dass diese Abtretungen an die Bedingung geknüpft seien, dass die Rechte und Privilegien, die der Ritter- und Landschaft 1702 bestätigt wurden, erhalten bleiben müssten. Dies wurde vom dänischen König in einer Versicherungsakte am 6. Dezember 1816 bestätigt. Der Übergabebrief vom 26. Juli 1816 enthielt 29 Artikel, in denen praktische Dinge geregelt wurden, daneben aber auch die Bestimmung, dass der König von Hannover weiterhin den Titel eines Herzogs von Lauenburg führen durfte, weil an ihn frühere Teile des Landes abgetreten worden waren.

Der neue Landesherr, König Friedrich VI., war bereit, alle zuvor erworbenen Privilegien über die der Ritter- und Landschaft hinaus zu bestätigen. Am 3. August 1816 wurde die Schleswig-Holsteinische Kanzlei umgewandelt in Schleswig-Holstein-Lauenburgische Kanzlei. Oberste Gerichtsinstanz wurde das Holstein-Lauenburgische Obergericht in Glückstadt. Mit diesen Verfügungen wurde die Verbindung Lauenburgs mit Schleswig-Holstein hergestellt. Doch die verwaltungstechnischen Maßnahmen änderten nichts daran, dass die drei Elbherzogtümer über unterschiedliche Verfassungsrechte verfügten. Schleswig hatte nicht zum Deutschen Reich gehört, also auch nicht zum Deutschen Bund, war aber seit dem Vertrag von Ripen (1460) mit Holstein „up ewig ungedeelt" verbunden. Holstein gehörte zum Deutschen Reich und war nur durch Personalunion an Dänemark gebunden. Lauenburg befand sich in einem gänzlich anderen Rechtsverhältnis zu Dänemark. Der König von Dänemark war in Personalunion auch Herzog von Lauenburg, d. h., Lauenburg war 1816 nicht in das Königreich Dänemark integriert worden, sondern verblieb im deutschen Reichsverband, aus dem der Deutsche Bund wurde. Lauenburg war auch unberührt von den in Ripen getroffenen Vereinbarungen für das Verhältnis zwischen Schleswig und Holstein. Die rechtlichen Grundlagen für die Verbindung mit dem König von Dänemark als Landesherrn waren ausschließlich in den Übergabeverträgen von 1816 geregelt und hatten mit den Verfassungsrechten Schleswig-Holsteins nichts zu tun. 1815 war der dänische König als Herzog von Holstein dem Deutschen Bund beigetreten. Ende 1816 trat er dem Bund auch als Herzog von Lauenburg bei.

VII. Das Herzogtum Lauenburg unter dänischer Herrschaft

1. Die Rechtsverhältnisse bei Antritt der Herrschaft des dänischen Königs

Nachdem alle fremden Truppen abgerückt waren, zog am 31. Juli 1816 ein dänisches Kavalleriekommando in Ratzeburg ein, um deutlich zu machen, welche Militärmacht künftig im Lande das Sagen habe. Dies geschah noch, bevor der König einen Termin für die Erbhuldigung festgesetzt hatte. Diese erfolgte am 2. Oktober ohne nennenswerten Aufwand.

Die Ritter- und Landschaft des Herzogtums bekundete beim Übergang in die dänische Herrschaft nur ein Interesse: die Bestätigung der alten Privilegien. Nachdem sie diese erhalten hatte, engagierte sie sich kaum noch für die Verhandlungen über die Zukunft des Landes. Es waren Beamte aus Hannover und Dänemark, nur wenige aus Lauenburg, welche die Details der Übergabe verhandelten. Diese wurde erst 1826 mit dem „Haupt- und Liquiditionsrezeß" zwischen den Königreichen Dänemark und Hannover abgeschlossen. In 32 Artikeln legte der Rezeß vor allem Schuldenregulierungen fest. Es wurden aber auch Vereinbarungen über die Deichsicherungen getroffen. Die unterschiedlichen Zahlungen hatten auch mit der Franzosenzeit und den wechselnden Besitzverhältnissen zu tun.

Die durch teilweise detaillierte Verträge geschaffene Rechtslage erlaubte es dem dänischen König kaum, Reformen in dem neuerworbenen Herzogtum vorzunehmen. In der Struktur der Regierungs- und Verwaltungsbehörden vollzogen sich kaum Änderungen.[1]

An der Spitze stand der dänische König als Herzog von Lauenburg. Ihm unterstanden drei Landeskollegien: Konsistorium, Hofgericht und Regierung, welcher der Landdrost vorstand. Der Landdrost war der Präsident der lauenburgischen Regierung und des Konsistoriums. Er führte auch den Titel Gouverneur. Als solcher stand er an der Spitze der Verwaltung und aller Landesangelegenheiten.

Verwaltung und Justiz waren nicht grundsätzlich getrennt, doch sie unterstanden unterschiedlichen Oberinstanzen: der Schleswig-Holstein-Lauenburgischen Kanzlei in Glückstadt in Verwaltungsangelegenheiten und dem Schleswig-Holsteinisch-Lauenburgischen Oberappelationsgericht in Schleswig, seit 1834 in Kiel.

Die Schleswig-Holstein-Lauenburgische Kanzlei arbeitete eng mit der Rentekammer in Kopenhagen zusammen, die für die Steuern und Abgaben zuständig war. Der Kanzlei unterstanden einzelne Kontore, in denen nach Regionen differenziert und aufgabenorientiert gearbeitet wurde.

Zum Ressort der lauenburgischen Regierung gehörten alle Regierungs-, Polizei- und Regaliensachen, die Beobachtung der Verhältnisse der beiden anderen Landeskollegien (Hofgericht und Konsistorium), die Ökonomie der Städte, die Bestätigung der Magistrate, Zunft- und Handwerksangelegenheiten, die „Criminalia" aus den Ämtern, die Appellatio-

1 Die nachfolgenden Aussagen zur dänischen Herrschaft folgen im Wesentlichen dem Beitrag „Das Herzogtum Lauenburg unter der Herrschaft der Könige von Dänemark 1815–1865", den Michael Busch für das Handbuch geschrieben hat. Auf Einzelzitate wurde verzichtet.

nen vor den Amts- und Stadtgerichten und die Klagesachen gegen die Beamten in erster Instanz.

Das Hofgericht hatte seinen Sitz in Ratzeburg und bestand aus einem Hofrichter und sechs Beisitzern, von denen drei aus den Reihen der Ritter- und Landschaft stammten und nur einer vom Landesherrn bestimmt wurde. Das Hofgericht war zuständig für alle Justizfälle, die den Adel, Beamte und die Besitzer adliger Güter betrafen. In den Landdistrikten hatten Patrimonial- und Amtsgerichte, in den Städten die Magistratsgerichte die Jurisdiktion.

Das Konsistorium, das dritte Landeskollegium, war eine geistliche Behörde, die nach der Reformation geschaffen worden war. Im 19. Jahrhundert bestand sie aus dem Landdrosten (Gouverneur) als Präsident, dem Superintendenten, der unmittelbar vom König ernannt wurde und zugleich Probst war, einem Regierungsrat von Regierungs- und dem Vizemarschall von landschaftlicher Seite sowie zwei weiteren Beisitzern. Es war zuständig für alle Kirchen- und Schulfragen. Da die Kirchenordnung von 1585 nach wie vor Gültigkeit hatte, war das Konsistorium auch für zahlreiche Bereiche zuständig, die heute weltlichen Instanzen zugeordnet sind. Das Schulwesen sei dabei besonders hervorgehoben.

Auch im Herzogtum Lauenburg entstand nach 1815 keine parlamentarische Vertretung, in welcher sich die Interessen der Untertanen hätten artikulieren können. Was im Deutschen Bund vielfältig gefordert und ebenso intensiv unterdrückt wurde, hatte im Lauenburgischen kaum Unterstützer. Hier bestand weiterhin eine landständische Verfassung. Ihre Vertretung gliederte sich in Landtag, Erblandmarschall und Landratskollegium. Die Ritter- und Landschaft bestand aus den Besitzern der adligen Güter und je zwei Vertretern der Städte. Jeder Gutsbezirk und jede Stadt hatten eine Stimme. Bei außerordentlichen Konventen tagte die Ritterschaft ohne Städte. Der Landmarschall hatte den Vorsitz auf den ständischen Zusammenkünften und war der Sprecher der Stände dem Landesherrn gegenüber. Das Landratskollegium bestand aus drei Landräten und dem Erblandmarschall, es war der ständige landschaftliche Ausschuss. Hinzu trat als Jurist ein Landsyndikus.

In den vier Ämtern Ratzeburg, Lauenburg, Schwarzenbek und Steinhorst bildeten jeweils zwei Amtmänner (1. und 2. Beamter) ein Kollegium, von welchem die ganze Verwaltung des Amtes ausging. In der Regel war der erste Beamte für die Administration und der zweite für die Justiz- und Polizeibelange verantwortlich. Als Unterbeamte standen ihnen Amtsvögte, Amtspförtner, Bauermeister und Bauervögte zur Verfügung sowie berittene Landdragoner, die die untere Polizeiaufsicht führten.

In den drei Städten war der Magistrat die erste Behörde, in Ratzeburg war dies der Stadtkommissar, der Bürgermeister und vier Ratsverwandte, in Mölln der Stadthauptmann, zwei Bürgermeister, zwei sog. Kamerarien und zwei Ratsverwandte und in Lauenburg der Gerichtsschulze, der Polizeikommissar, zwei Bürgermeister und drei Ratsverwandte.

2. *Das Herzogtum Lauenburg unter dänischer Herrschaft bis 1848*

Vier dänische Monarchen regierten das Herzogtum Lauenburg von 1815 bis 1865, also nur eine kurze Phase von 50 Jahren, in denen es in Personalunion zu Dänemark gehörte: Friedrich VI. (1768–1839), Christian VIII. (1786–1848), Friedrich VII. (1808–1863) und Christian IX. (1818–1906).

56: Die dänischen Könige als Herzöge von Lauenburg:

a) Friedrich VI.

König Friedrich VI.[2], der seit 1784 das Königreich als Regent führte und nach dem Tod seines Vaters, Christians VII., 1808 König wurde, hatte in Dänemark bereits zahlreiche Reformen durchgeführt: die Aufhebung der Leibeigenschaft, die Abschaffung des Sklavenhandels in den dänischen Kolonien, die Aufhebung der Einschränkung von Pressefreiheit und freier Meinungsäußerung. Ferner hatte er viele Verbesserungen bei der inneren Verwaltung durchgesetzt. Er war ein Reformer, hielt aber trotzdem am System der absoluten Monarchie fest; erst gegen Ende seiner Regierungszeit räumte er den Ständen ein gewisses Mitspracherecht ein. König Friedrich VI. galt als sparsam und war in Dänemark ein beliebter Monarch.

Das Herzogtum Lauenburg besuchte er erstmals 1817. Zuvor musste aber Ratzeburg „demoliert" werden, d. h., die veralteten Festungsanlagen mussten abgetragen werden, was von der Stadt sehr begrüßt wurde, weil dadurch Gelände für den Stadterweiterungsbau geschaffen wurde. König Friedrich VI. besuchte das Herzogtum noch 1823, 1827 und 1833; dabei wünschte er „durchaus keine zeremoniellen Veranstaltungen (...), welche mit Kosten verbunden sein könnten". Eines der Hauptziele seiner Politik war die Verbesserung des Schulwesens. Als er 1839 starb, gab es neben der verordneten auch eine echte Trauer für den verstorbenen König.

Sein Nachfolger, Christian VIII.[3], war in vielen Dingen das Gegenteil seines Vorgängers. Er war ein Genussmensch und alles andere als sparsam. Sein Besuch des Herzogtums Lauenburg im Jahr 1840 wurde in den Chroniken deshalb vermerkt, weil er sich um einen Tag verspätet hatte. Ziel seines Besuchs war die Stadt Lauenburg. In seine Zeit fielen zwar der Eisenbahnbau, die Renovierung des Straßenwesens und weitere Schulreformen, doch waren diese eher auf Initiativen von außen als auf Reformmaßnahmen von innen her zurückzuführen. Der letzte Besuch eines dänischen Herrschers im Herzogtum Lauenburg erfolgte 1854, es war Friedrich VII.[4]

Alle Veränderungen der Folgezeit waren beeinflusst von der zunehmend nationalistischen Politik in Dänemark. Die Versuche, die Elbherzogtümer in das Königreich Dänemark einzugliedern, führten in Schleswig-Holstein zu einer ebenfalls nationalistisch motivierten Gegenbewegung, die 1848 zur Erhebung gegen Dänemark führte.

Christian VIII. hatte am 28. Februar 1845 den lauenburgischen Ständen ihre Privilegien erneut bestätigt, doch gegenüber den Herzogtümern Schleswig und Holstein eine Politik betrieben oder unterstützt, die im Offenen Brief vom 28. Februar 1846 gipfelte. In ihm wurde die weibliche Erbfolge für den Gesamtstaat, also auch für die Elbherzogtümer, verkündet. In Schleswig und Holstein hatten die Stände bereits in einer Petition, welche die Be-

2 Vgl. Biogr. Lex., S. 162 f.
3 Ebd., S. 110 f.
4 Ebd., S. 163 f.

b) Christian VIII.

zeichnung „Fundamentalsätze des Landesrechts" trug, hervorgehoben: Die Herzogtümer sind selbständige Staaten; in ihnen herrscht der Mannesstamm; Schleswig und Holstein sind engverbundene Staaten. Auf die Bestimmungen der Ripener Urkunde von 1460 wurde ausdrücklich verwiesen.

Lauenburg hatte andere rechtliche Grundlagen, war aber als Mitglied des Gesamtstaats gleichermaßen betroffen. Deshalb legte die Ritter- und Landschaft am 28. Dezember 1846 ebenfalls Widerspruch ein, allerdings sehr vorsichtig formuliert: Lauenburg „sei seit alters her ein deutsches Mannslehen, von daher könne man es nur beklagen, mit der königlichen Kommission nicht überein stimmen zu können", allerdings wolle man sich „aller stürmischen Demonstration enthalten".[5]

Die Antwort der Glückstätter Kanzlei war knapp, aber eindeutig: Der am 2. Oktober 1816 geleistete Eid der Vertreter des Herzogtums sei mit dem Einspruch der Ritter- und Landschaft nicht in Einklang zu bringen, eine rechtliche Bedeutung könne ihm deshalb nicht zukommen. Die lauenburgische Widerspruchsaktion endete kläglich in der Bekundung, dass die Eidesformulare von 1816 nicht mehr aufzufinden seien. Es wurde um Zusendung von Abschriften gebeten. Diese wurden auch zugesandt. Danach war der Widerstandsgeist ganz offenbar erloschen.

König Christian VIII. unternahm noch einige Versuche, um die Gegensätze zwischen Kopenhagen und den Herzogtümern zu besänftigen, doch ohne Erfolg. Den Höhepunkt der revolutionären Bewegung hat er nicht mehr erlebt. Er starb am 20. Januar 1848 und hinterließ ein Reich, in dessen Teilen sich revolutionäres Potential entwickelt hatte.

Die Jahre der dänischen Herrschaft bis 1848 beschreibt Michael Busch so: Es kann die Zeit bis 1848 als ruhig und friedlich bezeichnet werden. Der Ritter- und Landschaft war daran gelegen, daß ihre Privilegien bestätigt wurden, ansonsten war es ihr, so scheint es, ziemlich gleichgültig, aus welchem Hause der Herrscher des Landes kam, solange er weit entfernt war. Weit entfernt waren auch die Unruhen und Umwälzungen der Zeit, die Bürger des Herzogtums lebten in biedermeierlicher Ruhe und profitierten letztlich nicht unwesentlich von der dänischen Regierung, das dänische Postwesen war wesentlich effektiver als das alte, die Renovierung des völlig maroden Chausseewesens wurde in Angriff genommen, der Bau einer Eisenbahnlinie beschlossen und auch das Bildungswesen wurde durch die Errichtung neuer Schulen befördert, insgesamt eine „segensreiche Zeit".

5 Zitiert nach: Michael Busch, Das Herzogtum Lauenburg und seine dänischen Landesherren 1815–1865, in: E. Opitz (Hrsg.), Das Revolutionsjahr 1848 im Herzogtum Lauenburg und in den benachbarten Territorien (= Kolloquium XI). Mölln 1999, S. 51.

3. Die Revolution von 1848 im Herzogtum Lauenburg

Kurz nach dem Tod König Christians VIII. kam in Kopenhagen ein Ministerium an die Macht, das die Forderung der eiderdänischen Partei verfocht, d. h., das Herzogtum Schleswig, also das Gebiet nördlich der Eider, sei Teil Dänemarks. Unmittelbar danach, am 24. März 1848, bildete sich in Kiel eine provisorische Regierung. Und am 25. März erließ die Regierung in Lauenburg den Befehl zur Bewaffnung der Bürgerschaft, um die Sicherheit der Einwohner Lauenburgs zu gewährleisten. Am 27. März kam es in Ratzeburg zu einer Volksversammlung von etwa 400 Personen, die die königliche Regierung absetzen wollte. Dazu kam es nicht, allerdings erklärte das Landrats-Kollegium, dass fortan auch Vertreter der Bürger und Bauern in die Ritter- und Landschaft deputiert werden sollten. Außerdem fasste die Volksversammlung einen Entschluss, der aber von lediglich 138 Bürgern, von Mitgliedern der Ritter- und Landschaft sowie vom Landmarschall von Bülow unterzeichnet wurde. In ihm wurde, nahezu wörtlich übereinstimmend mit der Kieler Erklärung vom 24. März, festgestellt, dass der König-Herzog zur Zeit unfrei sei und sich die Landesregierung für provisorisch selbständig erklärte, um die Regierungsgeschäfte fortzuführen. Das war eine Formulierung, die einerseits die Absetzung des dänischen Königs als Landesherrn signalisierte, aber andererseits die Rechtmäßigkeit dieser Entscheidung in Frage stellte, um gegebenenfalls bei Rückkehr alter Verhältnisse eine Tür offenzuhalten.

In Ratzeburg wurde auch gefordert, dass keine Mittel gegen den Deutschen Bund, dem Lauenburg angehöre, eingesetzt werden dürften; die Soldaten des Herzogtums sollten ausschließlich nach der Bestimmung der Bundesverfassung Verwendung finden. Die bedeutendste Passage der Erklärung war die folgende:

Die Regierung Lauenburgs halte sich für berechtigt, bei eventuell stattfindenden Kämpfen „und auch schon jetzt vollständige Neutralität in Anspruch zu nehmen".

Regierung und Ständevertretung waren bestrebt, sich nicht in feindselige Auseinandersetzungen mit dem Landesherren ziehen zu lassen. Die später kritisierte Neutralität des Herzogtums war von Anfang an erstrebtes politisches Ziel.

Die Nachrichten aus Frankreich und aus dem deutschen Südwesten, vor allem aber die Bildung einer provisorischen Regierung in Kiel, veranlassten König Friedrich VII. zu Maßnahmen des Entgegenkommens. Mit Blick auf Lauenburg erfolgte am 30. März eine Resolution, in der er dem Herzogtum eine freiheitliche Verfassung mit ausgedehntem Wahlrecht, Pressefreiheit und Vereinsrecht in Aussicht stellte.

Am 6. April beschloss die Ritter- und Landschaft, sich zu erweitern: Sechs Repräsentanten aus den Städten und zwölf aus den ländlichen Bezirken sollten hinzukommen, d. h., auch die konservativen Kräfte der Ritterschaft hatten begriffen, dass ein starres Festhalten an alten Grundsätzen nicht länger möglich war.

Inzwischen hatte die revolutionäre Stimmung in Schleswig und Holstein zur Erhebung gegen Dänemark geführt. Doch die militärischen Kräfte der Provisorischen Regierung, die ihren Sitz in Rendsburg genommen hatte, waren zu schwach, um allein im Kampf gegen die gut ausgebildeten und ausgerüsteten Truppen bestehen zu können. Schon das erste Gefecht bei Bau/Bov, nördlich von Flensburg, endete am 9. April mit einer Niederlage.

Doch die Provisorische Regierung hatte auch den Deutschen Bund mobilisiert, der sich die Schleswig-Holstein-Frage zu eigen machte und die Provisorische Regierung anerkann-

57: Karl Theodor Welcker als Kommissar des Deutschen Bundes

te. Auch der preußische König, Friedrich Wilhelm IV., machte sein Christian August von Augustenburg gegebenes Versprechen wahr, die Selbstständigkeit und Verbundenheit der Herzogtümer und deren Recht auf ausschließlich männliche Erbfolge zu schützen. Er entsandte Truppen, die mit Verbänden des Bundesheers und Freiwilligen aus Schleswig-Holstein die dänische Armee bei Schleswig und Oeversee schlugen und bis nach Alsen vordrangen. Doch das Eingreifen der europäischen Großmächte verhinderte ein weiteres militärisches Vordringen. Ihnen war am Erhalt des dänischen Gesamtstaats als einer Mittelmacht gelegen.

Das Herzogtum Lauenburg befand sich in einer mehrfach prekären Lage: Es war seit 1815 dem dänischen Landesherrn zur Treue verpflichtet, war andererseits Teil des Deutschen Bundes; das war Holstein auch. Doch hatten sich die Bewohner dieses Herzogtums zur Erhebung gegen Dänemark entschlossen, nicht zuletzt, weil sie seit 1460, dem Vertrag von Ripen, mit Schleswig eine Einheit bildeten. Dieser gehörte Lauenburg nicht an, hatte also andere Rechtsverhältnisse als die beiden anderen Elbherzogtümer.

Im April 1848, als preußische Truppen die dänischen geschlagen hatten, wurde Lauenburg aufgefordert, sein Bundeskontingent zu stellen. Daraufhin trat die noch königliche Regierung zurück; diesen Rücktritt nahm der dänische König aber nicht an. Deshalb wurde eine Delegation nach Frankfurt zum Bundestag geschickt. In einer Sitzung am 16. Juni 1848 wurde beschlossen, eine Bundestagsdelegation nach Lauenburg zu entsenden. Der badische Bundesgesandte Karl Theodor Welcker[6] wurde zum „Immediat-Commissar" des Deutschen Bundes für das Herzogtum Lauenburg ernannt. Er erschien in Lauenburg, begleitet von einem Sekretär, Joseph Victor von Scheffel (1826–1886)[7], der in späteren Jahren als Dichter hervortrat.

Scheffel schrieb nach Ankunft in Ratzeburg an seine Großmutter einen Brief, der als Quelle für die Landesgeschichte bisher nicht wahrgenommen wurde. Deshalb sei er hier fast vollständig zitiert:

„Zur Zeit, wo man noch Land und Leute wie Schafherden verhandelte, und das ist noch nicht lange her, 's war anno 1815 auf dem Wiener Kongreß, da hat man dem König von Dänemark Norwegen genommen, und um ein Pflaster auf die Wunde zu legen, hat man ihm Lauenburg dafür gegeben. So ist das Herzogtum Lauenburg zwar ein deutscher Bundesstaat, aber unter der Oberherrschaft des Königs von Dänemark, der als solcher die Pflichten eines deutschen Bundesglieds zu erfüllen hat. Jetzt haben sie aber bekanntlich in Schleswig und Holstein den Dänen aufgekündet und sie zum Land hinausgeschmissen und daraus ist ein Krieg entstanden, den der deutsche Bund gegen Dänemark führt. Wenn nun der König von Dänemark seine Pflichten als deutsches Bundesglied erfüllte, so müßte er sagen: Ihr Lauenburger habt eure Truppen zum General Wrangel zu schicken und gegen mich zu kämpfen. Daß er das nicht tut, ist begreiflich, aber die Lauenburger Regierung, die doch deutsch gesinnt sein sollte, tut's auch nicht; die haben Skrupel wegen des Eides, den sie dem König geschworen haben, und wegen ihrer guten Besoldung, denn sie glauben, wenn

---

6 Vgl. Biogr. Lex., S. 401 f.

7 Ebd. S. 341.

sie nach beendetem Frieden noch nach wie vor unter Dänemark bleiben und haben gegen dasselbe feindlich gewirkt, so werden sie dann vom König fortgejagt. Deswegen hat die Regierung in Ratzeburg das getan, was einer gewöhnlich tut, wenn er nicht weiß, ob er links oder rechts hingehen soll, sie hat sich neutral erklärt. Das kann aber der deutsche Bund nicht dulden, daß ein deutscher Bundesstaat seine Pflichten versäumt, und trotzdem, daß der Frankfurter Bundestag ein alter Mann ist, der nächster Tage an der galoppierenden Schwindsucht sterben wird, so hat er noch so viel Ehrgefühl gehabt, dagegen ein Wort zu sprechen und die Lauenburger haben sich auch geschämt, daß ihre Regierung nicht auf frischem deutschen Boden steht und dreinschlägt und haben sich an den Bund gewendet, daß das mit der Regierung anders werde. Darum ist jetzt der Geh. Rat Welcker hierher geschickt, um eine neue Regierung einzusetzen, provisorisch, bis der Friede mit Dänemark geschlossen ist, und bis dahin Lauenburg ausschließlich im Sinn und Interesse des deutschen Bundes zu verwalten." „Ratzeburg, den 4 Juli 1848, im Ratskeller"[8]

58: Joseph Victor von Scheffel

Scheffel war 22 Jahre alt und stand kurz vor dem Abschluss seines Jura-Studiums. Er war aktiver Burschenschaftler, aus Karlsruhe gebürtig, also Badener, und deshalb früh mit Fragen der Politik vertraut. Er engagierte sich von Beginn der Revolution an für die nationale und die Verfassungsfrage und empfahl sich dadurch Karl Theodor Welcker, als dieser Mitglied des Frankfurter Parlaments wurde.

Scheffel hat über seine Tätigkeit nicht nur Gedichte von zweifelhafter Komik geschrieben, die sich in der Regel am Liedgut der Burschenschaften orientierten, sondern auch mehrere meist spöttische Briefe an Freunde. Darin teilte er z. B. mit, dass er „in dem Raubstaat Lauenburg" gut gewirtschaftet habe; „der alte Welcker hat sein möglichstes getan, den Leuten die Schlafmütze vom Kopfe zu ziehen". Auch der Brief an die Großmutter enthält humorvoll-spöttische Passagen; der zitierte Teil bringt aber die politischen Probleme zwischen Frankfurt und Ratzeburg im Sommer 1848 auf den Punkt. Auch die rechthaberische Überheblichkeit des Jungliberalen, der die Stimmung wiedergibt, die in der Paulskirche mehrheitlich wirkte, ist nicht zu überhören.

Die politische Haltung, welche die Regierung in Ratzeburg gegenüber den Ereignissen in Schleswig und Holstein eingenommen hatte, war nur von wenigen verstanden worden. Im Herzogtum Lauenburg selbst, besonders in den Städten, regte sich Widerstand. Vor politischen Emotionen waren selbst die sonst so geduldigen Lauenburger nicht gefeit.

Wie bereits erwähnt, war der dänische König als Herzog von Holstein und Lauenburg dem Deutschen Bund 1816 beigetreten und hatte der Bundesakte zugestimmt. Seine Interessen nahm in Frankfurt ein Gesandter wahr, zunächst Friedrich Graf v. Eyben (bis 1825) und dann für viele Jahre Friedrich Freiherr von Pechlin[9]. Die inneren Angelegenheiten Lauen-

8 Wilhelm Zentner (Hrsg.), Joseph Victor von Scheffel. Briefe ans Elternhaus 1843–1849. Karlsruhe 1926, S. 195 f. Vgl. auch E. Opitz, Das Herzogtum Lauenburg und der Deutsche Bund, in: Ders. (Hrsg.), Das Revolutionsjahr 1848 (wie Anm. 5), S. 55-67.

9 Vgl. Biogr. Lex., S. 300 f.

59: Friedrich Christian Ferdinand Freiherr von Pechlin

burgs hatten in Frankfurt allerdings kein Forum. Mehr als 30 Jahre lang war das Herzogtum Lauenburg nur bei der Beratung der Militärangelegenheiten politisches Subjekt, stellte es doch ein Kontingent für das 10. Armeekorps des Bundesheeres. Dabei fiel es nur positiv auf, weil es bei Inspektionen keine Beanstandungen gab und weil Offiziere der Ratzeburger respektive Kieler Garnison auch übergeordnete Aufgaben wahrnahmen.

Der Bundestag war ein Gesandtenkongreß; die Bundesversammlung besorgte die „Angelegenheiten des Bundes". Metternich vertrat dabei allerdings den Grundsatz: „Die Bundesglieder in erster, der Bund in zweiter Linie". Lauenburg war in der Bundesversammlung eines von 41 „Gliedern".

Klemens Graf Fürst Metternich (1773–1859) hatte nach 1815 als österreichischer Staatskanzler in Zusammenarbeit mit anderen konservativen Politikern den Versuch unternommen, nicht nur ein europäisches Friedenssystem auf monarchischer Grundlage zu errichten, sondern auch alle Elemente der Französischen Revolution und der napoleonischen Herrschaft in Europa zurückzudrängen. Das „System Metternich" hat vor allem die Verhältnisse in Deutschland jahrzehntelang negativ bestimmt.[10]

Die 1832 durch den Deutschen Bund beschlossenen Beschränkungen des landständischen Petitionsrechts, des Budgetrechts, der Gesetzgebung, der Redefreiheit und der Rechtsauslegung von Verfassungen hatten allerdings für Lauenburg keine negativen Auswirkungen; denn dort begeisterte sich kaum jemand für die beim Hambacher Fest artikulierten Ideale. Aber ob die Bürger des Landes die Auffassung geteilt hätten, die „ihr" Gesandter Friedrich von Pechlin (1789–1863) noch in seinen Memoiren zum Ausdruck brachte, darf bezweifelt werden: Die „Erhaltung der landständischen Wirksamkeit innerhalb der durch die Grundgesetze des Bundes vorgezeichneten Gränzen, und Verhinderung des Mißbrauchs der Presse durch eine gemeinsame Gesetzgebung, sind die Mittel welche zum Schutze und zur Förderung der allgemeinen Wohlfahrt mit unverrückter Consequenz anzuwenden sind. Alsdann wird das Bestehende vor jenen vermessenen Angriffen bewahrt sein, welche in ihrer Richtung gegen die monarchische Ordnung, die durch tiefere besonnene Erkenntnis gegründeten, durch Geschichte und Erfahrung bewährten Institutionen zu zerstöhren, und nicht weniger den Grundcharakter des deutschen Volks als den des deutschen Bundes umzuwandeln drohen. Nur gänzliche Verkennung beider kann zu dem Wahne führen, daß unter Auflösung der Bande, welche Fürsten und Völker im Verhältnis der Auctorität und der Liebe, wie der Ehrfurcht und des Gehorsams vereinigen, aus neuen Verfassungsformen, welche die Wirksamkeit der großen religiösen und moralischen Triebfedern ersetzen sollen, ein neues Glück für Deutschland hervorgehen könne."[11]

Der Gesandte von Pechlin gehörte zu jenen, die 1846 in Kopenhagen zusammenkamen, um über das Problem der Erbfolge im dänischen Gesamtstaat zu beraten. Er vertrat dabei

10 Vgl. Helmut Rumpler, Eine Chance für Mitteleuropa. Bürgerliche Emanzipation und Staatsverfall in der Habsburgermonarchie (= Österreichische Geschichte 1804–1914). Wien 1997, S. 105 ff., 132 ff., 200 ff. und Thomas Nipperdey, Deutsche Geschichte 1800–1866. Bürgerwelt und starker Staat. München 1983, S. 361 ff., 397 ff., 595 ff.

11 Holger Hjelholt (Hrsg.), E. v. Pechlin, Aus meinem Leben, in: Danske Magazin, Reihe 8.4 (1971–1974), S. 1-130 und S. 225-363. Zitat S. 272.

mit Nachdruck die Überzeugung, dass die weibliche Erbfolge der Lex Regia ohne Einschränkung auch in Schleswig und Lauenburg gelte, während die Situation in Holstein unklar sei. Seine Auffassung setzte sich in der Kommission durch und fand Eingang in den Bericht, der als Begründung für den Offenen Brief König Christians VIII. vom 8. Juli 1846 diente. Mit eben diesem „Offenen Brief" wurde das Herzogtum Lauenburg auch zu einem Problem bei den Beratungen des Bundestages. Da Dänemark die weibliche Erbfolge für das deutsche Herzogtum Lauenburg in Anspruch nehmen wollte, wurden jene Mächte wieder aktiv, die bereits 1689 beim Aussterben der Askanier im Mannesstamm ihre Ansprüche angemeldet hatten. Danach war eine weibliche Erbfolge von vornherein ausgeschlossen worden. Die beiden Töchter des Herzogs Julius Franz waren leer ausgegangen. Die rechtliche Situation hatte sich nicht grundsätzlich geändert. Der König von Sachsen, die Vertreter der ernestinischen Linie, die Fürsten von Anhalt und die Herzöge von Mecklenburg wiesen die dänischen Ansprüche für die weibliche Erbfolge zurück und machten wie schon 1816 eigene Sukzessionsansprüche geltend. Die dadurch entfachte Debatte, die 1847 begann, wurde durch die Ereignisse vom März 1848 unterbrochen, fand aber nach 1851 eine Fortsetzung, die sich über das Jahr 1865 hinaus hinzog und ihren Niederschlag in zahlreichen Streitschriften fand.

Die Feststellung, dass Lauenburg erst nach 1846 Gegenstand von Beratungen des Deutschen Bundes wurde (sieht man von den das 10. Korps des Bundeskontingents betreffenden und einigen beiläufigen Bemerkungen ab), wirft die Frage auf, ob denn der Deutsche Bund und seine Beratungen eine Rolle bei den politischen Debatten der lauenburgischen Ständeversammlung, d. h. bei der Ritter- und Landschaft, gespielt haben. Die Durchsicht der Protokolle und Kopialbücher ergibt, dass nur in den ersten beiden Jahren Beschlüsse des Bundestages registriert wurden. Danach haben lediglich Fahndungen und Zensurbeschlüsse einen Niederschlag gefunden.

Dieser Befund ist nur auf den ersten Blick befremdlich. Berücksichtigt man die Verfassungslage, deckt er sich mit den Realitäten: Der Bundestag hatte keinerlei Kompetenz, auf die Einzelstaaten und deren Verwaltung Einfluss zu nehmen. Wenn diese sich aber an den Bund wandten, hatte er im Rahmen der Bundesakte tätig zu werden. Er beriet auch Anträge einzelner Bürger. Die Regierung des Herzogtums Lauenburg hat sich nicht an den Bund gewandt und Bewohner des Landes (von einer Ausnahme abgesehen) auch nicht.

Da der dänische König die Landesverfassung Lauenburgs bestätigt hatte und das neu gewonnene Herzogtum in jeder Beziehung schonte, gab es kaum Anlässe, sich gegen den König oder die Behörden in Kopenhagen zu wenden. Auch in wirtschaftlicher Hinsicht war die dänische Zeit für die Lauenburger überaus zufriedenstellend.

Die nationale Frage, die in anderen Teilen Deutschlands im Vormärz eine so große Rolle gespielt hat, fand im Lauenburgischen wenig Aufmerksamkeit (von Einzelreaktionen abgesehen). Dass Lauenburg ein eigenständiges deutsches Herzogtum war, hatte auch der dänische Landesherr nicht bestritten. Erst die Sukzessionsfrage brachte Unruhe in die lauenburgische Politik. Und diese wurde von außen hineingetragen.

Im Dezember 1844 erschien in mehreren Hamburger und Altonaer Zeitungen, am 6. Dezember auch im „Wandsbecker Intelligenz-Blatt", ein Artikel „Was wollen die Lauenburger?", in dem die Gleichgültigkeit der Lauenburger in der Sukzessionsfrage beklagt wurde. Da diesem Artikel weitere folgten, so ein „Schreiben aus Göttin" vom 27. Dezember 1844, mussten die Regierung in Ratzeburg und die Ritter- und Landschaft reagieren. Wenn nicht andere wichtige Dokumente übersehen wurden, ist der „Lauenburg"-Artikel des Wandsbeker Blattes die erste Quelle, in der die Lauenburger mit den nationalistischen Regungen in Schleswig-Holstein konfrontiert wurden. Das „Schreiben aus Göttin" war voller Provokationen: „Seit Abtretung dieses Herzogtums an die Krone Dänemark ist dasselbe aus der politischen Geographie verschwunden". Die Stände seien nicht repräsentativ und hätten deshalb eine politische Entwicklung verhindert. Der Bauernstand sei in „der Intelligenz eher zurückgegangen als vorangeschritten". Die Vertretung der Bürger in den Städten sei unzureichend. „Von der Ritterschaft kann eine freie Äußerung in allen Staatsangelegenheiten und insbesondere von der Sukzessionsfrage schon deshalb nicht erwartet werden, weil sie sich als eine äußerst privilegierte Corporation zu der absoluten Monarchie hingezogen fühlen muß". Nachdem der „Schreiber aus Göttin" auf diese Weise die Sukzessionsfrage mit der Rückständigkeit der Verfassungsverhältnisse geschickt in Verbindung gebracht und sich damit als politisch geschulter Liberaler erwiesen hatte, stellte er fest: „Somit fehlt es den Lauenburgern nicht allein an allem politischen Bewußtsein, sondern auch an all und jedem Organ zur Kundgebung desselben, und dies Herzogtum ist daher hinsichtlich des ständischen und politischen Lebens ein wahres caput mortuum". Das Herzogtum sei auf dem besten Wege, „demnächst als eine res nullius dem ersten und dem besten Ergreifenden (zu) zufallen, wie dies schon ein Mal der Fall gewesen".[12]

Was hatte diese Polemik ausgelöst, auf die reagiert werden musste? Bei einer Ständeversammlung in Roskilde im November 1844 hatte der dänische Staatsminister Anders Sandøe Ørsted sich für die Inkorporation der Herzogtümer Schleswig, Holstein und Lauenburg in das Königreich Dänemark ausgesprochen und die Rechtmäßigkeit einer solchen Maßnahme begründet. Da Ørsted nicht „irgendein" Politiker war, stießen seine Äußerungen bei den Schleswig-Holsteinern auf Empörung, in deren Gefolge auch der Artikel „Was wollen die Lauenburger?" gesehen werden muss. Als erste reagierten Bürgermeister und Rat der Stadt Lauenburg. Sie verwiesen darauf, dass zwar im Patent des dänischen Königs vom 6. Dezember 1815 von einer „Einverleibung" die Rede sei. Eine solche widerspreche aber den politischen und rechtlichen Realitäten. Die Ritter- und Landschaft wurde aufgefordert, ein Schreiben an den König zu richten, in dem dieser aufgefordert werden sollte, die Rechtslage im Sinne des Herzogtums zu bestätigen. Tatsächlich appellierte daraufhin die Ritter- und Landschaft an die Rechtsauffassung des Königs; dieser antwortete am 28. Februar 1845 mit einer Bestätigung der Privilegien. Parallel dazu betrieb die Regierung in Ratzeburg aber Öffentlichkeitsarbeit: Im „Altonaer Merkur" erschien eine Stellungnahme zu den Vorwürfen des Wandsbecker „Intelligenz-Blattes", ohne dass die Urheberschaft erkennbar wurde. Diese Maßnahme war mit dem Erblandmarschall abgesprochen.

Im Vorfeld der Ereignisse des Jahres 1848 wird Lauenburg gern als zurückgeblieben und deshalb auch idyllisch, als unaufgeklärt und deshalb besonders biedermeierlich beschrieben. Das von Zeitgenossen entworfene Bild ist bis in unsere Tage tradiert worden. Entspricht es den tatsächlichen Zuständen, wird es den Aktivitäten der Lauenburger während der Jahre 1848 bis 1851 gerecht? Bei genauerem Hinsehen ergibt sich eine Antwort, die – wie so oft – auf ein „sowohl als auch" hinausläuft.

12 E. Opitz, Das Herzogtum Lauenburg und der Deutsche Bund, in: Ders., Das Revolutionsjahr 1848 (wie Anm. 5), S. 59.

Selbstverständlich erfolgten auf die an vielen Orten Europas ausgebrochenen revolutionären Ereignisse auch im Herzogtum Lauenburg Reaktionen. Einige der in Kopenhagen, Berlin, Wien oder Frankfurt diskutierten Fragen waren auch in Ratzeburg bereits in den Jahren zuvor erörtert worden. Bei nationalen Kundgebungen (wie den Sängerfesten in Schleswig-Holstein und Lübeck) hatten sich die Lauenburger zwar zurückgehalten, doch als dänischgesinnt wollten sie auch nicht dastehen. Dass ihre Landesverfassung reformbedürftig war, wussten vor allem die Bürger in den Städten seit langem. So nimmt es nicht wunder, dass die ersten „revolutionären" Verlautbarungen aus Mölln und Ratzeburg kamen. Die Vertreter der Regierung waren eher gutsherrlich orientiert und reagierten deshalb ängstlich mit Maßnahmen zur Aufrechterhaltung der öffentlichen Sicherheit und Ordnung: Bewaffnung der Bürger und heimliche Versicherung militärischer Unterstützung aus Hannover.

Das Landratskollegium der Ritter- und Landschaft bekundete in einer gedruckten Flugschrift vom 26. März 1848 seinen guten Willen, sich dem Zeitgeist anzupassen: Die Landräte bekannten darin, dass die Verfassung reformbedürftig sei und dass sie deren Neufassung an den in Frankfurt zu beschließenden Regelungen für ganz Deutschland orientieren wollten. Lauenburg wolle am „großen Deutschen Vaterlande" festhalten. Die Beschlüsse der „Volksversammlung", die am 27. März 1848 in Ratzeburg stattfand, waren erheblich konkreter und bestimmten deshalb auch die Debatten, die während der folgenden Monate im Lande geführt wurden. Sie waren unübersehbar an den politischen Forderungen der Schleswig-Holsteiner orientiert: Der dänische König wird als Herzog von Lauenburg definiert und in dieser Eigenschaft als nicht handlungsfähig erachtet; die im Lande erwirtschafteten Finanzmittel sollten ausschließlich den Interessen des deutschen Vaterlandes zugute kommen; die lauenburgischen Truppen, die im Rahmen des Bundeskontingents dienten, sollten als deutsche Bundesbrigade und mit den Holsteinern verbunden begriffen werden; die Zusammensetzung der Ständevertretung war zu erweitern. Regierung und Ständevertretung waren bestrebt, sich nicht in feindselige Auseinandersetzungen mit dem Landesherrn ziehen zu lassen. Von Anfang an war die später oft kritisierte „Neutralität" des Herzogtums ein erstrebenswertes politisches Ziel.

Die Reaktion aus Kopenhagen auf die Ereignisse in den Herzogtümern fiel für Lauenburg scheinbar günstig aus. Am 30. März erließ der König eine Resolution, worin er dem Herzogtum, als einem selbständigen Bundesstaat, eine freie Verfassung versprach. Weitere Reformen wurden in Aussicht gestellt, wenn wieder normale politische Verhältnisse eintreten würden. Diese Resolution war vage und ließ dem König alle Türen offen. Die Lauenburger reagierten aber optimistisch und begannen mit den Arbeiten an einer umfassenden Verfassungsreform, die sich bis in die 50er Jahre hinein erstreckten. Die stets gebrauchte Formel „vorbehaltlich der Rechte des Landesherren", die alle Beratungen sowohl in Ratzeburg als auch in Frankfurt begleitete, wurde möglicherweise nicht ernst genommen. Tatsächlich wurde sie am Ende zum Hebel, durch den alle Beschlüsse gekippt werden konnten.

Die revolutionäre Bewegung in Deutschland verlief in den Territorien nördlich der Elbe anders als im Süden. Die schleswig-holsteinische Erhebung gegen Dänemark, in die das Herzogtum Lauenburg hineingezogen wurde, hatte mit der Revolution in anderen Teilen Europas wenig zu tun. Doch die Zugehörigkeit Holsteins und Lauenburgs zum Deutschen Bund sowie die seit 1460 verbriefte Verbindung Schleswigs mit Holstein schufen eine Situation, die den Elbherzogtümern keine Ausflucht aus den revolutionären Ereignissen erlaubte.

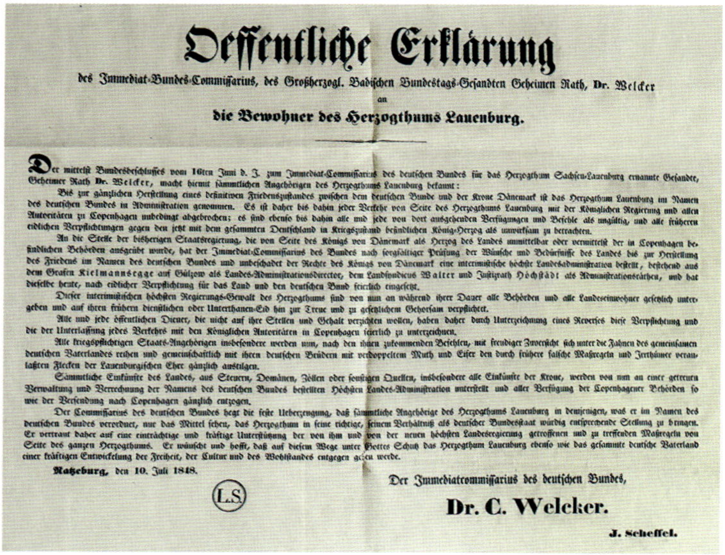

Oeffentliche Erklärung

des Immediat-Bundes-Commissarius, des Großherzogl. Badischen Bundestags-Gesandten Geheimen Rath, Dr. Welcker

an

die Bewohner des Herzogthums Lauenburg.

Der mittelst Bundesbeschlusses vom 16ten Juni d. J. zum Immediat-Commissarius des deutschen Bundes für das Herzogthum Sachsen-Lauenburg ernannte Gesandte, Geheimer Rath Dr. Welcker, macht hiemit sämmtlichen Angehörigen des Herzogthums Lauenburg bekannt:

Bis zur gänzlichen Herstellung eines definitiven Friedenszustandes zwischen dem deutschen Bunde und der Krone Dänemark ist das Herzogthum Lauenburg im Namen des deutschen Bundes in Administration genommen. Es ist daher bis dahin jeder Verkehr von Seite des Herzogthums Lauenburg mit der Königlichen Regierung und allen Autoritäten zu Copenhagen unbedingt abgebrochen; es sind ebenso bis dahin alle und jede von dort ausgehenden Verfügungen und Befehle als ungültig, und alle früheren eidlichen Verpflichtungen gegen den jetzt mit dem gesammten Deutschland in Kriegszustand befindlichen König-Herzog als unwirksam zu betrachten.

An die Stelle der bisherigen Staatsregierung, die von Seite des Königs von Dänemark als Herzog des Landes unmittelbar oder vermittelst der in Copenhagen befindlichen Behörden ausgeübt wurde, hat der Immediat-Commissarius des Bundes nach sorgfältiger Prüfung der Wünsche und Bedürfnisse des Landes bis zur Herstellung des Friedens im Namen des deutschen Bundes und unbeschadet der Rechte des Königs von Dänemark eine interimistische höchste Landesadministration bestellt, bestehend aus dem Grafen Kielmannsegge auf Gülzow als Landes-Administrationsdirector, dem Landsyndicus Walter und Justizrath Höchstädt als Administrationsräthen, und hat dieselbe heute, nach eidlicher Verpflichtung für das Land und den deutschen Bund feierlich eingesetzt.

Dieser interimistischen höchsten Regierungs-Gewalt des Herzogthums sind von nun an während ihrer Dauer alle Behörden und alle Landeseinwohner gesetzlich untergeben und auf ihren frühern dienstlichen oder Unterthanen-Eid hin zur Treue und zu gesetzlichem Gehorsam verpflichtet.

Alle und jede öffentlichen Diener, die nicht auf ihre Stellen und Gehalt verzichten wollen, haben daher durch Unterzeichnung eines Reverses diese Verpflichtung und die der Unterlassung jedes Verkehrs mit den Königlichen Autoritäten in Copenhagen feierlich zu unterzeichnen.

Alle kriegspflichtigen Staats-Angehörigen insbesondere werden nun, nach den ihnen zukommenden Befehlen, mit freudiger Zuversicht sich unter die Fahnen des gemeinsamen deutschen Vaterlandes reihen und gemeinschaftlich mit ihren deutschen Brüdern mit verdoppeltem Muth und Eifer den durch frühere falsche Maßregeln und Irrthümer veranlaßten Flecken der Lauenburgischen Ehre gänzlich austilgen.

Sämmtliche Einkünfte des Landes, aus Steuern, Domänen, Zöllen oder sonstigen Quellen, insbesondere alle Einkünfte der Krone, werden von nun an einer getreuen Verwaltung und Verrechnung der Namens des deutschen Bundes bestellten Höchsten Landes-Administration unterstellt und aller Verfügung der Copenhagener Behörden so wie der Versendung nach Copenhagen gänzlich entzogen.

Der Commissarius des deutschen Bundes hegt die feste Ueberzeugung, daß sämmtliche Angehörige des Herzogthums Lauenburg in demjenigen, was er im Namen des deutschen Bundes verordnet, nur das Mittel sehen, das Herzogthum in seine richtige, seinem Verhältniß als deutscher Bundesstaat würdig entsprechende Stellung zu bringen. Er vertraut daher auf eine einträchtige und kräftige Unterstützung der von ihm und von der neuen höchsten Landesregierung getroffenen und zu treffenden Maßregeln von Seite des ganzen Herzogthums. Er wünscht und hofft, daß auf diesem Wege unter Gottes Schutz das Herzogthum Lauenburg ebenso wie das gesammte deutsche Vaterland einer kräftigen Entwickelung der Freiheit, der Cultur und des Wohlstandes entgegen gehen werde.

Ratzeburg, den 10. Juli 1848.

(L.S.)

Der Immediatcommissarius des deutschen Bundes,

Dr. C. Welcker.

J. Scheffel.

60: „Öffentliche Erklärung" für das Herzogtum Lauenburg, erlassen von Karl Theodor Welcker als Vertreter des Deutschen Bundes

Bevor am 18. Mai 1848 die verfassunggebende Nationalversammlung eröffnet werden konnte, hatte es seit März vorparlamentarische Aktivitäten gegeben, die sich auch auf die politische Entwicklung in den Einzelstaaten auswirkten. Die Vertreter der Staaten für den Bund sollten zwar gewählt werden, Modalitäten für diese Wahlen gab es zunächst aber nicht. Es sollte eine „Urwahl" stattfinden, für die am 25. April 1848 die Regularien beschlossen wurden. Anschließend fanden in ganz Deutschland die Wahlen der Abgeordneten für die Nationalversammlung statt.

Gabriel Rießer (1806–1863)[13] war im Frankfurter Vorparlament bereits aktiv gewesen und hatte seine Eindrücke in einer Schrift zusammengefasst. Er war in vielerlei Hinsicht eine Ausnahmegestalt während der Revolution von 1848. Gabriel Rießer war Jude, studierter Jurist und mehrfach abgewiesener Kandidat für akademische und administrative Ämter. Er hatte in Hamburg für das Paulskirchenparlament kandidiert, war aber anderen Bewerbern unterlegen. Seine Bewerbung im Herzogtum Lauenburg war hingegen erfolgreich. Sein rhetorisches Talent war in den Ämtern Schwarzenbek und Steinhorst sowie in der Stadt Lauenburg nicht unbeachtet geblieben. Er wurde deshalb am 12. Mai 1848 gewählt und löste damit den Justizrat Höchstädt, der zuvor nach Frankfurt entsandt worden war, ab. Pechlin, der kgl. Vertreter in Frankfurt, hatte mit der Entscheidung, gewählte Abgeordnete nach Frankfurt zu entsenden, sein Mandat verloren und reiste deshalb nach Kopenhagen zurück.

Gabriel Rießer reüssierte wegen seiner Talente auch in Frankfurt. Er wurde in vielerlei Funktionen gewählt und hatte deshalb wenig Zeit, um für das Herzogtum Lauenburg zu wirken. Er blieb aber auch in lauenburgischen Angelegenheiten nicht untätig, wie seine Briefe ausweisen. Der Abgeordnete bemühte sich vor allem Ende 1848 darum, die im Werden begriffene neue lauenburgische Verfassung bei den Waffenstillstands- resp. Friedensverhandlungen abzusichern. Dabei ging es auch um den Erhalt der lauenburgischen Eigenstaatlichkeit.[14] Am 16. Juni 1848 wurde die lauenburgische Angelegenheit vor dem Bundestag verhandelt. Es wurde festgestellt:

1. Der König von Dänemark als Herzog von Lauenburg verweigert die Erfüllung seiner Bundespflicht.
2. Dadurch wurde der Rücktritt der Königl. Lauenburgischen Regierung verursacht.
3. Der König-Herzog nimmt die Abdankung der Ratzeburger Regierung nicht an.
4. Dadurch droht eine Verwirrung der Landesverhältnisse.

13 Vgl. Biogr. Lex., S. 323 ff.

14 Vgl. Uwe Barschel, Gabriel Rießer als Abgeordneter des Herzogtums Lauenburg in der Frankfurter Paulskirche 1848/49. Neumünster 1987, S. 27 ff.

61: Gabriel Rießer war gewählter Abgeordneter Lauenburgs beim Frankfurter Parlament.

Es wurde daraufhin der Bundestagsbeschluss gefasst:

1. Der großherzoglich badische Bundestagsgesandte Geh. Rat Prof. Dr. Welcker wird zum „Immediat Commissar" des Deutschen Bundes für das Herzogtum Lauenburg ernannt.
2. Er führt als Vertrauensmann des Reichsverwesers Erzherzog Johann die Verwaltung des Herzogtums Lauenburg bis zur Wiederherstellung eines endgültigen Friedens zwischen Dänemark und dem Deutschen Bund.
3. Der Immediat-Kommissar nimmt das Herzogtum unbeschadet der Rechte Sr. Majestät des Königs von Dänemark als Herzog von Lauenburg in Administration.

Karl Theodor Welcker setzte die „Interimistrische Höchste Landes-Administration für das Herzogtum Lauenburg" ein, an deren Spitze Ludwig Friedrich Georg Graf v. Kielmannsegge[15] stand. Der Kontakt zu Kopenhagen wurde unterbrochen; das war in der Vollmacht Welckers ausdrücklich bestimmt. Die Arbeit an einer neuen Verfassung stand im Mittelpunkt der politischen Aktivitäten. Welcker hielt sich nur kurze Zeit in Ratzeburg auf; doch seine Anwesenheit war von großer Bedeutung. Ende Juni / Anfang Juli hatte sich die Stimmung in den Städten Mölln und Ratzeburg verändert: In Bürgerversammlungen hatten sich radikale Forderungen durchgesetzt. Die Stimmung war antidänisch geworden; die Schleswig-Holsteiner gewannen an Sympathie. In dieser Situation konnte der Bundeskommissar besänftigen. Er genoss so viel Vertrauen, dass er gebeten werden sollte, an die Spitze der Regierung zu treten. Ludwig Graf Kielmannsegge sollte ihm an die Seite gestellt werden.

Die Wünsche für die politische Zukunft des Landes waren nicht einheitlich. Es gab – etwa bei den Bauervögten im Amt Schwarzenbek – die Forderung, eine ganz neue Regierung zu bilden, während sich die Stadt Mölln dafür aussprach, die alte zu behalten. Am 28. und 29. August fand in Ratzeburg ein Landeskonvent statt, zu dem nicht nur die Mitglieder der Ritter- und Landschaft, sondern auch die gewählten Deputierten eingeladen waren. Beraten wurden das Wehrpflichtgesetz und ein neues Wahlgesetz. Bei den Debatten wurde viel Patriotisches vorgetragen. Dass die alte Regierung so lange abseits gestanden hatte, war als beschämend empfunden worden. Jetzt gehörte man wieder dazu! Mit entsprechendem Optimismus gingen die Volksvertreter an die Erarbeitung eines neuen Staatsgrundgesetzes; durch die Anlehnung an die Nationalversammlung in Frankfurt fühlten sie sich gestärkt.

Umso mehr waren die Lauenburger von den Bestimmungen des Waffenstillstandes zu Malmö enttäuscht. Der am 13. September tagende Landeskonvent brachte zum Ausdruck, für wie schmachvoll er die Bestimmungen hielt. Die „Deutsche Centralgewalt" wurde aufgefordert, sich für die bereits beschlossenen Reformen einzusetzen. Gabriel Rießer legte entsprechende Schriftsätze vor. Viel konnte er damit nicht bewirken.

Am 15. November erschienen in Ratzeburg der „Commissair der deutschen Centralgewalt", der Abgeordnete Carl Stedmann, und der Kommissar des dänischen Königs, Carl Baron von Plessen, um Artikel IX des Waffenstillstandes umzusetzen. Die von Welcker etablierte

15 Vgl. Biogr. Lex., S. 244 f.

Regierung wurde durch eine „Höchste Landesbehörde" ersetzt, die allerdings aus denselben Personen bestand wie die interimistische: Ludwig Graf Kielmannsegge, Eduard Friedrich Walter und Adolph Höchstädt. Sie blieben auch unter der „Hohen Statthalterschaft" vom 30. April 1849 bis zum 16. Januar 1851 für die Regierungsgeschäfte verantwortlich.

Die Artikel VII und IX der Waffenstillstandskommission sahen zwar vor, dass alle seit dem 17. März 1848 erlassenen Gesetze, Verordnungen und Verwaltungsmaßnahmen mit dem Amtsantritt der „Höchsten Landesbehörde" aufzuheben seien; der neuen Regierung stand aber das Recht zu, solche „wieder in Kraft treten zu lassen", wenn sie dies für nötig erachtete. Für die weitere politische Entwicklung war die zwischen der Regierung und den Kommissaren getroffene Vereinbarung, dass die Gesetze der Zentralgewalt im Herzogtum umgesetzt werden sollten und dass die Beratungen für die neue Verfassung fortgesetzt werden durften, bedeutsam.

Die Lauenburger stimmten mehrheitlich für die Partei in der Nationalversammlung, die dem König von Preußen die Kaiserkrone antragen wollte. Ihr Abgeordneter Rießer war einer der Wortführer dieser Partei; er gehörte auch zur Delegation, die Ende März 1849 nach Berlin reiste. Die Ablehnung durch König Friedrich Wilhelm IV. (definitiv am 28. April ausgesprochen) leitete das Ende der Nationalversammlung ein.

Die Lauenburger arbeiteten auch nach der Auflösung der Paulskirchenversammlung an ihrer Verfassung weiter; dabei hatten sie die in Frankfurt beschlossenen Grundrechte des deutschen Volkes durchaus vor Augen. Die Zukunft ihres Landes lag jetzt aber nicht mehr in den Händen eines deutschen Parlaments, sondern hing vom Wohlwollen jener Diplomaten ab, die in Berlin über den Frieden zwischen Preußen und Dänemark verhandelten. Der Vertreter Dänemarks war Friedrich von Pechlin; seine politische Grundüberzeugung hatte sich seit dem Abgang aus Frankfurt nicht geändert. Die lauenburgischen Träume von einer Befreiung aus der Personalunion mit dem König von Dänemark waren verflogen. Und die Arbeit an einer neuen Verfassung hatte sich auch nicht gelohnt. Am 18. Januar 1851 erfuhren die Lauenburger aus dem „Wochenblatt", dass die „Revolutionsgesetze" keine Anerkennung finden könnten.[16] Die Restauration hatte begonnen.

Eine besondere Rolle hatten die Soldaten des Herzogtums Lauenburg während der Revolution des Jahres 1848 gespielt. Die „Lauenburgischen Jäger" waren rechtlich nach wie vor Soldaten des dänischen Königs. Die Regierung in Ratzeburg hatte deshalb am 27. März 1848 erklärt, „vollständige Neutralität in Anspruch zu nehmen", falls es in Schleswig und Holstein zu militärischen Auseinandersetzungen mit Dänemark kommen würde. „Sie wird kein Landeskind für verpflichtet halten weder zu den in den Herzogthümern, noch zu den in Dänemark befindlichen Truppen abzugehen und nicht darf das Herzogthum Lauenburg zum Stützpunkt für militärische Operationen dienen. Sollte die Eigenschaft des Herzogthums Lauenburg als deutschem Bundesstaate Conflicte in dieser Beziehung herbei führen können, so soll dieser unverhoffte Fall, als eine das ganze National-Interesse des Landes angehende Sache, von der Regierung berathen werden."[17]

16 Heinrich Püst, Der Widerhall der deutschen Revolution von 1848 im Lande Herzogtum Lauenburg (= Sonderheft der Lauenburgischen Heimat). Ratzeburg 1960, S. 58 f.

17 Hans-Georg Kaack, Zwischen Baum und Borke. Der einfache lauenburgische Militärangehörige, die Stimmung in den Dörfern und die Haltung der Landesbehörde, in: E. Opitz (Hrsg.), Das Revolutionsjahr 1848 (wie Anm. 5), S. 70.

62: Lauenburgische Jäger in großer Uniform

Die hiermit geschaffene Situation brachte keine Klarheit. Die in den Jahren zuvor erfolgte Verwaltungseinheit der drei Elbherzogtümer konnte für die Lauenburger nicht mehr gelten; die Verbindung mit dem dänischen König war durch Maßnahmen des Deutschen Bundes untersagt. Wie sollte die lauenburgische Neutralität aussehen und wie geltend gemacht werden?

Nach Bundesrecht war es Lauenburg nicht möglich, sein Kontingent dem Bundesheer zu verweigern oder sich für neutral zu erklären. In Ratzeburg hoffte man offenbar darauf, dass es nicht dazu kommen würde, der Bundesverpflichtung nachzukommen. Dabei wurde aber nicht berücksichtigt, dass es in der Bevölkerung des Landes durchaus Kräfte gab, die sich der schleswig-holsteinischen Erhebung anschließen wollten, weil ihr Nationalgefühl darin ein Eintreten für die „deutsche Sache" sah.

In dieser Phase der Auseinandersetzung des Deutschen Bundes mit der Regierung des Königsreichs Dänemark besteht auf beiden Seiten ein hohes Maß an Hilflosigkeit, von der sowohl die Regierung in Ratzeburg als auch die lauenburgische Bevölkerung verunsichert wurde.

Besonders betroffen von dieser Zwitterstellung waren die Soldaten. Seit Beginn der dänischen Herrschaft waren die Bewohner Lauenburgs zur Gestellung von Soldaten für das dänische Heer verpflichtet. Diese wurden zum „Lauenburgischen Jäger-Corps" in Kiel eingezogen, von dem ein Detachement in Ratzeburg stationiert war. 1842 wurde das lauenburgische Kontingent in „5. Jäger-Corps" umbenannt. Eingezogen wurden nur Angehörige der Landbevölkerung; die Stadtbewohner waren weitestgehend ausgenommen. Die Dienstzeit betrug acht Jahre. Die Praxis der Rekrutierung ergab, dass nur die ärmsten und am wenigsten gebildeten Angehörigen des Volkes zum Militärdienst herangezogen wurden. Das führte dazu, dass der Soldatenstand im Herzogtum ein geringes Ansehen genoss.

Doch die im „5. Jäger-Corps" dienenden Soldaten aus Lauenburg wurden von ihren Eltern nach Ausbruch der Kämpfe aufgefordert, nach Hause zu kommen, weil sie dem dänischen König einen Eid geschworen hätten und deshalb nicht gegen diesen kämpfen dürften. Auch die Geistlichkeit Lauenburgs forderte die Soldaten auf, in ihre Heimat zurückzukommen und nicht eidbrüchig zu werden. Superintendent Carl Friedrich Wilhelm Catenhusen[18] tat sich besonders hervor, den Soldaten einen Eidbruch als Sünde zu bezeichnen. Ein Teil des 5. Jäger-Corps war Ende März 1848 an der Einnahme der Festung Rendsburg beteiligt. Dort erreichten sie die Aufforderungen, nach Lauenburg zurückzukehren, um nicht gegen den König kämpfen zu müssen, auf den sie vereidigt waren. Tatsächlich wurde denen, die um die Rückkehr baten, diese von ihren Vorgesetzten gestattet. Von den wenigen, die sich deutschnational fühlten und bleiben wollten, fielen die meisten am 9. April in der Schlacht bei Krusau, wo die Schleswig-Holsteiner eine schwere Niederlage erlitten.

18 Vgl. Biogr. Lex., S. 110.

Kommandeur des 10. deutschen Bundesarmeekorps war der preußische General Friedrich Graf von Wrangel (1784–1877). Er ordnete unter Androhung von Zwangsmaßnahmen an, dass die lauenburgischen Mannschaften nach Rendsburg zurückzukehren hätten. Wie sollte die Regierung in Ratzeburg reagieren? Sie hatte die Neutralität des Herzogtums verkündet, war aber auch verpflichtet, den Bestimmungen des Deutschen Bundes zu folgen. Sie entschied: Die lauenburgischen Soldaten wurden, ohne dass sie von ihrem Eid auf den dänischen König entbunden wurden, nach Rendsburg zurückgeschickt. In einem Schreiben an die Schleswig-Holstein-Lauenburgische Kanzlei vom 8. Mai wurde lediglich zum Ausdruck gebracht, man hoffe darauf, dass es nicht zu einer Verwendung dieser Soldaten gegen ihren Landesherrn kommen werde.

Tatsächlich löste der Befehl zur Rückkehr nach Rendsburg ein Chaos aus. Einige Ämter verweigerten die Anordnung, andere befolgten sie. Unterschiedliche Gerüchte verbreiteten sich; es kam zu Protestaktionen. Am Ende aber kamen 380 Soldaten in Rendsburg an und nahmen am Vormarsch nach Jütland teil, ohne von ihren grundsätzlichen Forderungen zu lassen. Es kam zu Demütigungen der Lauenburger in der Residenz Rendsburg. Meutereien waren die Antwort. Schließlich rettete der Waffenstillstand von Malmö (26. August 1848) die lauenburgischen Soldaten vor einer Kriegsgerichtsverhandlung.

An der Weiterführung der Kampfhandlungen der Schleswig-Holsteiner nach Kündigung des Waffenstillstands am 3. April 1849 waren die Lauenburger nicht beteiligt. Am 10. Juli kam es in Berlin zu einem erneuten Waffenstillstand. Am 2. Juli 1850 wurde ebenfalls in Berlin ein Friedensvertrag unterzeichnet, der die Wiederherstellung des dänischen Gesamtstaates vorsah. Dieser Vertrag wurde von den Vertretern Schleswig-Holsteins nicht akzeptiert. Erst der völkerrechtlich verbindliche Vertrag, der als „Londoner Protokoll" am 2. Mai 1852 unterzeichnet wurde, beendete die „Schleswig-Holsteinische Erhebung" als Teil der Revolution von 1848 im Norden. Das Londoner Protokoll erklärte das Fortbestehen des Gesamtstaates als europäische Notwendigkeit und sollte auf diese Weise eine singuläre Verbindung Schleswig-Holsteins mit Dänemark verhindern. Das Herzogtum Lauenburg spielte dabei keine besondere Rolle, da es sich nicht „erhoben" hatte. Es war und blieb ein Teil des dänischen Gesamtstaates.

Auch innenpolitisch vollzog sich eine Rückkehr zu alten Verhältnissen. Am 2. September 1849 war die Schleswig-Holstein-Lauenburgische Kanzlei aufgehoben worden, am 5. März 1851 wurden Ministerien für Schleswig und Holstein-Lauenburg gebildet. Die Hohe Statthalterschaft wurde am 8. Januar 1851 vom dänischen König abgesetzt. Die Bewohner des Herzogtums Lauenburg hatten am 18. Januar 1851 aus dem Wochenblatt erfahren, dass die „Revolutionsgesetze" keine Gültigkeit mehr hätten. Dabei hatten ihre Vertreter auch nach Auflösung der Paulskirchenversammlung an einer neuen Verfassung für das Herzogtum gearbeitet. Doch diese Arbeit war vergebens. Am 20. Dezember 1853 wurde im Herzogtum Lauenburg mit ausdrücklichem Bezug auf die Privilegien von 1702 die alte Verfassung wieder eingeführt. Eine Änderung gab es allerdings: Den fünf ritterschaftlichen Mitgliedern der Ritter- und Landschaft standen künftig zehn Repräsentanten der Bürger und Bauern gegenüber.

König Friedrich VII. wurde bei seinem Besuch im Herzogtum im November 1854 mit Jubel begrüßt, ihm wurde gehuldigt und für die Erhaltung der alten Landesrechte gedankt. Lauenburg war offenbar zufrieden mit den neuen alten Verhältnissen.

63: König Friedrich VII. von Dänemark

Aber die Spannungen zwischen dem Königreich Dänemark und den Herzogtümern Schleswig und Holstein sowie dem Deutschen Bund hatten mit dem Londoner Protokoll von 1852 kein Ende gefunden. 1855 erließ König Friedrich VII. unter Umgehung der Stände der Herzogtümer ein „Verfassungsgesetz für die gemeinsamen Angelegenheiten der Monarchie". Nicht nur die Holsteinischen Stände sahen darin einen Verstoß gegen die Bestimmungen des Londoner Protokolls, auch der Deutsche Bund und vor allem Otto von Bismarck als preußischer Gesandter beim Bundestag pflichteten der Auffassung der Holsteiner bei. 1858 setzte der dänische König daher die Gesamtverfassung für Holstein und Lauenburg außer Kraft, bevor es zu einer Exekution des Bundes kommen würde. Die dänische Regierung erreichte in der Folgezeit, dass Friedrich VII. im März 1863 ein Verfassungspatent erließ, das die Londoner Vereinbarungen zumindest für das Herzogtum Schleswig als ungültig ansah. Ihm folgte am 18. November 1863 das von Christian IX., der drei Tage vorher die Thronfolge angetreten hatte, erlassene Staatsgrundgesetz, das für Dänemark und Schleswig galt. Am 16. November 1863 ließ Erbprinz Friedrich aus der Augustenburger Linie in einem öffentlichen Aufruf verkünden, er trete nun die Regierung der Herzogtümer Schleswig und Holstein an und übernähme die Pflichten, die die Vorsehung ihm überwiesen habe. Auch den Lauenburgern sagte der Prinz Schutz zu.

Im Dezember 1863 wurden Lauenburg und Holstein im Rahmen der Bundesexekution von sächsischen und hannoverschen Truppen besetzt, die dänische Armee war kampflos abgezogen. Am 23. Dezember übernahmen die in Altona präsidierenden Bundeskommissare die oberste Verwaltung der Herzogtümer Holstein und Lauenburg, in Kiel wurde eine „Herzogliche Landesregierung für Holstein und Lauenburg" eingesetzt. Ein Ultimatum vom 18. Januar 1864, die Verfassung zu widerrufen, ließ Christian IX. tatenlos verstreichen. Am 1. Februar 1864 marschierten preußische und österreichische Truppen ohne Kriegserklärung in Schleswig ein. Hier handelten die zwei Signatarmächte allein, da der Deutsche Bund außerhalb des Bundesgebietes nicht zuständig war. Ein Waffenstillstand im Mai 1864 und eine Konferenz mit den Großmächten in London von April bis Juni 1864 führten zu keinem Ergebnis. Für die Ziele Otto von Bismarcks, seit 1862 preußischer Ministerpräsident und Minister des Auswärtigen, war dies nur günstig: Er hatte im internen Kreis keinen Hehl daraus gemacht, die Herzogtümer für

64: König Christian IX. von Dänemark

Preußen gewinnen zu wollen. Er konnte nun die Invasion fortsetzen und weite Teile Dänemarks besetzen lassen, es folgte im Juli 1864 die vollständige Niederlage Dänemarks. Im Wiener Frieden vom 30. Oktober 1864 wurde Christian IX. gezwungen, auf seine Rechte an den Herzogtümern Schleswig, Holstein und Lauenburg zugunsten Preußens und Österreichs zu verzichten.

Im Frühjahr 1864 hatten Österreich und Preußen Amtskommissare in Flensburg eingesetzt, die die Aufgaben der ehemals zuständigen dänischen Ministerien mit Hilfe einer Landesregierung für das Herzogtum Schleswig wahrnahmen. Deren Kompetenz wurde nach dem Wiener Frieden und dem Abzug der Bundeskommissare aus Altona im Dezember 1864 auf Holstein und Lauenburg erweitert. Auch die Bundestruppen verließen die Herzogtümer. Ganz Schleswig-Holstein-Lauenburg stand jetzt unter preußischer und österreichischer Herrschaft.

Die dänische Herrschaft über das Herzogtum Lauenburg fand 1864 ein Ende. Sie hatte nicht einmal ein halbes Jahrhundert gedauert. Welche Spuren hat sie hinterlassen? Waren diese so gering, dass sie hinter denen der hannoverschen Zeit völlig aus dem Gedächtnis der Menschen verschwinden konnten?

Aus einem Bericht aus dem Jahr 1818 geht hervor, dass die Straßenverhältnisse im Herzogtum in schlechtem Zustand waren. Die wichtigste Verbindung zwischen Hamburg und Lübeck und die Straße von Lüneburg nach Lübeck seien äußerst mangelhaft; auch um die Poststraße Berlin-Hamburg sei es nicht besser bestellt. Bei den weiteren Verbindungen im Lande seien die Verhältnisse ebenfalls miserabel.

Während der „dänischen Zeit" wurde das Straßennetz im Land nicht modernisiert, sondern insgesamt auf die heute vorhandene Struktur gebracht. Die Hauptwege wurden zu „Chausseen". Verbesserungen gab es bei der Stecknitzfahrt.

Vor allem aber kam es nach 1846 zum Ausbau der Eisenbahn. Den Anfang machte die Strecke Hamburg–Berlin. Die Genehmigung des Streckenbaus vom 21. Juni 1844 hatte Christian VIII. allerdings mit der Bedingung verknüpft, dass die Berlin-Hamburger-Eisenbahngesellschaft auf ihre Kosten die Stadt Lauenburg durch eine Zweigbahn mit der Hauptstrecke verbinden solle, deren Benutzung den Lauenburgern kostenlos zur Verfügung stehen müsse. Am 15. Oktober 1851 wurde die Lübeck-Büchener Eisenbahn dem Verkehr übergeben, am 1. Juli 1853 wurde die Stadt Lauenburg durch die Zweigbahn von Büchen an das Netz angeschlossen. Das Privileg der Freifahrt für Lauenburger Bürger nach Büchen blieb bis 1937 bestehen. Eine Weiterführung der Strecke über die Elbe wurde aus militärischen Erwägungen von dänischer Seite abgelehnt. 1864 wurde eine Trajektanstalt mit Fähren eröffnet. Die Lübeck-Büchener Bahn war eine Verlegenheitslösung, um von Lübeck nach Hamburg oder Berlin zu kommen. Die dänische Regierung hatte einer direkten Verbindung von Lübeck nach Hamburg nie zugestimmt, um die Entwicklung Kiels nicht zu gefährden, das eine eigene Verbindung nach Altona erhielt. Insgesamt haben die Eisenbahnverbindungen für den Aufbau und die Ansiedlung gewerblicher oder industrieller Produktion im Herzogtum Lauenburg aber keine Rolle gespielt, Lauenburg blieb reines Transitgebiet.[19]

---

19 Hans-Georg Kaack, Impressionen aus der Biedermeierzeit 1815–1848. Ratzeburg 1992, S. 45 ff.

Überhaupt spielte im betont land- und forstwirtschaftlich orientierten Herzogtum Lauenburg die gewerbliche Wirtschaft vorerst nur eine geringe Rolle; so konnte erst in preußischer Zeit der Widerstand der Ritter- und Landschaft gebrochen und die Gewerbefreiheit eingeführt werden.

Es waren also nur Verbesserungen im Verkehrswesen, die sich im lauenburgischen Gedächtnis hätten niederschlagen können, um die dänische Zeit in Erinnerung behalten zu können. Doch Straßenbaumaßnahmen sind schon schnell nach ihrer Beendigung vergessen. Und die Präsenz eines Königs im Lande ist auch eine Episode, die nur für wenige Tage Gegenstand der Berichterstattung in den Medien ist. Die kurze Zeit der dänischen Herrschaft über das Herzogtum Lauenburg im 19. Jahrhundert ist schnell vergessen worden, um Platz zu machen für die Aufnahme weit gravierender Maßnahmen.

VIII. Der Weg Lauenburgs ins preußische Königreich

1. Wie König Wilhelm I. von Preußen Herzog von Lauenburg wurde

Das Herzogtum Lauenburg war nach den 1848er Unruhen stillschweigend wieder unter die Obhut der dänischen Krone zurückgekehrt. Die 1849 verabschiedete Verfassung war zwar aufgehoben worden, doch 1853 war eine neue in Kraft getreten, die bis 1876 gültig blieb. Zunächst schien es so, als ob sich die Beziehungen zwischen Ratzeburg und Kopenhagen normalisieren würden. Doch die Entscheidungen der dänischen Regierung, mit denen eine Straffung der gemeinschaftlichen Angelegenheiten der Monarchie beabsichtigt war und die 1855 verkündet wurden, brachten neue Unruhen ins Land, über die bereits im vorigen Kapitel berichtet wurde. Besonders wichtig für die Zukunft des Landes waren die Beratungen beim Bundestag. Dort gab es einen aufmerksamen Beobachter, den preußischen Gesandten Otto von Bismarck-Schönhausen. Er hatte seit 1851 immer wieder Gelegenheit gehabt, sich neben der Schleswig-Holstein-Frage auch über die Verhältnisse im Herzogtum Lauenburg zu informieren. Er kannte die Voraussetzungen, unter denen Lauenburg 1815 an Dänemark gelangt war. Mit der in mancherlei Hinsicht altertümlichen Verfassung Lauenburgs, speziell mit den Rechten der Ritter- und Landschaft, hatte er sich im Rahmen einer Verfassungsklage beschäftigt, welche die Ratzeburger Ständevertreter 1857/58 beim Deutschen Bund angestrengt hatten. Für den preußischen Diplomaten war das kleine Land bis in die 60er Jahre hinein allerdings weniger politisches Subjekt als ein Kompensationsobjekt bei den Auseinandersetzungen der Großmächte. Noch vor Ausbruch der Kampfhandlungen im Februar 1864 hielt er den Gedanken für erwägenswert, in den Verhandlungen mit Dänemark Nordschleswig gegen Lauenburg zu tauschen. Bismarck war sich aber der Tatsache bewusst, dass Lauenburg aufgrund der besonderen historischen Entwicklung nur wenig mit den schleswig-holsteinischen Interessen verband. Er konnte deshalb nach 1864 sehr viel genauer Einfluss nehmen als die 1864 im Kampf gegen Dänemark mit Preußen verbündeten Österreicher. Hinzu kommt, dass der preußische Außenminister, Albrecht von Bernstorff, lauenburgischer Gutsbesitzer war.

65: Die Ritter- und Landschaft entschied sich 1864 für König Wilhelm I. von Preußen als neuen Herzog von Lauenburg.

Das noch von König Friedrich VII. von Dänemark erlassene Patent vom März 1863 und die übrigen Maßnahmen, die einen Bruch der Abmachungen von 1852 darstellten, hatten die Bundesexekution in Holstein zur Folge, nachdem bereits im April Österreich und Preußen protestiert hatten. Nachdem König Friedrich VII. am 15. November 1863 ganz überraschend gestorben war, trat Prinz Christian von Glücksburg, der „Protokollprinz", als Christian IX. die Nachfolge an.

66: Otto von Bismarck war mit der Geschichte Lauenburgs vertraut. Er sorgte als „Minister für Lauenburg" für die Integration Lauenburgs in das preußische Königreich.

Bevor die Lauenburger dem neuen König von Dänemark als Landesherrn huldigten, beriefen sie am 4. Dezember einen Landtag ein. Und dabei traten deutliche Gegensätze in der Grundauffassung der neuen Situation auf. Landsyndikus H. A. Wittrock war der Meinung, die Ritter- und Landschaft solle sich an den Bundestag wenden, um dort die Verbindlichkeit des dänischen Thronfolgegesetzes für das Herzogtum prüfen zu lassen. Landrat Graf Kielmannsegg plädierte hingegen für die übliche Beileids- und Glückwunschadresse an den neuen König, mit der aber eine Verwahrung der Landesrechte verbunden sein sollte. In einer weiteren Sitzung wurde dann eine Beileids- und Glückwunschadresse ohne Rechtsverwahrung mehrheitlich verabschiedet. Das erregte Proteste, nicht nur in der Ständeversammlung selbst, sondern auch bei der Bevölkerung. Der Beschluss wurde daraufhin zu den Akten gelegt.

Die militärische Entwicklung war inzwischen vorangeschritten, ohne dass Lauenburg davon praktisch berührt worden war. Die politischen Folgen konnten aber auch die Stände nicht ignorieren. Es ging um die Selbständigkeit Lauenburgs als ein eigenstaatliches Herzogtum. Wie war diese zu bewahren? Zunächst wurden der Deutsche Bund und die Schutzmächte, Hannover und Preußen, bemüht. Dabei war vorerst die Tatsache, dass die Lauenburger auch künftig unter der Krone Dänemark leben müssten, unbestritten. In Ratzeburg konnte man nicht wissen, dass die dänische Regierung gerade wieder versucht hatte, das Land Lauenburg als Tauschobjekt anzubieten. Nachdem es bereits als Entschädigung für den Herzog von Augustenburg gehandelt worden war, sollte es in Wien als Kompensation für Teile Nordschleswigs eingebracht werden.

Erst als am 3. August 1864 in Ratzeburg die Nachricht eintraf, dass zwei Tage zuvor Friedenspräliminarien zwischen Österreich und Preußen einerseits und Dänemark andererseits abgeschlossen worden seien und dass diese besagten, die drei Elbherzogtümer seien von Dänemark an die beiden deutschen Vor-Mächte abgetreten worden, veränderten sich die politischen Debatten von Grund auf. Einen besonderen Schock hatte die Nachricht ausgelöst, dass (wie in Artikel 3 des Friedensvertrags festgelegt) die drei Herzogtümer für die Kriegskosten und für die dänischen Staatsschulden anteilig aufkommen sollten.

Warum sollte auch Lauenburg zahlen? Das Herzogtum hatte nie etwas mit den dänischen Finanzen zu tun gehabt; es hatte lediglich erhebliche Einnahmen nach Kopenhagen abgeführt. Und zu den Kriegskosten beizutragen, bestand schon deshalb kein Anlass, weil sich Lauenburg friedlich verhalten hatte. In diesem Sinne wandte sich das Landratskollegium nach Berlin, Wien und Frankfurt, aber ohne Erfolg.

Alexander Scharff und Oswald Hauser haben die Auffassung vertreten, die Lauenburger hätten von sich aus, freiwillig und ohne „unwürdigen Druck und Zwang" Preußen

67: Friedrich Gottlieb von Bülow war der Verhandlungsführer der Ritter- und Landschaft beim Prozess der Integration Lauenburgs in das preußische Königreich.

die Hand geboten und sich für den Anschluss an den Hohenzollern-Staat entschieden.[1] Dieser Auffassung kann nur bedingt zugestimmt werden; sie bedarf zumindest einiger Modifikationen. Die Ritter- und Landschaft verfolgte das Ziel, „die Selbständigkeit Lauenburgs, als eines eigenen Deutschen Herzogtums und die verfassungsmäßigen Rechte des Landes in ihrem ganzen Umfange zu wahren, und zu erhalten".[2] Auch die Mehrheit der lauenburgischen Bevölkerung hatte nicht das Empfinden, in „mittelalterlichen Verhältnissen" zu leben, sondern trat für ein möglichst hohes Maß an Respektierung der alten Verhältnisse ein, ganz gleich, wer der Landesherr sein würde. Ein Votum für Preußen war damit nicht verbunden.

Um eine Entscheidung in seinem Sinne herbeizuführen, übte Bismarck Druck auf die lauenburgische Regierung aus, indem er die Ständevertreter über Albrecht von Bernstorff vor die Alternative stellte: Entweder erklärten sie den „Wunsch", sich Preußen anzuschließen, oder das Land werde als Kriegskostenentschädigung an Preußen fallen. Im ersteren Falle werde die lauenburgische Verfassung so weit wie möglich respektiert, im zweiten werde das Land nicht nur die Schuldenlast aus früherer Zeit zu tragen haben, sondern es müsse noch mit einer zusätzlichen Kriegssteuer rechnen.

Erblandmarschall Friedrich Gottlieb von Bülow und Syndikus H. A. Wittrock sahen sich genötigt, eine Erklärung abzugeben. Aber noch bevor diese veröffentlicht war, wurden die führenden Vertreter der Ständeversammlung mit Depeschen des Deutschen Bundes und der Presse bedrängt. Die Erklärung von Bülows lautete: Die Ritter- und Landschaft habe beschlossen, „daß sie in Anbetracht der Lage des Landes sich an Preußen anzuschließen wünsche, unter Wahrung der Selbständigkeit des Landes als eines eigenen deutschen Herzogtums und der Landesverfassung, während durch Verhandlung mit der Königlich Preußischen Regierung vorerst die Modalitäten des Anschlusses festgestellt werden sollen".

Als Delegation wurden Erblandmarschall von Bülow, der Möllner Stadthauptmann Dahm und Landsyndikus Wittrock bestimmt. Diese Delegation, die Bismarck am 7. November 1864 in Berlin empfing, war keineswegs begeistert von dem, was ihr eingeräumt wurde: Eine Befreiung von den Kriegskosten und Staatsschulden war nicht – wie ursprünglich angenommen – zu erwarten. Nur die Form des Anschlusses erschien – die Zustimmung Österreichs vorausgesetzt – klar: eine Personalunion. Der preußische König werde, so die Zusage, die Verfassung und Selbständigkeit Lauenburgs erhalten. Dass Bismarck letztlich andere

1 Alexander Scharff, Die Bedeutung des Jahres 1865 für das Herzogtum Lauenburg im Zusammenhang der deutschen Geschichte, in: Lauenburgische Heimat, NF, 52 (1966), S. 3-16 und Oswald Hauser, Staatliche Einheit und regionale Vielfalt in Preußen. Der Aufbau der Verwaltung in Schleswig-Holstein nach 1867. Neumünster 1967, S. 65 ff.

2 Sitzungsprotokoll der Ritter- und Landschaft vom 14./15. Juni 1864, zitiert nach Jürgen de Vries, Bismarck und das Herzogtum Lauenburg. Die Eingliederung Lauenburgs in Preußen 1865–1876 (= Quellen und Forschungen zur Schleswig-Holsteinischen Geschichte, Bd. 94). Neumünster 1989, S. 19 f.

Ziele hegte, wusste er zu kaschieren. König Wilhelm I., der die lauenburgische Delegation zu einer Audienz empfing, machte nur scheinbar weitergehende Zugeständnisse; tatsächlich hielt auch er gravierende Eingriffe in die lauenburgische Verfassung für erforderlich.

Trotz der Bedenken und trotz vieler Unsicherheiten verstärkte sich der Eindruck, dass die Verhandlungen mit der preußischen Regierung erfolgreich verlaufen würden. Das führte im Land zu Umorientierungen; vor allem die Kaufleute in den Städten betrieben die Aufhebung der Transitzölle in Büchen und des Elbzolls in Lauenburg. Sie hatten Erfolg – gegen den Widerstand der Ritter- und Landschaft, die (mit Recht) den Verlust bedeutender Einnahmen befürchtete.

Am 14. August 1865 wurde in Bad Gastein zwischen Österreich und Preußen eine Vereinbarung getroffen, die für die deutsche Geschichte im Allgemeinen, für die schleswig-holsteinische im Besonderen und für die lauenburgische im ganz Speziellen von großer Bedeutung war. Nach erheblichen Spannungen, die zwischen den beiden Siegermächten aufgetreten waren, wurden mit der Konvention noch einmal Verabredungen für die Zukunft der Elbherzogtümer getroffen: Das bisherige Kondominium, d. h. die gemeinsame Regierung, in den Herzogtümern Schleswig und Holstein wurde zugunsten einer provisorischen Teilung unter den Mächten aufgegeben. Österreich bestätigte den Verzicht auf das Herzogtum Lauenburg gegen eine Abfindung von 2,5 Millionen dänischen Talern (die das Land selbst aufzubringen hatte!). Das Herzogtum Lauenburg hatte zu diesem Zeitpunkt 49.650 Einwohner. Auf jeden Bewohner fielen also 50,35 Taler.

Die eigentliche Übernahme des Herzogtums durch den König von Preußen erfolgte in zwei Schritten. Ministerpräsident Otto von Bismarck hatte festgelegt und den Regierungspräsidenten, Graf Kielmannsegg, am 10. September 1865 entsprechend angewiesen, dass die formelle Besitzergreifung durch eine Kommission erfolgen solle, und zwar am 15. September mit „kleiner Zeremonie“. Die feierliche Erbhuldigung werde der König später persönlich vornehmen. Der von Preußen entsandte Kommissar, Staatsminister Graf von Arnim-Boitzenburg, hatte die Aufgabe, „den Akt der Besitzergreifung zu vollziehen, den Regierungsantritt feierlich zu verkündigen, die drei Landeskollegien in Eid und Pflicht zu nehmen und der Regierung die Vereidigung der übrigen Behörden zuzuweisen“. Es waren also nur wenige Tage, die den Verantwortlichen zur Verfügung standen, um das Programm festzulegen, die Eidesformeln zu verfassen und die Veröffentlichung des preußischen Patents, das der König am 13. September unterzeichnet hatte, zu betreiben.

Was am 15. September 1865 in Ratzeburg geschah, ist in vielen Einzelheiten nachzulesen im Extra-Blatt der Lauenburgischen Zeitung vom 16. September 1865. Im Mittelpunkt des Rechtsakts stand die Verlesung des königlichen Patents:

„Wir Wilhelm, von Gottes Gnaden König von Preußen etc. thun hiemit Jedermann kund und zu wissen:

Nachdem Seine Majestät König Christian IX. von Dänemark in dem zu Wien am 30. Oktober 1864 abgeschlossenen Friedenstraktate Seine Rechte an das Herzogthum Lauenburg an Uns und Seine Majestät den Kaiser von Oestreich gemeinschaftlich abgetreten; und nachdem Seine Majestät der Kaiser Franz Joseph I. von Oestreich Seinen Antheil an diesen Rechten durch die am 14. August d.J. zu Gastein verabredete und am 20. desselben Monats zu Salzburg zwischen Uns abgeschlossene Vereinbarung, welche durch Unsere Civil-Commissarien unter dem 5. d.M. zur öffentlichen Kenntnis gebracht ist, Uns überlassen hat: So nehmen Wir, in Erfüllung des von der Lauenburgischen Landesvertretung ausgesprochenen Wunsches, dieses Herzogthum in Kraft des gegenwärtigen Patentes mit allen Rechten der Landeshoheit und Oberherrlichkeit in Besitz, fügen Unseren Titeln den eines Herzogs von Lauenburg bei, und wollen, daß das Herzogthum Lauenburg in Unserem Königlichen Hause nach den für die Succession in die Krone Preußen bestehenden Grundsätzen vererben soll. Wir entbieten allen Einwohnern des Herzogthums Unseren landesväterlichen Gruß, und gebieten ihnen, uns fortan als ihren rechtmäßigen Landesherrn anzuerkennen, Uns und Unseren Nachfolgern den Eid der Treue zu leisten und Unseren Gesetzen und Anordnungen nachzuleben, wogegen Wir sie Unseres landesherrlichen Schutzes versichern und versprechen, daß Wir sie gerecht regieren, das Land und seine Bewohner bei ihren wohlerworbenen Rechten schützen und Unsere landesväterliche Fürsorge auf die Wohlfahrt derselben richten wollen.

Zu Unserem Minister für Lauenburg haben Wir Unseren Minister-Präsidenten und Minister der auswärtigen Angelegenheiten, von Bismarck-Schönhausen, ernannt und demselben befohlen, die Regierung nach Maßgabe der im Herzogthum bestehenden Gesetze und Landesverordnungen zu führen, wollen auch alle Beamte des Herzogthums, nachdem uns dieselben den Eid der Treue geleistet haben werden, in ihren Anstellungen bestätigen und belassen."[3]

Der Termin für die Erbhuldigung war nicht weniger kurzfristig auf den 25., 26. und 27. September festgelegt worden. Seit dem 17. September wechselten die Telegramme zwischen den Hauptstädten Berlin und Ratzeburg hin und her. Bereits am 21. wurde das „Ereignis" mit den wichtigsten Programmpunkten bekannt gemacht. Das Eisenbahnkommissariat musste die Reise des hohen Herrn bis auf die Minute genau planen; die Bahnhöfe, welche Se. Majestät passierte, waren zu schmücken. Niemand durfte sich dabei in den Farben vergreifen.

An der Grenze bei Büchen war eine Ehrenpforte errichtet worden, dort wurde der mit einem „Extrazug" aus Berlin anreisende Monarch am 25. September 1865 um 17 Uhr vom Regierungspräsidenten Graf Kielmansegg und dem Erblandmarschall v. Bülow empfangen und begrüßt. Auf dem geschmückten Bahnhof Büchen verließ der König seinen Wagen, um im Saal die Ehrungen des Amtes entgegenzunehmen.

Selbstverständlich sollte auch ein Kinderchor den neuen Landesherrn willkommen heißen. Dafür hatte Pastor Westphal aus Melusinenthal eigens ein Gedicht verfasst:

„Heil Dir, großer Preußen-König, Heil im Lauenburger Land!
Nimm den ersten Gruß der neuen Kinder an von Kindes Hand;
Hier den Lorbeerkranz, glorreicher Sieger, nimm ihn gnädig hin.
Sieh! Wir kommen Dir entgegen, Dank und Freude nur im Sinn.
Theuer hast Du uns erworben mit der edlen Söhne Blut,
Nimm uns huldvoll, hoher Sieger, unter Deine Vaterhut!
König Wilhelm, aus der Hohenzoller ruhmreichem Geschlecht,

3 LAS, Abt. 210. Nr. 3710. Die folgenden Ausführungen folgen: E. Opitz, Das Herzogtum Lauenburg huldigt König Wilhelm I. von Preußen als neuem Landesherrn 1865, in: Ders. (Hrsg.), Herrscherwechsel im Herzogtum Lauenburg (= Kolloquium X). Mölln 1998, S. 151-166. Dort auch der Nachweis der Zitate.

Gnädig, hast Du uns versprochen, zu regieren und gerecht.
Dank sei Dir dafür, O König, wir auch wollen Dir getreu
Sein mit Gut und Blut, O Herrscher, das versprechen wir auf's Neu!
Ja, in Preußens hehre Krone füg auf ewig fest hinein
Lauenburg, als zwar nur kleinen, aber echten Edelstein.
Über unseren Häuptern schwebet Deines Wappens stolzer Aar,
Unter seinem Fittich fürchten wir nicht Noth und nicht Gefahr!
König Wilhelm, sei willkommen, unser Herzog, unser Hort,
Unser Vater, unser Stolz auch, unsere Hoffnung fort und fort."[4]

Aus Zeitgründen wurde auf den Vortrag verzichtet; zwei Mädchen überreichten den Text, welchen Se. Majestät „mit ausgezeichneter Freundlichkeit entgegennahmen". Nachdem die Menge gejubelt hatte, fuhr der Zug weiter nach Mölln, wo dem Stadthauptmann Dahm die Begrüßung oblag. König Wilhelm I. inspizierte die angetretenen Dragoner und die Bürgerschützengilde.

Um 18 Uhr traf der Zug in Ratzeburg ein, wo am Bahnhof die Menge jubelte und die Honoratioren grüßten. Der Amtmann v. Cossel sorgte für eine kleine Programmänderung: Er bat, „es möge Sr. Majestät gefallen, bei der in mäßiger Entfernung vom Bahnhofe (...) errichteten Ehrenpforte einen kurzen Halt zu machen, um die Begrüßung der berittenen Landleute zu empfangen". Es handelte sich um „einige hundert Bauern, jeder mit einem Strauß am Hute und einer kleinen schwarz und weißen Fahne an einer mäßigen Stange verziert". Indem die Bauern „Hurra" rufen durften, war die Beteiligung der Mehrheit der lauenburgischen Bevölkerung an den Huldigungsfeierlichkeiten sichergestellt. Unter Böllerschüssen zog der König in die Stadt ein. Vor der Wohnung des Regierungspräsidenten, die für den hohen Gast hergerichtet worden war, hatte sich das Hofgericht versammelt, dazu der Superintendent und das Offizierkorps der Garnison.

Am Diner nahmen nur das Gefolge des Königs und ein Teil der höchsten Beamten des Herzogtums teil. Zum königlichen Gefolge gehörten der Hofmarschall, vier Flügeladjutanten, der Leibarzt, der Kronprinz mit drei Adjutanten, neun Generäle und Ministerpräsident v. Bismarck, weitere Minister und Geheime-, Hof- und Kanzleiräte, die auf die „besten Häuser" der Stadt verteilt worden waren. Anschließend brachte die Liedertafel dem König einen Fackelzug dar. Nachdem die „Wacht am Rhein" und „Heil Dir im Siegerkranz" gesungen und viele Reden gehalten worden waren, fuhr der Monarch durch die illuminierte Stadt.

Der zweite Besuchstag begann mit einem Empfang. Um 12 Uhr begaben sich der Monarch und sein Gefolge, dabei ein Spalier durchschreitend, das vom Füsilierbataillon des 6. ostpreußischen Regiments Nr. 43 gebildet wurde, zur Kirche. Der König wurde von Superintendent Bömel begrüßt. Dieser hielt auch eine „treffliche Predigt", die er „mit einer Erinnerung an die letztvergangenen Herrscher des Herzogthums einleitete und dann zu der Freude überging, mit welcher das Land den neuen Herrscher begrüße". Dafür nannte Bömel drei Gründe:
a) Man könne den neuen Landesherren persönlich kennenlernen;
b) er habe ihnen „die wohlerworbenen Rechte zugesichert" und
c) „in Preußen (werde) der Kampf gegen den Materialismus für das Christenthum geführt, an dem die Lauenburger gerne Theil nähmen".

4 Ebd., S. 156.

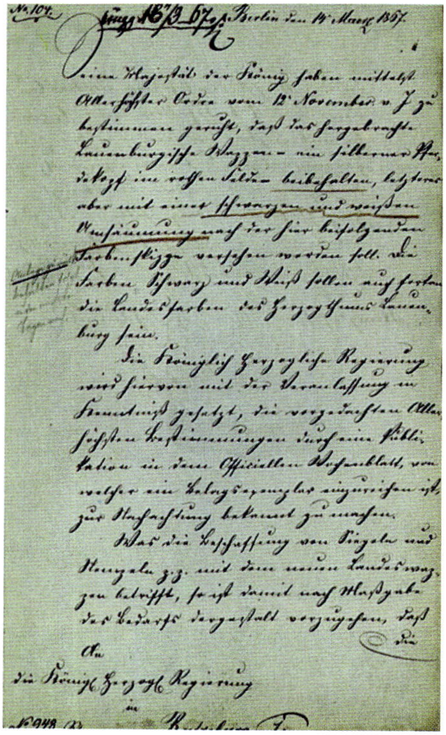

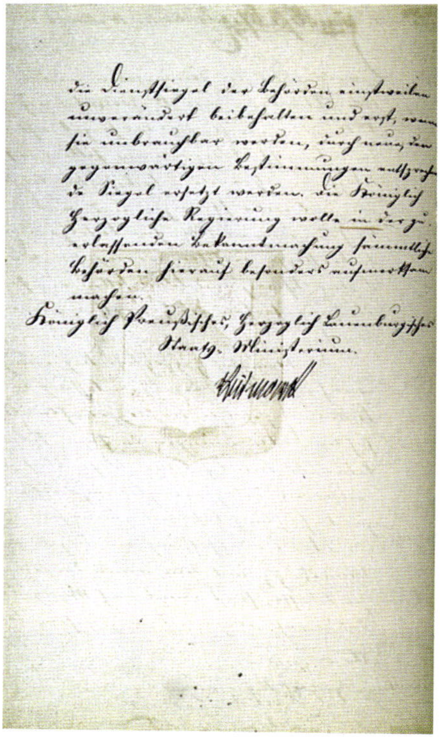

68 a + b: Otto von Bismarck teilt am 14. März 1867 mit, dass das traditionelle Wappen Lauenburgs erhalten bleiben soll.

69: Das von Bismarck genehmigte Wappen für den Kreis Herzogtum Lauenburg

Nach der Predigt erhob sich der „Minister für Lauenburg, Graf von Bismarck und erbat von Sr. Maj. dem Könige die Erlaubniß, daß der feierliche Act der Huldigung beginne". Dann forderte Bismarck die Mitglieder der Ritter- und Landschaft auf, zur Ableistung des Eides an den Thron heranzutreten; er las auch die „Verhaltung" vor:

„Ihr sollt schwören zu Gott, dem Allmächtigen und Allwissenden, einen leiblichen Eid und thun eine rechte Erbhuldigung dem Allerdurchlauchtigsten und Großmächtigsten Fürsten und Herrn, Herrn Wilhelm König von Preußen und Herzoge von Lauenburg, Eurem Allergnädigsten Herzoge, als Eurem rechtmäßigen Landesherrn und Erbherzoge und dem gesammten königlichen Hause in der bestimmten Successions-Ordnung zu allen Zeiten treu, gehorsam, gewärtig und unterthänig zu sein, höchst dero Bestes nach Vermögen zu fördern, Schaden und Nachtheil aber abzuwenden, und Euch überhaupt so zu verhalten, wie es treuen Unterthanen gegen ihren rechtmäßigen Landesherren überall eignet und gebühret."

Darauf trat der Erblandmarschall von Bülow an die Stufen des Thrones und leistete den Huldigungseid; ihm folgten die Übrigen. Damit war auch der eigentliche Zweck der Reise erfüllt. Bevor der Superintendent den Segen erteilte, ließ er noch die dritte Strophe des Liedes Nr. 375 des Lauenburgischen Gesangbuches (ein Pfingstlied) singen:

„Du heilige Brunst, süßer Trost,
nun hilf uns fröhlich und getrost
in deim Dienst beständig bleiben,
die Trübsal uns nicht abtreiben.
O Herr, durch dein Kraft uns bereit
und stärk des Fleisches Blödigkeit,
daß wir hie ritterlich ringen,
durch Tod und Leben zu dir dringen."[5]

Nach Beendigung des Festaktes besichtigte König Wilhelm den Ratzeburger Dom; die Protokollbeamten des Herzogs von Mecklenburg-Strelitz hatten entsprechende Vorkehrungen getroffen. Einem Diner, das die Ritter- und Landschaft ausgerichtet hatte, schlossen sich Paraden und ein Feuerwerk an.

Der letzte Tag seiner Reise in das neue Herzogtum führte den preußischen König mit einem „Extrazug" nach Lauenburg, wo er – von der Bevölkerung bejubelt – eine Stadtrundfahrt unternahm. Dem Abstecher an die Elbe schloss sich ein zweistündiger Besuch in Mölln an, wo die Stadt ein „Déjeuner" ausgerichtet hatte. Um 14.30 Uhr trat der Monarch die Rückreise an; in Berlin wurde er um 20 Uhr erwartet.

In den Wochen nach der Huldigung wurden alle geistlichen und weltlichen Amtsträger auf den preußischen König vereidigt. Nur der Landchirurg Dr. Engholm nahm nicht daran teil, sondern bat um seine Entlassung; er wollte seine Ansprüche auf Einkünfte aus der dänischen Pensionskasse nicht gefährden.

Unsicherheit herrschte bei den Behörden wegen der Amtsbezeichnungen und der Verwendung der richtigen Dienstsiegel. Am 12. November 1866 unterzeichnete König Wilhelm eine Ordre, in der er das „königlich-herzogliche Wappen für Lauenburg" bestimmte: „das hergebrachte Lauenburgische Wappen – ein silberner Pferdekopf in rothem Felde – [wird] beibehalten, letzterer aber mit einer schwarzen und weißen Umsäumung". Eine Farbskizze wurde beigefügt, von der die Lithographische Anstalt der Gebrüder Borchers in Lübeck Vervielfältigungen herstellte.

Bevor die Modalitäten der Inkorporation des Herzogtums Lauenburg in den preußischen Staat abgehandelt werden, erscheint es angebracht, das Ereignis auch aus der Perspektive des preußischen Bürgers zu betrachten. Hierzu liegt eine bisher kaum beachtete Quelle vor: Otto Glagau (1834–1892), ein Berliner Schriftsteller, der sich später nur noch als Herausgeber der Zeitschrift „Kulturkämpfer" hervorgetan hat[6], unternahm gleich nach der Huldigungsreise König Wilhelms eine Fahrt in das den Hohenzollern zugefallene „Ländchen" und veröffentlichte darüber im Frühjahr 1866 einen Reisebericht: „Spaziergänge durch Lauenburg und Lübeck". Bereits im Vorwort bekundet der Autor, dass seine „Skizzen" die Absicht verfolgten, „ein Ländchen [zu] illustrieren, das fast nur dem Namen nach bekannt war [...], bis es durch seine Vereinigung mit der Preußischen Krone, Deutschland wiedergewonnen wur-

5 Ebd., S. 157.
6 Vgl. Birgit Steinke, Otto Glagau. Vom Reiseschriftsteller zum literarischen Protagonisten des Antisemitismus, in: E. Opitz (Hrsg.), Das Herzogtum Lauenburg im Spiegel der Literatur (= Kolloquium XVII). Bochum 2011, S. 103-128.

de, und hier nun das allseitige Interesse fesselt. Aus jener friedlichen Vereinsamung erklären sich die patriarchalischen Lebensverhältnisse seiner Bewohner, das Feudal-Mittel-alterliche der öffentlichen Zustände. Daneben ist es durch eine Fülle und Mannigfaltigkeit landschaftlicher Schönheiten ausgezeichnet, wie sie sich auf so kleinem Raume wol selten vereinigt finden. Blaue Seen und grüne Laubwälder, wellenförmige Hügel, herrlich gelegene Dörfer und Städte verschlingen sich zu einem blühenden Kranz, lassen das Ländchen wie ein verstecktes Paradies erscheinen, und werden voraussichtlich im Laufe der nächsten Sommer Tausende von Vergnügungsreisenden hinlocken".[7]

Die „feudal-mittelalterlichen" Zustände waren zuvor auch von anderen konstatiert worden; später schloss sich Otto von Bismarck diesem Urteil an. Die Schönheit der Landschaft zu betonen und ihre Eignung als Erholungsgebiet hervorzuheben, war aber neu, vor allem deshalb, weil dabei nicht die Entdeckung der Landschaft im Geiste der Romantik angesprochen, sondern die mögliche Eignung des Landes für den (modern gesprochen) Tourismus betont wurde.

Otto Glagau bietet in seinem Buch nicht nur eine Reisebeschreibung, sondern auch eine Auseinandersetzung mit den wichtigsten Werken seiner Zeit zur Geschichte Lauenburgs. Dabei stehen statistisches Material und eigene Anschauung eng beieinander. Als Quelle werden die „Spaziergänge" immer dann wertvoll, wenn Ereignisse und Erscheinungen beschrieben werden, die nur für die Zeit unmittelbar nach der Übernahme Lauenburgs durch den König von Preußen zu beobachten waren; so die Allgegenwärtigkeit des preußischen Militärs mit Garnisonen in allen Städten. Die Besonderheiten der Eisenbahn zwischen Lübeck und Lauenburg und dem Knotenpunkt Büchen werden zwar erfasst, aber kaum erklärt, wenn sie darauf reduziert werden, dass „Eile mit Weile [...] der Wahlspruch der Eisenbahnen" sei und „vortrefflich dem besonnenen Charakter der Bewohner" entspreche. Glagaus Reisebericht verdient auch deshalb Beachtung, weil er einerseits die Verhältnisse des Herzogtums Lauenburg im Herbst 1865 aus unmittelbarer Anschauung zu erfassen sucht, sich aber andererseits mit der zu seiner Zeit aktuellen Literatur zur Landeskunde und dabei besonders mit den statistischen Daten auseinandergesetzt hat.

Glagau spricht in seinem Reisebericht wiederholt von den „mittelalterlich-feudalen Zuständen" Lauenburgs und führt dabei konkret die längst überholte Gesetzgebung und Willkür bei ihrer Anwendung als Grund an. Anhand dieser weiß er auch zu erklären, dass im Lauenburgischen auf 100 Neugeborene 21 uneheliche Kinder kommen, während es in Holstein nur 6 1/4 seien. „Eine uneheliche Geburt ist in Lauenburg etwas so Gewöhnliches, daß sie schon lange nicht mehr für eine Schande gilt." Die Volljährigkeit trete in Lauenburg erst mit 25 Jahren ein. „Freizügigkeit, Niederlassung, Erwerbung des Heimatrechts hängen bei Nichtgrundbesitzern von der polizeilichen Willkür ab." Auch im Handwerk gibt es Bestimmungen, die – gemessen an preußischen Verhältnissen – dem Autor mittelalterlich anmuten. Seine Hauptkritik gilt aber der rechtlichen Stellung der adligen Gutsbesitzer; sie sei sowohl gegenüber dem Landesherrn als auch gegenüber den Gutsuntertanen „eine ganz exclusive, nach beiden Seiten hin durch eine Reihe von Privelegien verbarricadirt. Sie sind für ihre Person von Steuern, Zöllen und Kriegsdiensten befreit, sie haben einen eximirten Gerichtsstand, an der Verwaltung und Gesetzgebung des Landes den Löwenantheil, ihre Güter bleiben von aller Einquartierung verschont, sie haben auf diesen und den dazu ge-

7 Otto Glagau, Spaziergänge durch Lauenburg und Lübeck. Berlin 1866, S. VII f.

hörigen Höfen und Dörfern allein das Recht der höhern und niedern Jagd, das Patronat über Kirche und Schule, die Vertheilung der Steuern, die Verwaltung der Polizei und Gerichtsbarkeit, von welcher eine Appellation nur in einigen Fällen erlaubt und selbst in diesen erschwert ist: mit einem Worte, sie stehen über den Gutsinsassen wie kleine fast souveraine Fürsten". Die Situation der Bauern auf den adligen Gütern wird entsprechend negativ beschrieben; dort gebe es „die meisten Armen und uneheliche Geburten".[8]

Am vehementesten und detailliertesten fällt die Kritik gegenüber dem Justizwesen aus; beklagt wird das Fehlen eines Strafgesetzbuchs und eines Kriminalrechts und das Fortbestehen anachronistischer Strafbestimmungen. Im Zivilrecht spiele das Gewohnheitsrecht eine große Rolle; Prozesse seien langwierig und teuer.

Glagau hebt mehrfach hervor, dass die Zahl der öffentlich Bediensteten im Herzogtum viel zu hoch sei. Zusammenfassend stellt er – dabei Wilhelm Heinrich von Riehl zitierend – fest: „Nicht die Existenz der Kleinstaaten ist an sich vom Uebel, wohl aber, daß sie ebenso regiert werden, wie die Großen. Die kleinen Staaten, mit ihren Verfassungen nach großem Zuschnitt, nehmen sich wie eine Compagnie Soldaten aus, der man einen Generalstab vorgesetzt hat."

Glagau rechnet um und stellt fest: Wenn im Lauenburgischen „die Landesversammlung aus 18 Mitgliedern besteht, so müßte das Preußische Abgeordnetenhaus, nach demselben Verhältniß zusammengesetzt, über 8000 zählen". Seine Reisebeschreibung bietet nicht nur einen Bericht über eine Reise in das vom preußischen König soeben übernommene Herzogtum, sondern auch eine kritische Einschätzung der Verhältnisse des Landes aus der Sicht eines pragmatisch denkenden Preußen. Besonders bemerkenswert an diesem Text ist die Tatsache, dass die konkret kritisierten Missstände des Landes exakt jene waren, die im Verlauf des Integrationsprozesses einerseits behoben wurden, andererseits – sofern eine Einigung nicht zu erreichen war – Eingang in den Katalog der „Lauenburgischen Sonderrechte" gefunden haben.

2. Vom Herrscherwechsel (1865) bis zur Inkorporation in den preußischen Staat (1876)

Indem Bismarck für den Anschluss Lauenburgs die Form der Personalunion gewählt hatte, konnte er eine Beteiligung des preußischen Landtags ausschließen. Dass die Beziehungen zwischen Berlin und Ratzeburg weiterentwickelt werden mussten, war beiden Seiten klar. Bismarck hegte Sympathien für die an patriarchalischen Verhältnissen orientierten Zustände im Herzogtum Lauenburg. Er hat diese Ende 1875 beschrieben: „Lauenburg [ist] in vielen Zügen und ganz besonders in dem Finanzwesen heute noch ein Miniaturbild des Mittelalters [...]. Die Verhältnisse [sind] so verschieden von dem Organismus des modernen Staates, so fremd den Vorstellungen, in denen wir uns zu bewegen pflegen [...], daß wir uns nicht auf dem Boden befinden, auf dem die heutigen Staaten stehen."[9] Diese Aussage Bismarcks deckt sich unmittelbar mit jener, die Otto Glagau in seinem Reisebericht von 1866 getroffen hat.

8 Ebd., S. 187 ff.
9 Zitiert nach de Vries (wie Anm. 2), S. 43.

Es ging also darum, den lauenburgischen Partikularismus zu beseitigen, und zwar mit obrigkeitsstaatlichen Mitteln. Bismarck trat daher (auf eigenen Wunsch) an die Spitze des 1865 eigens eingerichteten „Ministeriums für Lauenburg", um immer wieder rasch und unmittelbar in die Verhandlungen mit der Lauenburgischen Ritter- und Landschaft eingreifen zu können. Als ausführendes Organ für die preußischen Initiativen diente die Regierungsbehörde in Ratzeburg, die auch beratende Funktion hatte. Das Preußische Abgeordnetenhaus wurde erst beteiligt, als es um das Einverleibungsgesetz von 1876 ging.

Der 1865 vollzogene Herrscherwechsel war für das Herzogtum Lauenburg mit erheblichen finanziellen Belastungen verbunden (es ging u. a. um die 2,5 Millionen dänische Taler, die als Ablösesumme an Österreich zu zahlen waren), die auf sich zu nehmen die Ritter- und Landschaft nur bereit war, weil sie hoffte, auf diese Weise einen Großteil der alten lauenburgischen Verfassung (und damit ihrer Privilegien) retten zu können. Vergeblich: Bismarck – und mit ihm König Wilhelm I. – war zwar bereit, in einem Privatschreiben an Erblandmarschall Friedrich Gottlieb von Bülow anzuerkennen, dass die Landesverfassung zu den erworbenen Rechten des Herzogtums Lauenburg gehöre, doch darüber hinausgehende Zusagen gab es nicht, schon gar nicht das Zugeständnis, Modifikationen nur mit Zustimmung der Ritter- und Landschaft vorzunehmen.

Zu einem besonderen Problem wurde das am 8. Dezember 1866 von König Wilhelm I. verkündete Gesetz, das Lauenburg verpflichtete, die Ablösesumme an Österreich zu übernehmen. Dieses Geld sollte durch Pfandbriefe aufgebracht werden. Die Modalitäten, die dazu vereinbart wurden, hatten zur Folge, dass die Lauenburger sich über 42 Jahre lang zu verschulden hatten, um zu Preußen zu gehören, zunächst also bis 1908.[10] In einem weiteren Gesetz vom 27. Mai 1867 wurden Einzelheiten festgelegt, mit denen die Bedeutung der Finanzierung präzisiert wurde. „Es war nicht nur eine beträchtliche Summe, die auf dem Spiel stand, sondern auch das erste Mal, dass Preußen sich in einem neuerworbenen Teil erheblich engagierte."[11]

Trotz der dem Herzogtum auferlegten Belastungen versprachen sich viele der im Land Verantwortung Tragenden von der Integration in den preußischen Staatsverband auch wirtschaftliche Vorteile; denn eine Modernisierung hatte das Land sehr nötig. Auch die weniger politisch Engagierten sahen die Vorteile, die sich aus dem Eintritt in einen größeren und modern strukturierten Staatsverband ergeben würden. Die Verhältnisse in der Verwaltung, der Justiz und bei den Kirchenangelegenheiten waren hinter der Entwicklung in Preußen genauso zurückgeblieben wie die Strukturen der Wirtschaft, speziell der Landwirtschaft.

Bei aller Raffinesse, die Bismarck angewandt hatte, um Lauenburg an Preußen zu bringen – Bewunderung verdienen vor allem die Großzügigkeit und Geduld, die er als Minister für Lauenburg aufbrachte, um die Verhältnisse in dem „neuen Ländchen" an jene Preußens anzupassen. Er wollte den Lauenburgern Zeit lassen, bis sie von sich aus die Vorteile einer Realunion mit Preußen erkennen würden. Forderungen des Preußischen Abgeordneten-

---

10 Zu den Details siehe Hansjörg Zimmermann, Die Domanialanleihe. Ein Beitrag zur Finanzgeschichte des Kreises Herzogtum Lauenburg, in: Die Heimat, Jg. 2020, Heft 4-6, S. 86-89.

11 Ebd., S. 88.

hauses, finanziellen Druck gegen das Herzogtum auszuüben, bezeichnete er als „Gewalttat", der er seine Hand nicht bieten wollte. „Die Einverleibung wird von selbst kommen, wenn man ihr Zeit läßt", entgegnete er den Abgeordneten am 9. Januar 1869. Andererseits hat Bismarck keinen Zweifel daran gelassen, dass eine sonderstaatliche Existenz des Herzogtums auf Dauer für ihn nicht in Frage kam – schon gar nicht nach den Ereignissen von 1866.

Als Minister für Lauenburg verstand er sich als Betreiber der Einverleibung und als Anwalt der Interessen der Lauenburger zugleich. Die Lauenburger seien Preußen „freiwillig entgegengekommen", deshalb gelte es, auf ihre Wünsche Rücksicht zu nehmen. An dieser Haltung hielt er auch fest, als er nach 1867 bei den Verhandlungen den Widerwillen der Ritter- und Landschaft zu spüren bekam.

Die erste Vereinbarung hatte nur die Vereinheitlichung des Postwesens seit Dezember 1866 betroffen. Aber schon der nächste Schritt wurde als besonders schmerzhaft empfunden: Auch in Lauenburg wurde die Allgemeine Wehrpflicht (vom Geburtsjahrgang 1842 an) eingeführt. Lauenburg wurde dem Generalkommando des IX. Armeekorps in Altona unterstellt und damit auch eine erste verwaltungsmäßige Verbindung mit der Provinz Schleswig-Holstein hergestellt. Weitreichende Folgen für Lauenburg hatte das Inkrafttreten der Verfassung des Norddeutschen Bundes am 23. Juni 1867. Mit ihm wurde ganz Norddeutschland unter der Führung Preußens vereint. Das bedeutete zwar die Einführung des allgemeinen, gleichen und direkten Wahlrechts für die Wahl des Reichstags im Norddeutschen Bund, nicht aber für die Gremien des Herzogtums. Die Diskrepanz war offenkundig. Die Zugehörigkeit zum Norddeutschen Bund war für Lauenburg auch in finanzieller Hinsicht bedeutsam; denn mit der Vereinheitlichung des Zollgebiets ging eine neue Zollgesetzgebung einher, die am 30. Dezember 1867 wirksam wurde. Damit flossen die Einnahmen aus den Elb- und Transitzöllen, die zuvor einen erheblichen Teil der Landeseinkünfte ausgemacht hatten, dem Bund zu.

In den folgenden Jahren wurde über das Wirksamwerden weiterer preußischer Gesetze im Herzogtum die Annäherung Lauenburgs an Preußen fortgesetzt: Am 1. Februar 1868 trat das Gesetz über die Freizügigkeit in Kraft; es folgte am 12. Februar die Vereinheitlichung von Münzen, Maßen und Gewichten, die Einführung des Allgemeinen Deutschen Handelsgesetzbuches und der Allgemeinen Deutschen Wechselordnung. Danach begannen die Verhandlungen über die Anpassung an die in Preußen übliche Steuergesetzgebung, die sich bis 1872 hinzogen.

Im Lande selbst herrschte ausreichend Realitätssinn, um zu erfassen, dass Lauenburg kein Land, sondern ein Ländchen, ein „kleinster Kleinstaat" war. Die Realunion mit Preußen allein versprach Abhilfe aus vielen Unzulänglichkeiten. Die ersten Anträge, „wirklich preußisch" zu werden, gingen von bäuerlichen und bürgerlichen Vertretern in Lauenburg aus. Sie waren sich der Tatsache bewusst, dass sie über gesicherte Rechte verfügten, konnten aber auch nicht übersehen, dass „die Zeit zu Gericht über die Kleinstaaterei sitzt". Der Adel, aber auch die nichtadligen Gutsbesitzer fürchteten die längst fällige Agrarreform und stimmten deshalb gegen derartige Vorstöße.

Dass besonders die nichtadligen Mitglieder der Ständeversammlung begriffen hatten, in welche Richtung die preußische Politik gehen würde, kommt in einem Antrag des Jahres 1869 zum Ausdruck. Dort heißt es: „daß seit dem Jahre 1867 die politische Lage des Landes sich dadurch wesentlich geändert, daß der Herr Ministerpräsident, Minister für Lauenburg,

Graf v. Bismarck, in der Sitzung des Preuß. Abgeordnetenhauses [...] gesagt habe, daß er die Einverleibung des Herzogthums Lauenburg in die Preußische Monarchie nur als eine Frage der Zeit betrachte, daß er das Eintreten derselben nach seiner Muthmaßung als im vierten Jahre nach der Verbindung des Landes mit der Krone Preußen in Aussicht stelle, und die bisher nicht vollzogene Incorporation, obgleich zu diesem Behufe ein Königlicher Commissair länger als 1 Jahr im Lande weile", dringend erwarte. Man werde von Preußen aus keinen Zwang ausüben, aber es gäbe genügend Druckmittel, vor allem finanzieller Art, die nicht weniger wirksam seien als Zwang. Lauenburg befinde sich in einem zweifelhaften Zustand, der rasch beendet werden müsse. Entgegenkommen könne man nur erwarten, wenn man selbst Entgegenkommen zeige. Es sei dringend an der Zeit, Verhandlungen aufzunehmen.[12]

Als Schleswig-Holstein eine preußische Provinz wurde, eingeteilt in 20 Landkreise (Verordnung vom 22. September 1867), hatten die Verhandlungen über die Inkorporation des Herzogtums Lauenburg in den preußischen Staatsverband noch nicht einmal begonnen. Eine „Ständische Incorporations-Commission" war 1869 gebildet worden und hatte u. a. den Auftrag, einen „kommunalständischen Etat" zu erstellen. Dabei ergab sich, dass zentrale Probleme noch völlig ungeklärt waren, so die Frage, an welche preußische Provinz Lauenburg anzuschließen sei. Auch die Dauer der Übergangszeit, die Einzelheiten bezüglich der Finanzen, der Justiz und der Verwaltung waren noch weitgehend offen.

Dass es auf einen Anschluss an Schleswig-Holstein hinauslaufen würde, war den Verfassern des „kommunalständischen Etats" durchaus bewusst. Bemerkenswert ist aber gleichwohl die Feststellung: „Das Herzogthum Lauenburg kann seiner Lage nach nur mit Hannover oder Schleswig-Holstein vereinigt werden. Für den Anschluss an erstere Provinz sprechen mancherlei in Lauenburg lebende Erinnerungen an die im Allgemeinen glückliche Zeit seiner Verbindung mit dem Kurfürstenthum Hannover, während nur wenig Sympathien mit Schleswig-Holstein im Lande vorhanden sind".[13]

Die Ereignisse der Jahre 1870 und 1871 waren nicht dazu angetan, lauenburgische Sonderrechte zu stabilisieren. Die nationale Begeisterung machte nicht Halt an den Grenzen des „Ländchens". Die Bereitschaft, auch die preußische Einkommensteuer zu zahlen, wuchs in dem Maße, wie sich die Bildung eines großen Deutschen Reiches abzeichnete.

Der nächste Schritt beim Integrationsprozess war die Justizreform, die am 4. Dezember 1869 mit einem Gesetz eingeleitet wurde, das zunächst auf eine Straffung der Gerichtsinstanzen ausgerichtet war, um schließlich die in Preußen übliche Trennung von Verwaltung und Rechtspflege sowie von Strafrecht und Strafverfahren auch in Lauenburg einzuführen und darüber hinaus die Aufhebung der Privatgerichtsbarkeit durch die Gutsherren zu bewirken.

Ziel war es, die Gleichheit vor dem Gesetz für alle Untertanen/Bürger des Landes zu garantieren. Voraussetzung dafür waren die Auflösung des Hofgerichts, die Aufhebung der Zivilgerichtsbarkeit des Konsistoriums, die Abschaffung der Gerichtsbarkeit der Ämter und der Adligen Gerichte. An die Stelle der alten Justizeinrichtungen traten fünf Amtsgerichte, und zwar in Ratzeburg, Steinhorst, Mölln, Schwarzenbek und Lauenburg. Als Berufungsinstanzen wurden das Appellationsgericht in Kiel und das Oberappellationsgericht in Berlin festgelegt. Zusätzlich zu diesen grundsätzlichen Reformmaßnahmen kam am 14. August

12 Zitiert nach de Vries (wie Anm. 2), S. 43.

13 Der „Kommunalständische Etat für das Herzogtum Lauenburg": Landesarchiv Schleswig, Abt. 210, Nr. 3714.

1872 ein von den Bauern seit langem ersehntes und von der Ritter- und Landschaft mit gleicher Intensität bekämpftes Gesetz zustande, durch das die Umwandlung des Meier-, Erbzinsen- und Erbpachtverhältnisses in bäuerliches Eigentum erfolgte und die Ablösung der tradierten Pflichten und Rechte durch neue Regeln vereinbart wurde. Die alten Abhängigkeitsverhältnisse wurden damit aufgehoben, die seit Jahrhunderten üblichen Abgaben an die Gutsherren oder den Landesherrn abgeschafft und somit die Grundlage für ein freies Bauerntum geschaffen. Für die meisten der kritischen Beobachter des Integrations- und Emanzipationsprozesses, der sich in den Jahren nach 1865 im Herzogtum Lauenburg vollzogen hatte, bedeutete die 1872 erfolgte Aufhebung des Jagdrechts auf fremdem Grund und Boden den definitiven Übergang Lauenburgs von mittelalterlichen in neuzeitliche, „moderne" Strukturen. 1878 und 1881 gab es Ergänzungen, mit denen die letzten Verfügungsbeschränkungen der Bauern auf den von ihnen bewirtschafteten Böden aufgehoben wurden.

Bis zur definitiven Inkorporation Lauenburgs in das Königreich Preußen waren aber noch viele weitere Schritte zu tun. Die Inhaber althergebrachter, „feudaler" Rechte versuchten, möglichst viele von diesen zu retten, während die Kritiker derartiger Privilegien daran interessiert waren, sich über die Anpassung an preußische Verhältnisse von diesen zu befreien. Die Vertreter des preußischen Staates hatten die Aufgabe, die im Lauenburgischen vehement artikulierten konträren Interessen mit dem in Preußen Üblichen durch vernünftige Kompromisse in Einklang zu bringen und darüber hinaus den Mehrheitsverhältnissen im preußischen Landtag Rechnung zu tragen, ohne die grundsätzlichen Sympathien des Reichskanzlers für die Besonderheiten des Herzogtums Lauenburg zu ignorieren.

Die Dotation Kaiser Wilhelms an den zum Fürsten ernannten Reichskanzler Otto von Bismarck stellte eine zusätzliche Erschwernis bei den Verhandlungen mit den Vertretern des Herzogtums Lauenburg dar. Der Kaiser trat 1871 den größten Teil (fünf Siebtel) des herzoglichen Domanialvermögens an einen eigenen (nicht mit dem der Provinz Schleswig-Holstein verbundenen) Provinzialfond ab, um dem Reichskanzler den größten Teil des ehemaligen Amtes Schwarzenbek schenken zu können.

70: Am 21. März 1871 verfügte König Wilhelm I. die Dotation des Sachsenwaldes an Otto von Bismarck. Ein Blick auf die Bille, die den Sachsenwald durchfließt.

Die Dotation erfolgte am 21. März 1871; aber erst am 19. Juni wurde jener Vertrag geschlossen, in dem die Übereignung großer Teile des lauenburgischen Domanialvermögens, d. h. des sich im Besitz des Landesherrn befindlichen Grund und Bodens (der „Staatsdomänen"), auf das Herzogtum stattfand. Ausgenommen war jener Teil des Amtes Schwarzenbek, den König Wilhelm I. sich vorbehalten hatte, um die Dotation an Bismarck realisieren zu können. Diese Regelung kam, auf Wunsch der Lauenburger, nicht durch ein Gesetz, sondern durch einen Vertrag zwischen Preußen und dem Herzogtum zustande. Sie bekam Bedeutung, als fünf Jahre später die Realunion mit Preußen verabredet

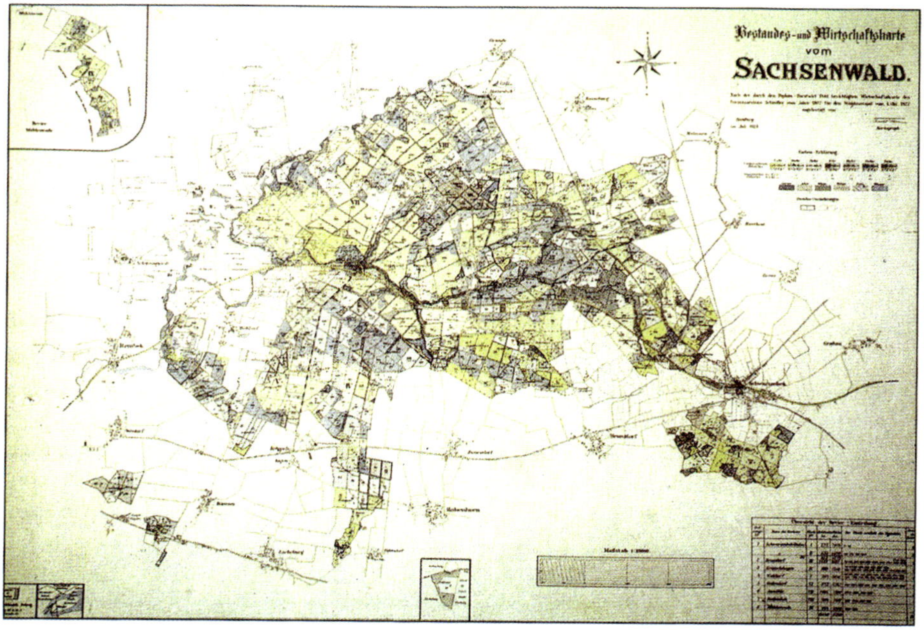

71: Karte des Sachsenwaldes. Er war das Geschenk Kaiser Wilhelms I. an Otto von Bismarck für dessen Verdienste bei der Reichseinigung von 1871. Das Herzogtum Lauenburg hatte für die Kosten aufzukommen.

wurde. Zuvor war am 7. Dezember 1872 das Gesetz über die Gründung des Lauenburgischen Landeskommunalverbandes erlassen worden, dem die Verwaltung des Domanialvermögens übertragen wurde. An dieser Regelung änderte sich auch mit der Vereinigung 1876 nichts; das bedeutete eine Sonderstellung des Kreises Herzogtum Lauenburg über die Integration in die Provinz Schleswig-Holstein hinaus. Es darf aber nicht unerwähnt bleiben, dass in diesem Gesetz auch festgelegt wurde, welche Pflichten aus den gewonnenen Vermögenswerten erwuchsen: die Rückzahlung der Schulden an Österreich, die Besoldung der Beamten, die Unterhaltung der Lauenburgischen Gelehrtenschule in Ratzeburg und der Hospize, die Erhaltung der Straßen und Wege und des Stecknitzkanals, das Armenwesen und die Besoldung der dem landesherrlichen Patronat unterstehenden Geistlichen und Lehrer. Insgesamt gelang es den Lauenburgern aber, ihr Vermögen vor dem Zugriff durch den preußischen Staat zu schützen und sich damit eine große Zahl von Sonderrechten zu sichern.

Die Bereitschaft, manchem preußischen Druck nachzugeben, wurde dadurch erhöht, dass mit der Integration in den preußischen Staat nicht nur neue Stellen geschaffen wurden, sondern auch zahlreiche Baumaßnahmen verbunden waren. Wenn die Verteidigung tradierter Positionen und die Aussicht auf Profite bei Investitionen in vermeintliche oder tatsächliche Zukunftsprojekte miteinander konkurrieren, haben die Verfechter der Tradition nur geringe Chancen. Das zeigte sich auch im Herzogtum Lauenburg während der Jahre nach 1871. Dabei gilt es allerdings anzumerken, dass die Positionen der lauenburgischen Traditionalisten weder dazu angetan waren, die Unterstützung einer Mehrheit in der Bevölkerung der 70er Jahre des 19. Jahrhunderts noch die Sympathie späterer Generationen zu gewinnen. Denn die Einführung der preußischen Polizeiverwaltung und die Durchset-

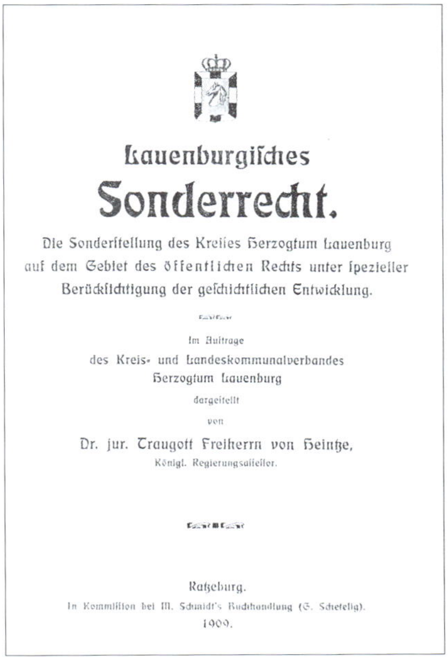
Lauenburgisches
Sonderrecht.
Die Sonderstellung des Kreises Herzogtum Lauenburg auf dem Gebiet des öffentlichen Rechts unter spezieller Berücksichtigung der geschichtlichen Entwicklung.
Im Auftrage
des Kreis- und Landeskommunalverbandes
Herzogtum Lauenburg
dargestellt
von
Dr. jur. Traugott Freiherrn von Heintze,
Königl. Regierungsassessor.
Ratzeburg.
In Kommission bei M. Schmidt's Buchhandlung (G. Schetelig).
1909.

72 a + b: Die besonderen Rechtsverhältnisse des Kreises Herzogtum Lauenburg hat Traugott Frhr. von Heintze in seinem 1909 veröffentlichten Werk „Lauenburgisches Sonderrecht" publiziert.

zung der städtischen Selbstverwaltung waren geringe Veränderungen im Vergleich zu jenen, die als Aufhebung von Relikten einer Feudalordnung anzusehen sind: die Abschaffung der Jagd auf fremdem Boden und die Revision des Meierrechts und der Erbpacht. Die Ritterschaft lehnte zwar die Reformen ab, die auf eine Ablösung althergebrachter bäuerlicher Pflichten (Servituten) zielten, konnte sie aber schließlich doch nicht verhindern. Das bedeutete, dass am Ende des 19. Jahrhunderts das Feudalzeitalter auch im Herzogtum Lauenburg beendet war. Der preußische Druck hatte eine Sozialrevolution im Kleinen zur Folge, und zwar eine „Revolution von oben". Seit 1872 war die Position der Lauenburgischen Ritter- und Landschaft deutlich geschwächt. Die Standpunkte des Adels hatten sich als so reaktionär erwiesen, dass eine Berücksichtigung derselben kaum noch zu verantworten war. Es war nicht übertrieben, wenn Bismarck im Kreistag zu Ratzeburg 1891 ausführte: „Wenn der lauenburgische Bauernstand die Verhältnisse vor 20 Jahren mit denen von jetzt vergleicht, so muß er, wenn er unparteiisch urteilen will, Seiner Majestät Kaiser Wilhelm I. von Herzen dankbar sein."[14]

Im Herbst 1874 legte Bismarck schließlich eine härtere Gangart ein: Er zog die Verhandlungen über den künftigen Status Lauenburgs nach Berlin. Die Ritter- und Landschaft sollte einen Vertreter (plus Stellvertreter) benennen. Die entscheidenden Verhandlungen fanden im März 1875 in Berlin statt, mit dem Ergebnis des „Gesetzes, betreffend die Vereinigung des Herzogtums Lauenburg mit der Preußischen Monarchie", dessen Artikel I lautet: „Das

14 E. Opitz, Das Herzogtum Lauenburg (wie Anm. 3), S. 162.

73: Traugott Freiherr von Heintze

Herzogtum Lauenburg wird mit der preußischen Monarchie vom 1. Juli 1876 ab für immer vereinigt. Mit demselben Tage tritt die Preußische Verfassung daselbst in Kraft."[15]

Das klingt simpel und überzeugend zugleich. Tatsächlich bedeutete es aber: Anschluss an Schleswig-Holstein, Aufhebung des Lauenburgischen Konsistoriums (nicht aber der Kirchenordnung von 1585), Übernahme sämtlicher Staatsbeamten und die Fortführung der bisherigen Verwaltung des Domanialvermögens. Der Wunsch, die neue preußische Provinz „Schleswig-Holstein-Lauenburg" zu nennen, wurde nicht erfüllt; aber Bismarcks Vorschlag, das „Ländchen" als „Kreis Herzogtum Lauenburg" in die Provinz Schleswig-Holstein zu integrieren, fand am 8. April 1875 auch die Zustimmung der Lauenburgischen Ritter- und Landschaft, die selbst ihrem Ende als Ständevertretung entgegensah. Mit dem 1. Oktober 1882 lösten Kreistag und Kreisausschuss die antiquierte Herrschaft der Ritter- und Landschaft ab. Seit 1886 verwaltete der Kreisausschuss auch das Domanialvermögen und nahm die ehemals landesherrlichen Patronatsrechte wahr.

Am 3. Juni 1876 teilte Erblandmarschall von Bülow dem Landrat in Ratzeburg, Graf Bernstorff, mit, „daß die Ritter- und Landschaft in ihren beiden Sitzungen am 2. und 3. d. M. [Juni] den gedachten Gesetz-Entwurf einer wiederholten Beratung unterzogen und bei der Abstimmung darüber in beiden Sitzungen diesen Gesetz-Entwurf in der vorgelegten Fassung jedes Mal einstimmig angenommen hat".

Die Veröffentlichung der Beschlüsse im „Officiellen Wochenblatt" wurde am 25. Juni angeordnet und erfolgte am 26. Juni 1876. Bismarck hätte selbst den Vereinigungstermin vom 1. Juli 1876 verschoben, wenn mit diesem ein ungebührlicher Druck auf die gewählten Vertreter des Herzogtums Lauenburg verbunden gewesen wäre. Tatsächlich gelang es ihm aber durchzusetzen, dass unter dem 23. Juni 1876 in jedem der beiden Staaten das in den üblichen Formen der Landesgesetzgebung zustande gekommene „Gesetz betreffend die Vereinigung des Herzogthums Lauenburg mit der Preußischen Monarchie" erging; dies geschah, nachdem der inhaltlich genau übereinstimmende Wortlaut der beiden Gesetze zuvor zwischen den beteiligten Staaten vereinbart worden war.

Dass diese Entwicklung auch im preußischen Abgeordnetenhaus auf viele Vorbehalte stieß, darf nicht unerwähnt bleiben. Da war die Rede von einer „ausgequetschten Zitrone" – wobei nicht Lauenburg, sondern das Königreich Preußen gemeint war –; aber es wurde auch die Warnung vor dem neuen Territorium artikuliert, dessen Bevölkerung zu einem großen Teil „seinen Lebenserwerb in der Schmuggelei gesucht habe".[16]

Nach fast zwölf Jahren intensiver Verhandlungen war das Herzogtum Lauenburg ein preußischer Landkreis in der Provinz Schleswig-Holstein geworden, allerdings ein Kreis der besonderen Art: Der Landeskommunalverband blieb erhalten und hatte die Qualitäten eines eigenständigen Provinzialverbandes. Der Kreis bekam einen Sitz im preußischen Abgeordnetenhaus und einen eigenen Reichstagswahlkreis. Die Behördenorganisation wurde nach einer Übergangszeit an die in Preußen üblichen Strukturen angepasst; so wurde 1882 der Erblandmarschall durch einen Landrat ersetzt. Erster preußischer Landrat war Oskar von

15 Ebd.

16 Zitiert nach de Vries (wie Anm. 2), S. 216.

Dolega-Kozierowski, der von 1882 bis 1897 in Ratzeburg wirkte, bevor er als Regierungspräsident nach Schleswig wechselte; er hatte die längste Amtszeit aller preußischen Landräte in Lauenburg.

Als sich die Lauenburgische Ritter- und Landschaft 1864 dazu entschloss, den preußischen König zu bitten, er möge als Herzog die Landesherrschaft über das kleine Territorium übernehmen, waren die Motive eindeutig: Die Ständevertreter wollten angesichts der sich abzeichnenden Umbrüche die Initiative ergreifen, um die Selbständigkeit des Herzogtums und damit eine weitgehende Absicherung von längst nicht mehr zeitgemäßen Privilegien zu retten. Diese Absicherung suchten sie bei der stärksten politischen Kraft in Norddeutschland. Die Lauenburger stießen bei König Wilhelm und beim preußischen Ministerpräsidenten Otto von Bismarck zwar auf Entgegenkommen, aber nicht auf die Bereitschaft, Garantien für die Perpetuierung eines Ständestaates abzugeben. Die Form der Personalunion sicherte Lauenburg aber eine andere Behandlung zu als den Herzogtümern Schleswig und Holstein. Bismarck hielt es für angebracht, das Vertrauen der Lauenburger mit diplomatischer Courtoisie und viel Geduld zu honorieren, hat aber zu keiner Zeit ernsthaft in Erwägung gezogen, das Herzogtum Lauenburg als anachronistischen Ständestaat innerhalb der preußischen Monarchie zu bewahren. Keinem der neuerworbenen Territorien hat Bismarck so viel Verständnis für überkommene Eigenheiten entgegengebracht wie dem Herzogtum Lauenburg. Dabei hat er sich offenbar als Vermittler zwischen den allzu großen Uniformierungsbestrebungen der Ministerialressorts wie der Liberalen im preußischen Parlament und den partikularen Tendenzen gewisser lauenburgischer Kreise gefühlt.

Inwieweit die Tatsache, dass der Reichskanzler nach der ihm zuteilgewordenen Dotation mit weiten Teilen des Amtes Schwarzenbek Besitzer eines Rittergutes in Lauenburg geworden war, Einfluss auf die Verhandlungen hatte, ist schwer auszumachen. Die den Lauenburgern gewährten Sonderrechte sind zwar bemerkenswert, haben aber – gemessen an den grundsätzlichen Veränderungen – nur wenig Gewicht.

Am Ende blieb von der einstigen Selbständigkeit mit jahrhundertelanger Tradition nur der Name: „Kreis Herzogtum Lauenburg“. Die Integration in die Provinz Schleswig-Holstein vollzog sich schneller, als angesichts der historischen Vorbehalte gegenüber dem Nachbarn im Westen zu vermuten war. So wie die Schleswig-Holsteiner fanden auch die Lauenburger ihre neue Identität mehr im Deutschen Reich als in der Zugehörigkeit zu Preußen. Darüber hinaus wuchsen die drei Elbherzogtümer so schnell zu einer Einheit zusammen, dass jenes Bewusstsein für die eigenständige historische Entwicklung, das bei den Verhandlungen von 1864 bis 1876 noch eine große Rolle gespielt hatte, schon nach wenigen Jahrzehnten verlorenging, auch und gerade bei den Lauenburgern selbst.

IX. Ein Blick auf die Wirtschaftsgeschichte und den Beginn der Industrialisierung im Herzogtum Lauenburg

1. Von den Anfängen bis ins 19. Jahrhundert

Eine befriedigende Geschichte der Industrialisierung des Kreises Herzogtum Lauenburg ist bisher so wenig geschrieben worden wie eine solche der Land- und Forstgeschichte. 2001 erschien das Buch „Zwischen Stillstand und Wandel. Der besondere Weg des Kreises Herzogtum Lauenburg in die Moderne".[1] In diesem umfangreichen und anspruchsvoll gestalteten Werk hätte man Beiträge zum Aufbruch in die Moderne nach 1865 erwarten dürfen. Es gibt aber nur Andeutungen. Alfred Nobel wird nicht einmal erwähnt. Der Schwerpunkt des Buches liegt auf den Jahren nach 1945; die Vorgeschichte wird nur unzureichend vermittelt. Dabei bietet auch sie Spezifika, die es verdienen, hervorgehoben zu werden.

Die Geschichte der Land- und Forstwirtschaft ist viel älter als die der Industrie. Warum hat sie in den Arbeiten zur lauenburgischen Geschichte so eine geringe Rolle gespielt? Teilweise einfach deshalb, weil sie nichts spezifisch Lauenburgisches darstellt. Was sich hier über Jahrhunderte entwickelt hat, weicht kaum von dem ab, was sich in anderen Teilen Norddeutschlands vollzogen hat. Ein paar Besonderheiten gibt es aber doch: Sie bestehen in dem Bereich, den man heute „Logistik" nennt.

Das Herzogtum Lauenburg war stets ein Land des Transits, d. h., Waren, die von Nord nach Süd (und umgekehrt) oder von West nach Ost (und umgekehrt) bewegt werden mussten, hatten das kleine Territorium zu Lande oder zu Wasser zu passieren. Das schuf eine wirtschaftliche Komponente, die zwar auch in anderen Territorien vorhanden war, aber im Lauenburgischen zu ganz besonderen Entwicklungen geführt hat. Die Wirtschaftshistoriker haben eine eigene Strukturierung der Geschichte vorgenommen, indem sie drei Sektoren voneinander unterscheiden: Den primären Sektor macht die Landwirtschaft aus, in dem bis 1800 ca. 62 % der Bevölkerung beschäftigt waren. Den sekundären Sektor bilden Gewerbe und Bergbau, in dem 1800 ca. 21 % der Bevölkerung tätig waren. Den dritten Sektor bilden die Dienstleistungen; hier waren um 1800 nur etwa 17 % der Bevölkerung Deutschlands beschäftigt.

Entsprechende Zahlen für das Herzogtum Lauenburg liegen nicht vor. Man darf aber annehmen, dass bei einer Analyse hier eine leichte Verschiebung zugunsten des Primärsektors erfolgt wäre.

Tatsache ist: „In dem betont land- und forstwirtschaftlich orientierten Herzogtum Lauenburg spielte die gewerbliche Wirtschaft lange Zeit eine geringe Rolle." Dies stellte Hermann Presse in einem Band „Kreis Herzogtum Lauenburg. Landschaft. Geschichte. Wirtschaft", der von der Kreisverwaltung herausgegeben wurde und 1959 erschienen ist,

---

1 William Boehart u. a. (Hrsg.), Zwischen Stillstand und Wandel. Der besondere Weg des Kreises Herzogtum Lauenburg in die Moderne. Schwarzenbek 2001.

74: Mit dem Eisenbahnbau begann auch im Lauenburgischen das industrielle Zeitalter.

fest.[2] Sein Beitrag gibt weitere Auskunft: Bis in die 30er Jahre des 20. Jahrhunderts gab es im Landkreis im Wesentlichen nur Betriebe, die ihre Rohstoffe aus der Land- und Forstwirtschaft und dem Boden bezogen, wie Mühlen, Brennereien, Sägewerke, Ziegeleien und Kieswerke. Auch die Schiffswerften im Süden des Kreises stützten sich ursprünglich auf das im Kreis anfallende Holz. Außerhalb dieses Rahmens standen ein bedeutender Rüstungsbetrieb in Geesthacht, eine Schraubenfabrik in Schwarzenbek und eine Eisengießerei in Mölln. 1939 waren in dem Kreis 51 Industriebetriebe (mit mehr als 10 Beschäftigten) mit insgesamt 3500 Arbeitskräften (ohne die Rüstungsbetriebe in Geesthacht) ansässig. Nach dem Krieg, eigentlich so recht erst nach der Währungsreform im Jahre 1948, stieg die Zahl der Industriebetriebe und damit die Zahl der in der Industrie Beschäftigten erheblich an. Heute weist der Kreis 300 Industriebetriebe mit mehr als 9000 Arbeitskräften auf und liegt damit unter den Landkreisen Schleswig-Holsteins hinter den Kreisen Pinneberg und Rendsburg an dritter Stelle.

Hermann Presse wurde deshalb so ausführlich zitiert, weil sein Text typisch ist für all das, was danach veröffentlicht wurde. Ziegeleien und Zündholzfabrikationsstätten werden hervorgehoben, nicht aber Alfred Nobel mit seiner chemischen Fabrik auf dem Krümmel, die Nitroglyzerin und später Dynamit produzierte und innerhalb weniger Jahre nicht nur zum erfolgreichsten Industrieunternehmen im Herzogtum Lauenburg, sondern zu einem Weltunternehmen wurde.

2 Kreis Herzogtum Lauenburg. Landschaft. Geschichte. Wirtschaft, hrsg. von der Kreisverwaltung. Oldenburg (Oldb.) 1959.

Das Herzogtum Lauenburg gehörte zu den Gebieten der Ostkolonisation und wurde deshalb auch durch Waldrodung erschlossen. Land- und Forstwirtschaft waren deshalb zwar im Mittelalter und in der Frühen Neuzeit dominierend. Aber von „Forstwirtschaft" kann vor 1700 keine Rede sein, denn erst in hannoverscher Zeit, d. h. nach 1689, wurden die in Hannover geltenden forstwirtschaftlichen Grundsätze auch im Lauenburgischen eingeführt. Sie bestehen darin, dass die Nachhaltigkeit zur Geltung gebracht wurde. Was heute ein Modewort ist, war im 18. Jahrhundert ein wirtschaftlicher Begriff, der besagte, dass nur so viele Bäume gefällt werden dürfen, wie neue gepflanzt werden. Was für den Harz, wo viel Holz gefällt wurde, um im Bergbau verwendet zu werden, und in der Lüneburger Heide, wo der Wald vernichtet wurde, um Feuerung für die Lüneburger Salinen zu gewähren, galt, sollte auch in den neu hinzugewonnenen Gebieten, also auch in Lauenburg, gelten. Seit dem 18. Jahrhundert blieb der Waldbestand im Herzogtum Lauenburg konstant.

Es wurde bereits darauf hingewiesen, dass das Herzogtum Lauenburg stets ein Transitland war. Deshalb spielte der von den Wirtschaftshistorikern definierte zweite Sektor, der mit Gewerbe umschrieben wird, eine große Rolle. Der Transport des Lüneburger Salzes nach Lübeck stellte einen zentralen Wirtschaftsfaktor für das Herzogtum dar. Er erfolgte auf dem Landweg über die „alte Salzstraße" und seit 1398 auf dem Stecknitzkanal, der bis 1900, als er durch den Elbe-Lübeck-Kanal abgelöst wurde, eine wichtige Schifffahrtsstraße zwischen Elbe und Ostsee war. Neben der Landwirtschaft, der Fischerei und Bierbrauerei war also der Transport zu Wasser und zu Lande ein wichtiger Wirtschaftsfaktor vom Mittelalter bis ins 19. Jahrhundert. Hinzu kamen handwerkliche Betriebe, die teilweise über Mühlen betrieben wurden, so z. B. an der Au bei Aumühle, wo mühlengetriebene Hämmer metallverarbeitende Gewerbe ermöglichten.

Otto von Bismarck will um 1865 bei der wirtschaftlichen und verfassungsrechtlichen Einschätzung des Herzogtums Lauenburg mittelalterliche Zustände festgestellt haben. War diese Einschätzung des preußischen Ministerpräsidenten berechtigt? Oder gab es bereits vor dem Übergang unter preußische Herrschaft Anzeichen von wirtschaftlicher Modernisierung, etwa Beispiele für protoindustrielle Entwicklung? Diese gab es tatsächlich. Neben den erwähnten Mühlen an der Au gab es z. B. die seit 1855 betriebene Ziegelfabrik in Buschhorst am Rande Lauenburgs, die über lange Zeit sehr erfolgreich war.

In Deutschland setzt das Industriezeitalter um 1830 mit dem Beginn des Eisenbahnbaus ein. Im Herzogtum Lauenburg wurde 1845 die Berlin-Hamburger und 1851 die Lübeck-Büchener Eisenbahn dem Verkehr übergeben; 1853 erfolgte der Anschluss der Stadt Lauenburg durch eine Stichbahn nach Büchen. Die Weiterführung der Strecke nach Hannover wurde 1864 durch die Trajektanstalt ermöglicht.

Geht man davon aus, dass sich Industrie dort entwickelt, wo auch ein Arbeitskräftepotential vorhanden ist, muss danach gefragt werden, wie es sich damit im Herzogtum Lauenburg um die Mitte des 19. Jahrhunderts verhielt. Tatsächlich gibt es eine Bevölkerungszunahme in den Jahren von 1840 bis 1867. In den Städten lebten 1840 6612 Menschen, 1867 waren es 9300. Im Landgebiet betrug die Zunahme wie folgt: 1840 – 38.730, 1867 – 40.619. Die Städte Ratzeburg, Mölln und Lauenburg erfuhren einen größeren Zuwachs als die Landgebiete. Ob die Gründe für diese Entwicklung mit dem Eisenbahnbau zusammenhängen, ist ungewiss. Denn auch die Veränderungen beim Militär dürften eine Rolle gespielt haben. Bemerkenswert ist aber, dass es im Herzogtum eine Nord-Süd-Wanderung gegeben hat.

Die Ämter Lauenburg und Schwarzenbek entwickelten mehr Wirtschaftskraft und zogen deshalb Arbeitskräfte aus dem Norden an.

Mit diesen Ausführungen wurde versucht, strukturelle Entwicklungen im Wirtschaftswesen Lauenburgs zu skizzieren. Jetzt gilt es, auf Entwicklungen hinzuweisen, die mit dem Anschluss an Preußen verbunden sind, und zwar primär auf dem Gebiet der Wirtschaft.

Wenn im 19. Jahrhundert Begriffe wie Fabrik oder Fabrikant verwendet wurden, ist zu bedenken, dass sich dahinter oft Handwerksbetriebe verbergen, deren Besitzer Maschinen einsetzten und sich deshalb Fabrikanten nannten. Das gilt für die Hammermühlen bei Aumühle genauso wie bei den Ziegeleien und Töpfereien.

Eine Analyse der Adressbücher des Herzogtums für die Jahre 1838 bis 1872[3] ergibt 98 Fabriken. Nach 1859 ist ein deutlicher Anstieg zu verzeichnen. Großbetriebe befinden sich nicht darunter. Erst nach 1865 setzte eine Industrialisierung ein. Ein wichtiger Impuls kam aus Schweden.

2. Alfred Nobel und die Anfänge der chemischen Industrie

Die Familie Nobel hatte sich erfolgreich um die Entwicklung eines möglichst effektiven Sprengmittels bemüht und dazu verschiedene Experimente unternommen. Am 3. September 1854 kam es zu einer Katastrophe: Bei dem Versuch, aus Nitroglyzerin ein Sprengöl zu entwickeln, wurde das Labor der Nobels in Helenenborg in Schweden völlig zerstört, fünf Menschen kamen zu Tode. Die Nachricht über diesen Unglücksfall verbreitete sich europaweit. Gleichwohl nahm das Interesse am Einsatz von Nitroglyzerin weltweit zu. Die Nobels konnten Patente anmelden und sich überall in der Welt positionieren. Vor allem Alfred Nobel war erfolgreich bei der Einwerbung internationaler Aufträge.

Das Interesse am Sprengstoff Nitroglyzerin war groß, doch die Bereitschaft, die Produktion einer so gefährlichen Substanz in seiner Nachbarschaft zu gestatten, war gering. Deshalb suchte Alfred Nobel in Norddeutschland nach Plätzen, an denen er die Produktion seines „Sprengoels" in geeigneter geographischer Lage und unter politisch günstigen Bedingungen würde einrichten können.

Hamburg und seine Umgebung erschienen ihm besonders attraktiv. Im Frühjahr 1865 reiste er zu Besprechungen nach Hamburg, am 21. Juni 1865 wurde die Firma „Alfred Nobel & Co." – mit einem Kapital von 30.000 Talern – in das Hamburger Handelsregister eingetragen, Kompagnons zu finden, war nicht schwer. Als kompliziert erwies es sich aber, ein geeignetes Grundstück für die Errichtung einer Sprengstoff-Fabrik aufzutreiben.[4] Erste Ver-

3 Eine solche hat Hansjörg Zimmermann vorgenommen: Überblick über Gewerbe in Lauenburg unter industriellen Aspekten 1800–1870, in: Jürgen Brockstedt (Hrsg.), Frühindustrialisierung in Schleswig-Holstein, anderen norddeutschen Ländereien und Dänemark (= Studien zur Wirtschafts- und Sozialgeschichte Schleswig-Holsteins, Bd. 5). Neumünster 1983, S. 125.

4 Vgl. Wolf-Rüdiger Busch, „Ein Unglück kommt selten alleine ..." Über die Entstehung und Entwicklung der Nobelschen Sprengstofffabriken in Krümmel 1865–1896, in: William Boehart und W.-R. Busch (Hrsg.), Ein Traum ohne Ende. Beiträge über das Leben und Wirken Alfred Bernhard Nobels aus dem Jubiläumsjahr 2001 in Geesthacht. (= Veröffentlichungen des Hamburger Arbeitskreises für Regionalgeschichte, Bd. 14, und des Stadtarchivs Geesthacht, Bd. 13). Münster 2004, S. 103 ff.

75: Alfred Nobel eröffnete 1865 mit der Errichtung seiner Nitroglyzerin-Fabrik auf dem Krümmel das Tor für die chemische Industrie im Herzogtum Lauenburg.

suche, ein solches Gelände in der Nähe von Harburg (in Langenbek) zu finden, waren gescheitert. Wie kam der Krümmel im südwestlichsten Zipfel des Herzogtums Lauenburg in die enge Wahl?

Alfred Nobel konnte von Schweden aus die geographischen Gegebenheiten im Umfeld Hamburgs im Einzelnen nicht kennen. Wie er die besonders günstige Lage des Krümmels entdeckt hat, wissen wir nicht. Dass Hamburg aus wirtschaftlichen Gründen zum Ort einer Firmengründung werden müsste, war Nobel von Anfang an klar. Aber ihm war auch bewusst, dass die Hansestadt nicht infrage kam, um dort eine Produktionsstätte für gefährliche Sprengstoffe zu errichten. Wo in der Nähe des Hamburger Hafens war ein geeigneter Standort zu finden?

Ein solcher musste nicht nur geographisch passen, sondern brauchte auch politisch einen günstigen Hintergrund. Die Situation im Lauenburgischen lieferte 1865 beides.

Der Deutsch-Dänische Krieg von 1864 hatte dazu geführt, dass Dänemark bedeutende Verluste in Kauf nehmen musste: Es verlor im Frieden von Wien (30. Oktober 1864) die Herzogtümer Schleswig, Holstein und Lauenburg, die es an Preußen und Österreich abtreten musste. Darüber hinaus endete sein Status als dänischer Gesamtstaat, den es im 18. Jahrhundert gewonnen und der es in den Rang einer wirtschaftlichen Großmacht erhoben hatte.

Während Schleswig und Holstein zunächst von Österreich und Preußen gemeinsam regiert wurden, hatte Bismarck als preußischer Ministerpräsident dafür gesorgt, dass das Herzogtum Lauenburg unter preußische Kontrolle kam.

Darüber, wie die Integration in den preußischen Staatsverband erfolgen sollte, setzten langjährige Debatten ein. Das kleine Herzogtum blieb auch unter König Wilhelm I. selbständiges Mitglied des Norddeutschen Bundes, befand sich also in einer politisch uneindeutigen Lage.

Lauenburg war 1865 ein landwirtschaftlich bestimmtes Land. Nur in den wenigen Städten gab es ein Bürgertum, das Anschluss an die Entwicklung im übrigen Deutschland suchte. Vertreter dieses Bürgertums gewannen Einfluss auf die Entscheidungen der Stände und so ergab sich eine Stimmung, die zwischen Beharren am Überkommenen und dem Wunsch nach Aufbruch in eine neue Zukunft changierte. Und genau in dieser Phase des Übergangs der politischen und wirtschaftlichen Verhältnisse des Herzogtums Lauenburg kam Alfred Nobel nach Hamburg, um im Umfeld von dessen Hafen einen geeigneten Ort für die Produktion von Nitroglyzerin zu suchen.

In Ratzeburg hatte er es mit Politikern zu tun, die den Anschluss an Preußen gesucht hatten, um wirtschaftliche Verbesserungen herbeizuführen. Es spricht vieles dafür, dass Nobel genau diese Situation nutzte, um seine Fabrikationsstätte hier zu etablieren. Dass andere Orte so etwas in ihrer Nähe nicht haben wollten, hatte er ja bereits in Schweden erfahren.

Hamburg gehörte nicht zum Deutschen Zollverein, in dem Preußen eine zentrale Rolle spielte. Die Entscheidung der Lauenburger für den preußischen König als neuen Landes-

76: Luftaufnahme der GKSS in Geesthacht-Krümmel (Stadtarchiv Geesthacht)

herrn war zwar nicht automatisch mit der Zugehörigkeit zu dieser Union verbunden; doch der Anschluss war nur eine Frage der Zeit; er erfolgte tatsächlich 1868.

In Hamburg fand Alfred Nobel die wirtschaftliche und juristische Unterstützung für sein Vorhaben. Die Schweden Wilhelm und Theodor Winckler und der Anwalt Eduard Christian Brandmann waren die Türöffner zum Finanzmarkt in der Hansestadt.

Ob Alfred Nobel die politischen Umstände, in denen sich das Herzogtum Lauenburg befand, tatsächlich ausgenutzt hat, um dort seine Fabrik zu gründen, ist nicht eindeutig zu belegen. Die Annahme, dass er es getan hat, ist aber nicht substanzlos, wie die Anfänge der Sprengstofffabrikation auf dem Krümmel belegen.

Als Alfred Nobel 1865 um die Genehmigung warb, auf dem Krümmel Sprengmittel zu produzieren, tat er so, als sei das von ihm entwickelte Verfahren geradezu harmlos. In seinem Antrag formulierte er: „Die Herstellung dieses Oels geschieht im kalten Wege, ohne Feuer, also auch ohne Oefen und deshalb weder für die Vegetation noch für die Gesundheit der benachbarten Bewohner irgendwie schädlich oder gefährlich." Nobel verschwieg die Unfälle, die sich zuvor ereignet hatten, und versuchte auch in den folgenden Passagen seines Antrags den Eindruck zu erwecken, als handele es sich bei seinem Vorhaben um eine „ganz normale Fabrik". Allerdings weist er dezidiert darauf hin, dass der Ort, an dem die Anlage entstehen solle, fernab von Wohngebieten gelegen sei. Am Ende des „Gesuchs" werden Argumente genannt, die auch heute in vergleichbaren Fällen geltend gemacht werden: Es werde „durch den sehr bedeutenden Verbrauch von Körben, Holz, Blech, Glaswaaren etc., ferner durch die Transporte den Bewohnern von Lauenburg dauernde Gelegenheit zu gutem Verdienst gegeben". Dass auch Nobel von diesem bis heute praktizierten Druckmittel Gebrauch gemacht hat, wurde bisher in der überwiegend hagiographischen Literatur über Nobel verschwiegen.

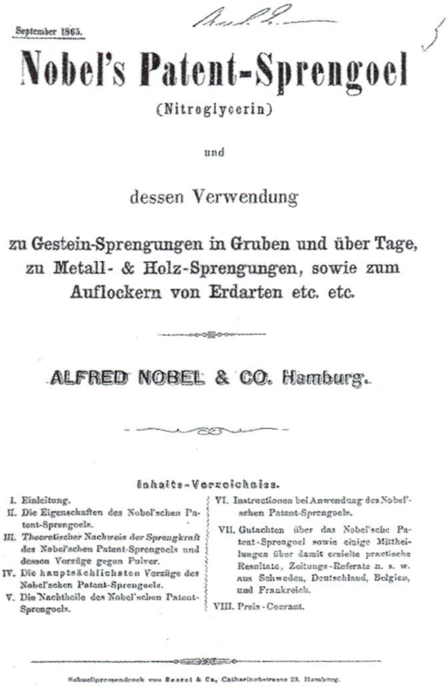

September 1865.

Nobel's Patent-Sprengoel

(Nitroglycerin)

und

dessen Verwendung

zu Gestein-Sprengungen in Gruben und über Tage, zu Metall- & Holz-Sprengungen, sowie zum Auflockern von Erdarten etc. etc.

ALFRED NOBEL & CO. Hamburg.

Inhalts-Verzeichniss.

I. Einleitung.
II. Die Eigenschaften des Nobel'schen Patent-Sprengoels.
III. Theoretischer Nachweis der Sprengkraft des Nobel'schen Patent-Sprengoels und dessen Vorzüge gegen Pulver.
IV. Die hauptsächlichsten Vorzüge des Nobel'schen Patent-Sprengoels.
V. Die Nachtheile des Nobel'schen Patent-Sprengoels.
VI. Instructionen bei Anwendung des Nobel'schen Patent-Sprengoels.
VII. Gutachten über das Nobel'sche Patent-Sprengoel sowie einige Mittheilungen über damit erzielte practische Resultate, Zeitungs-Referate u. s. w. aus Schweden, Deutschland, Belgien, und Frankreich.
VIII. Preis-Courant.

Schnellpressendruck von Bessel & Co., Catharinenstrasse 23. Hamburg.

77: Alfred Nobel fügte seinen Anträgen bei der Suche nach einem Ort für die Produktion von Nitroglyzerin eine Beschreibung der Herstellung und der Verwendung seines „Sprengoels" bei, so auch im Falle des Krümmels.

Die im Landesarchiv Schleswig erhaltenen Akten[5] vermitteln Erkenntnisse, die differenzierte Einblicke in die Anfänge der Produktion auf dem Krümmel erlauben. In keinem der von Nobel gestellten Anträge ist von der Möglichkeit einer militärischen Nutzung die Rede. Tatsächlich wusste Nobel zu diesem Zeitpunkt aber bereits vom militärischen Interesse an seinen Erfindungen. Die Produktion der Sprengstoffe sollte – ausweislich des dem Antrag beigefügten Prospektes – ausschließlich „zu Gestein-Sprengungen in Gruben über Tage, zu Metall- und Holz-Sprengungen sowie zum Auflockern von Erdarten etc. etc." dienen.

Nobel war sich durchaus bewusst, dass er auch bei dem von ihm gewählten Ort auf Widerstand der Behörden stoßen könnte. Aber angesichts der geographischen Lage war die Gefahr, dass bei eventuellen Explosionen auch in den Nachbargemeinden Schäden würden auftreten können, gering. Dies konnte geltend gemacht werden, falls die Vorgeschichte in Schweden zur Sprache kommen würde.

Der erste Schritt der lauenburgischen Regierung in Ratzeburg nach Eingang des Antrags war die Anforderung eines Berichts des adligen Gerichts in Gülzow. Dieser Bericht, der am 15. Oktober 1865 einging, ist deshalb bemerkenswert, weil er viele Details über das Vorhaben Nobels enthält, die im eigentlichen Gesuch an die Regierung nicht ausgeführt worden waren. Es wird bestätigt, dass Nobel das Grundstück auf dem Krümmel erworben habe und beabsichtige, dort Sprengöl herzustellen, und zwar auf „kaltem Wege", ein Verfahren, welches mit zahlreichen chemischen Einzelheiten beschrieben wird. Dass es gelegentlich zu Explosionen kommen könne, wird nicht nur als realistisch angemerkt, sondern als wahrscheinlich angesehen, aber nicht als Gefahr für das Umland befürchtet. Vielmehr wird seitens des Gülzower Gutsgerichts die Errichtung der von Alfred Nobel beantragten Fabrik befürwortet, nicht zuletzt auch deshalb, weil der Antragsteller zahlreiche Sicherheitsgarantien abgegeben habe. Ferner werden Prognosen formuliert mit Blick auf den Beitritt des Herzogtums Lauenburg zum Deutschen Zollverein, dabei sei die Umwandlung einer ehemaligen Lederfabrik in eine moderne chemische Fabrik überaus vorteilhaft: Auch die Schaffung resp. Erhaltung von Arbeitsplätzen wird ins Feld geführt. Der Antrag Nobels wird grundsätzlich befürwortet; es werden nur Haftungs- und Sicherheitsauflagen geltend gemacht.

Auch der lauenburgische „Landphysicus", d. h. der Amtsarzt Dr. Völkerz, musste sich zum Antrag Nobels äußern, und er tat es mit einem Gutachten vom 28. Oktober 1865, in dem er die bereits anderweitig vorgebrachten Sicherheitsvorkehrungen (Wälle etc.) wiederholte und darüber hinaus auch Schutzmaßnahmen für die Arbeiter forderte. Er machte deutlich, dass er über die Substanz, die produziert werden solle, nur wenig Vorstellungen habe.

Am 8. und 20. November wurde Alfred Nobel erlaubt, unter bestimmten Bedingungen die Sprengstofffabrik auf dem Krümmel zu errichten. In kürzester Zeit wurde aus der für

5 Landesarchiv Schleswig (LAS), Abt. 309 Nr. 23138. Hier auch die Quellen der folgenden Zitate.

14.000 Taler erworbenen ehemaligen Lederfabrik eine „moderne" Industrieanlage errichtet, die im Frühjahr 1866 mit 50 Arbeitern ihre Produktion begann. Alfred Nobel hielt sich in dieser Zeit häufig in Krümmel auf, wobei es ihm vor allem darum ging, die Gefahren, die beim Transport seines Produkts entstanden, zu reduzieren.

Auf dem Krümmel-Gelände hat es in den Jahren nach 1866 zahlreiche Explosionen gegeben, die Nobel und seine leitenden Mitarbeiter den Behörden gegenüber stets kleinzureden versuchten. Worin bestand das Problem? Das Sprengöl, d. h. das Nitroglyzerin, war in flüssigem Zustand hochexplosiv und deshalb nur schwer zu transportieren. Aber auch bei der Produktion, die gemessen an heutigen Abläufen in der chemischen Industrie geradezu primitiv war, ereigneten sich stets Unfälle, die dann zu umfangreichen polizeilichen Untersuchungen führten. Die dabei entstandenen Akten erlauben uns heute einen Einblick in die Erfindung des Dynamits.

Die Explosionen, die sich 1866 ereignet hatten, lösten Debatten darüber aus, ob es nicht an der Zeit sei, die Produktion von Sprengöl generell zu verbieten. In einem Gutachten des Gerichts Gülzow wird hervorgehoben, dass die Weiterführung der Produktion auch deshalb geboten sei, weil inzwischen militärische Interessen am „Sprengoel" bestünden. Die Befürchtungen der Nachbargemeinden seien unbegründet.

Alfred Nobel wandte sich mit einem Schreiben, dat. Krümmel, 6. September 1866, an die Regierung in Ratzeburg, in dem er Versäumnisse eingestand, zugleich aber mitteilte, dass es ihm gelungen sei, ein Verfahren zu entwickeln, aus dem explosiven „Sprengoel" ein Material herzustellen, das gefahrlos zu transportieren sei. Das vorhandene „Sprengoel" sei bereits umgewandelt worden. Ohne den Namen zu erwähnen, beschreibt Nobel die Erfindung des Dynamits. Gleichzeitig teilt er mit, dass die Fabrik inzwischen fertig gebaut sei, und bittet um eine Inspektion durch Vertreter der Regierung. Im Oktober 1866 verhandelte Nobel mit einer Versicherung über die Ausdehnung der Versicherungssumme. Auch in dieser Angelegenheit waren das Gericht Gülzow und die Regierung in Ratzeburg beteiligt. Weitere Gutachten wurden eingeholt, immer mit der Tendenz, den Fortbestand der Fabrik zu gewährleisten. Nobel sicherte zu, alle Auflagen zu erfüllen.

Am 20. Oktober 1866 fand die Inspektion der Fabrik statt: In dem Bericht, der im Anschluss verfasst wurde, wird der Ablauf der Fabrikation in fünf Schritten genau beschrieben. Darüber hinaus enthält der 16-seitige Bericht Auskünfte über den neu entwickelten Sprengstoff und seine mögliche Zündung. Dieses Gutachten enthält die wesentlichen Informationen über den Übergang des gefährlichen Nitroglyzerins zum (verhältnismäßig sicheren) Dynamit, zeigt aber auch auf, dass die ratzeburgische/preußische Behörde ein Interesse an der Weiterführung der Produktion von Sprengstoff der nobelschen Art hatte. Zu dieser Zeit wurden die Gefahren – trotz des grundsätzlichen Erfolgs der nobelschen Erfindung – in vielen Ländern als Grund angesehen, die Produktion im eigenen Bereich zu verbieten. Für Nobel kam es also darauf an, den Explosionsstoff in eine Form zu bringen, in der seine Sprengkraft nicht gemindert war, die aber ein leichteres und ungefährlicheres Hantieren gestattete. Es galt also, aus dem flüssigen Nitroglyzerin ein Material zu entwickeln, das in fester Form und gegen Erschütterungen jeder Art unempfindlich war.

Wie dieses genau erfunden wurde, ist noch immer umstritten. Es gibt Berichte, auch solche von Zeugen, die darauf hinweisen, dass die Verbindung von Nitroglyzerin und Kieselgur zufällig entstanden sei, und zwar als Folge einer Nachlässigkeit. Kieselgur sei verwendet worden, um Nitroglyzerinbehälter beim Transport abzufedern. Bei einem dieser

Transporte sei ein Gefäß undicht gewesen, Nitroglyzerin sei auf Kieselgur getropft und dabei nicht explodiert. So könnte es gewesen sein. Aber dass Kieselgur aus der Uelzener Gegend nach dem Krümmel geholt wurde, nur um Behälter abzufedern, ist unwahrscheinlich. Alfred Nobel hat stets darauf bestanden, dass er die Verbindung von Kieselgur und Nitroglyzerin im Zuge von zahlreichen Experimenten mit ähnlichen Stoffen entdeckt habe. Angesichts der Tatsache, dass Nobel auch in den Folgejahren zahlreiche Erfindungen gemacht hat, ist seiner Einschätzung wohl zuzustimmen.

Die ausführliche Behandlung der Gründung einer chemischen Fabrik auf dem Krümmel durch Alfred Nobel und die Darstellung der Erfindung des Dynamits erfolgte deshalb, weil davon ein wichtiger Impuls für die weitere Entwicklung im Prozess der Industrialisierung in Lauenburg ausging. Aus einem kleinen chemischen Betrieb hat sich mit der Erfindung des Dynamits auf dem Krümmel in kürzester Zeit ein industrielles Großunternehmen von Weltruhm entwickelt.

Zahlreiche andere Impulse, die ebenfalls zum Prozess der Industrialisierung des Herzogtums Lauenburg beigetragen haben, waren bescheidener, oft weniger spektakulär, obgleich ebenfalls mit Gefahren verbunden – so die Produktion von Zündhölzern, die für die Wirtschaft der Stadt Lauenburg von Bedeutung war.[6]

Auffällig ist, dass alle Produktionsstätten dieser Art nach 1865 entstanden sind, in jenen Jahren also, als die Regierung in Ratzeburg aus politischen Gründen nach wirtschaftlichen Erfolgen suchte.

Alfred Nobel hat mit der Errichtung seiner Sprengstofffabrik auf dem Krümmel wirtschaftlich und politisch ein Signal gesetzt. Nachdem er dafür gesorgt hatte, dass die Regierung in Ratzeburg sich bereit erklärte, Wirtschaftsunternehmen, und zwar auch und besonders solche, die gefährlich waren, auf dem Gebiet des Herzogtums zuzulassen, wagten es auch andere, sich auf diesem geographisch interessanten und politisch noch nicht festgelegten Territorium anzusiedeln.

3. Die Entwicklung der Verkehrsverbindungen

In der Wirtschaftsgeschichte gilt der Ausbau der Eisenbahn als Voraussetzung und Motor für die Industrialisierung. Das Herzogtum Lauenburg war seit 1846 über die Berlin-Hamburger Eisenbahn an das deutsche Schienennetz angeschlossen; 1851 kamen als Nord-Süd-Verbindung die Lübeck-Büchener und die Büchen-Lauenburger Eisenbahnen hinzu. Nach dem Anschluss an Preußen wurde 1887 die Verbindung zwischen Schwarzenbeck und Bad Oldesloe hergestellt; die Strecken Hagenow–Hollenbek–Ratzeburg (1894), Ratzeburg–Bad Oldesloe (1897) und Mölln–Hollenbek (1899) folgten in kurzen Abständen. 1903 kam noch die Verbindung zwischen Ratzeburg-Land und Ratzeburg-Stadt hinzu. Die meisten der Neubaustrecken nach 1887 waren Staatsbahnen. Der Kreis Herzogtum Lauenburg verfügte also bereits früh über ein gut ausgebautes Eisenbahnnetz. Auch die Straßenverbindungen waren, besonders in der Nord-Süd-Richtung, günstig. Ein großes verkehrspolitisches Ereig-

6 Martin Kleinfeld hat in seiner Doktorarbeit „Die wirtschaftliche Entwicklung der Stadt Lauenburg/Elbe vom 18. bis zum 20. Jahrhundert" auf die verschiedenen Zündholzfabriken und die mit ihnen verbundenen Wirtschaftsunternehmen hingewiesen; die Arbeit erschien im Jahr 2000. Vgl. hier S. 129.

78: Zu der Modernisierung des Verkehrsnetzes in preußischer Zeit gehörte auch die Umwandlung des Stecknitzkanals in den Elbe-Lübeck-Kanal, der 1900 eröffnet wurde. Das Bild zeigt die Berkenthiner Schleuse, die Straßenbrücke und den Eisenbahnviadukt.

nis war die Eröffnung des Elbe-Trave-Kanals am 16. Juni 1900, der den seit 1398 in Betrieb befindlichen Stecknitz-Kanal ablöste. Die Hansestadt Lübeck hatte immer wieder auf einen Ausbau des Kanals gedrängt; auch die Hannoversche Regierung hatte ein Interesse an der Modernisierung des Kanals, der ja mit dem Bau des Schleswig-Holsteinischen Kanals (1777 bis 1784) eine deutlich leistungsfähigere Konkurrenz bekommen hatte. Nachdem man sich über die Aufteilung der Kosten verständigt hatte, begannen die Bauarbeiten 1802, mussten aber 1806 nach dem Einmarsch der Franzosen eingestellt werden. In Frankreich wurden während der Kontinentalsperre Pläne entworfen, den Stecknitz-Kanal in das gigantische Projekt eines „Canal de la Seine à la Baltique" einzubeziehen; daraus wurde nichts. In der dänischen Zeit unterblieben nennenswerte Verbesserungen, weil die Regierung in Kopenhagen bestrebt war, die Verkehrsströme von der Elbe weg nach Norden zu leiten. An Eingaben und Projekten, die dem dänischen König vorgelegt wurden, mangelte es nicht, auch nicht an Hinweisen darauf, dass sich aus einer modernisierten Wasserstraße für das Herzogtum Lauenburg erhebliche Vorteile ergeben würden. Bis zum Ende der dänischen Zeit wurden lediglich die Schleusen erneuert. Der Verkehr ging immer mehr zurück; nach Fertigstellung der Eisenbahn-Verbindung zwischen Lübeck und Lauenburg (1853) verlor der Kanal seine Konkurrenzfähigkeit. Während der letzten Zeit seines Betriebs dauerte die Fahrt mit einem beladenen Kahn über die ganze Strecke in der Richtung Lübeck-Lauenburg neun Tage, in der Gegenrichtung acht Tage; die Leerfahrt nahm zwei Tage weniger in Anspruch. „An Kosten für Linienzieher allein entstanden für das Hinaufschleppen eines beladenen Kahnes von 30 bis 36 Tonnen Tragfähigkeit in der Strecke von Lübeck bis Mölln 30 bis 44 Mark, je nach den mehr oder weniger günstigen Wasserverhältnissen. Bei diesen großen Unkosten war selbstverständlich ein Wettbewerb mit dem Bahnversand nicht möglich."[7]

7 Der Elbe-Trave-Kanal. Zur Eröffnungsfeier am 16. Juni 1900. Lübeck 1900, S. 17.

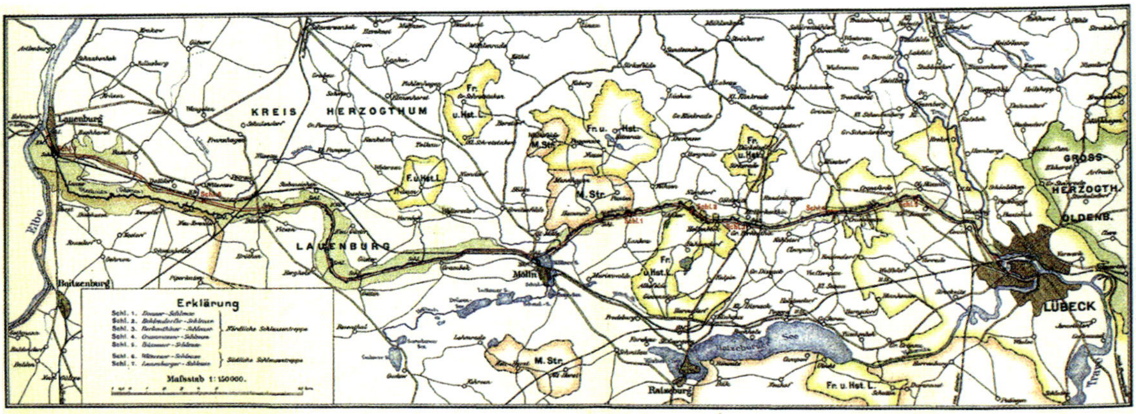

79: Der Verlauf des 1900 eröffneten Elbe-Lübeck-Kanals

1880 wurde der Durchgangsverkehr eingestellt, der Stecknitz-Kanal diente danach fast ausschließlich dem Transport von Brennholz – und von Material für den Bau eines neuen Kanals. Denn es stellte sich bald heraus, dass die Eisenbahn eine leistungsfähige Wasserstraße nicht ersetzen konnte; zudem erkannten die Lübecker Kaufleute, welche bedrohliche Konkurrenz sich aus dem Bau des Kaiser-Wilhelm-Kanals für ihren Ostseehandel ergeben würde. Nachdem Pläne der Jahre 1873 bis 1886 an finanziellen, aber auch politischen Problemen gescheitert waren, fand ein von dem Lübecker Wasserbaudirektor Peter Rehder vorgelegter Entwurf die Zustimmung der beteiligten Staatsregierungen: Am 4. Juli 1893 wurde zwischen Preußen und Lübeck ein Staatsvertrag geschlossen (der Austausch der Ratifikationsurkunden fand ein Jahr später statt). Lübeck übernahm die Bauausführung, die Verwaltung und die Unterhaltung des neuen Kanals und bestritt zwei Drittel der Baukosten. Preußen beteiligte sich mit einem Drittel, höchstens aber 7,5 Millionen Mark, von denen 600.000 Mark vom Kommunalverband des Kreises Herzogtum Lauenburg zu entrichten waren.

Die feierliche Grundsteinlegung für den Elbe-Trave-Kanal fand am 31. Mai 1895 in Lübeck statt, der erste Spatenstich erfolgte am 30. Juli 1896.[8] Der neue, 67 km lange Kanal folgte im Wesentlichen der Strecke des Stecknitz-Kanals; er erhielt sieben Kammerschleusen, 19 Straßen- und Wegebrücken sowie sieben Eisenbahnüberführungen mussten errichtet werden. Entscheidend für den schwierigen Wasserhaushalt war die Senkung der Scheitelstrecke, die in einer Länge von 30 km erfolgte (der „alte Graben" war nur 8 km lang). Die feierliche Eröffnung, die am 16. Juni 1900 im Beisein Kaiser Wilhelms II. stattfand, war zwar weniger prächtig als jene zur Indienststellung des Kaiser-Wilhelm-Kanals am 20. Juni 1895, aber immer noch prunkvoll genug. Der wirtschaftliche Erfolg blieb aber weit hinter den Erwartungen der Betreiber zurück; Gewinne hat er nie abgeworfen. 1913 war er nur zu einem Achtel seiner Kapazität ausgelastet. Doch trotz dieser wirtschaftlich bescheidenen Bilanz darf nicht übersehen werden, dass der Elbe-Trave-Kanal ein wichtiges Teilstück im Netz der Binnenwasserstraßen darstellte, das Lübeck mit Städten wie Hamburg, Magdeburg, Dresden und Berlin verband und von dem Lübecker und Lauenburger Firmen direkt und indirekt

8 Ebd., S. 22 f.

profitierten. 1921 gingen die Binnen-Wasserstraßen aus der Kompetenz der Bundesstaaten in die des Reiches über; Lübeck wurde damit von einer schweren finanziellen Bürde befreit. 1934 erfolgte die Umbenennung in Elbe-Lübeck-Kanal.

80: Vom ehemaligen Nobel-Werk ist nur noch der Wasserturm erhalten. Dieser wurde erst nach dem Tod Nobels gebaut.

Das Land, das seit jeher auf den Transit ausgerichtet war, hatte mit den neuen Verkehrswegen zwar weitere Türen und Tore geöffnet, eine nennenswerte Industrialisierung war damit aber nicht verbunden. Gleichwohl profitierten die Lauenburger von den schnellen Verbindungen und der verbesserten Kommunikation; sie wurden Teil des Deutschen Reiches und ließen die antiquierten und kleinstaatlich geprägten Beschränkungen rasch hinter sich, ohne sich aber mit eigenen neuen Impulsen am Aufbruch der „Gründerzeit" zu beteiligen. Die Wirtschafts- und Sozialordnung blieb bäuerlich und kleinbürgerlich geprägt. Daran änderten die preußischen Beamten und Militärs nur wenig, da auch sie überwiegend den unteren und mittleren Chargen angehörten. Bemerkenswert sind die Veränderungen beim Großgrundbesitz. Nachdem bereits seit Beginn des 19. Jahrhunderts immer mehr ehemals adlige Güter in den Besitz von Bürgerlichen übergangen waren, setzte sich dieser Prozess gegen Ende des Jahrhunderts fort. Wohlhabende Kaufleute aus Hamburg und Lübeck wurden zu Gutsherren, ohne die traditionellen, auf das Patriarchat gegründeten Verpflichtungen gegenüber den Landarbeitern mit zu übernehmen.

Durch die Gewerbeordnung von 1883 erhielten die Handwerker- und Gewerbevereine, die bereits in dänischer Zeit zu erheblichem Einfluss gelangt waren, weitere Bedeutung. Sie sorgten dafür, dass die berufliche Fortbildung an Gewerbeschulen intensiviert wurde. Die von Reichskanzler Otto von Bismarck eingeleitete Sozialgesetzgebung trug darüber hinaus zu einer Besserstellung der Arbeitnehmer bei. Der Prozess der Modernisierung wurde auch durch die Praxis unterstützt, nicht mehr in erster Linie Beamte aus dem eigenen Land, dem alten Indigenatsprinzip folgend, einzusetzen, sondern solche, die sich in den verschiedenen preußischen Verwaltungen bewährt hatten. Der Einfluss des Adels, der bereits zu Beginn des 19. Jahrhunderts in der Kongegration der Ritter- und Landschaft nachgelassen hatte, verlor zusehends an Bedeutung. Lauenburg fand schnell den Anschluss an die bürgerlich geprägte Gesellschaft Preußens des späten 19. Jahrhunderts.

Die günstigen Verkehrsverbindungen kamen vor allem der Landwirtschaft zugute, die auf die wechselnden Bedürfnisse der Verbraucher in den Städten besser reagieren und sich vor allem nach der Einrichtung moderner Molkereien und Schlachthöfe neue Absatzmärkte erschließen konnte. Auch der Fremdenverkehr legte zu, was den Ausbau oder die Neugründung von Gasthäusern zur Folge hatte. Der Wunsch wohlhabender Bürger, neben der Residenz in der Stadt ein Sommerhaus zu erwerben oder ganz aufs Land zu ziehen, nahm zu. So entstanden nicht nur in den Elbvororten Altonas neue Villensiedlungen, sondern auch im Osten Hamburgs, in Wentorf und Aumühle.

Die Gewerbefreiheit erleichterte die Gründung hochspezialisierter Betriebe. Alfred Nobels Gründung auf dem Krümmel hatte Folgen. Weitere moderne Industriebetriebe etablierten sich im Süden Lauenburgs. Genannt wurden bereits die Zündholzfabriken in der Stadt Lauenburg, die nach 1880 zu einem wichtigen Wirtschaftsfaktor wurden. Daneben sind die Ziegeleien und Kalkbrennereien hervorzuheben, die durch den Einsatz von Dampfmaschinen fast zu Industriebetrieben wurden. Eindeutig der Industrie zuzuordnen sind die Werften in Lauenburg und die mit ihnen verbundenen Maschinenfabriken. Daneben sind die Betriebe, die auf Gebieten wie der Tabakfabrikation oder der Seifen- und Kerzenherstellung tätig wurden, eher dem traditionellen Gewerbe zuzurechnen.

Da der Aufbruch in die moderne Zeit sehr plötzlich kam und sich sehr schnell vollzog, blieben viele der kleinstädtischen Gewerbetreibenden auf der Strecke. Sie hatten in Städten wie Mölln, Ratzeburg oder Lauenburg über Jahrhunderte den Ton angegeben; jetzt waren sie der Konkurrenz nicht mehr gewachsen und hatten zugleich ihre Privilegien eingebüßt. Da nimmt es nicht wunder, wenn die Möllner Stadtobrigkeit klagte: „Auf ein schmales Arbeitsfeld eingeengt, in seinen materiellen Kräften geknickt, wird allem Anschein nach die Aufhebung schützender Gewerbeberechtigungen die lebende Generation schwer treffen, daß es in Zweifel gezogen werden darf, ob sie solche Erschütterungen zu überwinden vermag."

4. Andere Veränderungen der Wirtschaftsstruktur im späten 19. Jahrhundert

Auf die in der Wirtschaftsgeschichte übliche Unterscheidung in drei Bereiche wurde bereits aufmerksam gemacht: den primären, zu dem vor allem die Landwirtschaft gehört, den sekundären, dem die industrielle und manufakturelle Produktion zugeordnet wird, und den tertiären, in dem die Dienstleistungen eine zentrale Rolle spielen. Für Lauenburg angewendet bedeutet dies, dass der primäre Wirtschaftssektor über die Land- und Forstwirtschaft bis weit in das 20. Jahrhundert hinein eine zentrale Bedeutung hatte, wohingegen der zweite Sektor, der eng mit industrieller Produktion und dabei mit der Schaffung von entsprechend ausgerichteten Arbeitsplätzen verbunden ist, verglichen mit anderen Regionen Preußens genauso unterrepräsentiert war wie in weiten Teilen des agrarisch geprägten Ostens der preußischen Monarchie.

Die sich aus diesen wirtschaftlichen Strukturen ergebenden sozialen Probleme konnten auch für Lauenburg nicht ohne Folgen bleiben. Gegen Ende des 19. Jahrhunderts hatte e i n Dienstleistungsbereich besondere Konjunktur: das Versicherungsgewerbe. Es trat mit seinen Kranken- und Sterbe-, Invaliden-, Unfall- und Haftungsversicherungen an die Stelle der alten von den Gilden und Ämtern sowie von der Kirche getragenen Sozialsysteme. Da aber auch die von Otto von Bismarck initiierten Sozialgesetze nicht ausreichten, um die von der traditionellen Fürsorge geleisteten Aufgaben wahrzunehmen, entstanden zahlreiche Vereinigungen, die jene sozialen Defizite auszugleichen bemüht waren, die durch die Umbrüche am Ende des 19. Jahrhunderts in vielfältiger Form zutage getreten waren; zu nennen sind die Wohlfahrtsvereinigungen, in denen sich u. a. die „Vaterländischen Frauenvereine" hervortaten.

Der mit der Reichsgründung von 1871 entstehende Patriotismus deutsch-nationaler Ausrichtung stieß im Herzogtum Lauenburg auf größere Zustimmung als in den benachbarten Kreisen der preußischen Provinz Schleswig-Holstein. Denn dort hatte sich vor allem in der Anfangszeit der Annexion (1866) eine Aversion gegen Preußen entwickelt, die von den Führungsschichten, so der Universität Kiel, getragen wurde. Erst die allmählich wachsende Erkenntnis, dass Schleswig-Holstein vom Anschluss an Preußen tatsächlich profitierte, führte zu einem Stimmungswandel. In Lauenburg war die Bereitschaft, sich den modernen preußischen Gegebenheiten anzuschließen, von vornherein gegeben. War es doch ein freiwilliger Entschluss, der die Verbindung mit Preußen hergestellt hatte.

Die unterschiedlichen Modalitäten, die zur Einverleibung der drei Elbherzogtümer in den preußischen Staatsverband geführt hatten, blieben auch über das Jahr 1876 hinaus Gründe dafür, dass der Kreis Herzogtum Lauenburg in der Provinz Schleswig-Holstein als Fremdkörper empfunden wurde. Die Lauenburger selbst hatten das Bedürfnis, sich so schnell wie möglich in moderne Wirtschafts- und Sozialstrukturen zu integrieren; ihre regionalen, territorialen oder gar nationalen Bindungen waren wesentlich geringer ausgeprägt als die der Schleswiger oder Holsteiner. Deshalb fanden sich die Lauenburger zwar nahezu ohne Vorbehalte mit der Zugehörigkeit zum Königreich Preußen und zum Deutschen Reich ab, weniger jedoch mit der Anbindung an die Provinz Schleswig-Holstein.

Diese Tendenz wurde gestärkt durch die allgemeine Bismarck-Verehrung der Zeit nach 1890. Der Reichskanzler war 1871 für seine Verdienste um die Reichsgründung von Kaiser Wilhelm I. in den Fürstenstand erhoben worden. Um dieser neuen Würde auch eine materielle Grundlage zu geben, war Bismarck durch den Rechtsakt einer Dotation in den Besitz des Sachsenwaldes gelangt. Private Verbindungen zu lauenburgischen Gutsbesitzern unterhielt Bismarck schon vor 1865; besondere Kontakte bestanden zu den Bernstorffs in Wotersen und den Bülows in Gudow. Nachdem er Besitzer des Sachsenwaldes geworden war, bemühte er sich um die Aufnahme in den Kreis der landtagsfähigen adligen Gerichte der lauenburgischen Ritterschaft. Dazu musste Kaiser Wilhelm I. (als Herzog von Lauenburg) dem Sachsenwald den Charakter eines Ritterguts verleihen. Erst nachdem diese Voraussetzung erfüllt war, erteilte die Ritter- und Landschaft am 10. Februar 1872 ihre Zustimmung zur Aufnahme des Reichskanzlers in ihren exklusiven Kreis. Politische Ämter, die ihm alsbald angetragen wurden, wies Bismarck allerdings zurück. Gleichwohl trugen der Besitz des Sachsenwaldes und die Funktion des Ministers für Lauenburg dazu bei, dass Bismarck ein sehr enges Verhältnis zum kleinsten der drei Elbherzogtümer entwickelte. Auch daraus lässt sich erklären, dass keines der nach 1866 an Preußen angeschlossenen Territorien so zuvorkommend behandelt wurde wie Lauenburg. Die den Lauenburgern eingeräumten Sonderrechte, besonders diejenigen, die mit dem Landeskommunalverband in Verbindung standen, waren keineswegs abstrakter Natur, sondern konnten praktisch erfahren werden, so bei der Armenfürsorge, die den politischen Gemeinden übertragen wurde, nachdem sie zuvor Angelegenheit der Kirchspiele war. Aber auch das vielfältige Vereinsleben profitierte von den dem Landkreis zur Verfügung stehenden Mitteln. Die Gründung von Genossenschaften und landwirtschaftlichen Vereinen folgte ebenfalls preußischen Vorbildern und erhöhte innerhalb kurzer Zeit den Lebensstandard im Land(-kreis).

Die Assimilation, die mit der Integration in das Königreich Preußen verbunden war, bedeutete auch einen Prozess hin zur Orientierung an außerhalb des Landkreises etablierten Lebensformen in Politik, Wirtschaft und Kultur, der durch die Ausbreitung des Mediums Presse gefördert wurde. Voraussetzung dafür war aber eine höhere Lesefähigkeit der Bevölkerung. Und diese wurde durch die Einführung der preußischen Schulgesetzgebung erheblich gefördert.

Zeitungen gab es in Lauenburg zwar bereits seit dem späten 18. Jahrhundert, zu wirtschaftlichen und kulturpolitischen Erfolgen wurden sie aber erst im 19. Jahrhundert. Zu nennen ist in diesem Zusammenhang besonders der aus einer Buchdruckerfamilie stammende Johann Georg Christian Freystatzky (1783–1829), der 1814 in Ratzeburg eine eigene Buchdruckerei gründete, nachdem er in der Stadt das Bürgerrecht erworben hatte. Vier Jahre später gab er einen Volkskalender und ein Wochenblatt heraus; das ihm verliehene königliche Patent verpflichtete ihn, „die Bekanntmachungen Unserer Lauenburgischen Regierung unentgeltlich in sein Wochenblatt aufzunehmen und jedes Stück des Wochenblatts vor dessen Abdruck der Censur der Regierung zu unterwerfen, wobei demselben so wenig [...] verstattet ist, politische Nachrichten in das von ihm herauszugebende Wochenblatt aufzunehmen". Das von Freystatzky herausgegebene Blatt erschien unter dem Titel „Privilegierte Lauenburgische Anzeigen" vom 3. Oktober 1818 an zweimal wöchentlich. Es folgte der „Lauenburgische Anzeiger" und als Nebenblatt seit 1848 das „Offizielle Wochenblatt für das Herzogthum Lauenburg", das seit 1876 als „Amtliches Kreisblatt" veröffentlicht wurde. Aus dem „Lauenburger Anzeiger" war 1857 die „Lauenburgische Zeitung" geworden, die unter diesem Titel bis Ende 1944 erschien.

Neben den in Ratzeburg publizierten Blättern gab es auch in Mölln, Lauenburg und Schwarzenbek Zeitungen, die sich zum Teil über längere Zeit halten konnten. Zu nennen sind die „Möllner Zeitung", deren Anfänge um 1865 liegen und die bis 1939 erschien. In Lauenburg etablierte sich 1870 die „Allgemeine Lauenburgische Landeszeitung", die 1900 von Erich und Wilhelm Freystatzky übernommen wurde und als „Lauenburgische Landeszeitung" bis Ende 1944 eines der erfolgreichsten Blätter im Landkreis wurde. In Schwarzenbek wurden von 1894 bis 1940 die „Schwarzenbeker Nachrichten" veröffentlicht. Diesen lokalen Blättern kommt insgesamt eine erhebliche Bedeutung beim Modernisierungsprozess Lauenburgs während der letzten Jahrzehnte des 19. und der ersten des 20. Jahrhunderts zu. Sie unterstützten auf lokaler und überregionaler Ebene den Weg des alten Herzogtums hin zu einem modernen Landkreis in Preußen.

81: Kopf der „Möllner Zeitung. Volksblatt für das Herzogthum Lauenburg" vom 3. Februar 1874

Die Orientierung an Preußen fand auch einen Niederschlag in patriotischen Kundgebungen oder in der Errichtung von Denkmälern; das Lützow-Denkmal in Lauenburg und der Theodor-Körner-Gedenkstein in Büchen seien als Beispiele genannt, ohne den lokalen Bezug – die Anwesenheit der Lützower Jäger im Lauenburgischen und konkret der Aufenthalt Körners in Büchen – zu verschweigen. Auch die im Sommer 1913 in Mölln veranstaltete „Hundertjahr-Feier" bezog sich nicht auf die Völkerschlacht bei Leipzig (16.–19. Oktober

1813), sondern auf die Ereignisse im Herzogtum vor und nach Ablauf des Waffenstillstandes am 16. August 1813. Dennoch war das gesellschaftliche Leben vor allem in den Städten bestimmt von preußisch dominierten Aktivitäten, so den Schützenfesten, den militärisch geprägten Umzügen der Kriegervereine und den Bekundungen der Verbundenheit mit dem Kaiser. Am populärsten und daher auch mit der höchsten Mitgliederzahl ausgestattet waren in den 90er Jahren des 19. Jahrhunderts die Militärvereine, die zunächst dem „Bezirk Lübeck" zugeordnet waren. Im April 1894 traten die Vertreter der zwölf im Landkreis existierenden Vereine in Mölln zusammen, um einen eigenen Landesverband zu gründen, dem sich bis 1900 19 Einzelvereine mit annähernd 2000 Mitgliedern anschlossen. Die Schirmherrschaft hatte 1894 Fürst Otto von Bismarck übernommen. Gegründet wurden diese Vereine vor allem nach 1871. An der Spitze standen zwar Vertreter des Bildungsbürgertums; die Masse der Mitglieder wurde aber in den unteren Bevölkerungsschichten rekrutiert, wo sie sich gegen die wachsenden Einrichtungen der Arbeiterbewegung zu profilieren suchten. Die Kriegervereine waren antidemokratisch und antisozialistisch und wurden durch ihre Aktivitäten zu Förderern des Militarismus und eines übersteigerten Nationalismus.

Die späten Jahrzehnte des 19. Jahrhunderts sind in Deutschland die Jahre mit einer hohen Auswanderungsquote. Während für Schleswig und Holstein genauere Zahlen vorliegen, fehlen für Lauenburg die entsprechenden Daten. Geht man davon aus, dass 1882 auf 10.000 Einwohner in den schleswig-holsteinischen Landkreisen im Durchschnitt 70 Auswanderer kommen, so dürfte die Zahl im Lauenburgischen niedriger anzusetzen sein, da die Auswanderung nie als Problem genannt wird und es stattdessen Anzeichen für ein hohes Maß an Zufriedenheit mit den wirtschaftlichen und sozialen Verhältnissen gibt. Die Benachteiligungen, die das preußische Dreiklassenwahlrecht gegenüber den in anderen Teilen des Reiches teilweise üblichen freiheitlicheren Wahlsystemen mit sich brachte, wurden nur von wenigen Lauenburgern als solche empfunden, denn gegenüber den alten Zuständen waren die neuen allemal progressiv. Gleichwohl fällt auf, dass die Wahlbeteiligung bei den Reichstagswahlen zwischen 1871 und 1912 sehr gering war. Die Gründe sind nur schwer zu ermitteln; vermutet werden kann die geringe Politisierung der überwiegend ländlichen Bevölkerung und der nur langsame Abbau des Analphabetentums im Lande.

5. Die Schulreform

Nachdem bereits im 18. Jahrhundert die von Hannover aus betriebenen Ansätze zu einer Schulreform auf den Widerstand der Gutsherren und auf die Ablehnung seitens der Dorfbewohner gestoßen waren und auch die nach 1815 betriebenen Bemühungen der dänischen Regierung, das Schulwesen im Herzogtum Lauenburg zu verbessern, wenig Gegenliebe gefunden hatten, fanden die preußischen Beamten bei Übernahme des Herzogtums auch auf diesem Sektor anachronistische Verhältnisse vor. Die Zuständigkeit der Kirche für das Schulwesen hatte sich besonders auf dem Lande als hemmend erwiesen und war bereits im 18. Jahrhundert beklagt worden. Seit der Lauenburgischen Landschulordnung von 1757 war von einer zu gründenden „Anstalt" zur Ausbildung künftiger Schulmeister die Rede gewesen. Dem Superintendenten war aufgegeben worden, dafür Sorge zu tragen, dass „der Schulmeister, vor Antritt der Schule, bey einem (oder) andern der besten Schuldiener dieses Herzogthums, und zwar an einem Orte, wo zugleich ein des Schulwesens wohlkundiger Prediger stehet, sich auf seine Kosten aufhalten und alda die beste Lehr-Art annehmen müsse". In den folgenden Jahrzehnten unternahmen die Superintendenten gelegentlich Schritte, die zur Verbesserung der Kenntnisse bei den Schulmeistern führen sollten. In Currenden wurden die Pastoren angewiesen, durch vermehrte Schulaufsicht Mängel abzustellen und – so 1788 – die Lehrer einmal monatlich im Pfarrhaus zusammenkommen zu lassen, um mit ihnen allgemeine Grundsätze des Schulwesens zu besprechen und besonders die Katechisation zu intensivieren.

Seit 1794 konnten aufgrund eines wohltätigen Vermächtnisses in besonderen Fällen auch Lehreranwärter aus Lauenburg am Lehrerseminar in Hannover ausgebildet werden. Nachdem für das bereits 1786 gegründete Lehrerseminar Tondern ein 1829 erlassenes Regulativ vorlag, gab es auch für die lauenburgischen Lehreraspiranten, vor allem aber für die für die Lehrerausbildung Verantwortlichen im Konsistorium einen Orientierungsrahmen. In Tondern sollten 80 Seminaristen ausgebildet werden; an solche Zahlen war im Herzogtum Lauenburg nicht zu denken. Hier konnte höchstens für zwölf Präparanden geplant werden. Wenn sich Anwärter für den nicht sonderlich gut bezahlten Beruf fanden, wurden sie auch in die Lehre genommen. So gab es spätestens seit der „dänischen Zeit" den einen oder anderen „Präparanden". In der Regel wurden aber Handwerker als Lehrer eingestellt, die im Amt des Schulmeisters einen zusätzlichen Erwerb sahen. Eine „Anstalt" oder ein „Institut", in dem angehende Lehrer im Herzogtum Lauenburg hätten ausgebildet werden können, gab es nicht. Es bestand lediglich ein Verfahren, das „Präparanden-Institut" genannt wurde, nämlich die Lehre bei einem Schulmeister unter Aufsicht des Pastors, an deren Ende die Prüfung durch den Superintendenten stand.

Superintendent Carl Friedrich Catenhusen (1792–1853, seit 1834 Superintendent im Herzogtum Lauenburg)[9] hat sich für die Reform der Lehrerausbildung besonders engagiert und in einer Denkschrift 1836 umfassende Vorschläge gemacht, die aber ebenso am Widerstand der Ritterschaft scheiterten wie die vorangegangenen und die nachfolgenden Empfehlungen. Es wurden stets die hohen Kosten ins Feld geführt, um die Umsetzung der längst fälligen Reformen zu verhindern. Erst 1845 konnte der bescheidene Ansatz einer „Lehrer-Präparanden-Anstalt" in Ratzeburg den Betrieb aufnehmen, bei dem sich Christian Mirow besondere Verdienste erwarb.

Eine Reform, die diesen Namen verdiente, wurde mit der „Currende des Königlich Preußischen Herzoglich Lauenburgischen Konsistoriums" vom 14. Oktober 1867 eingeleitet; diese zielte zwar auf eine Absicherung der geistlichen Schulaufsicht, war sich aber ihrer Verantwortung bewusst: „Überall ist heut zu tage die Rede von der Schule und überall wird gewünscht, daß die Schule von der Kirche getrennt werde. Noch sind solche Stimmen unter uns nicht laut geworden und noch ist die Schule mit der Kirche im Herzogthum Lauenburg in einer engen und aufrichtigen Verbindung; damit das aber auch bleibe, wenn es möglich ist, darum erwarten Wir gerade jetzt, daß jeder der Herrn Prediger seine volle Schuldigkeit als Schulinspektor vor Gott und seinem Gewissen erkenne und thue. Um die Schule aber gedeihlich zu regieren, wird es heut mehr, als je, darauf angekommen, daß die Leiter der Schule nicht blos von den Sachen, die in der Schule gelehrt werden und von der Methode des Unterrichts eine mehr als gesetzmäßige Notiz haben, sondern darauf wird noch be-

9 Vgl. Biogr. Lex., S. 110.

sonders zu sehen sein, daß jeder der Herrn Schulinspectoren mit allem Fleiße dahin trachte, daß das Verhältniß der Prediger zu den Lehrern nichts von der oppositionellen Stellung in sich trage, die gerade diesem Verhältnisse von je an sehr oft großen Schaden gethan hat."[10]

Eine von den preußischen Behörden vorgenommene Bestandsaufnahme brachte eine so hohe Zahl an Mängeln zutage, dass an eine Fortsetzung der geistlichen Schulaufsicht nicht zu denken war. Seit 1876 hatte die Lehrerbildung nicht nur ein neues Quartier in einer ehemaligen Militärbaracke gefunden, sondern war auch staatlicher Aufsicht unterstellt worden. 1896 konnte das „Königliche Lehrerseminar" einen Neubau beziehen. Damit fand das lauenburgische Schulwesen endlich den Anschluss an die Erfordernisse der Zeit. Auch die Lauenburgische Gelehrtenschule, die stets eine Sonderrolle gespielt hatte, nahm in preußischer Zeit einen nennenswerten Aufschwung, nachdem die verfassungsrechtlich bedingte Unterstellung unter das Patronat der Ritter- und Landschaft (1827 bis 1876) beendet und 1885 ein neues Statut in Kraft getreten war. 1896 konnte die traditionsreiche Gelehrtenschule einen Neubau beziehen, der in den folgenden Jahrzehnten erheblich ausgeweitet wurde.

6. Das Militär im Herzogtum nach 1865

Zu den markantesten Veränderungen, welche die preußische Herrschaft mit sich brachte, gehörte die Dominanz des Militärs. Ratzeburg war seit jeher geprägt durch die Präsenz von Soldaten; im Mittelalter waren es Ritter und Knechte, in der Frühen Neuzeit geworbene Söldner. Zur Garnisonsstadt wurden Ratzeburg und zeitweilig auch Mölln erst unter den Welfen und während der dänischen Herrschaft (die napoleonische Zeit war in mehrfacher Hinsicht eine Ausnahme). Während des Preußisch-Österreichischen Krieges 1866 wurde das Jägerbataillon Nr. 9 aufgestellt, dessen Garnisonsstadt Ratzeburg wurde. Am 7. November 1867 wurde ihm der Name „Lauenburgisches Jägerbataillon Nr. 9" verliehen; als solches kämpfte es 1870 gegen Frankreich und befand sich von 1876 bis 1882 in Hagenau im Elsass. Nach der Rückkehr in die Heimatgarnison konnte es eine Kaserne beziehen, der bis zum Ersten Weltkrieg weitere Neubauten folgten. Der Schwerpunkt des Friedensdienstes lag in der Ausbildung von Scharfschützen, für die im „Hundebusch" spezielle Anlagen geschaffen wurden. Die Stadt Mölln sollte unmittelbar vor dem Ersten Weltkrieg eine spezielle Ausbildungsstätte des Heeres erhalten, die Unteroffizier-Vorschule. Die Bauarbeiten begannen am 11. November 1913 und sollten Mitte 1915 abgeschlossen werden. Tatsächlich wurde das imposante Gebäude erst 1917 in Dienst gestellt. Die Schule war konzipiert als eine Art Kadettenanstalt für angehende Unteroffiziere; sie vermochte 300 Schüler aufzunehmen. Die Möllner Unteroffizier-Vorschule musste ihren Betrieb im März 1920 einstellen. 1923 diente das Gebäude der Unterbringung von Reichswehr- und Freikorpstruppen, danach stand es leer. Erst 1929 kehrte für zwei Jahre wieder Leben in die Räume aus „Kaisers Zeiten" ein, als sie der Aufnahme von etwa 6000 Mennoniten dienten, die aus der Sowjetunion gekommen waren, um 1931 nach Nord- und Südamerika auszureisen. Seit 1972 diente das Gebäude als Bundeswehrverwaltungsschule.

10 Zit. nach Handbuch, S. 358 f.

X. Der Kreis Herzogtum Lauenburg im Kaiserreich

1. Die Wirtschafts- und Sozialstruktur des Kreises

In mancherlei Hinsicht bemerkenswert ist die demographische Entwicklung, die sich nach 1876 im Landkreis vollzog. Auf den 1182,4 km² des Kreisgebietes lebten im Jahr des Anschlusses an Preußen weniger als 55.000 Einwohner; 1885 waren es 54.990. In den folgenden Jahrzehnten nahm die Geburtenrate stetig zu, doch zwischen 1900 und 1919 stieg die Bevölkerungszahl nur von 55.786 auf 69.723, d. h. um 25 %, während sie in der Provinz Schleswig-Holstein insgesamt um über 60 % anwuchs. Das ist nur damit zu erklären, dass ein erheblicher Teil der Bevölkerung aus Lauenburg abgewandert sein muss. Die wirtschaftlich expandierende Stadt Hamburg, zu deren Einzugsgebiet der Landkreis gehörte, wuchs zwischen 1871 und 1910 von 471.000 auf 1.378.000 Einwohner. Zu dieser Verdreifachung haben auch etliche Lauenburger beigetragen. Eine im Gegenzug erfolgte Zuwanderung ist angesichts der Wirtschaftsstruktur nicht anzunehmen. Lauenburg war ein Landkreis, in dem die Landgemeinden und Gutsbezirke 96 % der Fläche ausmachten. 1907 gab es im Landkreis 9544 landwirtschaftliche Betriebe; lässt man die eindeutig als Nebenerwerbsbetriebe einzuschätzenden Kleinsthöfe bis 5 ha unberücksichtigt (sie umfassten nur 4,9 % der Gesamtfläche), dann verbleiben 2038 landwirtschaftliche Betriebe mit Flächen von 5 bis über 200 ha.

LANDWIRTSCHAFTLICHE BETRIEBSGRÖSSEN (1907)

Größenklasse	Anzahl der Betriebe	%	Fläche ha	Prozentualer Anteil der Gesamtfläche
5 – 20 ha	888	43,6	9696	12,0
20 – 100 ha	1096	53,7	48.850	60,5
100 – 200 ha	15	0,8	8743	3,4
200 u. mehr ha	39	1,9	15.525	19,2
Summe	**2038**	**100,0**	**82.814**	**95,1**

Die vorstehende Tabelle[1] zeigt, dass der überwiegende Anteil der Lauenburger Bauern (72,5 %) Höfe mit einer Fläche bis zu 100 ha bewirtschafteten. Die Güter mit Betriebsflächen von 200 ha und mehr dürfen als Ausnahmen angesehen werden. Die eigentlichen Bauern, die bäuerliche Mittelschicht, bewirtschafteten Höfe mit durchschnittlich 44 ha. Auf den mittelgroßen Höfen (20–100 ha), 1079 an der Zahl, waren auch die meisten Menschen beschäftigt: 1738 Familienangehörige, 19 Personen mit Aufsichtsfunktionen, 2602 Knechte

1 Zit. nach Handbuch, S. 361.

und Mägde und 364 Arbeiter. Der Anteil der Arbeiter war auf den Gütern und Domänen naturgemäß am größten.

In der lauenburgischen Gewerbestatistik fielen neben der Landwirtschaft nur noch die Bereiche „Industrie“ und „Handel und Gewerbe“ ins Gewicht. Bei den Industriebetrieben dominierten die kleinen Unternehmen; nur die auf dem Gebiet der Sprengstofffertigung tätigen Firmen (Düneberg-Besenhorst und Krümmel sowie Nüssau bei Büchen) verdienen die Bezeichnung Industrie im moderneren Sinn. Alle anderen Produktionsstätten waren Klein- bis Mittelunternehmen mit zwei bis fünf Angestellten oder Arbeitern. Dazu zählten das Bekleidungsgewerbe, Nahrungsmittelbetriebe und das Baugewerbe. Dem Bereich „Handel und Verkehr“ sind vor allem die kleinen Läden in den Dörfern zuzuzählen. Bei den Verkehrsunternehmen hatte neben den Fuhrbetrieben die Binnenschifffahrt den größten Anteil. Die Zahl der ungelernten Arbeitskräfte war mit 42,1 % in allen Bereichen sehr hoch.

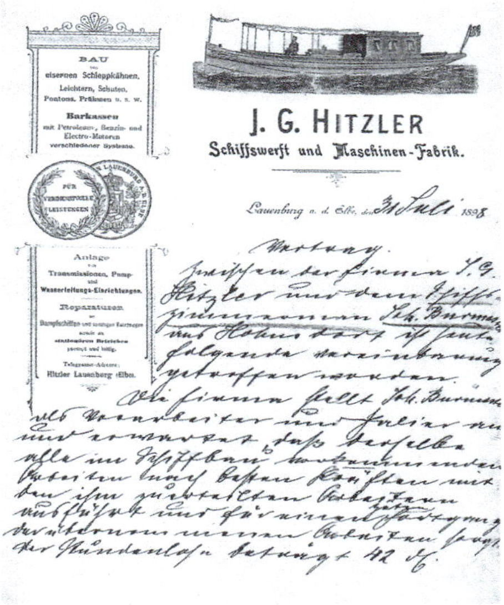
BAU
eisernen Schleppkähnen,
Leichtern, Schuten,
Pontons, Prähmen u. s. w.
Barkassen
mit Petroleum-, Benzin- und
Electro-Motoren
verschiedener Systeme.

FÜR VERDIENSTVOLLE LEISTUNGEN

Anlage
von
Transmissionen, Pump- und
Wasserleitungs-Einrichtungen.
Reparaturen
Telegramm-Adresse:
Hitzler Lauenburg (Elbe).

J. G. HITZLER
Schiffswerft und Maschinen-Fabrik.

Lauenburg a. d. Elbe, den 31 Juli 1898

Vertrag.
Zwischen der Firma J. G. Hitzler und dem Schiffszimmermann Joh. Burmester aus Hohnstorf ist heute folgende Vereinbarung getroffen worden.
Die Firma stellt Joh. Burmester als Vorarbeiter und Polier an und erwartet, daß derselbe alle im Schiffbau vorkommenden Arbeiten nach besten Kräften mit den ihm zugestellten Arbeitern ausführt

Der Stundenlohn beträgt 42 Pf.

82: Die Hitzler-Werft in Lauenburg ging Ende des 19. Jahrhunderts aus einer Maschinenbau-Werkstatt hervor. Vertrag zwischen J. G. Hitzler und Johann Burmester vom 31. Juli 1898

Bei dem Versuch, für die lauenburgische Bevölkerung in der Kaiserzeit eine soziale Schichtung vorzunehmen, ergibt sich folgendes Bild: Es gab nur eine ganz kleine „Oberschicht“, die aus den höheren Beamten, wenigen Großunternehmern und einigen Großbauern und Gutsbesitzern bestand. Es dominierte die „Mittelschicht“, zu der die Masse der Bauern, die Handwerker und Händler, aber auch die Gruppe der Angestellten zählten. In der „Unterschicht“ bildete die Gruppe der Land- und Industriearbeiter den Kern; aber auch die Kleinstbauern und ein Teil der Handwerker und Handelsgehilfen sind dieser Kategorie zuzuordnen.

83: Werft aus der Vogelperspektive 1921

Die vorstehenden Daten stammen im Wesentlichen aus statistischen Erhebungen des Jahres 1907. Zu diesem Zeitpunkt lag der Anschluss des Herzogtums Lauenburg an Preußen bereits eine Generation zurück. Die Mentalität der Bevölkerung hatte sich erheblich verändert und mit ihr auch das Verhalten bei den Wahlen. Aber in keinem anderen Landkreis war die politische mit der wirtschaftlichen und sozialen Entwicklung so eng und so spezifisch verknüpft wie in Lauenburg. Deshalb liegt es nahe, bei der Analyse des Wählerverhaltens während der Jahre zwischen dem Anschluss an Preußen und dem Ersten Weltkrieg auch die Akzeptanz der Zugehörigkeit zu Preußen oder zum Deutschen Reich zu berücksichtigen. Der alte lauenburgische Ständestaat hatte nur sehr wenigen eine Partizipation am politischen Leben erlaubt. Die Verfassung des Norddeutschen Bundes (1867) und die aus ihr hervorgegangene Verfassung des Deutschen Reiches (1871) waren liberal und enthielten ein vergleichsweise freies, modernes Wahlrecht, das es den Bürgern/Untertanen aller Schichten erlaubte, ihre Meinung bei Reichstagswahlen unmittelbar zu artikulieren. Anders waren die Verhältnisse bei den Wahlen zum preußischen Landtag, bei denen das Dreiklassenwahlrecht galt und deshalb verzerrte Ergebnisse des Wählerwillens an der Tagesordnung waren. Auch diese Differenzen gilt es zu beobachten, wenn es darum geht, darüber zu befinden, ob der Anschluss an Preußen von der Mehrheit der lauenburgischen Bevölkerung akzeptiert wurde oder nicht. Bei den zwölf Reichstagswahlen, die von 1871 bis 1903 stattfanden, erhielt nur dreimal ein konservativer Kandidat die Mehrheit: 1884 wurde Herbert von Bismarck, 1893 und 1898 Albrecht von Bernstorff-Stintenburg gewählt. Meistens waren es nationalliberale (bis 1877) oder freisinnige Abgeordnete, die für den Wahlkreis in den Reichstag zogen.

Seit 1893 hatten die Sozialdemokraten einen festen Wählerstamm im Landkreis, der ihnen durchschnittlich 40 % der Stimmen sicherte. Für die weitere Entwicklung im Lauenburgischen hatte die Reichstagswahl von 1903 eine besondere Bedeutung. Da die Konservativen auf Themen gesetzt hatten, die nicht im Zentrum des mittelständischen Interesses lagen, verloren sie die Wahl beim zweiten Durchgang (Stichwahl), zu dem die Liberalen nicht mehr antreten konnten. Erstmals zog ein Sozialdemokrat, Friedrich Lesche, für Lauenburg in den Reichstag. In der Stadt Lauenburg hatten sich 75,8 %, in Mölln 68,6 %, in Ratzeburg aber nur 48,3 % für die SPD entschieden. Die von den Konservativen und den Liberalen betriebene Verketzerung der Sozialdemokraten hatte auch in zahlreichen Landbezirken die Wirkung verfehlt. Bei der Reichstagswahl 1907 konnte die SPD ihren Stimmenanteil nicht halten; besonders stark war der Rückgang in den ländlichen Bezirken. Bei der Stichwahl siegte der liberale Kandidat mit Zweidrittelmehrheit. Entschieden wurde die Wahl durch die Kleinbauern, Handwerker und Händler, deren zeitweiliges Vertrauen in die SPD offenbar enttäuscht worden war.

Die letzte Reichstagswahl vor dem Ersten Weltkrieg fand am 12. Januar 1912 statt. Für die Konservativen trat, wie bereits 1907, einer der bekanntesten Lauenburger, der Erblandmarschall Friedrich von Bülow aus Gudow, zur Wahl an. Die Liberalen schickten zwei Kandidaten ins Rennen, einen Nationalliberalen und einen Freisinnigen. Als weitere Partei traten die Deutschsozialen zur Wahl an, deren politische Ausrichtung eher konservativ war. Die Sozialdemokraten hatten wieder einen Hamburger Bewerber aufgestellt. Der Wahlkampf zeichnete sich durch große Schroffheit der Parteien gegeneinander und durch eine Betonung reichspolitischer Themen aus. Da aus der Wahl von 1912 der letzte kaiserliche Reichstag hervorging, erscheint eine knappe Analyse des im Kreis Herzogtum Lauenburg erzielten Ergebnisses angebracht:

REICHSTAGSWAHLEN 1912 (KREIS)[2]

Partei	Stimmen	Prozentualer Anteil	Zu- bzw. Abnahme gegenüber 1907
Konservative	1875	16,2	+ 1,7
Deutschsoziale	1958	17,0	
Nationalliberale	564	4,9	- 0,2
Freisinnige	3322	28,9	
Sozialdemokraten	3789	33,0	- 1,5
Summe	**11.508**	**100,0**	**82.814**

Die Konservativen hatten leichte Gewinne erzielt; stärkste Partei war aber wieder die SPD. Die Nationalliberalen, die bis 1884 in Lauenburg dominierten, hatten jetzt keine Resonanz mehr. Die Freisinnigen hatten sie weit überflügelt und wurden zur zweitstärksten Partei im Kreis. Bemerkenswert ist das gute Abschneiden der Deutschsozialen, die mit antisemitischen Parolen im Wahlkampf auftraten, in dem sie für die allgemeine Teuerung das angeblich von den Juden beherrschte Großkapital verantwortlich machten. Obgleich die Juden im Landkreis keine Rolle spielten, hatte Lauenburg den höchsten Prozentsatz antisemitischer Stimmen in ganz Schleswig-Holstein. Ein Teil des Mittelstandes scheint also bereits vor 1914 für radikale Parolen aufgeschlossen gewesen zu sein. In den Städten hatten die Freisinnigen mit 42,2 % (SPD 42,5 %) die größten Erfolge. In den Landgemeinden mit Gutsbezirken waren die Sozialdemokraten mit 31 % zwar die stärkste Partei, ihnen folgten hier aber die Konservativen mit 28,7 %. In den gutsfreien Landgemeinden lagen SPD und Freisinnige mit je 29,3 % gleichauf, gefolgt von den Deutschsozialen mit 21,7 % und den Konservativen mit 15,9 %. Das deutet darauf hin, dass der bäuerliche Mittelstand am stärksten für die radikalen Parolen der Deutschsozialen empfänglich war. Die Entscheidung fiel auch 1912 in einer Stichwahl zwischen dem sozialdemokratischen und dem freisinnigen Kandidaten. Die Mehrheit der Wähler entschied sich für den linksliberalen Kandidaten; er erhielt 63,4 % der Stimmen. Für den sozialdemokratischen Bewerber entschieden sich nur 34,6 %.

Während die Ergebnisse der Reichstagswahlen durchaus als Reaktion auf die wirtschaftliche und soziale Entwicklung im Landkreis gewertet und auch als Indiz für die politische Befindlichkeit der Bevölkerung angesehen werden können, geben die Wahlen zum preußischen Landtag oder die zum Kreistag nur ein verfälschtes Bild des Wählerwillens wider. Über drei durch das Steueraufkommen festgelegte Klassen wurden Wahlmänner bestimmt, die dann die Abgeordneten wählten. Diese Wahlmodalitäten waren darauf ausgerichtet, konservative Mehrheiten zu sichern, was auch 1908 und 1913 gelang.

Tatsächlich hatte sich in den Jahrzehnten vor 1914 eine Profilierung des liberalen Mittelstandes und der Arbeiterschaft vollzogen. Die Frage nach der Akzeptanz der Zugehörigkeit zu Preußen stellte sich kaum noch. Die Lauenburger waren zwar Preußen, aber

2 Ebd., S. 363.

keine „Ostelbier" geworden. Gemeinsam mit den übrigen Schleswig-Holsteinern und den Hannoveranern bekundeten sie in den Reichstagswahlen ihren Willen zur Demokratisierung Preußens.

Das Herzogtum Lauenburg war spät und auf besondere Weise Teil des Königreichs Preußen geworden. Die Integration in den größeren Staatsverband erfolgte zur selben Zeit, als Preußen zur Führungsmacht in Deutschland aufstieg, aber gleichzeitig Teile seiner Eigenständigkeit im Zuge der Reichsgründung von 1871 verlor. Wie die Lauenburger diesen Prozess, in dem sie nicht einmal als Rad, sondern bestenfalls als Rädchen eine Rolle spielten, begriffen haben, ist schwer auszumachen. Vieles spricht dafür, dass sie bei ihrem Übergang vom Mittelalter in die Neuzeit gleich zwei Stufen übersprungen haben: Sie wurden gar nicht erst im preußischen Königreich heimisch, sondern suchten gleich ihre Identität im von Otto von Bismarck 1871 geschaffenen Deutschen Reich, was ihnen deshalb besonders leicht fiel, weil der Reichskanzler seit 1871 als Herr des Sachsenwaldes einer der Ihren geworden war.

Danach folgte der Kreis Herzogtum Lauenburg dem preußisch-deutschen Kurs, ohne dabei mit seinem Schicksal zu hadern wie die Nachbarn im Westen, die Holsteiner und Schleswiger, die viel lieber als eigener Bundesstaat denn als annektierte Provinz Teil des neuen Reiches geworden wären. Die Lauenburger profitierten von den neuen Verhältnissen und waren deshalb bereit, ihre in Jahrhunderten gewachsene Eigenständigkeit aufzugeben. Sie wurden schneller Preußen und/oder Reichsdeutsche als die Schleswig-Holsteiner, mit denen sie in einer Provinz verbunden waren. Insofern betonten sie auch nach 1876 eine von der schleswig-holsteinischen separierte Entwicklung.

2. Der Kreis Herzogtum Lauenburg im Ersten Weltkrieg

Eine besondere, gar bedeutsame Rolle beim Gang der Ereignisse deutscher Politik hat das Herzogtum Lauenburg bis zum Ersten Weltkrieg nicht mehr gespielt. Die Lauenburger gingen in den großen Krieg als deutsche Patrioten und brachten dieselben Opfer für „König und Vaterland" wie andere auch. In gewisser Weise stellte der Weltkrieg den Abschluss der Integration in den preußischen Staatsverband dar.

Der Kreis Herzogtum Lauenburg ist im Ersten Weltkrieg nicht in besonderer Weise hervorgetreten. Er hatte die gleichen Pflichten zu erfüllen wie alle anderen Landkreise des Reiches. Da nicht immer zwischen Gefallenen und Vermissten unterschieden wurde, weichen die Angaben über die Kriegstoten aus dem Lauenburgischen voneinander ab. Die amtlichen Ermittlungen ergaben 1921 die Zahl von 6488 Gefallenen und Vermissten.[3] Eine kürzlich veröffentlichte Studie kommt zu folgendem Ergebnis: Insgesamt zogen aus Ratzeburg 460 Offiziere und 16.040 Oberjäger und Jäger in den Krieg. Davon fielen 61 Offiziere und 1972 Mann; die Gesamtverluste an Offizieren und Jägern mit den Vermissten und Verwundeten betrugen 8666 Mann.[4]

Am Ende war auch im Lauenburgischen die Kriegsmüdigkeit umgeschlagen in Widerstand. Im August 1917 traten 3000 Arbeiter der Pulverfabrik Düneberg, einer Konkurrenzorga-

3 Lauenburgischer Haushaltungskalender 1921: Lauenburgs Söhne, die für das Vaterland gefallen.

4 Cordula Bornefeld, Die Opfer haben einen Namen. Gefallene und Vermisste des Ersten Weltkriegs aus dem Kreis Herzogtum Lauenburg 1914–1918, in: Lauenburgische Heimat, Heft 197, 2014, S. 60-77.

nisation der Nobelwerke auf dem Krümmel, in den Streik, um Lohnerhöhungen durchzusetzen. Dies war eine der Protestaktionen, die der Revolution von 1918 vorausgingen. Als es in Kiel zur Meuterei und zur anschließenden Revolution kam, wandten sich auch in Ratzeburg Soldaten gegen ihre Vorgesetzten. Arbeiter- und Soldatenräte organisierten für kurze Zeit das politische Leben, ohne dass es zu revolutionären Aktionen kam. Die Rüstungsbetriebe auf dem Krümmel und Düneberg wurden stillgelegt. Ende 1918 war das Kreisgebiet von einem Netz von Arbeiter- und Soldatenräten überzogen, die sich zwar voneinander abgegrenzt und auch Zuständigkeiten definiert hatten, doch letztlich hatten die Gewerkschaften in Zusammenarbeit mit den alten Verwaltungseinrichtungen die Weichen für die Zukunft gestellt. Darüber hinaus griff auch die preußische Staatsregierung zunehmend in die Weiterentwicklung ein.

Aufruf.

Unser Hindenburg

hat einen ernsten

Mahnruf

an das deutsche Volk gerichtet.

Die Gesundheit und Kraft der

Arbeiter unserer Kriegsschwerindustrie,

der Männer, die in harter Arbeit unseren kämpfenden Brüdern die Waffen schmieden, sie ist

gefährdet,

weil sie nicht ausreichend ernährt werden.

Damit ist die

Herstellung unserer Kriegsrüstung,

der Munition, von der letzten Endes der

siegreiche Ausgang des Krieges

abhängt,

in Frage gestellt.

Hindenburg will keine Zwangsmassnahmen.

Er wendet sich daher mit Vertrauen an den

Opfersinn

unserer Landbevölkerung, indem er uns zuruft:

„helft den Arbeitern der Kriegsschwerindustrie!“

Das Vertrauen unseres Hindenburg darf und wird nicht getäuscht werden.

Jeder Einzelne

ob hoch oder gering, muß und wird freudig das Seine tun, um die Ernährung unserer Kriegsarbeiter, vor allem ihre

ausreichende Versorgung mit Fett sicherzustellen.

Schweinehalter!

gebt ein Viertel des Schmalzertrages

freiwillig gegen Entgelt zum Besten der Kriegsschwerarbeiter ab!

Mehrleistungen willkommen!

Niemand entziehe sich seiner vaterländischen Pflicht! Nur einmütiges Handeln verbürgt Erfolg!

Hindenburg-Sammelstellen

sind sämtliche Molkereien der Provinz.

Der Vorstand

der Landwirtschaftskammer für die Provinz Schleswig-Holstein.

Druck von Schmidt & Klaunig, Kiel.

84: Der Erste Weltkrieg ist im Lauenburgischen nicht besonders hervorgetreten. Aber auch hier waren die Bauern aufgerufen, ihren Beitrag zu leisten.

XI. Der Kreis Herzogtum Lauenburg in der Weimarer Republik 1919 bis 1933

1. Die politischen und wirtschaftlichen Verhältnisse in den Anfangsjahren

Im Ersten Weltkrieg ist der Kreis Herzogtum Lauenburg nicht in besonderer Weise hervorgetreten. Er hatte Soldaten zu stellen und für die Versorgung der Front und der Heimat zu sorgen. Der Patriotismus für das Deutsche Reich bewirkte allerdings eine Verschiebung der politischen Gesinnung bei der Bevölkerung. Vor dem Krieg hatten die Sozialdemokraten bei Wahlen Erfolge erzielt. Nach Kriegsende erfolgte eine bemerkenswerte Wende hin zum Nationalkonservativen.

Dies wurde schon 1920 deutlich, als es darum ging, die Stelle des Lauenburgischen Landrats neu zu besetzen. Um diese bewarb sich Kurt Schönberg, der bis 1920 Landrat des Kreises Sonderburg war und sich als Vertreter der Volkspartei, d. h. der gegen den dänischen Kultureinfluss gerichteten Bestrebungen, hervorgetan hatte. Nach der Abstimmung von 1920 musste er seine Position in Nordschleswig aufgeben und sollte von der sozialdemokratischen Regierung in Berlin auf einen bedeutungslosen Innenposten versetzt werden. Doch seine Bewerbung für Lauenburg wurde vom Kreistag in Ratzeburg so intensiv betrieben, dass er zum Landrat ernannt wurde.

Er unterstützte den Kapp-Lüttwitz-Putsch und war während seiner Dienstzeit, die 1925 mit seiner Absetzung endete, in zahreiche Konflikte verwickelt. Kurt Schönberg war ein typischer Vertreter der Übergangszeit vom Kaiserreich zur Weimarer Republik. Er hatte nicht Teil am großen Umbruch der Revolution von 1918/19, wirkte aber für die nationalkonservative Zukunft des Landkreises.[1] Diese war auch nicht dadurch aufzuhalten, dass die Weimarer Verfassung demokratische Fortschritte zur Folge hatte. Zu diesen gehörten das Frauenwahlrecht und verbesserte Möglichkeiten des Schulbesuchs für Mädchen. So nahm die Ratzeburger Gelehrtenschule nach 1920 auch Mädchen auf. Doch Frauen waren in den politischen Organisatonen im Lauenburgischen kaum vertreten.[2] Nur jene, die für Frauenrechte eintraten, dürften demokratische Parteien gewählt haben.

Wie in anderen Teilen Deutschlands auch bestimmten im Lauenburgischen Arbeiter- und Soldatenräte in den ersten Wochen nach der Novemberrevolution von 1918 das politische Geschehen. Dabei ersetzten sie nicht die Aufgaben der Verwaltung, sondern kümmerten sich um die Lebensmittelversorgung und die Aufrechterhaltung von Ruhe und Ordnung.

Die SPD und die Gewerkschaften in Berlin verfolgten das Ziel, in Deutschland eine parlamentarische Demokratie zu etablieren; dazu war eine verfassungsgebende Nationalversammlung erforderlich, und im Vorfeld mussten Verhältnisse geschaffen werden, die einer solchen nicht im Wege standen. Die Arbeiterräte waren wegen ihrer teilweise rigorosen Maßnahmen nicht immer geeignet, bei den Bürgern Vertrauen für eine zu schaffende Republik zu erwecken. In der Stadt Lauenburg wurden die Räte auch politisch tätig, sie setzten den Bürger-

1 Vgl. Hansjörg Zimmermann, Neues zu Kurt(h) Schönberg, in: Lauenburgische Heimat, Heft 208, 2019, S. 63-71.
2 Vgl. Anke Mührenberg, 100 Jahre Frauenwahlrecht. Frauen im Kreis Herzogtum Lauenburg um die Jahrhundertwende, in: Lauenburgische Heimat, Heft 208, 2019, S. 73-83.

meister und die städtischen Kollegien für kurze Zeit ab. Sie wollten Lauenburg der „Unterelbischen Republik" zuführen, also an Hamburg anschließen. Zu so einschneidenden Maßnahmen griffen im Süden des Kreises nur solche Räte, die der USPD, der Unabhängigen Sozialdemokratischen Partei Deutschlands, die sich 1917 von der SPD abgespalten hatte, angehörten. Die Mehrzahl der Räte folgte den Weisungen der SPD und der Gewerkschaften. Hansjörg Zimmermann hat die politische Stimmung Ende 1918 auf eine prägnante Formel gebracht: „Die Lauenburger Arbeiter- und Soldatenräte waren keine Revolutionäre, im Gegenteil, sie hatten die Strukturen des Obrigkeitsstaates verinnerlicht und kümmerten sich mehr um eine ‚korrekte' Bestempelung eines Briefes als um dessen Inhalt."[3] Nach den ersten demokratischen Wahlen im Frühjahr 1919 verschwanden die Räte. Die ihnen in der Zwischenzeit zugedachten Aufgaben übernahmen ab 1920 die Betriebsräte, die durch ein Gesetz geschaffen wurden.

Am 19. Januar 1919 fand die Wahl zur verfassungsgebenden Nationalversammlung statt. Zu ihr traten im Kreis Herzogtum Lauenburg als aussichtsreiche Parteien an: die Mehrheitssozialdemokraten, die USPD, die Deutsche Demokratische Partei (DDP), in der sich die Liberalen zusammengeschlossen hatten, und die Deutschnationale Volkspartei (DNVP), in der sich die Konservativen vereint hatten. Die Sozialdemokraten hatten mit der absoluten Mehrheit gerechnet, verfehlten diese aber mit 41,6 % der Wählerstimmen. Zweitstärkste Kraft wurden die Liberalen in der DDP mit 34,2 %. Die Konservativen (DNVP) kamen nur auf 16 % der Wählerstimmen.

Das Wahlergebnis war für die SPD enttäuschend; da sie aber gemeinsam mit den Liberalen 75 % aller Wählerstimmen erreicht hatten und die Konservativen weit zurückgeblieben waren, wurde dieses Wahlergebnis als Zeugnis der Aufbruchsstimmung für eine demokratische Zukunft gewertet. Doch bald stellte sich heraus, dass die Bevölkerung mit ihrer Abstimmung nur eine Abkehr von der Monarchie vollzogen hatte.

Die Wahl zu den Kommunalparlamenten fand ab 1919 nach dem neuen Verhältniswahlrecht statt, mit dem das alte preußische Dreiklassenwahlrecht abgelöst worden war. Das bedeutete eine Neuausrichtung der Parteien, aber auch die Einflussnahme von Interessenverbänden auf die Politik.

Das preußische Innenministerium hatte Ende Januar 1919 alle Gemeindevertretungen für aufgelöst erklärt; für den 2. März waren Neuwahlen angeordnet worden. Das Ergebnis war für die SPD wieder enttäuschend; nur in der Stadt Lauenburg wurde sie stärkste Partei. In den Landgemeinden dominierten die bürgerlich-konservativen Parteien. Dies wurde noch deutlicher bei der Kreistagswahl im Mai 1919: Hier erhielten die Sozialdemokraten nur 23,3 % der Stimmen, während die Deutsche Demokratische Partei auf 40 % kam; die Deutschnationalen waren mit 33,3 % zweitstärkste Kraft im Kreis. Der Kreis Herzogtum Lauenburg, der einst als SPD-Hochburg gegolten hatte, war deutlich konservativer geworden. Eine Analyse des Wahlverhaltens ergibt, dass dieses von reichspolitischen Fragen bestimmt wurde; lauenburgische Probleme spielten kaum eine Rolle.

Das Jahr 1919 war für Deutschland mit mehreren grundsätzlichen Entscheidungen für seine Zukunft verbunden: Am 6. August 1919 wurde die Weimarer Verfassung verabschiedet und am 22. Juni stimmte die Weimarer Nationalversammlung der Unterzeichnung des Versailler Friedensvertrags zu. Der Kapp-Putsch im März 1920 wollte beide Entscheidungen revidieren. Er scheiterte jedoch am Widerstand der Demokraten.

---

3 Handbuch, S. 371.

85: Zu den wirtschaftlichen Folgen des Ersten Weltkriegs gehörte die Inflation. 1922 wurde auch in den lauenburgischen Städten Notgeld gedruckt.

Schleswig-Holstein hatte 1920 noch eine schwere Entscheidung zu verkraften: Die Abstimmungen in Nordschleswig am 10. Februar und am 14. März 1920 führten zur Abtretung großer Teile Nordschleswigs an Dänemark. Die Lauenburger waren davon nicht betroffen, aber sie gehörten seit 1876 nicht nur zu Preußen, sondern auch zur Provinz Schleswig-Holstein. Was ihr Verhalten bei der Reichstagswahl 1921 beeinflusst hat, ist nur schwer auszumachen. Die SPD hatte erneut an Stimmen verloren, aber am deutlichsten fiel der Verlust bei der DDP aus, die zwei Drittel ihrer Anhängerschaft verlor. Die Deutschnationalen hatten ihre Stimmenzahl verdoppeln können; auch die Deutsche Volkspartei (DVP) konnte zulegen. Das bedeutete für den Landkreis eine klare Hinwendung nach rechts, ins bürgerlich-konservative Lager.

Wahlergebnisse sind zwar ein Indikator für die politische Stimmung im Land, sie spielen deshalb eine zentrale Rolle in der Geschichte auf allen Ebenen. Aber darüber hinaus gibt es auch andere soziale und materielle Gegenstände, die den Geist einer Zeit widerspiegeln.

So gilt es festzuhalten, dass das Kriegsende verbunden war mit der Aufgabe der Pulverfabriken in Geesthacht und der Nobel-Dynamit-Fabrik auf dem Krümmel. Mehr als 20.000 Beschäftigte verloren ihren Arbeitsplatz. Hinzu kamen die heimkehrenden Soldaten, die nach Arbeit in ihrer Heimat suchten. Die Urbarmachung von Mooren und die Ausdehnung des regionalen Eisenbahnnetzes boten sich als Arbeitsbeschaffungsmaßnahmen an. Aber tatsächlich hielt sich die Arbeitslosigkeit im Landkreis zunächst in engen Grenzen. Erst 1923 nahm sie dramatisch zu und zwang den Kreistag dazu, 10 Millionen RM für Notstandsmaßnahmen zu bewilligen.

Auch die Lebensmittelversorgung lag nach Ende des Krieges im Argen. Der Kreis konnte zwar ausreichend Lebensmittel produzieren, musste aber wegen der Ablieferungspflicht, besonders für die Versorgung Hamburgs, Engpässe hinnehmen. Die Situation besserte sich 1920 wegen einer guten Ernte und wegen der Erleichterungen, die der Friedensvertrag mit sich brachte. Die lauenburgische Landwirtschaft konnte in den Jahren bis 1924 gute Ernten einfahren und dadurch inflationsbedingte Verluste teilweise ausgleichen.

Das Wirtschaftsleben in Lauenburg war schon vor dem Weltkrieg landwirtschaftlich und mittelständisch geprägt, ausgenommen die Pulver- und Dynamitfabriken. Letztere entfielen nach 1918, so dass sich der Charakter der mittelständischen Wirtschaft verstärkte. Der Einfluss der Gewerkschaften war gering.

Die Handwerker und Gewerbetreibenden hatten sich in Norddeutschland zu großen Verbänden vereinigt. Im Lauenburgischen gründeten sie ihre eigenen Zusammenschlüsse. Ob dies auf die lange Tradition der politischen Selbständigkeit zurückzuführen ist oder Ausdruck eines neu entstandenen Selbstbewusstseins war, dürfte schwer auszumachen sein. Es ist aber Teil einer Eigengeschichte Lauenburgs während der Weimarer Republik.

Auch die Bauern schlossen sich zusammen im Lauenburgischen Bauernbund. Im Text des Gründungsaufrufs ist ein Satz besonders hervorzuheben: „Oberster Grundsatz unserer Vereinigung ist (...) Ausschluss jeder Parteipolitik aus dem Bauernbund."[4] Das Misstrauen den politischen Parteien gegenüber war groß. Der Bauernbund forderte mit Nachdruck die Aufhebung der Zwangsbewirtschaftung. Als diese erfolgt war, stiegen die Preise. Viele Betriebe waren hoch verschuldet und versuchten, sich in den schwierigen wirtschaftlichen Lagen der zwanziger Jahre über Wasser zu halten. 1922 trat eine Änderung ein: Der Lauenburgische Bauernbund schloss sich mit dem inzwischen entstandenen Reichslandbund zusammen und führte danach die Bezeichnung „Lauenburgischer Land- und Bauernbund". Dieser stellte Forderungen auf, die nur zu einem Teil auf die Verbesserung der wirtschaftlichen Situation der Landwirte ausgerichtet waren, sondern auch und deutlich mehr darauf hinzielten, die Republik zu bekämpfen.

1923 hatten sowohl die Handwerks- und Gewerbetreibenden als auch die Landwirte – sofern sie in den beschriebenen Verbänden vertreten waren – ihre politische Unabhängigkeit verloren. Dass diese Entwicklung sich durch alle Wählerschichten vollzogen hatte, zeigte sich bei den Wahlen zum Reichstag im Mai 1924. Im Kreisgebiet wurde die DNVP mit 35,6 % stärkste Partei. Die Sozialdemokraten kamen (MSPD und HSPD zusammen) nur auf 25,2 %. Die NSDAP, die als Deutschvölkischer Block auftrat, wurde mit 9,6 % vor der KPD mit 8,9 % dritte Kraft im Landkreis. Die Wahlen im Dezember brachten nur geringe Veränderungen: DNVP 34,9 %, SPD 30,2 %, KPD 6,3 % und NSDAP 4,7 %. Der Landkreis wählte konservativ, war aber noch nicht auf rechtsradikalem Kurs.

2. Anmerkungen zu Kunst und Kultur

Selbstverständlich waren die politischen, wirtschaftlichen und kulturellen Entwicklungen des Kreises abhängig von denen im Reich. Deshalb hatte der Dawesplan von 1924, der zu einer Herabsetzung der Reparationszahlungen führte, auch positiven Einfluss auf die Entwicklung im Lauenburgischen. Diese war aber nicht verbunden mit kulturellen Extravaganzen, die im Landkreis so etwas wie die „Goldenen Zwanziger" hätten hervorbringen können. Nicht einmal Ernst Barlach (1870–1938), der sich in seiner Jugend in Ratzeburg aufgehalten hatte und in dessen „Vaterhaus" sich heute ein Museum befindet, konnte der Stadt Ratzeburg oder sogar dem Landkreis ein kunsthistorisches Image verleihen. A. Paul Weber und Karl-Heinz Goedtke traten erst nach 1945 im Lauenburgischen in Erscheinung.

Auch literarisch hat sich das Herzogtum Lauenburg nicht besonders hervorgetan, sieht man ab von den Arbeiten, die im Verlauf des 19. und 20. Jahrhunderts veröffentlicht wurden.[5] Als lauenburgischer Autor in niederdeutscher Sprache ist nur Heinrich Burmester (1839–1889) hervorzuheben. Er war ausgebildeter Lehrer, versuchte aber, aus diesem schlechtbezahlten Milieu aufzusteigen. Er schrieb Romane: „Harten Leina" (1884), „Nawerslüd" (1886) und „Hans Höltig" (1885), ein bedeutendes, heute aber kaum noch bekanntes

4 Zitiert nach Hansjörg Zimmermann, in: Handbuch, S. 381.

5 Vgl. Hansjörg Zimmermann, Lauenburg in der Geschichtsschreibung des 19. und 20. Jahrhunderts, in: E. Opitz (Hrsg.), Das Herzogtum Lauenburg im Spiegel der Literatur (= Kolloquium, Bd. XVII). Bochum 2011, S. 129-159.

Prosawerk. Burmesters großes Vorbild war Fritz Reuter. An ihn konnte er nicht heranreichen. Burmester fand den Freitod, als er sich 1889 in der Elbe bei Boizenburg ertränkte.[6]

Zweifellos gehört auch Bismarcks Erinnerungswerk zur großen Literatur, die in Aumühle, also im Landkreis Herzogtum Lauenburg, geschrieben worden ist. Es erschien in ersten Teilen Ende 1898 und wurde sofort zu einem Erfolgsschlager. Die „Gedanken und Erinnerungen" wurden im nachfolgenden Jahrhundert (also bis 1998) über dreißigmal aufgelegt. Worin ihr Inhalt besteht und warum dieses Buch über so lange Zeit Bestsellerqualitäten besaß, ist hier nicht abzuhandeln. Nur so viel sei gesagt: Bismarcks Buch ist eine politische Abrechnung mit Kaiser Wilhelm II., der ihn entlassen hatte. Es ist nicht in allen Teilen glaubwürdig, aber glänzend geschrieben. Otto von Bismarck ist als großer Politiker in die Geschichte eingegangen. Aber er war auch ein großartiger Schriftsteller, dessen Reden, Briefe und vor allem sein Erinnerungswerk zur großen Literatur gehören. Da Bismarck seine letzten Jahre im Lauenburgischen verbracht hat, darf er auch als lauenburgischer Schriftsteller genannt werden.

Die Schriftsteller Hermann Kant (* 1926) und Günter Grass (1927–2015) haben ebenfalls Spuren im Herzogtum Lauenburg hinterlassen, prägend für diese Region sind sie aber nicht geworden.

3. Die Lauenburgischen Sonderrechte

Als im April 1919 Landrat Mathis gestorben war, wies der Regierungspräsident in Schleswig den preußischen Innenminister darauf hin, dass die Neubesetzung in Ratzeburg von besonderer Wichtigkeit sei. Einer der Gründe war das hohe Vermögen in Form kreiseigener Domänen und Forsten; dies benötigte eine kontinuierliche Verwaltung. Die Position des preußischen Landrats war in allen Teilen des Landes eine besondere, weil sie sehr unterschiedliche Verwaltungsfunktionen in sich vereinigte. Im Kreis Herzogtum Lauenburg kam ein Erbe hinzu, das es nirgendwo sonst in Preußen gab. Dass in Ratzeburg 1919 Kurt Schönberg zum Landrat gewählt wurde, ist bereits ausgeführt worden. Dieser unternahm mehrere Anstrengungen, die Lauenburgischen Sonderrechte in Anspruch zu nehmen und sie zu erweitern, um so etwas wie ein „Großlauenburg" zu schaffen. Worin bestanden die Lauenburgischen Sonderrechte, um die zwischen den Parteien und zwischen den Regierungsebenen gestritten wurde? Die über viele Jahre erfolgten Verhandlungen über die Integration des Herzogtums Lauenburg hatten dazu geführt, dass der ehemalige Domanialbesitz und weitere Rechte des Herzogtums nicht auf die Provinz Schleswig-Holstein oder gar auf das Königreich Preußen übertragen wurden, sondern beim neugeschaffenen Kreis Herzogtum Lauenburg verblieben. Das bedeutet: Der Kreis verfügte über den ehemaligen herzoglichen Grundbesitz, der vor allem in Forsten bestand, hatte aber auch Verpflichtungen übernommen, die z. B. im Wegebau und in sozialen Aufgaben bestanden.

Diese historisch übernommene Rolle wurde in der Weimarer Republik von mehreren Parteien als überholt angesehen. Dies führte zwar zu einigen Einschränkungen, aber nicht zur Abschaffung der Sonderrechte. Diese wurden bereits 1904 in einem grundlegenden

---

6 Über ihn s. Rolf Meyn, Heinrich Burmester – ein (fast) vergessener plattdeutscher Schriftsteller aus dem Lauenburgischen, in: E. Opitz (wie Anm. 19), S. 71-83.

Werk festgehalten: Traugott Frhr. von Heintze[7] veröffentlichte die Sonderrechte und schuf mit seinem Buch eine Grundlage für die Rechtsverhältnisse im Landkreis, die bis heute teilweise Beachtung finden.

In den zwanziger Jahren kam es wegen der Sonderrechte zu mehreren Konflikten zwischen dem Landkreis und Preußen. In Berlin hielt man die Sonderrolle Lauenburgs für republikfremd und unzeitgemäß. Die lauenburgischen Domänen sollten den preußischen Staatsdomänen gleichgesetzt werden, also auch landlieferungspflichtig werden. Dagegen erhob sich Protest; in der Presse war die Rede von der Enteignung Lauenburgs. Dabei ging es nur darum, 10 % der Domänenfläche zur Unterstützung von Kleinbauern zur Verfügung zu stellen. Der Streit wurde 1925 zugunsten der preußischen Forderungen entschieden.

Auch im Wahlrecht gab es Kontroversen, weil 1888 für den Kreis Herzogtum Lauenburg in der Schleswig-Holsteinischen Provinzialordnung eine Sonderbestimmung eingeführt worden war. Danach traten drei Abgeordnete des Kreises „hinzu". Der preußische Innenminister hatte verfügt, dass auch diese drei Abgeordneten in direkter Wahl zu bestimmen seien. Landrat Schönberg stellte sich dem entgegen und verkündete, dass Lauenburg nicht zum Provinzialverband Schleswig-Holstein gehöre und deshalb die Wahlen nicht stattzufinden hätten. Der Streit, der auch in der Presse ausführlich ausgetragen wurde, griff Konflikte auf, die es bereits gab, als Bismarck Minister für Lauenburg war. Er hatte dem Kreis Sonderrechte eingeräumt. Diese wurden nun genauso hartnäckig verteidigt wie die alten Ständerechte vor dem Anschluss an Preußen. Jetzt waren es wieder die Konservativen, unter ihnen besonders der Reichstagsabgeordnete Otto Christian Archibald von Bismarck (1897–1975), die alles daran setzten, den dem Landkreis eingeräumten Sonderbestimmungen auch nach dem Ende der Monarchie Geltung zu verschaffen. Die um diese Fragen geführten Debatten wurden weit über die Grenzen des Kreises verfolgt. Während sich bei den Debatten um den Realanschluss Lauenburgs an Preußen die Wirtschaftsverbände für diesen ausgesprochen hatten, traten sie jetzt auf die Seite der konservativen Kreispolitik. Der Gewerbeverbund und der Lauenburgische Land- und Bauernbund setzten sich aktiv für die Wahrung der Lauenburgischen Sonderrechte ein. Landrat Kurt Schönberg wurde 1927 seines Amtes enthoben; ihm folgte Gustav Voigt nach, der eindeutig für die Einhaltung der bestehenden Gesetze eintrat.

4. Der Aufstieg der NSDAP im Landkreis

Der Kreis Herzogtum Lauenburg war bis ins 20. Jahrhundert wirtschaftlich durch die Landwirtschaft geprägt. Auch in den zwanziger Jahren arbeitete mehr als ein Drittel der Beschäftigten in der Landwirtschaft. Diese war stabiler ausgerichtet als in Schleswig-Holstein. Die Verschuldung der Familienbetriebe war deutlich geringer als in anderen Regionen der Provinz. Die Industrie spielte nur im Süden des Landkreises eine Rolle. Handel und Verkehr waren bei den Wirtschaftsbilanzen unterrepräsentiert. Die mittelständischen Handwerksbetriebe hatten meist nur fünf oder sechs Mitarbeiter. Deshalb hat die Wirtschaftskrise, die 1929 durch den Sturz der Kurse an der New Yorker Börse ausgelöst wurde, auch auf diese

7 Vgl. Biogr. Lex., S. 206 f.

86: Der Realschullehrer Ernst Behrends war ein früher Anhänger Hitlers und trug wesentlich zum Aufstieg der NSDAP bei. Er hatte einen hohen SS-Ehrenrang. 1961 und 1981 wurde er als Schriftsteller hoch geehrt.

Betriebe negativen Einfluss gehabt. Der Anteil der Arbeiter sank von 74,5 % im Jahr 1925 auf 43,5 % im Jahr 1933. Nur in der Landwirtschaft blieben die Arbeitsverhältnisse stabil.

Im Kreis Herzogtum Lauenburg gab es nach dem Ersten Weltkrieg noch 42 Ratsbezirke, von denen 17 zum Landeskommunalverband gehörten. 1928 entschied das preußische Staatsministerium über die Auflösung dieser Gutsbezirke. Fünf wurden in eigenständige Gemeinden umgewandelt. Die übrigen wurden mit den angrenzenden Gemeinden vereinigt. Damit wurde auch im Landkreis Herzogtum Lauenburg ein längst überfälliger Prozess vollzogen. Die politische Entwicklung im Landkreis hatte bereits in den Anfangsjahren eine konservative Ausrichtung eingenommen. Diese hat sich im Verlauf der Jahre deutlich verschärft. Der Landkreis gehörte zu den frühen Hochburgen der NSDAP. Die Partei, die zunächst nur als Splitterpartei in Erscheinung getreten war, erreichte in Mölln bereits 1924 mit 24,6 % ein hohes Wahlergebnis. Mölln blieb auch in den folgenden Jahren in der Republik eine NSDAP-Hochburg. Bei den Kommunalwahlen im November 1929 hatte die NSDAP mit 19 % der Stimmen das beste Ergebnis erreicht. Neben Mölln konnte die Partei auch in Ratzeburg und Lauenburg mit deutlichen Stimmengewinnen hervortreten.

Es ist ja stets eine Frage, ob Männer oder Frauen Geschichte machen oder ob diese durch Strukturen bestimmt wird. In Mölln trat ein Mann hervor, der sich in besonderer Weise für die NSDAP engagierte: Ernst Behrends (1891–1982).[8] Seine Biographie ist über alle Perioden seines Lebens bemerkenswert. Er war der Sohn eines Lehrers und Organisten in Gudow und absolvierte eine Ausbildung zum Lehrer in Oldesloe und Ratzeburg. Diese war völkisch bestimmt und dürfte ihn in seinem weiteren Leben als Lehrer geprägt haben. Er war Soldat im Ersten Weltkrieg und wurde 1914 durch einen Kopfschuss schwer verwundet. 1915 wurde er Mittelschullehrer in Mölln. Schon 1925 wurde er dort Mitglied der NSDAP. Im selben Jahr erhielt er den Auftrag, eine „Chronik der Gefallenen der Stadt Mölln" zu verfassen, die er 1929 in einer auf 1320 kalligraphisch gestalteten Seiten verfassten Arbeit abschloss, die heute im Möllner Stadtarchiv verwahrt wird. Mit seiner „Chronik" wollte er aus dem Erbe der Gefallenen eine Aufgabe für die Zukunft Deutschlands aufzeigen. Dies hatte er auch in einigen seiner Gedichte zum Ausdruck gebracht. In der NSDAP sah er die Zukunft für das Deutsche Reich. Aber er war auch ein engagierter Unterstützer der Mennoniten, die aus der Sowjetunion geflohen waren und in Mölln eine vorläufige Unterkunft gefunden hatten, bevor sie nach Nord- und Südamerika auswandern konnten. Ihrem Schicksal widmete er mehrere Romane, die aber kaum ein literarisches Echo fanden. 1934/35 hat Ernst Behrends eine Geschichte der NSDAP Mölln verfasst, in der er seine eigene Entwicklung mit dem Werdegang der Partei zu verknüpfen versucht. An anderer Stelle bringt er zum Ausdruck, er sei „nicht nur Anti-Semit und Anti-Internationalist und Anti-Egoist und Anti-Materialist, sondern auch (...) Arier, Nationalist, Sozialist, Idealist".

Ernst Behrends gehörte dem 1936 von Hans Friedrich Blunck gegründeten Eutiner Dichterkreis an, der sich darum bemühte, Schriftstellern, die den Zielen der Nationalsozialisten nahestanden, eine Aufwertung zuteilwerden zu lassen. Er zählte also zu jenen, die sich aktiv für die Ziele und die Ideologie des Nationalsozialismus einsetzten, also nicht zu denen, die

8 Vgl. Biogr. Lex., S. 38.

nach 1933 in eine „innere Emigration" getreten waren. Er wurde auch als Nationalsozialist geehrt: Inhaber des Goldenen Ehrenzeichens sowie der Dienstauszeichnungen der NSDAP in Bronze und Silber und SS-Oberführer, hatte also einen hohen Rang, der dem eines Obersten der Wehrmacht entsprach. Aber Behrends hat in der Partei nie eine Funktion ausgeübt. Er war Propagandist für die völkischen Elemente des Nationalsozialismus; zu keiner Zeit war er „Täter". Nach Beginn des Russlandfeldzugs ging er sogar auf Distanz gegenüber den deutschen Unterdrückungsmaßnahmen. Diese Haltung hat er nach 1945 als Widerstand interpretiert, allerdings ohne seine völkische Gesinnung bis an sein Lebensende aufzugeben. Ob seine frühe Mitgliedschaft und sein Werben für die Partei dazu beigetragen haben, dass die NSDAP in Mölln schon 1924 ein hohes Wahlergebnis erzielte und bei der Reichstagswahl 1928 einen deutlich höheren Stimmenanteil verzeichnen konnte als in den anderen Städten, ist schwer auszumachen: Mölln 12,3 %, Ratzeburg 4,3 % und Lauenburg 5 %.

Sicher ist, dass der Möllner „Stützpunktleiter", August Kelb (1878–1956)[9], der zunächst für die Deutschvölkische Partei als Kreistagsabgeordneter tätig war, viele Möllner Bürger für die NSDAP gewonnen hat. Nach ihm trat Hans Gewecke (1906–1991)[10] hervor, der von 1933 bis 1945 die Rolle des Kreisleiters der NSDAP innehatte. Bei den Kommunalwahlen 1929 gewann die Partei 19 % der Stimmen, im gesamten Kreisgebiet allerdings schon 9,7 %. 1929 wurde auch die Stadt Lauenburg zu einer Hochburg der NSDAP. Zu einem politischen Erdrutsch zugunsten der Nationalsozialisten kam es bei der Reichstagswahl im September 1930. Die NSDAP wurde nach der SPD (27,9 %) zweitstärkste Partei (25,4 %).

Die Wirtschaftskrise, die eine hohe Arbeitslosigkeit zur Folge hatte, spielte bei der Zunahme der Stimmen für die radikalen Parteien die größte Rolle. Die NSDAP verstand es aber auch, die Not vieler Menschen für sich durch Propagandaaktionen zu nutzen. Sie konnte darüber hinaus davon profitieren, dass die Kreispolitiker, die versuchten, durch Wirtschaftsmaßnahmen Arbeitsplätze zu schaffen, Fehlentscheidungen trafen, als sie sich für Großprojekte wie den Bau des Schaalseekraftwerks und begleitende Verkehrsbauvorhaben entschieden. Die Erfolge blieben aus und der Kreis stürzte sich in bisher unbekannte Schulden. Da auch mehrere Fabriken schließen mussten, nahm die Arbeitslosigkeit weiter zu und trieb die Betroffenen in die Fänge der Nationalsozialisten.

Sowohl in der Reichspolitik als auch auf regionaler Ebene wurden die politischen Auseinandersetzungen heftiger, oft militant. 1932 war der Reichspräsident neu zu wählen. Adolf Hitler kandidierte gegen den Amtsinhaber Paul von Hindenburg. Hitler verfehlte auf Reichsebene die absolute Mehrheit. In Lauenburg kam Hitler bis auf ein halbes % an die für Hindenburg abgegebenen Stimmen heran. Der zweite Wahlgang brachte zwar eine Mehrheit für Hindenburg; in Lauenburg stimmten aber 49,7 % für Hitler, 7 % mehr als für Hindenburg. Der Kreis Herzogtum Lauenburg darf also bereits 1932 als eine Hochburg der NSDAP in Preußen angesehen werden, was bei der Wahl zum Preußischen Landtag am 25. April 1932 bestätigt wurde: Die NSDAP erreichte 48 % der Stimmen. Die in den Anfangsjahren führende SPD fiel auf 28,1 % zurück. Die bürgerliche Mitte geriet völlig ins Abseits. Bemerkenswert bei diesen Wahlen ist die Tatsache, dass die NSDAP ihre besten Ergebnisse in den Landgemeinden erzielte, die sich zuvor zu dieser Partei auf Distanz gehalten hatten. Den Nationalsozialisten war es in Lauenburg gelungen, über den Bauernverband Einfluss auf die Landbevöl-

9 Ebd., S. 241 f.
10 Ebd., S. 174 f.

kerung zu nehmen. Doch ihr bestes Ergebnis bei dieser Wahl erzielten die Nationalsozialisten in Mölln: 52,1 % der Stimmen. Das war das bisher beste Ergebnis für die Partei.

Das Ende der Weimarer Republik war begleitet von rasch wechselnden Präsidialkabinetten, die kaum Unterstützung durch den Reichstag hatten. Der neugewählte Reichspräsident Paul von Hindenburg ließ den Reichstag auflösen und damit die Ära Brüning beenden. Die Neuwahlen vom 31. Juli 1932, die im Vorfeld von einer nie gekannten Propaganda und der Unterstützung zahlreicher Wirtschaftsverbände für die NSDAP begleitet waren, endeten mit einer Mehrheit für die NSDAP, die aber knapp die erhoffte absolute Mehrheit verfehlte: 48,9 %.

Auch im Lauenburgischen waren Einbußen für die NSDAP zu verzeichnen; nur in den Landgemeinden erreichte die Partei die absolute Mehrheit. Hatten die Nationalsozialisten den Höhepunkt ihrer Attraktivität überschritten? Das war nicht der Fall. Ihr ganz großer Aufstieg stand noch bevor.

XII. Der Kreis Herzogtum Lauenburg in der Zeit des Nationalsozialismus und im Zweiten Weltkrieg 1933–1945

1. Die NSDAP und die Gleichschaltung der politischen, wirtschaftlichen und kulturellen Organisationen

Der Landkreis Herzogtum Lauenburg hatte sich 1932/33 mehrheitlich für Hitler und seine Partei entschieden. Einfluss auf das Geschehen der großen Politik in Berlin hatten aber weder die Wähler noch die von ihnen in politische Gremien gewählten Vertreter. Das muss festgehalten werden, wenn es darum geht, die Geschichte eines Landkreises während der Zeit des Nationalsozialismus nachzuzeichnen. Selbstverständlich gibt es auch auf regionaler Ebene Täter und Opfer. Und die Mehrheit der Bewohner des Kreises hat für Hitler und seine Politik plädiert. Während des Zweiten Weltkrieges haben sich die Soldaten aus Lauenburg nicht anders verhalten als die aus anderen Gebieten des Deutschen Reiches. Auch sie haben Schuld auf sich geladen und Opfer gebracht.

Im Lauenburgischen gab es vor der Ernennung Hitlers zum Reichskanzler am 30. Januar 1933 in den Landgemeinden und in Mölln eindeutige Mehrheiten für die NSDAP, in Lauenburg konnte sich noch eine Mehrheit aus SPD und KPD behaupten. Bei den Reichstagswahlen im März 1933 war die Mehrheit der NSDAP mit 52,02 % eindeutig. Nur in der Stadt Lauenburg lagen die Nationalsozialisten mit 41,26 % unter der 50 %-Grenze. Reichstagsabgeordneter wurde Hans Gewecke von der NSDAP. Das Ergebnis der Wahl wurde in der Lauenburgischen Zeitung wie folgt kommentiert: „Das Wahlergebnis aus dem Kreise lässt die gewaltige Erstarkung der nationalen Front und die Abkehr von Marxismus und Bolschewismus erkennen."[1] Hier wurde eine Sprache gewählt, die mit den politischen Diskussionen der Menschen im Kreis nicht vereinbar war. Auf dieser Ebene wurde unter den Bauern nie diskutiert. Obgleich eine Analyse der Wahlergebnisse der Kommunalwahlen im März 1932 deutliche Differenzen bei der Wertschätzung für die NSDAP in den einzelnen Gemeinden zeigt, besteht an der Mehrheit für die NSDAP kein Zweifel.

Die Partei war darum bemüht, möglichst alle Berufsgruppen in ihren Reihen zu vereinen. Innerhalb kurzer Zeit waren alle wichtigen Ämter im Landkreis durch Mitglieder der NSDAP besetzt. Dies wurde in der Presse, die zwar noch nicht gleichgeschaltet, aber nationalsozialistisch infiltriert war, mit Begeisterung gefeiert. Die „nationale Revolution" wurde auf allen Ebenen begrüßt. Die Hakenkreuzfahnen hatten längst die schwarz-rot-goldenen verdrängt, schwarz-weiß-rote kamen hinzu. Am 27. April trat in Ratzeburg der neugewählte Kreistag erstmals zusammen. Der pathetische Bericht in der Presse ist typisch für die Anfänge der NS-Herrschaft in der Provinz: „Ein herrlicher Frühlingstag lag gestern, dem Tage des Zusammentritts des ersten Kreistages nach der nationalen Revolution, über unserm Lauenburger Land. Mögen wir diesen Sonnenschein als ein Symbol betrachten für die ge-

1 Handbuch, S. 402.

deihliche Arbeit, die gestern von unserer Kreisvertretung geleistet worden ist. Die öffentlichen und viele Privatgebäude in Ratzeburg prangten im Schmuck der nationalen Fahnen und der lauenburgischen Landesfarben. Aber auch die Straße zeigte bald ein bunt-bewegtes Bild. Überall sah man die schneidigen Braunhemden auftauchen, und auch sonst viele Kreiseingesessene waren gekommen, um diese erste denkwürdige Sitzung miterleben zu dürfen. Der Saal im ‚Nordischen Hof' reichte nicht aus, und es mußte ein zweites Lokal herangezogen werden, wohin denn auch die Verhandlungen durch Lautsprecher übertragen wurden. Im ‚Nordischen Hof' war alles für diese weihevolle Stunde vorbereitet worden. Stolz grüßte die Hakenkreuzflagge in der Mitte des Saales die Eintretenden, umgeben von den Farben schwarz-weiß-rot, dem schleswig-holsteinischen und dem lauenburgischen Wappen. (...) Nach dem Einmarsch der SA, mit ihren Fahnen, die sich zu beiden Seiten der Abgeordneten gruppierten, eröffnete Herr Landrat Fründt, der im schmucken Braunhemd erschienen war, diese erste Kreistagssitzung."[2]

87: Theodor Fründt war SA-Führer und von 1933 bis 1938 Landrat im Kreis Herzogtum Lauenburg. Damals nahm er hohe NS-Ämter ein. Er wurde 1950 problemlos entnazifiziert und war als Rechtsanwalt in Kiel tätig.

Kreisleiter Hans Gewecke zeigte bei der Durchsetzung der Ziele der NSDAP besondere Härte. Er sorgte dafür, dass jede Oppositionsregung niedergestimmt wurde. Er tat sich auch als „Gauredner" hervor und vertrat den Kreis als Abgeordneter im Reichstag. Im Zweiten Weltkrieg war er u. a. in Livland tätig, wo er sich durch extreme Grausamkeit ausgezeichnet haben soll, was ihm aber nach dem Krieg in mehreren Prozessen nicht nachgewiesen werden konnte. Im Landkreis Herzogtum Lauenburg sorgte Gewecke dafür, dass auf allen Ebenen Nationalsozialisten die politischen Ämter besetzten. Die meisten Sozialdemokraten, die Mandatsträger waren, traten zurück oder wurden des Amtes enthoben. Diese Maßnahmen wurden als „Säuberungen" apostrophiert. In den folgenden Jahren wurde immer mehr das „Führerprinzip" durchgesetzt, d. h., die Besetzung der Ämter wurde nicht mehr durch Wahlen entschieden, sondern per Akklamation bestimmt.

Als letzte halbwegs legale Amtsbesetzung darf die Theodor Fründts (1897 bis 1984)[3] zum Landrat gelten. Sie erfolgte durch die preußische Staatsregierung am 14. September 1933. Als Landrat war Fründt bis 1938 in Ratzeburg tätig. Danach machte er im Reichsinnenministerium Karriere und war ebenfalls in Kriegsverbrechen verstrickt, ohne dass er dafür zur Verantwortung gezogen wurde. Sein Nachfolger als Landrat wurde Erich Paul Jüttner[4], der in der SS als Hauptsturmführer fungierte, also einen Offizierrang innehatte. Er wurde nach Kriegsende interniert und erneut in den lauenburgischen Kreistag gewählt.

Die namentlich genannten Nationalsozialisten des Kreises wurden nur stellvertretend hervorgehoben für die vielen anderen, die sich als Bürgermeister oder in anderen Funktionen für den Nationalsozialismus engagiert haben. Unterstützt wurden sie von der Mehrheit der Bevölkerung im Kreis. Schon im Vorfeld der Machtübernahme durch die NSDAP hatte es im Kreis Herzogtum Lauenburg zahllose Sympathisanten für rechte oder völkische Organisationen oder Bewegungen gegeben. SA und Stahlhelm gehörten ebenso dazu wie der Königin-Luise-Bund. Eine Fortführung des Kaiserreichs nach 1918 hätte bei der Bevölkerung im Kreisgebiet eine Mehrheit gefunden. Auf

2 Zitiert nach Handbuch, S. 406 f.

3 Vgl. Biogr. Lex., S. 234 f.

4 Ebd., S. 165 f.

Reichsebene verstand es Joseph Goebbels, durch seine Inszenierungen, etwa beim „Tag von Potsdam" (31. März 1933), den Eindruck zu erwecken, der Nationalsozialismus sei die Fortsetzung preußischer Traditionen. Derartige Veranstaltungen hatten auch in der Provinz ein positives Echo. In Lauenburg, das erst spät zu Preußen gekommen war, wurden in der Garnisonsstadt Ratzeburg preußische Zugehörigkeit und nationalsozialistischer „Aufbruch" gefeiert: Auf dem Exerzierplatz stellten sich die in der Stadt stationierten Truppen zur Parade auf. Sie wurden begleitet von der SA und den Reitervereinen. Die Ratzeburger Bevölkerung war reich vertreten.

88: Die SA hatte im Lauenburgischen schon vor 1933 viele Anhänger.

Hervorzuheben ist, dass neben der Lauenburgischen Gelehrtenschule und zahlreichen Vereinen auch die Kirche vertreten war. An ihrer Spitze stand Pastor Martin Fischer-Hübner (1885–1959)[5], der sich der „Gemeinschaft Deutscher Christen" angeschlossen hatte. Er hielt eine Predigt. Der Standortälteste, Major Dr. Münchau, hielt die zentrale Rede, in der er u. a. ausführte: „Die deutsche Revolution, das dürfen wir niemals vergessen, hat im Weltkriege in Blut und Eisen begonnen, als zwei Millionen der besten Söhne unseres Volkes sich für uns geopfert haben. Wie hätte es sonst heute schon sein können, wenn wir damals bis zum Ende durchgehalten hätten. Das neue, das dritte Deutsche Reich, wäre schon geschaffen." Er sprach damit das aus, was von der Mehrheit der Bevölkerung geglaubt wurde. In vielen Orten des Kreises wurde dies durch entsprechende Veranstaltungen zum Ausdruck gebracht.

Die Stimmung im Lande fand ihren Niederschlag in der Tagespresse. Darüber hinaus gab es ein Organ, das um die Darstellung der Zusammenhänge bemüht war, der „Lauenburgische Haushaltungskalender", der besonders auf dem Land weit verbreitet war. Von 1924 bis 1938 schrieb Traugott Tamm (1860–1938)[6], der vor dem Ersten Weltkrieg ein erfolgreicher Schriftsteller war, für dieses Periodikum chronikalische Berichte, die durchaus als Quellen für die Mentalität der lauenburgischen Bevölkerung gelten dürfen. So heißt es im Kalender für 1934: Er habe die Pflicht, „jetzt schon für spätere Zeiten hier ein Zeugnis niederzulegen, wie zu dem nunmehr vollzogenen Einsturz der Altersschwachen, Überlebten und Vermarschten in diesen denkwürdigen Tagen der bodenständige Lauenburger sich gestellt hat. Dieses Zeugnis aber kann nur lauten: In unerhörter Einmütigkeit hat hier jung und alt dem zu erhoffenden Neuen und Großen entgegengejubelt."[7] Tamm, der nach langem Aufenthalt in Rumänien seit 1907 in Ratzeburg lebte, setzte sich politisch für eine Besserstellung des Krei-

5 Ebd., S. 149 f.
6 Über ihn vgl. Hansjörg Zimmermann, Dr. Traugott Tamm – Schriftsteller und Chronist, in: E. Opitz (Hrsg.), Das Herzogtum Lauenburg im Spiegel der Literatur (= Kolloquium XVII). Bochum 2011, S. 189-193.
7 Zitiert nach Handbuch, S. 413.

ses ein. So wollte er die lübischen und mecklenburgischen Enklaven beseitigen und forderte eine bessere Verkehrsanbindung. Tamm verstand es, mit oft pathetischen Formulierungen, partikulare Interessen mit der neuen Reichspolitik zu verbinden.

Die Mehrheit im Lande war schon im Frühjahr 1933 eindeutig Hitler-begeistert. Zahlreiche Straßen, Plätze und Schulen wurden auf den Namen Hitlers umbenannt; überall wurden „Hitler-Eichen" gepflanzt. Die Hitler-Begeisterung hielt auch an, als die NSDAP im Kreis mit der Gleichschaltung begann, die im Parteijargon als „Säuberung" bezeichnet wurde und nicht nur zur Entlassung von Beamten führte, sondern auch Angestellte betraf. Kreisleiter Gewecke brachte diese Politik auf die Formel: „Die Kreisleitung will, daß alles, was sich uns in den Weg stellt, zerbrochen wird."

Die verbale und teilweise auch reale Brutalität der NSDAP und ihrer Organe löste bei den Bürgern Lauenburgs keinen erkennbaren Widerstand aus. Der Lauenburgische Gewerbebund, der nach den Kommunalwahlen noch eine „bürgerliche Einheitsliste" gefordert hatte, akzeptierte protestlos die Forderung, dass mindestens 51 % der Mitglieder der NSDAP zugehörig zu sein hätten. Die Gewerbevereine in den anderen Städten folgten, auch der Land- und Bauernverband schloss sich an. Die zahlreichen Vereine ließen sich ebenfalls ohne jeglichen Widerstand „gleichschalten". Der Begriff „Gleichschaltung" ist keineswegs ein Terminus, den die Geschichtsforschung nach 1945 eingeführt hätte, sondern entstammt dem nationalsozialistischen Sprachgebrauch und wurde bereits 1933 für vielfältige Maßnahmen angewandt; so auch bei den Handwerkern, die zu Zwangsinnungen veranlasst wurden.

Die Lauenburgische Landeskirche hatte seit ihrer Etablierung durch die Kirchenordnung von 1585 stets großen Einfluss auf die Entwicklung des Landes genommen; das geschah auch 1933 und in den Jahren danach. Jetzt traten jene hervor, die sich der Bewegung „Deutsche Christen" angeschlossen hatten und im Nationalsozialismus ein Ergebnis des göttlichen Heilshandelns sahen. Zu ihnen gehörte auch Pastor Christian Heß, der in seinen Predigten auf nationalsozialistischen Jubelfeiern völkische Ideen einfließen ließ, so als er das Verbot der Gewerkschaften am 1. Mai 1933 in Verbindung brachte mit dem als „Hagelfeier" von alters her begangenen Erntebittgottesdienst.

Die Einführung des „Hitlergrußes" fand auch im Lauenburgischen Zustimmung; sie wurde begleitet von den Treuebekenntnissen zum neuen Regime. Dazu gehörten auch die Werbungen um neue Mitglieder. In allen Gemeinden wurden Organisationen geschaffen, die der Partei Mitglieder zuführen sollten. Von Anfang an legte die NSDAP Wert darauf, dass ihr Führungspersonal geschult wurde. Es sollte nicht nur fähig sein, verantwortungsbewusster Träger des Staates zu sein, sondern auch die Ideen des NS-Regimes propagandistisch ausbreiten können. Ziel war es, alle Ebenen des Staates mit nationalsozialistischem Gedankengut zu durchdringen. Dabei wurde die Zeitgeschichte zum Gegenstand einer Geschichtspolitik, bei der die von Reichspräsident von Hindenburg propagierte „Dolchstoßlegende" eine zentrale Rolle spielte. Der Erste Weltkrieg sei nicht durch die Niederlage der Streitkräfte verursacht worden, sondern durch den Verrat marxistischer Kräfte der Arbeiterbewegung. Dieser habe auch zum Frieden von Versailles geführt, der ebenfalls durch nationale Kraftanstrengungen hätte verhindert werden können.

Die Folgen des Friedensvertrages waren überall zu spüren und konnten deshalb in der Propaganda ausgenutzt werden. Hitler und die Nationalsozialisten waren angetreten, die Demütigungen des Versailler Vertrages zu beseitigen und das „Weimarer System", das diesen Verträgen zugestimmt hatte, zu überwinden. Diesem Ziel konnten die meisten Bürger des Landes zustimmen. Die rassistischen Forderungen in der NS-Programmatik wurden zunächst nicht nur im Lauenburgischen kaum wahrgenommen. Auch hier hatten nur wenige Menschen Hitlers „Mein Kampf" gelesen. Aber die NSDAP schaffte es auch im Landkreis Herzogtum Lauenburg, den Aufbau der Partei von der Jugend auf so zu organisieren, dass nach wenigen Jahren stabile Parteistrukturen entstanden.

Die „Hitlerjugend" (HJ) und der „Bund Deutscher Mädel" (BDM) wurden schon bald feste Bestandteile der Jugenderziehung. Für sie wurden Heime und Ausbildungsstätten geschaffen, um bei der Jugend die Attraktivität zu erhöhen. Dagegen hatten die kirchlichen Einrichtungen, die sich um eine christliche Ausrichtung der jungen Leute bemühten, kaum eine Chance. Weihnachtsgottesdienste wurden zunehmend zu Jul-Feiern, um nur ein Beispiel zu nennen.

Der BDM arbeitete eng mit der NS-Frauenschaft zusammen. Die HJ war mit der SA verbunden und in „Gefolgschaften" organisiert. Die Gefolgschaft der HJ für den Kreis Herzogtum Lauenburg trug die Nummer 4, III, 185. Sie erhielt 1934 in Worth (zwischen Geesthacht und Schwarzenbek) ihr erstes eigenes Heim, dem in den folgenden Jahren zahlreiche weitere folgten. Gerade in den Jugendorganisationen sollte das Führerprinzip sichtbar werden. Der Gau Nordmark, d. h. Schleswig-Holstein, bestand aus 13 Bannen. Der Kreis Lauenburg war der Hauptbann IV, dem fünf Unterbanne unterstanden, von denen jeder vier Gefolgschaften hatte; diese vereinigten jeweils drei Scharen, die wiederum aus je drei Kameradschaften bestanden. Jeder Gliederung stand ein „Führer" vor. Das System, das die Jugendlichen von klein auf erfuhren, setzte sich in der Partei und ihren Untergliederungen fort. An der Spitze stand stets „der Führer Adolf Hitler". Die so geschaffene Hierarchie ging einher mit einer engen Verzahnung von Partei und Staat. Der Nationalsozialismus setzte alles daran, die Jugend an sich zu ziehen. Deshalb war auch im Lauenburgischen auf diesem Feld die Gleichschaltungspolitik besonders effektiv. Kreisleiter Gewecke konnte bei der Einweihung des HJ-Heims in Lauenburg 1938 verkünden, dass in Kürze 22 Heime fertiggestellt seien. „Das bedeutet, dass der Kreis Lauenburg in der Heimbeschaffung für die Hitler-Jugend führend ist im ganzen Gaugebiet, wenn nicht gar im Reichsgebiet."[8] In diesen Heimen sollte eine „Führerschaft" für die Zukunft des Reiches herangezogen werden. Der BDM war zwar ähnlich organisiert wie die HJ, hatte aber einen deutlich geringeren Stellenwert. In ihm waren auch, gemessen an der Gesamtzahl, prozentual deutlich weniger Mitglieder als in der HJ. Das war vom Regime offenbar so gewollt.

Selbstverständlich waren die meisten NS-Unterorganisationen auch im Lauenburgischen vertreten. Einige seien hervorgehoben. So die Nationalsozialistische Frauenschaft (NSF), der die soziale Arbeit im Sinne der Partei anvertraut wurde, d. h. die wirtschaftliche Fürsorge, die Säuglingspflege, Mütterberatung und die Jugendfürsorge. Ihr zur Seite stand die Nationalsozialistische Volkswohlfahrt (NSV). Auch zum Winterhilfswerk (WHW) gab es enge Verbindungen. Die Frauenschaft der Partei wurde in der Propaganda stets als „Ausgangszelle für die Umgestaltung, für die Neubildung des gesunden deutschen Frauentums" bezeichnet.[9] Das änderte nichts an der Tatsache, dass den Frauen im NS-Regime die traditionellen Rollen zugeordnet waren: Hausfrau, Mutter und Fürsorgerin.

---

8 Handbuch, S. 420.

9 Ebd., S. 422.

Im Kreisgebiet gab es auch Vertreter der der NSDAP angeschlossenen Berufsverbände, wie NS-Juristenbund, NS-Volkswohlfahrt, NS-Lehrerbund etc. Sie spielten aber im politischen Leben kaum eine Rolle, sieht man vom Lehrerbund ab. Er hatte bereits im April 1933 seine Zustimmung dem NS-Regime gegenüber bekundet. Diese Haltung hatte für die Schulchroniken, die in allen Schulen geführt wurden, spezifische Folgen: Die Seiten mit den Eintragungen von 1933 bis 1945 wurden bei Kriegsende herausgerissen und vernichtet.

Die marxistisch gelenkte Arbeiterbewegung, die ihren Niederschlag einerseits in den Parteien SPD und KPD und andererseits in den Gewerkschaften gefunden hatte, gehörte zu den Hauptgegnern der NSDAP. Deshalb wurden die Parteien verboten und die Gewerkschaften mit den Organisationen der Arbeitgeber zusammengefasst in der Deutschen Arbeitsfront (DAF), dem „Zusammenschluß der schaffenden Deutschen". Der DAF unterstand auch die bald sehr beliebte Freizeitorganisation „Kraft durch Freude" (KdF).

Die DAF fand im Lauenburgischen schnell allgemeine Zustimmung, nachdem das Misstrauen ehemaliger Gewerkschaftler gegenüber den DAF-Funktionären, in denen sie ehemalige „Gewerkschaftsbonzen" sahen, gewichen war. Dies wurde sichtbar, als 1935 die Mehrheit der bei der Nobel-AG beschäftigten Arbeiter, die in den Jahren zuvor für SPD und KPD gestimmt hatten, sich für die DAF entschieden hatte. Bis zum Oktober 1937 wiesen bereits die meisten Betriebe im Lauenburgischen eine 100 %-Mitgliedschaft in der DAF auf. Auch auf diesem Felde hatte die NSDAP im Kreis deutliche Erfolge zu verzeichnen.

Sie hatte ihren Aufstieg ohnehin den Folgen der Weltwirtschaftskrise zu verdanken. Es erhebt sich deshalb die Frage, ob es ihr auch im praktischen Wirtschaftsleben gelang, Erfolge zu verzeichnen. Der Höchststand der Arbeitslosigkeit war 1932 erreicht. Auch im landwirtschaftlich geprägten Lauenburg war die Arbeitslosigkeit besonders im Süden des Kreises sehr hoch. Die Unterstützung für die 14- bis 25-Jährigen wurde nach dem 30. Januar 1933 gestrichen. Gefördert wurden nur noch die sog. Wohlfahrtserwerbslosen, d. h. jene Arbeitslosen, die von den Landgemeinden und vom Kreis unterstützt werden mussten; das waren Anfang 1933 1737. Diese Zahl zu reduzieren, war das Ziel der nationalsozialistischen Arbeitsbeschaffungspolitik. Tatsächlich konnte diese Zahl erst 1936 abgebaut werden, und zwar durch die Errichtung von Arbeitsdienstlagern und anderen Notstandsmaßnahmen.

Für viele der verschuldeten Bauernhöfe sollte das 1933 beschlossene Reichserbhofgesetz eine Entlastung und zugleich eine Aufwertung des Bauernstandes bringen. Im Kreis Herzogtum Lauenburg waren davon weniger Höfe betroffen als in Mecklenburg und Holstein. Aber auch hier profitierten Höfe davon, dass eine Entschuldung ihre Inhaber zu „Erbhofbauern" machte. Ein „Erbhof" war, nachdem er als solcher anerkannt war, nicht mehr durch Kredite belastbar und konnte nur in Ausnahmefällen einer Vollstreckung unterzogen werden. Dieser Prozess vollzog sich von 1934 bis 1935. Bemerkenswert ist, dass damit auch die bis dahin üblichen Unterscheidungen zwischen den nach Hofgröße unterschiedlichen Bezeichnungen als Kätner, Landmann, Landwirt, Hufner oder Anbauer verschwanden. Statistische und andere Untersuchungen ergeben, dass die Landwirte im Kreis Herzogtum Lauenburg mit der Etablierung des NS-Regimes durchaus zufrieden waren. Widerstandsäußerungen oder gar -handlungen hat es jedenfalls nicht gegeben.

2. Die Bedeutung des „Groß-Hamburg-Gesetzes“ für Lübeck, Mecklenburg und den Kreis Herzogtum Lauenburg

Die bedeutendste und nachhaltigste Maßnahme, die das NS-Regime für den Kreis Herzogtum Lauenburg getroffen hat, war das Groß-Hamburg-Gesetz, das am 26. Januar 1937 als „Gebietsvereinigungsgesetz“ von der Reichsregierung erlassen wurde und am 1. April 1937 in Kraft getreten ist. Dieses Gesetz hat eine lange Vorgeschichte und regelt nicht nur die Erweiterung der Hansestadt Hamburg durch den Anschluss der bis dahin preußischen Städte Altona, Wandsbek und Harburg sowie etlicher weiterer Gemeinden, sondern auch Gebietsänderungen, die Lübeck und den Kreis Herzogtum Lauenburg sowie Mecklenburg betrafen. Es liegen zwar zahlreiche Einzelstudien zu dem Gesetz von 1937 vor; eine Gesamtdarstellung der Aspekte fehlt aber. Im Mittelpunkt des Interesses steht – wie nicht anders zu erwarten – alles, was Hamburg betrifft. Die Stadtgeschichte Lübecks nimmt nur mit Bedauern zur Kenntnis, dass mit dem Groß-Hamburg-Gesetz die Selbständigkeit der ehemaligen Freien- und Reichsstadt Lübeck beendet und diese zu einer „einfachen“ Stadt in der Provinz Schleswig-Holstein wurde, geht den Hintergründen aber kaum nach.[10] Was den Kreis Herzogtum Lauenburg betrifft, war das Groß-Hamburg-Gesetz von erheblicher Bedeutung, weil es zahlreiche Anachronismen beseitigt hat und in seiner Folge eine gewisse Einheitlichkeit des Kreises zustande kam.

Die Industrialisierung, das Bevölkerungswachstum und die Erweiterung der Verkehrssysteme warfen Probleme auf, die innerhalb der meist engen Stadtgrenzen nicht zu lösen waren. Hamburgs territoriale Ausdehnung war bis ins 20. Jahrhundert hinein bescheiden. Dänemark hatte den Hamburgern im 17. Jahrhundert Altona dreimal zum Kauf angeboten; doch die Bürgerschaft lehnte ab. 1867 erwarb Hamburg die alleinigen Besitzrechte am Amt Bergedorf, das bis 1420 zum Herzogtum Lauenburg gehört hatte und danach von Hamburg und Lübeck gemeinsam regiert wurde. Drei Städte in unmittelbarer Nachbarschaft – Altona, Wandsbek und Harburg – waren seit 1867 preußisch; Hamburg war von Preußen umzingelt. An eine Gebietserweiterung Hamburgs zulasten Preußens war vor 1914 kaum zu denken.

Das änderte sich im Ersten Weltkrieg. Im Zuge der Kriegszieldiskussionen sah Hamburg die Möglichkeit einer grundlegenden Gebietsreform. Nach dem erwarteten Sieg Deutschlands und der damit verbundenen Machterweiterung Preußens sah Hamburg seine Zukunft in einer (modern gesprochen) Metropolregion Hamburg. Tatsächlich begannen diesbezügliche Verhandlungen zwischen Preußen und Hamburg bereits 1914. Nach 1918 firmierten Diskussionen dieser Art unter dem Signum „Groß-Hamburg-Frage“. Diese wurde zeitweilig sehr weit gefasst: Kontrolle über die Unterelbe auf beiden Seiten des Flusses. Da der Versailler Vertrag die Elbe zu einem internationalen Gewässer gemacht hatte, war das Reich für die Unterelbe zuständig. Die Groß-Hamburg-Frage wurde damit wieder bescheidener. Im Übrigen galt es, Rivalitäten zwischen Hamburg und Preußen zu berücksichtigen und diese ggf. beizulegen. Zu erwähnen ist, dass in dieser Zeit über eine Neuordnung des Deutschen Reiches und dabei besonders über die Zukunft Preußens diskutiert wurde. Es sei daran erinnert, dass Konrad Adenauer (als Kölner Bürgermeister) über die Schaffung eines von Preußen abgetrennten Rheinlandes nachgedacht und radikalere Politiker sogar einen

10 Antjekathrin Graßmann (Hrsg.), Lübeckische Geschichte. Lübeck [3]1997, S. 714 f.

Anschluss des Rheinlandes an Frankreich gefordert haben. Auch der Staatsrechtler Hugo Preuß, der den Entwurf für eine neue Reichsverfassung erarbeitet hatte, trat für eine Auflösung Preußens ein. Vor diesem Hintergrund sind Eingriffe in schleswig-holsteinische, hannoversche und hamburgische Traditionen nur als bescheidene Reformen anzusehen.

In den Jahren der Weimarer Republik wurde die Groß-Hamburg-Frage immer wieder kontrovers diskutiert. Dabei wurden ganz unterschiedliche Interessen mobilisiert, die nicht nur parteipolitisch motiviert waren. Die Verhandlungen, die seit 1922 geführt wurden (Preußen – Hamburg), gerieten bald in eine Sackgasse und galten 1923 als gescheitert.

Jetzt begann Preußen mit der Vorbereitung zur Stärkung der preußischen Städte im Hamburger Umland: Groß-Altona, Groß-Wandsbek und Groß-Harburg sollten durch Eingemeindung von Nachbargemeinden geschaffen werden. 1926 wurde das Für und Wider solcher Pläne genauso kontrovers diskutiert wie zuvor die Groß-Hamburg-Frage. Es kam auf Druck der preußischen Regierung zu Regelungen, die schließlich in Verträge mündeten und denen am 29. Juni 1927 im preußischen Landtag zugestimmt wurde. Hamburg hatte das Nachsehen und musste nun unter schlechteren Voraussetzungen in Verhandlungen mit Preußen eintreten. Aus der Perspektive des Deutschen Reiches war eine Lösung zugunsten Hamburgs dringend erforderlich. Aber auch in Preußen wurde deutlich, dass nur eine Zusammenarbeit mit Hamburg die drängenden Probleme würde lösen können. Die Zeit der Konfrontation wurde abgelöst durch die Suche nach Wegen der Kooperation.

Dabei entwickelte sich eine Zusammenarbeit der Sozialdemokraten in Hamburg, Preußen und den Hamburg benachbarten Städten: An den fachlichen Gründen für eine Groß-Hamburg-Lösung hatte sich ja nichts geändert – an den Individualinteressen, die der großen Lösung entgegenstanden, aber auch nicht. Da immer auch parteipolitische Interessen eine Rolle spielten, die – wie auch heute üblich – hinter sogenannten Sachargumenten versteckt wurden, blieben die Verhandlungen schwierig. Doch in den Diskussionen, die all die Jahre hinweg geführt worden waren, waren Planungen für einen Zusammenschluss aller Gemeinden im Umkreis von 30 km um Hamburg herum weitgehend abgeschlossen, als 1933 die Nationalsozialisten die Richtung der Politik in Deutschland neu zu bestimmen begannen.

In den Jahren nach 1933 gab es ein Verwaltungschaos, weil die Grenzen zwischen Staat und Partei nicht mehr klar gezogen waren. Das hatte auch einen zunächst negativen Einfluss auf die Behandlung der Groß-Hamburg-Problematik. Die Beziehungen zwischen Hamburg und Preußen erreichten 1934 einen Tiefpunkt. Zur selben Zeit kam aber auch der 20-km-Radius-Plan auf, d. h., Groß-Hamburg sollte ein Gebiet umfassen, das einem Radius von 20 km – vom Rathaus aus gemessen – entsprechen und damit die Städte Hamburg, Altona, Wandsbek und Harburg-Wilhelmsburg einschließen würde. Die weiteren Entscheidungen erfolgten letztlich auf der Grundlage der Umwandlung Deutschlands von einem Verfassungs- in einen nationalsozialistischen Führerstaat im Zuge der sog. Gleichschaltung. Die zahlreichen Reichsreformen, die seit langer Zeit anstanden und bei denen die Hamburg-Frage nur eine von vielen war, wurden von Hitler nicht als vordringlich angesehen. Deshalb sollten in Hamburg zunächst Lösungen verfolgt werden, die unterhalb der Reichsebene lagen. Dies änderte sich erst 1936, als das gesamte Reich in Planungsräume untergliedert wurde. An der Spitze fungierte die Reichsstelle für Raumordnung, die dem Minister Hans Kerrl (1887–1941)[11] unterstand (der im Volksmund „Minister für Raum und Ewigkeit"

11 Vgl. Ernst Klee, Das Personenlexikon zum Dritten Reich. Koblenz 2011, S. 305.

genannt wurde, weil er auch für kirchliche Angelegenheiten zuständig war). Das bedeutete, dass weder die Stadt Hamburg noch der Kreis Herzogtum Lauenburg die Planungshoheit hatten, über die Gestaltung ihres Territoriums zu entscheiden. Das Gesetz kam eher zufällig zustande, als sich eine für das Hamburger NS-Regime günstige Gelegenheit bot. Die Intervention zugunsten Hamburgs durch Hermann Göring zeigte einmal mehr, dass die Fürsprache von Einzelpersonen im polykratischen NS-Herrschaftssystem von größerer Bedeutung war als die Haltung des zuständigen Reichsministeriums. Letztlich waren es persönliche Beziehungen, die neben den diffusen Machtstrukturen des NS-Staats den Ausschlag für das Groß-Hamburg-Gesetz gaben. Hermann Göring entschied, und zwar nicht als preußischer Ministerpräsident, sondern als „Beauftragter für den Vierjahresplan", der die Wirtschaft auf den Krieg vorbereiten sollte. So wurde die territoriale Neuordnung im Norden mit der „Sicherung der Durchführung des Vierjahresplans im großhamburgischen Wirtschaftsraum" begründet und durchgesetzt. Mit der Durchführung beauftragt wurde der Reichsstatthalter Karl Kaufmann (1900–1969)[12]. Die im Januar 1937 stattfindenden Gespräche waren wenig professionell. Ihr Ergebnis erwies sich letztlich als für Hamburg günstig, wenngleich die in den Jahren zuvor angestrebte große Lösung (30-km-Radius) nicht realisiert wurde. Die neuen Hamburger Grenzen kamen eher zufällig zustande. Stadtplanerische Aspekte spielten jedenfalls keine entscheidende Rolle. Strittig war lange Zeit die Zukunft Cuxhavens; die Abtretung an Preußen erschien weder in Hamburg noch an der NSDAP-Spitze zwingend. Am Ende erfolgte sie doch.

Die auf Hamburg bezogenen Aussagen zum Gesetz von 1937 mussten deshalb ausführlich erfolgen, weil sie den Hintergrund für die Gebietsreformen im Herzogtum Lauenburg bildeten. Von diesen waren auch Mecklenburg und Lübeck betroffen.

Seit 1701 gab es zwei mecklenburgische Herzogtümer: Mecklenburg-Schwerin und Mecklenburg-Strelitz. Das letztere bestand aus zwei weit auseinanderliegenden Teilen, der im Osten liegenden Herrschaft Stargard und dem im Westen liegenden Fürstentum Ratzeburg, dem ehemaligen Bistum. Eine Vereinigung war vor allem aus wirtschaftlichen Gründen längst überfällig. Sie wurde aber auch nach 1918/19 nicht realisiert, weil sich Mecklenburg-Strelitz bereits vor der Verabschiedung der Weimarer Verfassung als selbständiges Land erklärt hatte und eine Vereinigung mit Schwerin ablehnte.

Nach der Novemberrevolution 1918 gab es auch im Westen Mecklenburgs Überlegungen, die historisch begründeten Grenzen modernen Bedürfnissen anzupassen. Derartige Diskussionen fanden auch in Lübeck mit Blick auf die oldenburgische Exklave im Norden der Stadt statt. Die preußische Provinz Schleswig-Holstein bemühte sich um die ganze oldenburgische Provinz Lübeck und über den Landrat in Ratzeburg um das mecklenburgische Land Ratzeburg.

Im Land Ratzeburg wurde ebenfalls über eine neue Zuordnung diskutiert, wobei einer solchen an Preußen einer an Mecklenburg-Schwerin der Vorzug gegeben wurde.

Zu ernsthaften Verhandlungen kam es nicht. 1923 wandte sich Lübeck direkt an die Regierungen in Oldenburg und Neustrelitz, um über den Austausch von Gebieten zu verhandeln. Doch zu dieser Zeit war man in Oldenburg wegen einer Regierungskrise handlungsunfähig, und Mecklenburg-Strelitz lehnte eine Abtretung des Amtes Schönberg ab. Einem

12 Ebd., S. 301.

Gebietsaustausch wollte man sich jedoch nicht verschließen. Auch in Lübeck hielt man die volle Angliederung des Amtes nicht mehr für sinnvoll, hätte aber doch gerne das rechte Traveufer von Schlutup bis Dassow erworben. Dazu kam es nicht. Die bisherigen Grenzen blieben bestehen: Die Provinz Lübeck blieb bei Oldenburg wie das Land Ratzeburg bei Mecklenburg-Strelitz.

Im Zuge der Schaffung von sieben Gauen im Reich kamen auch neue Verwaltungsstrukturen auf, die in allen Teilen des Reiches greifen sollten, ohne dass dabei zwischen Partei- und staatlichen Maßnahmen streng zu unterscheiden gewesen wäre. Hitler hatte auf dem Nürnberger Parteitag 1933 verkündet: „Die nationalsozialistische Bewegung ist (...) nicht der Konservator der Länder der Vergangenheit, sondern ihr Liquidator zugunsten des Reiches der Zukunft." Das sahen die NS-Matadoren auf der regionalen Ebene oft genug anders. Weil die große Reform nicht kam, betrieben sie zunächst Kirchturmpolitik.

Doch das Groß-Hamburg-Gesetz schuf 1937 große Veränderungen, deren Ausmaß und Folgen bis heute noch nicht gründlich erforscht sind. Das gilt auch für den Landkreis Herzogtum Lauenburg. Sicher ist nur, dass die Bewohner und ihre politischen Vertreter an den 1937 getroffenen Entscheidungen nicht beteiligt waren. Über Initiativen aus dem Kreis, nach 1918 Veränderungen herbeizuführen, liegen keine Nachrichten vor. Das 1937 erlassene Gesetz veränderte das Territorium und auch die Aufgaben des Kreises Herzogtum Lauenburg nachhaltig. Es bereitete damit auch die Gleichstellung des Kreises mit allen anderen schleswig-holsteinischen Landkreisen vor. Das Kreisgebiet war bis dahin durchlöchert von zahlreichen Enklaven. Am deutlichsten wurde dieser Rest der deutschen Kleinstaaterei in der Stadt Ratzeburg, in der der nördliche Zipfel „Domhof" eine mecklenburg-strelitzsche Enklave war. Folgende Gemeinden wurden nun an den Kreis abgetreten[13]:

von Mecklenburg-Strelitz		von Lübeck		von Hamburg	
Name	**Einwohnerzahl**	**Name**	**Einwohnerzahl**	**Name**	**Einwohnerzahl**
Domhof	186	Albsfelde	74	Geesthacht	5306
Alt- und Neuhorst	213	Behlendorf	309		
Hammer	97	Düchelsdorf	122		
Mannhagen	164	Giesensdorf	78		
Panten	125	Gr. und Kl. Schretstaken	257		
Walksfelde	83	Harmsdorf	107		
		Hollenbek	151		
		Nusse	517		
		Poggensee	193		

13 Handbuch, S. 434.

von Mecklenburg-Strelitz		von Lübeck		von Hamburg	
Name	Einwohnerzahl	Name	Einwohnerzahl	Name	Einwohnerzahl
		Ritzerau	271		
		Sierksrade	306		
		Tramm	183		

Damit vergrößerte sich die Fläche des Kreises um rund 100 km² und 8652 Einwohner auf nun insgesamt 67.654 Personen, von denen in den nunmehr vier Städten des Kreises 16.858 Menschen lebten. Zum Jahresende 1937 verschwanden aufgrund der Deutschen Gemeindeordnung, die eine Vereinfachung der Verwaltung vorsah, einige kleinere Gemeinden und wurden in andere eingemeindet. Davon waren auch lauenburgische Gemeinden betroffen. Darüber hinaus hatte das Gesetz von 1937 für den Kreis weitere Folgen. Neben den territorialen Veränderungen sollte der Kreis in die Provinz, d. h. den Provinzialverband Schleswig-Holstein, eingegliedert werden. Dazu mussten vor allem finanzielle Regelungen zwischen dem Kreiskommunalverband und dem Provinzialverband getroffen werden. Nach den Verhandlungen und der Genehmigung darüber ergaben sich Veränderungen in den Rechten und Pflichten, die vom Kreis auf die Provinz übergegangen sind. Dazu gehörten u. a. die Unterhaltung der Landesstraßen, die Aufgaben des Fürsorgeverbandes mit allen Begleiterscheinungen, der Viehseuchenfonds, die Wasser- und Bodenverbesserungsgenossenschaften, die Förderung der landwirtschaftlichen Schulen und der Jugendpflege mit ihren Einrichtungen sowie die Förderung der kulturellen Zwecke, die nun von der Provinz übernommen wurden. Das Domanialvermögen, d. h. der ehemals landesherrliche Grundbesitz, der bereits bei den Verhandlungen mit Otto von Bismarck eine Rolle gespielt hatte, blieb beim Kreis.

Da die Einzelregelungen nach 1937 nur mit Durchführungsverordnungen, nicht aber durch ordnungsgemäß verabschiedete Gesetze zustande gekommen waren, ergab sich nach 1949 die Möglichkeit der juristischen Anfechtung. Versuche dieser Art wurden unternommen, scheiterten aber. Für die Stadt Geesthacht waren die Auswirkungen des Groß-Hamburg-Gesetzes besonders gravierend, weil die Sozialprobleme, die Geesthacht – 1924 Stadt geworden – von Hamburg übernommen hatte, ausgeglichen werden mussten. Die Folgen des Anschlusses wurden erst nach 1945 deutlich. Deshalb klagte auch Geesthacht gegen die Entscheidungen von 1937.

1937 gehörten die beiden Pulver- und Munitionsfabriken zu den wichtigsten Arbeitgebern der Stadt. Aber sie lagen auf preußischem Gebiet. Geesthacht war 1937 mit fast drei Millionen RM verschuldet, die wirtschaftliche Lage der Stadt war katastrophal. Wie wirkte sich das Gesetz von 1937 auf die Gemeinde aus? „Für die Geesthachter Bevölkerung kam die Nachricht vom Groß-Hamburg-Gesetz völlig überraschend. Erst aus der Zeitung erfuhr sie, daß sie in Zukunft preußisch sein würde. Nach Aussage mehrerer Zeitzeugen wurde die politische und verwaltungsmäßige Trennung von Hamburg von den Geesthachter Einwohnern allgemein bedauert.“[14] Auch mit dieser Aussage wird bestätigt, dass

14 Heinz Bohlmann, Die wirtschaftlichen Auswirkungen des Groß-Hamburg-Gesetzes von 1937 auf die Stadt Geesthacht, in: Lauenburgische Heimat, Heft 122 (1988), S. 48-57.

die Bevölkerung Lauenburgs und der anderen vom Gesetz betroffenen Gemeinden nicht beteiligt war. Die Stadt Geesthacht hatte durch die Eingliederung in das Land Preußen zunächst erhebliche finanzielle und verwaltungstechnische Nachteile hinzunehmen. Durch die Wiederbelebung der Sprengstoffindustrie wurden diese bis 1945 weitgehend ausgeglichen.

Nach 1945 wiederholte sich aber die Situation, die sich bereits nach 1918 für die Stadt negativ ausgewirkt hatte: Die Sprengstoffindustrie wurde eingestellt, wodurch 21.000 Arbeitsplätze verlorengingen. Zugleich stieg die Bevölkerungszahl durch den Zuzug von Vertriebenen und sog. Displaced Persons (DPs) um 20.000 (bis 1950). Unter diesen Voraussetzungen ergab sich die Frage, ob nicht eine Revision des Groß-Hamburg-Gesetzes von 1937 und die damit verbundene Angliederung an Hamburg Vorteile für die wirtschaftliche Entwicklung der Stadt bringen könnte. Da zur selben Zeit aber über die Schaffung eines Nordstaates diskutiert wurde, gerieten derartige Überlegungen ins zweite Glied.

1956 wurde die Zugehörigkeit Geesthachts zum Kreis Herzogtum Lauenburg durch eine Entscheidung des Bundesverfassungsgerichts endgültig festgelegt. In dem Verfahren über die Beschwerde einer Anzahl von Wahlberechtigten aus Geesthacht gegen die Nichtzulassung eines Volksbegehrens im Gebiet der Stadt Geesthacht hat der zweite Senat des BVG am 19. April 1956 entschieden: Die Ausgliederung der Stadt Geesthacht aus dem Land Hamburg durch das Gesetz vom 26.1.1937 kann nicht über den Weg des Gesetzes über Volksbegehren und Volksentscheid bei Neugliederung des Bundesgebietes nach Artikel 29 Abs. 2-6 Grundgesetz vom 23.12.1955 wieder rückgängig gemacht werden. Der Versuch Geesthachts, das Groß-Hamburg-Gesetz zu revidieren, ist gescheitert: Die Geesthachter gehören immer noch zu Lauenburg.

Über die Gebietsreformen hinaus hatte das Groß-Hamburg-Gesetz für den Kreis Herzogtum Lauenburg zur Folge, dass die Bindung an die Provinz Schleswig-Holstein, die zuvor noch distanziert war, deutlich enger wurde.

3. Der Weg in den Zweiten Weltkrieg

Wie überall im Reich gab es 1935 auch im Lauenburgischen Vorbereitungen auf einen kommenden Krieg. Diese hatten bereits 1933 eingesetzt mit dem Aufbau eines Luftschutzes. Dazu war der Reichsluftschutzbund gegründet worden, dem beizutreten überall, auch im Lauenburgischen, geworben wurde, und zwar mit großem Erfolg. Mit der Einführung der Allgemeinen Wehrpflicht im März 1935 und dem ebenfalls vertragswidrigen Aufbau einer Luftwaffe wurden die Maßnahmen der Luftverteidigung intensiviert. Dies hatte zur Folge, dass die Menschen auch in ländlichen Regionen wie dem Kreis Herzogtum Lauenburg auf einen bevorstehenden Krieg vorbereitet wurden.

Die NS-Propaganda trug dazu bei, alle Bevölkerungsschichten auf Konflikte einzustellen. Dazu bediente sich das Regime auch der vor 1933 entstandenen Stahlhelm-Organisation, die der Republik feindlich gegenüberstand und militärisch gegen diese vorzugehen bereit war. Der „Stahlhelm" war im Lauenburgischen vertreten und trat im Landkreis als eine festgefügte Formation auf. Hitler hatte zwar verkündet, dass er den „Stahlhelm" neben der SA und der SS als gleichberechtigte Organisation bestehen lassen wolle, doch schon Ende Juni 1933 wurde er in die NSDAP integriert. Das geschah auf regionaler Ebene, indem

89 a + b: Seit 1936 wurden in Ratzeburg und Wentorf Garnisonen der Wehrmacht bezogen.

z. B. Stahlhelmangehörige zu Mitgliedern der SA oder der SS gemacht wurden, wie dies auch in weiten Teilen des Landkreises geschah.

Ratzeburg war seit jeher Garnisonsstadt. 1913/14 wurden im Ort auch Kasernen gebaut, die den Namen „Vorstadtkasernen" erhielten. Die Reichswehr hatte in Ratzeburg ca. 200 Soldaten stationiert, die dem Infanterieregiment Nr. 6 angehörten. Nach der Einführung der Allgemeinen Wehrpflicht 1935 bezog die Maschinengewehrkompanie des III. Bataillons des Infanterieregiments Nr. 6 1936 die Garnison Ratzeburg. Von 1933 bis 1939 nahm die Zahl der in Ratzeburg stationierten Soldaten von 450 auf 856 Personen zu.

Zur selben Zeit wurden in Wentorf neue Kasernen gebaut, in denen Artillerie- und Infanterieeinheiten Aufnahme finden sollten. Am 15. April 1938 zog das zuvor in Harburg stationierte Infanterieregiment 90 nach Wentorf um. Damit gab es im Standort Wentorf nicht nur Artillerietruppen, sondern auch ein Infanterieregiment. Der Kreis Herzogtum Lauenburg verfügte in den Jahren nach 1938 über zwei Wehrmachtsstandorte, neben Ratzeburg auch Wentorf. Zu diesen trat auch Mölln zeitweilig als Unteroffizierschule in Erscheinung. Für sie wurde ein riesiges Gebäude umgebaut, das nach 1918 lange Zeit leer stand, bis es Religionsflüchtlinge der Mennoniten aus der Sowjetunion aufnahm. Danach diente die Liegenschaft als Schulungslager der SA, danach als Schulungsstätte des Zolls. In Mölln entstand aber nach 1932 eine Munitionsanstalt, in der bis 1938 etwa 2000 Arbeiter beschäftigt waren. Mölln wurde durch diese Anlage zu einem wichtigen militärischen Standort: 172 Munitionshäuser, 33 km Straßen und 8 km Gleisanlagen wurden gebaut. Bei Kriegsausbruch umfasste das Areal für diese Munitionsanstalt 213 ha.

Die Militarisierung war nur ein Aspekt des alltäglichen Lebens in den Jahren nach 1933. Auch die Zunahme der Regulierungen durch die Verwaltung und die Partei gehörte dazu. Sie waren darauf ausgerichtet, die Kontrolle der Bevölkerung auf allen Ebenen und in allen Lebensbereichen zu intensivieren. Nicht nur die Löhne, sondern auch die Preise wurden staatlich festgelegt. Maßnahmen der Sozialfürsorge, die bisher auf verschiedene Organisationen aufgeteilt waren, wurden staatlicher Kontrolle unterworfen. Auch die Rolle der Frau wurde noch stärker als zuvor auf die der Hausfrau und Mutter reduziert. Die Frauen, die „dem Führer viele Kinder geboren" hatten, wurden mit dem „Mutterkreuz" ausgezeichnet. Die nach 1933 zunehmend propagandistischen Mitteilungen der Hitler-Regierung wurden durch den „Reichsminister für Aufklärung und Propaganda", Joseph Goebbels, bis in die Provinz hinuntergespielt. Die in den Jahren der Weimarer Republik vielfältige Presse im Kreis Herzogtum Lauenburg hatte sich zunehmend deutsch-nationalen Sentenzen angenähert. Deshalb bedurfte es im Lauenburgischen keiner Gleichschaltung der Presse; sie hatte sich freiwillig auf NS-Kurs begeben. Überhaupt darf festgestellt werden, dass der Kreis Herzogtum Lauenburg sich schnell und nahezu widerstandslos an alle Maßnahmen des NS-Regimes angepasst hat. Das Schicksal der wenigen, die in Konflikt mit dem NS-Regime getreten sind, ist nicht gesichert. In „Schutzhaft" genommen wurden in Ratzeburg 1933 38 Personen, 1934 noch weitere 19 und 1935 noch 13 Personen. In anderen Teilen des Kreises wurden vorwiegend ehemalige Mitglieder der KPD inhaftiert. Bis heute ist nicht sicher, wie viele Personen Opfer der nationalsozialistischen Herrschaft im Landkreis geworden sind.

4. Die Behandlung von Minderheiten und Zwangsarbeitern

Da im Landkreis Herzogtum Lauenburg nur wenig Juden lebten – der Anteil der jüdischen Bevölkerung betrug nur 0,04 % –, war die Verfolgung dieser Menschen kein Thema, das allgemein hätte wahrgenommen werden können. Dennoch gab es auch im Lauenburgischen antisemitische Hetzkampagnen. Auch bei diesen war Mölln ein Vorreiter, denn hier wurden antijüdische Plakate gedruckt, die in anderen Orten des Kreises Verbreitung fanden. Auch in Ratzeburg kam es zu Aktionen, bei denen der Besitz jüdischen Eigentums Motiv für antisemitische Maßnahmen wurde, die als „Arisierung" bezeichnet wurden. Im Rahmen der „Entjudung" genannten Maßnahmen des Jahres 1938 wurden Grundstücke in Mölln, Wentorf, Aumühle, Geesthacht und Büchen zwangsversteigert. Der Terminus „Arisierung" kaschiert die Habgier von deutschen Bürgern, die Menschen in Not nicht nur nicht zu schützen bereit waren, sondern diese Not sogar zu ihrem Vorteil ausnutzten. Viele der zutiefst unmenschlichen Entscheidungen wurden auch nach 1948 nicht ausgeglichen. Die Behörden des Landkreises sorgten dafür, dass die Verfolgung der Juden perfektioniert wurde. Zwar lebten im Kreis 1933 nur 14 Juden, von denen die meisten Deutschland verlassen konnten, doch ihr Besitz wurde sorgfältig erfasst und unter Wert veräußert.

Auch die Sinti und Roma wurden verfolgt; über ihre Opfer liegen keine gesicherten Zahlen vor. Noch schwieriger ist es, mit einer weiteren Opfergruppe des NS-Regimes umzugehen, den Zwangsarbeitern und den Kriegsgefangenen, die in nahezu allen Gemeinden tätig waren und dort auf sehr unterschiedliche Weise behandelt wurden. Sie wurden in der Land- und Forstwirtschaft, aber auch in vielen Handwerksbetrieben eingesetzt. Nur ein Teil dieser in Deutschland festgehaltenen Menschen war in Lagern untergebracht, deren Standort oft wechselte. Viele lebten auf den Höfen oder bei den Betrieben. Deshalb ist ihre Gesamtzahl nur schwer zu ermitteln. Die meisten Landwirte beschäftigten ein oder zwei Kriegsgefangene.

90: Lauenburg wurde unmittelbar erst am Ende des Zweiten Weltkriegs betroffen. 1944 erreichten die ersten Flüchtlingstrecks aus dem Osten das Kreisgebiet.

Anders verhält es sich mit den in der Industrie eingesetzten Zwangsarbeitern, von denen die meisten aus Russland und Polen stammten. So waren bei der Dynamit AG in ihren verschiedenen Betriebsstätten etwa 10.000 Zwangsarbeiter beschäftigt. Sie waren in speziellen Lagern untergebracht, von denen aus sie zur Arbeit gebracht wurden, unter der Sicht der Bevölkerung, die nach dem Krieg von alledem nichts bemerkt haben wollte. In Breitenfelde gab es sogar eine Außenstelle des Konzentrationslagers Neuengamme. Auch in Schwarzenbek und Mölln wurden viele Hundert Zwangsarbeiter beschäftigt. Ihre Einzelschicksale sind nur zu einem geringen Teil aufgeklärt, weil in der Bundesrepublik erst spät damit begonnen wurde, diesem Personenkreis besondere Aufmerksamkeit zuzuwenden. Die meisten konnten nach Kriegsende in ihre Heimatländer zurückkehren. Ein erheblicher Teil blieb aber im Lande und lebte als DPs in speziellen Lagern, so besonders in Wentorf.

91 a + b: 1945 gab es auch zahlreiche Zerstörungen, so die der Lauenburger Elbbrücke.
a) Die alte Elbbrücke
b) Elbbrücke nach der Zerstörung 1945

Die Lauenburger waren – sieht man von den Soldaten ab, die gefallen sind – vom Zweiten Weltkrieg kaum direkt betroffen worden. Der Landkreis hatte 1939 nur 71.201 Einwohner. Die nach 1937 zu Lauenburg gekommene Stadt Geesthacht war mit 8265 Einwohnern die größte Kommune im Kreisgebiet. Dieser Zustand änderte sich nach 1942 in mehreren, am Ende dramatischen Schritten. Nach den Bombenangriffen auf Lübeck 1942 kamen zahlreiche obdachlose Bewohner nach Ratzeburg. Der große Angriff auf Hamburg vom 24. bis 30. Juli 1943 führte dazu, dass mehrere Tausend Menschen als „Fliegergeschädigte" in den Landkreis Lauenburg evakuiert wurden. Die Stadt Geesthacht nahm 20.000–25.000 Menschen auf, die in Hamburg obdachlos geworden waren. Andere wurden über die Behörden in Ratzeburg auf die Gemeinden verteilt. 1944/45 kamen die Menschen hinzu, die aus den Ostgebieten geflüchtet oder vertrieben worden waren. Das Herzogtum Lauenburg wurde für sie der „Ankunftskreis", weil er der erste war, der britisch und nicht russisch kontrolliert wurde. In den Kriegs- und Nachkriegsjahren 1942–1946 verdoppelte sich die Bevölkerungszahl im Kreisgebiet und stellte damit den Landkreis vor nie zuvor gekannte Probleme. Der Zweite Weltkrieg wurde für Lauenburg vor allem zu einem Nachkriegsproblem.

Dazu gehört auch die Frage, wie viele Kriegsopfer im Zweiten Weltkrieg zu beklagen waren. Gehören die Gefallenen der Familien, die nach 1942 in den Landkreis gekommen sind, dazu oder nicht? Bisher ist diesen Zahlen nicht nachgegangen worden. Auch im Landkreis Herzogtum Lauenburg bleiben noch viele Fragen offen, die das NS-Regime und den Zweiten Weltkrieg betreffen. Eine intensivere Forschung als die bisher erfolgte ist also anzumahnen.

XIII. Kriegsende und Nachkriegszeit im Kreis Herzogtum Lauenburg

1. Die politische Ausgangslage nach 1945

Der Krieg erreichte das Herzogtum Lauenburg erst nach dem 19. April 1945, als die Engländer an die Elbe bei Hohnstorf und Hamburg-Harburg vorgerückt waren. Davor war der Kreis nur von Kriegsfolgen betroffen, d. h. vom Zuzug der Ausgebombten und Vertriebenen.

Deutsche Truppen hatten die Elbbrücke bei Lauenburg gesprengt und damit den Versuch der Engländer verzögert, möglichst schnell an die Ostsee zu gelangen, auch um dem Vormarsch der Sowjetarmee zu begegnen. Dies hatte zur Folge, dass es auch Luftangriffe auf Ziele im Süden des Landkreises gab, bei denen es den Eisenbahnknotenpunkt Büchen am härtesten traf.

Auch in Pölkau und Büchen starben Menschen durch Luftangriffe in diesen Tagen. Die Rüstungsbetriebe in Krümmel und Düneberg blieben hingegen lange verschont. Erst am 7. April 1945 erfolgte ein Luftangriff auf diese Anlagen, bei dem mehr als 100 Menschen starben. Er führte auch zur Einstellung der Produktion. Am 29. April 1945 konnten die Engländer nach intensivem Artilleriebeschuss die Stadt Lauenburg einnehmen. Die deutschen Truppen, die auf Befehl des Hitler-Nachfolgers Karl Dömitz (1891–1980) nach wie vor Widerstand leisteten, hatten wegen Waffen- und Materialmangels kaum eine Chance, den Krieg weiterzuführen. Ein Ort nach dem anderen wurde übergeben, bis auch Lübeck eingenommen war. Reichsstatthalter Karl Kaufmann (1900–1969) gab den Großraum Hamburg, dem auch der Landkreis Herzogtum Lauenburg zugeschlagen wurde, kampflos den Alliierten preis.

Die bedingungslose Kapitulation des Deutschen Reiches, die am 8. Mai 1945 erfolgte, beendete den Zweiten Weltkrieg. Der Kreis Herzogtum Lauenburg wurde der Britischen Zone zugeordnet. Doch die Sowjetische Zone berührte unmittelbar Gebiete, die zum Herzogtum Lauenburg gehörten, aber östlich des Schaalsees lagen. Um dieses Problem zu lösen, kam es wie 1937 beim Groß-Hamburg-Gesetz zu einem weiteren Gebietsaustausch, der auch die Wiedervereinigungsbestimmungen des Jahres 1990 überdauerte: Das „Barber-Lyaschenko-Abkommen" war eine militärische Vereinbarung zwischen dem britischen Generalmajor Colin Muir Barber (1897–1964)[1] und dem sowjetischen Armeegeneral Nikolai Grigorjewitsch Ljaschtschenko (1910–2000)[2]. Die Initiative soll von britischer Seite ausgegangen sein.

Nachdem die Briten am 1. Juli 1945 das westliche Mecklenburg geräumt hatten, waren am Schaalsee Verwaltungsprobleme entstanden. Deshalb wurde ein Landtausch vereinbart. Lauenburgische Gebiete nordwestlich von Lassahn, östlich des Schaalsees sowie nördlich des Goldensees (etwa 48 km²) sollten gegen mecklenburgisches Gebiet der Gemeinden Ziethen, Bäk, Römnitz und Melchow (ca. 25 km²) ausgetauscht werden. Die Lauenburger östlich des Sees wurden mehrheitlich in den Westen gebracht. Von den über 2000 Menschen, von denen etwa die Hälfte Flüchtlinge waren, verließen 1761 das Gebiet nördlich

1 Vgl. Biogr. Lex., S. 31 f.
2 Ebd., S. 267 f.

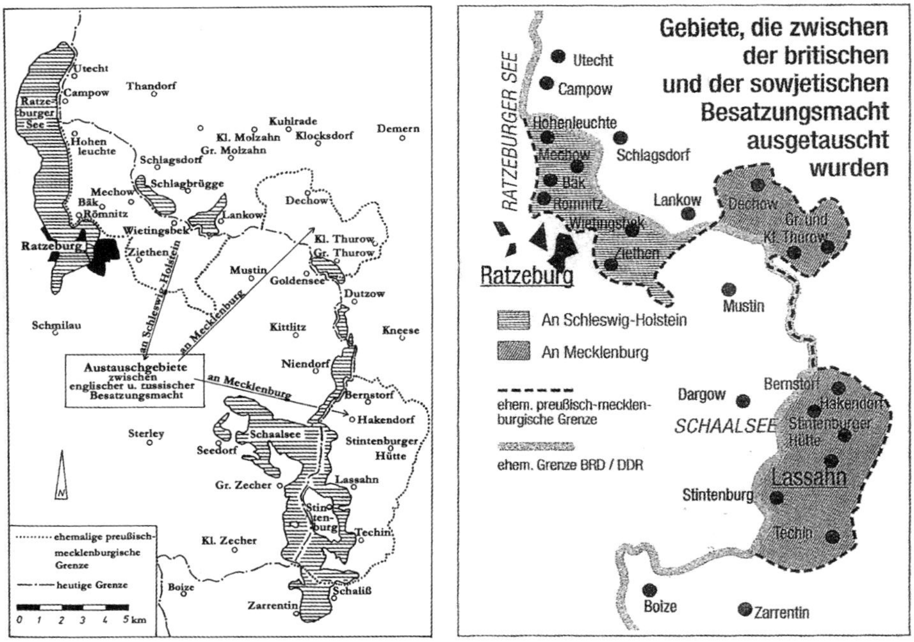

92 a + b: Der Gebietsaustausch am Schaalsee durch das Barber-Lyaschenko-Abkommen vom 13. November 1945
b) Karte zum Barber-Lyaschenko-Abkommen vom 13.11.1945

des Schaalsees. Nur 279 entschlossen sich zurückzubleiben. Am 28. November 1945 wurden die alten lauenburgischen Gebiete der sowjetischen Militärregierung übergeben. Diese klagte anschließend, dass sie von den Briten bei diesem Abkommen übervorteilt worden sei.[3]

Eine andere Sicht der Dinge erlaubt aber auch die Aussage, dass mit der Entscheidung der Bewohner der ehemals lauenburgischen Gebiete östlich des Schaalsees, nach Westen in die britische Besatzungszone umzusiedeln, die Fluchtbewegung aus der Ostzone in den Westen begonnen hat. Dass sie bis 1961, bis zum Mauerbau und darüber hinaus, angehalten hat, darf als Bestätigung dieser These gelten.

Nach der bedingungslosen Kapitulation der Wehrmacht am 8. Mai 1945 hatten in Schleswig-Holstein die Briten die Herrschaft übernommen, sie etablierten eine Militärregierung. Kreisgouverneur im Herzogtum Lauenburg wurde ein Major Clarke, der nicht so in Erscheinung trat, dass nähere Daten über ihn und seine Tätigkeit überliefert sind. Grundsätzlich beabsichtigte die britische Militärregierung, in ihrer Besatzungszone so schnell wie mög-

3 Zum Barber-Lyaschenko-Abkommen siehe: Kurt Jürgensen, Der Gebietstausch zwischen Mecklenburg und Lauenburg auf der Grundlage des Barber-Lyaschenko-Abkommens vom November 1945, in: Ders. (Hrsg.), Die Grenz- und Territorialentwicklung im Raume Lauenburg – Mecklenburg – Lübeck (= Kolloquium IV), Neumünster 1992, S. 119-143.

21 Army Group Form 105. Serie A

MERKBLATT

für zur

LANDARBEIT

ENTLASSENE DEUTSCHE KRIEGSGEFANGENE

Amtlich

Herausgegeben von der alliierten Militärbehörde

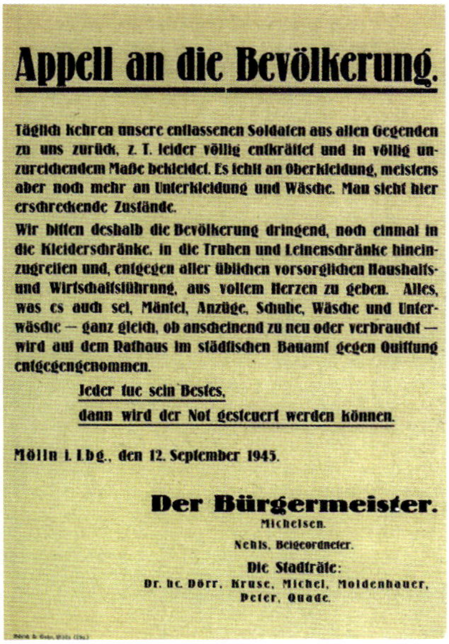

Appell an die Bevölkerung.

Täglich kehren unsere entlassenen Soldaten aus allen Gegenden zu uns zurück, z. T. leider völlig entkräftet und in völlig unzureichendem Maße bekleidet. Es fehlt an Oberkleidung, meistens aber noch mehr an Unterkleidung und Wäsche. Man sieht hier erschreckende Zustände.

Wir bitten deshalb die Bevölkerung dringend, noch einmal in die Kleiderschränke, in die Truhen und Leinenschränke hineinzugreifen und, entgegen aller üblichen vorsorglichen Haushalts- und Wirtschaftsführung, aus vollem Herzen zu geben. Alles, was es auch sei, Mäntel, Anzüge, Schuhe, Wäsche und Unterwäsche — ganz gleich, ob anscheinend zu neu oder verbraucht — wird auf dem Rathaus im städtischen Bauamt gegen Quittung entgegengenommen.

Jeder tue sein Bestes,
dann wird der Not gesteuert werden können.

Mölln i. Lbg., den 12. September 1945.

Der Bürgermeister.
Michelsen.

Nehls, Beigeordneter.

Die Stadträte:
Dr. hc. Dörr, Kruse, Michel, Moldenhauer, Peter, Quade.

93 a + b: In der britischen Zone wurden deutsche Kriegsgefangene entlassen, um sie in der Landarbeit einzusetzen. In Appellen wurde die Bevölkerung um Hilfe gebeten.

94: Der Kreis Herzogtum Lauenburg war in den Jahren 1945 ff. besonders dicht mit Flüchtlingen und Vertriebenen besiedelt. Sie wurden in Nissenhütten und Baracken untergebracht. So im Lager „Grüner Jäger", Geesthacht. Trostloses Barackenleben folgte. Flüchtlingslager Grüner Jäger, Geesthacht

lich ein demokratisch aufgebautes Verwaltungssystem zu schaffen. Deutsche Gremien sollten, von der Gemeinde ausgehend, sich in den vor 1933 tradierten Ebenen etablieren, allerdings unter strenger Kontrolle der Besatzungsoffiziere.

Schon am 12. Juni 1946 schufen die von der Militärregierung eingesetzten Mitglieder des schleswig-holsteinischen Provinzialrats eine vorläufige (Landes-)Verfassung. Zwei Monate später erhielt Schleswig-Holstein den Status eines selbständigen Landes. Ein Landtag wurde gewählt und dieser verabschiedete 1949 eine Landesverfassung. Dieser rasche Aufbau eines Bundeslandes erstaunt angesichts der Probleme, die gleichzeitig zu bewältigen waren.

2. *Die Entnazifizierung im Lauenburgischen*

Ohne Entnazifizierung war ein demokratisches Staatswesen weder auf Gemeinde- noch auf Landesebene, geschweige darüber hinaus, aufzubauen. Dabei handelte es sich um ein politisch besonders sensibles Thema. Einerseits galt es, die für die Untaten des Nationalsozialismus Verantwortlichen dingfest zu machen und sie vor Gericht zu stellen, andererseits brauchte man Fachleute für den Wiederaufbau, auch solche, die „Dreck am Stecken" hatten. Gleich nach der Kapitulation war es meist Zufall, wer als „Nazi" in Haft genommen wurde. Aber etwa 10.000 wurden festgenommen und im Internierungslager Neumünster-Gadeland inhaftiert.

Es folgten Fragebogenaktionen und Verfahren vor Spruchkammern und Entnazifizierungsausschüssen. Die Vorgeladenen wurden in fünf Klassen eingeteilt:

Klasse I: Verbrecher und Hauptschuldige,
Klasse II: Übeltäter, Belastete,
Klasse III: weniger bedeutende Übeltäter, Minderbelastete,
Klasse IV: Parteigänger, Mitläufer,
Klasse V: Entlastete.

Nach 1947 übergaben die britischen Militärbehörden die Verfolgung der unter den Klassen III und IV registrierten Beschuldigten den deutschen Behörden und Gerichten. Darüber hinaus fand am Schluss eine großzügige Amnestie statt. Die rigoros begonnene Entnazifizierung wurde mehr und mehr zur Farce. Am Ende wurden sogar Hauptbelastete wie Karl Kaufmann, der NSDAP-Gauleiter von Hamburg, entnazifiziert und konnten in der Bundesrepublik ein erfolgreiches bürgerliches Leben aufbauen. Hinrich Lohse (1896–1964), Gauleiter von Schleswig-Holstein, der wegen seiner Tätigkeit als Reichskommissar im Baltikum schwer belastet war, wurde zwar nicht entnazifiziert, kam aber glimpflich davon.

Die historische Forschung hat sich zwar mit dem Problem Entnazifizierung in Schleswig-Holstein beschäftigt und Einzelergebnisse vorgelegt; doch von einem Gesamtbild ist sie noch weit entfernt.[4]

4 Hanisch, Manfred: Entnazifizierung in Schleswig-Holstein und in Lauenburg. Zum Stand der Forschung und ihren Defiziten, in: E. Opitz (Hrsg.), Ausgewählte Aspekte der Nachkriegsgeschichte im Kreis Herzogtum Lauenburg und in den Nachbarterritorien (= Kolloquium XV), Bochum 2004, S. 15-30.

Im Kreis Herzogtum Lauenburg haben lokale Untersuchungen etliche Besonderheiten ergeben. Zahlreiche Akten, welche die örtliche NSDAP hätten belasten können, wurden vor dem Einmarsch der Alliierten vernichtet. Die CDU und der BHE (Block der Heimatvertriebenen und Entrechteten) hatten nach Gründung der Bundesrepublik kaum ein Interesse an der Verfolgung von ehemaligen NSDAP-Mitgliedern, weil die Mehrheit der diesen Parteien angehörigen Mitglieder im Kreistag vor 1945 selbst der NSDAP angehört hatten. Aber wie überall gab es auch im Lauenburgischen die Situation, dass Fachleute in zentralen Versorgungsfunktionen, aber auch in der Verwaltung gebraucht wurden, die NSDAP-Mitglieder waren. Sie waren nicht zu ersetzen und mussten deshalb großzügig behandelt werden.

Im Lauenburgischen hatte man, so darf angenommen werden, auch nichts dagegen, dass ehemalige Nazi-Größen in ihre alten Ämter zurückkehrten. Bernhard Meier war 1937 in Schwarzenbek Bürgermeister geworden, und zwar als überzeugter Nationalsozialist. Nach 1945 wurde er für 3½ Jahre interniert. Doch danach trat er für die CDU an und wurde 1955 demokratisch erneut zum Bürgermeister gewählt. Ein anderes Beispiel ist Karl Behrends[5], der Bruder des Schriftstellers Ernst Behrends, über den bereits berichtet wurde. Karl Behrends war Lehrer in Gudow, trat 1925 der NSDAP bei und wurde 1933 Mitglied des NS-Lehrerbundes. In Gudow wurde er Ortsgruppenleiter der Partei und galt als besonders engagierter NS-Führer. 1945 wurde er für 2½ Jahre interniert, eine Strafe, die nur wenige zu verbüßen hatten, die Schuld auf sich geladen hatten. Das hinderte den Entnazifizierungs-Hauptausschuss des Kreises 1949 nicht daran, ihn der Stufe IV zuzuordnen. Nach Klagen erfolgte sogar die Zuweisung in die Stufe V, d. h., Karl Behrends wurde entlastet und konnte wieder in den Schuldienst zurückkehren. 1959 wurde er zum Rektor der Gudower Schule berufen. Den beiden Beispielen könnten zahlreiche weitere hinzugefügt werden, um zu belegen, dass die Entnazifizierung, die zu Beginn der Besatzungspolitik der Alliierten eine zentrale Rolle einnehmen sollte, im Kreis Herzogtum Lauenburg kaum stattgefunden hat.

3. Der politische Neuaufbau im Landkreis

Die Mehrzahl der Bevölkerung war an der Bewältigung ihres entbehrungsreichen Alltags interessiert, der durch den Zuzug von Flüchtlingen und Ausgebombten erheblich zugenommen hatte. Am Aufbau einer neuen politischen Ordnung konnten sich nur wenige beteiligen, und jene, die bereit waren, standen unter Aufsicht der britischen Militärbehörden. Demokratie unter militärischem Diktat ist ein Widerspruch in sich. Aber die britischen Militärbehörden bewiesen erstaunliches Geschick im Umgang mit den historischen Strukturen. Schon 1946 erhielt Schleswig-Holstein den Status eines selbständigen Landes, in dem auch die Landkreise eine demokratisch legitimierte Aufnahme mit ebensolchen Aufgaben fanden.

Auch im Lauenburgischen wurden alle Ämter zunächst von den Briten durch vermeintlich neutrale Personen besetzt. Doch schon bald sollten Wahlen erfolgen, durch die eine Demokratie von unten nach oben aufgebaut werden konnte. Dazu wurde der Kreis in neun Bezirksbürgermeistereien (ab 1946 Gemeindedirektoren-Bezirke) mit 132 Gemeinden eingeteilt. Eine solche Struktur hatte es im Landkreis zuvor noch nie gegeben. Über den Bezirksbürgermeistern stand der Landrat, der die Weisungen der Militärregierung entgegen-

5 Vgl. Biogr. Lex., S. 38 f.

nahm und nach unten weiterleitete. An diese Ordnung konnten sich die Gemeinden nicht gewöhnen, weil sie sie für ineffektiv hielten. Deshalb wurde sie 1947 auf Beschluss des ersten gewählten Kreistags wieder aufgehoben. Der Kreis wurde wieder in Ämter aufgeteilt. Nach weiteren Beschlüssen entstand 1948 folgende Ämterordnung:

Ämter nach der Ämterreform 1948	
Eigenämter	**Bezirksämter**
1. Ratzeburg	1. Ratzeburg-Land
2. Geesthacht	2. Berkenthin
3. Mölln	3. Nusse
4. Lauenburg	4. Wentorf (später Sandesneben)
5. Wentorf	5. Siebenbäumen
	6. Sterley
	7. Gudow
	8. Breitenfelde
	9. Basthorst
	10. Schwarzenbek
	11. Büchen
	12. Lauenburg-Land
	13. Geesthacht-Land
	14. Aumühle

Die lokale Selbstverwaltung war bereits seit August 1945 wieder möglich. Die Militärregierung erlaubte auch schon wenige Monate nach Kriegsende die Wieder- oder Neugründung von Parteien auf Kreisebene. Der erste Kreistag trat im Januar 1946 zusammen; seine Mitglieder waren nicht gewählt, sondern eingesetzt. Es waren Angehörige der SPD, der CDU und der KPD. Die ersten freien Gemeinderatswahlen fanden im September 1946 statt. Bei dieser Wahl durften ehemalige Mitglieder der NSDAP nicht kandidieren. Viele der strikten Bestimmungen der britischen Militärverwaltung, die auf eine konsequente Demokratisierung auch auf den unteren politischen Ebenen zielten, wie die Trennung von Verwaltung und Politik, wurden später rückgängig gemacht.

Der erste frei gewählte Kreistag nach dem Krieg trat im Oktober 1946 zusammen; ihm gehörten 22 Abgeordnete der CDU, ebenfalls 22 der SPD und auch noch ein Vertreter der KPD an. Bei der zweiten Kommunal- und Kreistagswahl im Oktober 1948 zeichnete sich eine politische Wende ab: Die CDU wurde mit 20 Sitzen stärkste Fraktion, gefolgt von der SPD mit 19 Sitzen; hinzu kam die deutlich rechtsstehende Deutsche Partei (DP) mit fünf Sitzen.

4. Die Flüchtlingsproblematik

Besondere organisatorische Maßnahmen in Politik und Verwaltung betrafen die Flüchtlinge und die sonstigen kriegsbedingt Zugezogenen im Landkreis. Die Volkszählung von 1939 erbrachte 72.801 Personen. Bis 1950 wuchs die Zahl der Einwohner des Kreises auf 153.240 Menschen, d. h., sie hatte sich mehr als verdoppelt. Der Kreis Herzogtum Lauenburg war der am stärksten belastete, was den Anteil an Flüchtlingen aller Art betraf. Entsprechend groß waren die Probleme, diese Menschen mit Wohnraum und Lebensmitteln zu versorgen. Viele Menschen mussten in primitiven Baracken untergebracht werden; die Seuchengefahr war groß. Sowohl die Alteingesessenen, die ihnen fremde Menschen aufzunehmen hatten, als auch besonders jene, die alles verloren hatten und auf Hilfe angewiesen waren, litten unter den Verhältnissen, die während der ersten Nachkriegsjahre im Lauenburgischen herrschten. Erst 1947 wurde der Kreis für weitere Vertriebenentransporte gesperrt; doch illegale Zuwanderer sorgten dafür, dass die Probleme zu- und nicht abnahmen.

Die gedruckten Aufrufe, den Kriegsheimkehrern und Flüchtlingen zu helfen, sind Dokumente, mit denen die Not der Menschen in den Jahren nach 1945 belegt werden kann. Sie betreffen auch Aufrufe zur Kinderspeisung, zu Kleidungs- und Geldsammlungen, die Einrichtung von Volksküchen oder Wärmeräumen.

Eine besondere Gruppe der im Lande zu betreuenden Menschen stellten die Kriegsgefangenen, die Fremd- und Zwangsarbeiter sowie die aus den Konzentrationslagern Befreiten dar. Viele von ihnen konnten oder wollten nicht in ihre Heimatländer zurückkehren. Sie wurden als DPs in besonderen Lagern zusammengefasst. Diese Lager hatten einen Sonderstatus, weil sie der Flüchtlingsverwaltung der Vereinten Nationen, der „United Nations Relief and Rehabilitation Administration" (UNRRA), unterstellt waren. Ab Juli 1947 war die „International Refugee Organization" (IRO) zuständig, die den DPs als Alternative eine Ansiedlung in den USA, Kanada, Australien und Großbritannien anbot. Im Kreis Herzogtum Lauenburg war der Großteil der DPs in der Nähe der Rüstungsfabriken untergebracht gewesen, so dass vor allem dort auch Sammellager entstanden. Allein in Geesthacht lebten nach der Kapitulation noch über 8000 DPs. Im September 1949 waren es immer noch 2661 und im April 1950 1266 DPs in Geesthachter Lagern – das waren 12,4 % aller DPs in Schleswig-Holstein. Mehrere DPs-Lager waren in den ehemaligen Wehrmachtskasernen in Wentorf eingerichtet worden. Als sich einige Länder bereit erklärten, DPs mit Unterstützung der IRO einwandern zu lassen, wurden die Wentorfer Lager ab 1948 bis zum Abschluss des Auswanderungsprogramms im Jahre 1952 zu Durchschleusungs- und Auswandererlagern mit einer Höchstbelegung von 12.000 Personen bestimmt. Die historische Forschung hat höhere Zahlen hervorgebracht. Sie reichen von 15.000 bis zu 85.000 DPs allein in Wentorf. In diesem Lager gab es Krankenhäuser, eine Lagerpolizei, eine Schule, Kirchen verschiedener Konfessionen, Gaststätten, Geschäfte, Großküchen und sogar eine Radiostation.

Obgleich der Kreis ein Agrarland war, herrschte in den Jahren bis 1950 Hungersnot, von der besonders viele Kinder betroffen waren. Karikative Organisationen, die schon bald nach Kriegsende wiedererstanden waren, sorgten für Abhilfe. Aber nur solche, die Kontakte ins Ausland hatten, konnten helfen und dies auch nur in Grenzen. Die CARE-Pakete, die aus den USA von Oktober 1946 bis Ende 1956 Deutschland erreichten, sind noch in guter Erinnerung. Für den Kreis Herzogtum Lauenburg war das Flüchtlingshilfswerk der Fürstin Ann Mari von

95 a + b: Ann Mari v. Bismarck, eine geborene Schwedin, errichtete ein Hilfswerk, das über viele Jahre hinweg für die Unterstützung Hilfsbedürftiger sorgte. Ihr Engagement sorgte dafür, dass sie es sogar auf die Karikaturseiten der Zeitungen schaffte.

96: Am Grenzbahnhof Büchen wurden Aussiedler und Vertriebene versorgt. Verpflegung eines Aussiedlerzuges durch das Deutsche Rote Kreuz in Büchen

Bismarck[6], einer geborenen Schwedin, von Bedeutung. Sie organisierte Spenden aus ihrem Heimatland für die notleidende Bevölkerung im Herzogtum Lauenburg und später weit darüber hinaus.[7]

5. Wirtschafts- und Sozialprobleme im „Zonenrandgebiet“

Der Kreis Herzogtum Lauenburg war aber nicht nur durch die außerordentliche Überbevölkerung benachteiligt, sondern auch durch die geographische Lage. Der Kreis lag genau an der Grenze zwischen den westlichen Besatzungszonen und der Ostzone und hatte deshalb auch in wirtschaftlicher Hinsicht erhebliche Nachteile zu ertragen. Er verlor nicht nur sein Hinterland Mecklenburg, sondern durch die Zonengrenze auch die Verbindung auf der Elbe nach Brandenburg und Sachsen. Die Wirtschaft des Kreises war vor dem Zweiten Weltkrieg zwar überwiegend land- und forstwirtschaftlich bestimmt; doch die Industriebetriebe im Süden des Kreises hatten wesentlich dazu beigetragen, dass der Kreis insgesamt stabile wirtschaftliche Verhältnisse aufweisen konnte. Neben den Sägewerken und holzverarbeitenden Betrieben, die es im gesamten Kreisgebiet gab, sorgten im Süden die Werften, Zündholz- und Sprengstofffabriken sowie die Ziegel- und Kieswerke dafür, dass der Kreis über eine gesunde Wirtschaftsstruktur verfügte. Das änderte sich nach 1935, als die Rüstungsindustrie Einzug hielt. In Mölln wurde eine Heeresmunitionsanstalt (Muna) errichtet. Während des Krieges wurden auch in Schwarzenbek, Ratzeburg und Büchen Rüstungsbetriebe angesiedelt. Manche von ihnen konnten nach dem Krieg ihre Produktion auf zivile Anforderungen umstellen. Die Dynamitfabrik in Krümmel und die Pulverfabrik in Geesthacht zählten zu den größten Fabriken dieser Art in Deutschland. Sie wurden zum Teil im Krieg zerstört oder danach demontiert. Mit ihnen verschwanden Hafen- und Gleisanlagen sowie viele Tausend Arbeitsplätze. Geesthacht wurde 1948 zum Notstandsgebiet erklärt; auch 1950 betrug die Arbeitslosenquote noch 52 %. Die Fürsorgekosten waren also sehr hoch, die Steuereinnahmen hingegen niedrig.

Viele Flüchtlinge waren auf dem Land untergebracht. Weil aber die Verkehrsverbindungen äußerst mangelhaft waren, hatten sie, auch wenn sie qualifiziert waren, kaum Gelegenheit, in den Städten eine Beschäftigung zu finden, sondern mussten sich mit schlecht bezahlter Landarbeit oder in Notstandsprogrammen durchschlagen. Das änderte sich erst nach der Währungsreform und der Gründung der Bundesrepublik. Danach entstanden auch in zahlreichen Landgemeinden Handwerksbetriebe, die Arbeitskräfte anzogen und nicht unwesentlich dazu beitrugen, dass in Westdeutschland das „Wirtschaftswunder“ möglich wurde.

Doch zunächst war die Situation düster, vor allem für die Frauen. Sie hatten während des Krieges in zunehmendem Maße Tätigkeiten übernommen, die zuvor die Männer ausgeübt hatten, die zum Kriegsdienst eingezogen wurden. Diese Arbeiten hatten die Frauen auch in solchen Bereichen mit Erfolg übernommen, die als „typische Männerberufe“ galten. Nachdem die Zahl der arbeitslosen Männer, die aus der Kriegsgefangenschaft entlassen

6 Ebd., S. 65.

7 Christine Oberländer in: Handbuch, S. 454 ff. und E. Opitz, Die Bismarcks in Friedrichsruh, Hamburg 1990, S. 112 ff.

97: Die Landwirtschaft erlebte nach 1949 starke Umbrüche. Die Technik zog in die Höfe ein und löste die Zugpferde ab.
a) Ein Bauer mit Pflug und Pferden Anfang der 50er Jahre (oben)

b) Technische Geräte des Maschinenparks Dassendorf um 1960 (unten)

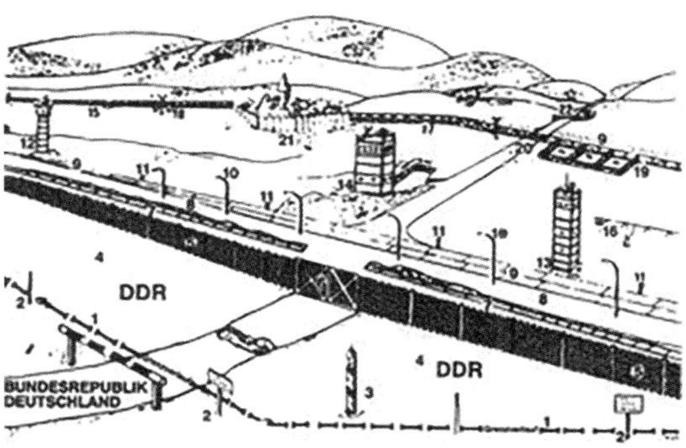

98 a + b: Die politische Führung der Sowjetischen Besatzungszone (SBZ) begann schon früh mit der Errichtung von Grenzbarrieren, die 1961 mit dem Mauerbau durch die DDR zu einem nahezu unüberwindbaren Kontrollsystem wurden.

wurden, immer mehr stieg, wurde verlangt, die Männer wieder an Arbeitsplätze zu bringen, die noch von Frauen besetzt waren. Die Frauen im Westen brauchten nach 1949 Jahrzehnte, um wieder den ihnen angemessenen Platz in der Gesellschaft einnehmen zu können. Das hier angesprochene Problem ist kein lauenburgspezifisches, hat aber die Diskussion der Jahre nach 1945 auch hier und besonders in Städten wie Geesthacht, Lauenburg und Büchen mitbestimmt.

Die Wirtschaft konnte erst nach der Währungsreform 1948 und nach der Gründung der Bundesrepublik Deutschland 1949 wieder Fahrt aufnehmen. Der Begriff „Währungsreform" ist nur noch wenigen Menschen vertraut. Deshalb sei daran erinnert, was er 1948 für die Menschen bedeutete: Grundlage war ein am 18. Juni 1948 verabschiedetes Währungsgesetz, das die Bewirtschaftung zahlreicher Handelsgüter freigab und Preiskontrollen aufhob. Die Militärgouverneure der drei westlichen Zonen ließen am folgenden Tag, einem Sonnabend, im Rundfunk und in Extrablättern bekanntgeben, dass alle auf Reichsmark lautenden Zahlungsmittel ihre gesetzliche Zahlkraft verlieren sollten. Am 21. Juni erhielt jeder Bewohner der Westzonen im Umtausch gegen 60 RM ein sogenanntes Kopfgeld von 40 DM. Im August konnten die restlichen 20 DM eingelöst werden. Löhne, Gehälter, Pensionen, Renten, Mieten und Pachtzinsen wurden im Verhältnis 1:1 umgestellt, während die meisten anderen Verbindlichkeiten im Verhältnis 10:1 abgewertet wurden. Bei Spargutpaben betrug das Verhältnis nur 100:6,5. Die Geldumstellung begünstigte vor allem Schuldner, Geschäftsleute und Besitzer von Sachwerten wie Grundstücken, Häusern, Betrieben oder Lagern auf Kosten der Lohn- und Gehaltsempfänger sowie der Gläubiger. Auch die Flüchtlingsfamilien und Bombengeschädigten traf der Währungsschnitt entschieden härter.

Darüber, ob die Einbeziehung Westdeutschlands in den „Marshall-Plan", das „European Recovery Program", so abgelaufen ist, wie jahrzehntelang behauptet, oder ob es sich dabei in erster Linie um ein Vorhaben gehandelt hat, das der amerikanischen Wirtschaft helfen sollte, wird gestritten. Tatsache ist, dass es dazu beigetragen hat, in Deutschland die Kriegsfolgen in sehr kurzer Zeit zu überwinden.

Der von den Kriegsfolgen besonders schwer betroffene Landkreis Herzogtum Lauenburg profitierte zwar auch von der Währungsreform und der Gründung der Bundesrepublik sowie von den Sozialmaßnahmen, die das Land Schleswig-Holstein nach Kriegsende unternommen hatte, doch er blieb noch bis 1954 von Notstandsmaßnahmen abhängig. Diese konnten erst reduziert und schließlich abgelöst werden, als es die Wirtschaftsstrukturen erlaubten, den Heimatvertriebenen Dauerarbeitsplätze in den Industriebetrieben anderer Bundesländer anzubieten.

XIV. Der Kreis Herzogtum Lauenburg von der Gründung der Bundesrepublik bis zur Wiedervereinigung 1949–1990

1. Der Landkreis Herzogtum Lauenburg wird im Land Schleswig-Holstein Teil der Bundesrepublik Deutschland

Am Beispiel des Kreises Herzogtum Lauenburg kann besonders gut gezeigt werden, wie die Anfänge der Auseinandersetzung mit der Vergangenheit von dem die nächste Zukunft bestimmenden Ereignis des Kalten Krieges geradezu überrollt wurden. Die rigorose Politik der Amerikaner hatte zur Währungsreform in den westlichen Besatzungszonen geführt, die ohne die angewandte soziale Härte nicht hätte vollzogen werden können. Dass Ludwig Erhard darin seine Chance sah, eine bisher nie angewandte Wirtschaftstheorie in praktische Politik umzusetzen, erwies sich dabei als Glücksfall. Die Grundlagen für diese Entwicklung wurden auf der Londoner Sechs-Mächte-Konferenz (23. Februar bis 3. Juni 1948) geschaffen, auf der zwischen den westlichen Siegermächten (USA, Großbritannien und Frankreich) sowie den Beneluxstaaten beschlossen wurde, die drei Westzonen zur „Trizone" zu vereinigen, eine neue Währung zu begründen und Maßnahmen zu einer künftigen wirtschaftlichen Kooperation mit (West-)Deutschland zu treffen. Das war das Startsignal für die Gründung der Bundesrepublik Deutschland, aber auch für die Verschärfung des Kalten Krieges, der mit einem Wandel der amerikanischen Außenpolitik 1947 begonnen hatte und in eine halbwegs stabile amerikanisch-sowjetische Konfrontation einmündete, die Deutschland und Europa für mehr als vierzig Jahre in zwei deutlich gegeneinander abgegrenzte Blöcke spaltete.

Auf die Einführung der neuen Währung in Westberlin antwortete die Sowjetunion damit, dass ihr Vertreter im Alliierten Kontrollrat, Marschall Wassilij Sokolowski, die Sitzung am 20. März 1948 verließ. Am 26. Juni begann die Blockade Berlins, nachdem bereits seit dem 1. April Sperrungsmaßnahmen verfügt worden waren, die dazu dienten, den Verkehr zwischen den Westzonen und Berlin, aber auch zwischen den Westzonen und der Sowjetischen Zone zu unterbinden. Ende Juni wurde die Blockade wesentlich verschärft. Die Westmächte antworteten mit der Organisation der Luftbrücke, d. h., Berlin wurde vom Juni 1948 bis zum 4. Mai 1949 mit allen erforderlichen Gütern durch Lufttransport versorgt. Im Lauenburgischen wurde dies durch die Sperrung des Transitübergangs zwischen Lauenburg und Boizenburg, des Schiffsverkehrs auf der Elbe und des Eisenbahnverkehrs zwischen Büchen und Schwanheide unmittelbar spürbar. Das bedeutete, dass die Konzentration auf die Bewältigung der aus dieser Situation entstandenen Probleme sehr viel dringender erschien als die Beschäftigung mit der nationalsozialistischen Vergangenheit von Einzelpersonen. Davon profitierten alle, denen nicht nachgewiesen werden konnte, dass sie an Kriegsverbrechen beteiligt waren. Im Übrigen konnte darauf verwiesen werden, dass die Sowjetische Militäradministration in Deutschland (SMAD) bereits am 27. Februar 1948 die Entnazifizierung in ihrer Zone für beendet erklärt hatte. Da auch die Grenze zum benachbarten Mecklenburg kaum noch überwunden werden konnte, wurden die Politiker, die gerade damit begonnen hatten, demokratische Spielregeln für die Gestaltung des Kreises zu entwickeln, gezwungen, sich auf eine Randlage im künftigen Weststaat einzustellen. Zu den ohnehin schwierigen Problemen einer kriegsbedingten Überbevölkerung kamen jetzt die strukturbedingten hinzu: Der Kreis war zwar in preußischer Zeit in Teilen industrialisiert worden, doch war die Produktion im Wesentlichen auf Kriegsgüter (Sprengstoffe) konzentriert. Die überwiegende Mehrheit der Bevölkerung war nach wie vor in der Landwirtschaft tätig. Da auch ein erheblicher Teil der aus den Ostgebieten vertriebenen neuen Bürger des Kreises aus landwirtschaftlichen Berufen stammte, lag es nahe, diesen Menschen durch Zuweisung von Land eine neue Existenz zu ermöglichen.

2. Die Bodenreform im Kreis Herzogtum Lauenburg

Zu den wenigen Vereinbarungen, auf welche sich die Siegermächte des Zweiten Weltkriegs für die künftige Gestaltung Deutschlands halbwegs verständigt hatten, gehörte eine im Rahmen eines „Demokratisierungsprogramms" vorzunehmende Bodenreform.[1] Sie galt auch als „notwendiger Bestandteil einer Neuordnung der deutschen Wirtschaft und Gesellschaft." In der sowjetischen Besatzungszone ist der Plan – aus ideologischen Gründen – sehr schnell umgesetzt worden: Bereits im Herbst 1945 erfolgte die entschädigungslose Enteignung der Besitzer von landwirtschaftlichen Betrieben, die mehr als 100 ha umfassten. Diese Maßnahme – als „Junkerland in Bauernhand" propagandistisch hervorgehoben – ist breit dokumentiert und wissenschaftlich aufgearbeitet worden. Die in den westlichen Besatzungszonen vorgenommenen Entscheidungen oder Aktivitäten waren weniger spektakulär, hatten auch in ideologischer Hinsicht weniger zu bieten und blieben deshalb in der zeitgeschichtlichen Forschung ein nur mit Zurückhaltung beachtetes Feld.

Die ersten Verlautbarungen zur beabsichtigten Bodenreform klangen in allen Besatzungszonen gleich; doch schon bald ergab sich, dass unter der Devise „Entnazifizierung, Entmilitarisierung und Demokratisierung" sehr unterschiedliche Maßnahmen ergriffen werden konnten. Und als das Ausmaß des Elends, das auch mit den mit dem Potsdamer Abkommen verbundenen „Aussiedlungen" einherging, sichtbar wurde, bekamen die ursprünglichen Intentionen eine deutlich andere Richtung. Das Abkommen sah vor, aus den abzutrennenden Ostgebieten ca. 6,65 Millionen Menschen auszuweisen. Tatsächlich wurden aber bis zum Frühjahr 1947 fast 8 Millionen Menschen vertrieben. In die Britische Zone kamen nicht – wie ursprünglich vorgesehen – 1,5, sondern 3,2 Millionen Menschen; 1949 waren es bereits mehr als 4 Millionen.

Da diese Menschen zunächst dort untergebracht werden mussten, wo es unzerstörten Wohnraum gab, war Schleswig-Holstein ein bevorzugtes Zielgebiet: Bis 1946 erhöhte sich die Bevölkerungsdichte gegenüber der Vorkriegszeit um 62 %; in Niedersachsen waren es 37 %. Da die Flüchtlinge überwiegend aus Gebieten kamen, in denen die Landwirtschaft dominierte, waren von den Ende 1946 in der Bizone registrierten vertriebenen Erwerbspersonen ca. 27 % (654.000) in landwirtschaftlichen Berufen tätig gewesen; in Schleswig-

1 Der folgende Text orientiert sich an: E. Opitz, Die Bodenreform in der britischen Besatzungszone unter besonderer Berücksichtigung Schleswig-Holsteins, in: E. Opitz (Hrsg.), Ausgewählte Aspekte der Nachkriegsgeschichte im Kreis Herzogtum Lauenburg und in den Nachbarterritorien (= Kolloquium XV), Bochum 2004, S. 111-126. Hier sind auch Quellen und Literaturzitate nachgewiesen, auf die deshalb im nachfolgenden Text verzichtet wird.

Holstein lag der Anteil dieser Berufsgruppe bei 29 %. Von den rund 200.000 ehemals selbständigen Bauern befanden sich Ende 1946 allein 120.000 in der Britischen Zone.

Die erheblich angewachsene Bevölkerung konnte nicht aus der eigenen landwirtschaftlichen Produktion versorgt werden, nicht zuletzt deshalb, weil die erste Nachkriegsernte auf ca. 70 % des Vorkriegsstandes gesunken war. Die festgelegten Abgabesolls wurden nur zu 80 % erfüllt; an Lieferungen aus anderen Zonen oder gar an Importe war nicht zu denken. Die Versorgungsmisere musste kurzfristig behoben werden; eine Bodenreform konnte dabei nicht nur nicht helfen, sondern würde sich kontraproduktiv auswirken, wenn man sie sofort vorgenommen hätte. Für diese Einsicht bedurfte es nicht einmal der Ratschläge von Experten. Aber auch die von diesen vorgelegten Zahlen wirkten ernüchternd: In der Britischen Zone gab es nur etwa 6000 Betriebe, deren Betriebsfläche größer als 100 ha war; diese verfügten insgesamt über eine Fläche von 2 Millionen ha, von dieser Fläche wurden aber nur 546.000 ha landwirtschaftlich genutzt. Lediglich in Schleswig-Holstein verfügten die sog. Großbetriebe über 13 % der landwirtschaftlichen Nutzfläche.

Nach der Analyse dieser Daten zeichnete sich bereits im Sommer 1946 ab, dass es in der Britischen Zone keine Agrarrevolution nach SBZ-Vorbild geben würde. Aber an massiven Eingriffen in die agrarischen Besitzverhältnisse wollte die Londoner Labour-Regierung festhalten und suchte nach unterstützenden Vorschlägen von deutscher Seite. Gedacht wurde an eine direkte Kontrolle über den Grundbesitz, der die Fläche von 500 ha in Privatbesitz überstieg. Dafür wurde zugleich eine ideologische Begründung mitgeliefert. Ziel war es, die „ökonomischen und sozialen Wurzeln des Militarismus auszurotten"; dazu sei es erforderlich, „dass alle jene Einrichtungen, die in der Vergangenheit eine ungebührliche Konzentration wirtschaftlicher Macht darstellten und auf irgendeine Weise den Militarismus unterstützten, genauestens untersucht werden und eine entsprechende angemessene Behandlung erfahren". Zu ihnen gehört der Besitz übermäßiger Landgebiete in den Händen von Einzelpersonen.

Die erste von den Briten eingesetzte Kommission, die Vorschläge ausarbeiten sollte, kam im August 1946 lediglich zu recht allgemeinen Aussagen, als es darum ging, den Zweck einer Bodenreform zu bestimmen: „1. die *wirtschaftliche* Notwendigkeit, die landwirtschaftliche Erzeugung im Interesse der Ernährung des deutschen Volkes auf den höchsten Stand zu bringen; 2. die *bevölkerungspolitische* Notwendigkeit, den bäuerlichen Nachwuchs und die verdrängte bäuerliche Bevölkerung mit dem Grund und Boden zu verbinden und die Landarbeiter mit Grundbesitz auszustatten; 3. die *psychologische* Notwendigkeit, den zu 2. genannten Personenkreisen Land zu Eigentum zu geben, um damit auf die Dauer die Zufriedenheit der landwirtschaftlich tätigen Bevölkerung zu gewährleisten und der Landflucht zu begegnen; 4. die *politische* Notwendigkeit, dem Großgrundbesitz, der sich bisher zur Stütze reaktionärer und militaristischer Lebensanschauungen gemacht hat, die wirtschaftliche Grundlage für eine politische Betätigung zu nehmen und dem Grundsatz Rechnung zu tragen, dass Land nur derjenige besitzen soll, der es mit seiner Familie auch bearbeitet."

Bei diesen recht vagen Aussagen schlug sich bereits nieder, dass inzwischen ein eigenes politisches Leben in der britischen Besatzungszone begonnen hatte: Es gab wieder Parteien, die sich profilieren wollten. Das konnte am besten auf jenem Sektor geschehen, der einerseits für die Mehrheit der Bevölkerung von existentieller Bedeutung war, nämlich bei der Versorgung mit Lebensmitteln, der aber andererseits traditionell politischen Konfliktstoff bot: bei den Eigentumsverhältnissen. Es versteht sich von selbst, dass die „linken" Parteien für die Bodenreform eintraten und dass die liberalen und konservativen Parteien sich durchweg dagegen aussprachen.

Die Probleme, die sich aus der Notwendigkeit ergaben, eine wachsende Bevölkerung so zu ernähren, wie es die international vereinbarten Standards geboten, wuchsen und wurden durch die Diskussion über eine Bodenreform eher gestört als positiv beeinflusst. Darüber hinaus zeichnete sich ab, dass es eine einvernehmliche Regelung der Zukunft Deutschlands, die von der Zustimmung aller Siegermächte getragen werden könnte, nicht geben würde. Deshalb brauchte auch die britische Regierung keine Rücksicht mehr auf eine eventuell zu konzipierende alliierte Gesamtpolitik zu nehmen. Die aktuelle und unmittelbare Notsituation in der eigenen Besatzungszone trat zunehmend in den Vordergrund und bestimmte die künftigen Entscheidungen.

Bevor die britische Militärregierung am 4. September 1947 mit der Verordnung Nr. 103 eine Art Rahmengesetz für die Bodenreformdiskussion in den Ländern schuf, hatte der schleswig-holsteinische Landtag nach einer Vorlage der SPD-Fraktion zur Bodenreform aus dem April 1946 in verschiedenen Sitzungen diese Frage (mit Erlaubnis der Militärregierung) diskutiert und nach zwei von starken Auseinandersetzungen geprägten Lesungen am 13. September 1946 mit nur einer Gegenstimme ein Gesetz zur Bodenreform verabschiedet, das von den Briten jedoch nicht genehmigt wurde.

Erich Arp, der Landesminister für Ernährung, Landwirtschaft und Forsten, hatte sich am eindeutigsten für die Enteignung des Großgrundbesitzes ausgesprochen, da die Sicherung der Demokratie die Entmachtung jener Klasse erfordere, deren Herrschaft in Vergangenheit und Gegenwart politisch und wirtschaftlich schädlich gewesen sei.

Diese Ansicht war auch in der Präambel der britischen Verordnung 103 enthalten. Dagegen wandten sich die Großgrundbesitzer, da hier in einer groben Verallgemeinerung ein ganzer Berufsstand unter Ausnahmerecht gestellt wurde.

Neben dem Gedanken der Entmachtung des Großgrundbesitzes trat in der Auseinandersetzung ein weiteres, die Debatte bestimmendes, von den gegnerischen Seiten mit unterschiedlichem Inhalt versehenes Argument auf, nämlich die Problematik der landwirtschaftlichen Erzeugung.

Die Landesregierung legte im November 1947 einen neuen Gesetzentwurf vor, dessen Grundtendenz politisch war und auf die Beseitigung der Macht des Grundbesitzes durch Beschränkung der Landfläche zielte. Um dieses Ziel zu erreichen, sah das „Gesetz zur Einleitung der Agrarreform in Schleswig-Holstein" eine Maximalgrenze zwischen 100 und 150 ha vor. Entsprechend dem zonalen SPD-Gesetzentwurf „zur vorübergehenden gemeinsamen Bewirtschaftung und allmählichen Aufteilung und Aufsiedlung in Einzelhöfe (Gruppensiedlung)" wurde die Möglichkeit eingeräumt, ganze Güter an Siedlergruppen zur genossenschaftlichen Bewirtschaftung zu übertragen. Pachtland sollte in Eigentum übergehen, darüber hinaus sollten Kleinsiedlungen und Heimstätten geschaffen werden. Landveräußerungen, die nach dem 1. Januar 1945 erfolgt waren, konnten angefochten werden. Bei Entschädigungen sollte der Einheitswert zugrunde gelegt werden.

Der Entwurf wurde vom Kabinett am 14. November 1947 angenommen und am 26. November 1947 dem Landtag zur ersten Lesung vorgelegt. Er zielte bewusst auf eine Änderung der landwirtschaftlichen Besitzverhältnisse zugunsten des bäuerlichen „Arbeitseigentums", unter geringer Berücksichtigung anders gearteter Eigentums- und Bewirtschaftungsreformen. Der bäuerliche Besitz sollte von der sogenannten Staffelabgabe verschont bleiben. Die Annahme dieser Gesetzesvorlage hätte die sofortige Beschlagnahme des Großgrundbesitzes zur Folge gehabt. Dies wollte die CDU verhindern, sie erhob Ende November / Anfang Dezember 1947 im Landtag leidenschaftlichen Protest. CDU-Agrarsprecher Friedrich Wilhelm Lübke, der ausdrücklich auch im Namen des Schleswig-Holsteinischen Bauernverbandes sprach, und der Vorsitzende der CDU-Fraktion, Karl Schröter, gingen sogar so weit, dass sie den Entwurf als „Verbrechen an der Allgemeinheit" bezeichneten, da er eine „ungeheure Produktionsminderung" zur Folge haben werde. Darüber hinaus aber stelle das Gesetz, so Lübke, einen „Ansturm der Linken gegen die letzten Pfeiler des Privateigentums" dar, es „atme rein östliche Luft" und werde in Anbetracht der gegenwärtigen Ernährungslage zu einem völlig unpassenden Zeitpunkt vorgelegt. Die CDU empfand die Unterschreitung der von der britischen Regierung in der Verordnung Nr. 103 angeführten Maximalgrenze, zu der man gar nicht berechtigt sei, als „peinlich" und bezeichnete die Einführung einer Rückwirkung als „Nazimethode".

Die Einwände der CDU waren nicht nur polemisch, sondern auch irreführend; sie trugen dazu bei, dass die noch im Herbst 1946 bestehende Hoffnung, ein von den beiden großen Parteien gemeinsam getragenes Gesetz zur Agrarreform verabschieden zu können, mehr und mehr dahinschwand. Auch die Versuche des sozialdemokratischen Agrarexperten Wilhelm Gülich, die Opposition zum Einlenken zu bewegen, schlugen fehl. Gülich war bereit, in Einzelfragen einzulenken, wollte aber an den Grundsätzen festhalten. Für die Sozialdemokratie gehe es bei der Bodenreform um ein seit Jahrzehnten überfälliges politisches, soziales und wirtschaftliches Problem; sollte es jetzt nicht zufriedenstellend gelöst werden, werde der „Aufbau einer wahren und echten Demokratie" verhindert und auch der bescheidene Ansatz eines umfassenderen Lastenausgleichs in Frage gestellt. Die Grundbesitzer forderten Gülich mit Blick auf die Entwicklung in der Sowjetischen Zone auf, sich zu spürbaren Opfern aufzuraffen, da sie andernfalls bald „vor den Trümmern ihrer Politik stehen" würden. Ein solcher Zusammenbruch werde auch den bäuerlichen Besitz in Mitleidenschaft ziehen. Die CDU argumentierte dagegen, dass ein derart tiefer Eingriff zu einem Produktionsausfall führen werde. Darüber hinaus dürfe man sich von der Militärregierung nicht das Gesetz des Handelns vorschreiben lassen; jede Unterschreitung der von der britischen Verordnung gesetzten Grenze sei abzulehnen. Der Gesetzentwurf wurde am 2. Dezember 1947 nach nur geringfügiger Abänderung lediglich mit den Stimmen der SPD-Mehrheit angenommen. Doch die britische Militärregierung folgte nicht dem Landtagsbeschluss, sondern den Argumenten der Opposition.

Land für eine grundsätzlich geforderte Bodenreform stand 1948 noch immer nicht zur Verfügung. Weitere Gesetzesmaßnahmen waren erforderlich, die auch gegen den Widerstand der CDU-Opposition verabschiedet wurden.

Die Landesregierung zeigte sich auch 1949 noch optimistisch; sie erhoffte sich aufgrund der Gesetze den Anfall von ca. 128.000 ha Land, auf dem etwa 15.000 größere (bis 50 ha) und kleinere Siedlerstellen würden entstehen können. Dazu war ein langfristig anzusetzendes Programm erforderlich, das ohne die Bereitstellung von Landesmitteln nicht zu realisieren sein würde. In der Tat konnten von 1949 bis 1951 nur 1594 neue Siedlerstellen mit insgesamt 8887 ha geschaffen werden, was die Unzufriedenheit der Flüchtlingslandwirte erheblich steigerte. Die Landesregierung musste reagieren und tat es im April 1950 mit dem Einbringen des „Gesetz(es) zur Ergänzung des Gesetzes über Landabgabe und Enteignung", das am 30. Mai 1950 angenommen wurde.

Alles lief darauf hinaus, das Prinzip der Freiwilligkeit in den Mittelpunkt zu stellen. Die „Arbeitsgemeinschaft der Grundbesitzer" hatte eine freiwillige Landabgabe nennenswerten Ausmaßes angeboten. Davon machte die Politik Gebrauch; am 14. Mai 1949 wurde das sogenannte 30.000-ha-Abkommen beschlossen, auf dessen Grundlage bis 1957 genau 29.808 ha Bodenreformland bereitgestellt wurden. Das entsprach nur etwa einem Viertel dessen, was bei strikter Anwendung der ursprünglichen Bodenreformgesetze hätte zur Verfügung gestellt werden müssen. Immerhin konnten auf den bereitgestellten Flächen 8000 Vertriebene angesiedelt werden.

Für den Kreis Herzogtum Lauenburg, in dem Fragen und Maßnahmen der ländlichen Siedlung eine lange Tradition hatten, stellten die Gesetzesvorgaben der Kieler Landesregierung der Jahre nach 1947 eine besondere Herausforderung dar. Im Rahmen des 30.000-ha-Abkommens stellten die Großgrundbesitzer des Kreises für Neusiedlung, Anliegersiedlung, Umwandlung von Pacht in Eigentum, Kleinsiedlung, Heimstätten und Dauerkleingärten sowie für sonstige öffentliche oder gemeinwirtschaftliche Zwecke fünf Gutsbetriebe zur Verfügung:

1.	Neu-Horst 490 ha (465 ha Siedl. Fläche) Gebhard von Treuenfels, Alt-Horst	42 Neusiedl.
2.	Kehrsen 467 ha (425 ha Siedl. Fläche) Friedrich-Werner von Bülow, Gudow	45 Neusiedl.
3.	Sophiental 362 ha (341 ha Siedl. Fläche) Friedrich-Werner von Bülow, Gudow	50 Neusiedl.
4.	Hakendorf 214 ha (203 ha Siedl. Fläche) Gudrun Lindemann, Seedorf	17 Neusiedl.
5.	Neu-Güster 181 ha (177 ha Siedl. Fläche) Hugo Graf Bernstorff, Wotersen	13 Neusiedl.
6.	Gut Lanken 36 ha (2 Stellen à 18 ha) Hugo Graf Bernstorff, Wotersen	2 Neusiedl.
7.	Gudow rd. 30 ha (3 Stellen à 5 ha) Friedrich-Werner von Bülow, Gudow	3 Neusiedl.
8.	Ostenkoppel 15 ha Bauland für die Gemeinde Friedrich-Werner von Bülow, Gudow	zus. 172 Stellen

Die Übergabe des Landes an die Bewerber erfolgte am 1. April 1950; den Neubauern standen Berater zur Seite, die ihnen beim Neubeginn kostenlos Hilfestellung erteilen sollten. Die Finanzierung der Siedlungen erfolgte zwar durch Bundes- und Landesmittel, der Siedler hatte aber eine Eigenleistung zu erbringen, die 10 bis 33 % des Gestehungspreises betrug. Auch die Modalitäten der Restkaufsumme waren geregelt. Die Entschädigung für die ehemaligen Besitzer fiel vergleichsweise bescheiden aus; ihr lag der Einheitswert von 1934 zugrunde.

In die Siedlungsbewegung des Kreises Herzogtum Lauenburg wurden neben dem sogenannten Großgrundbesitz auch Flächen aus ehemaligem Wehrmachtsgelände einbezogen, die anderen rechtlichen Regelungen unterworfen waren als die in Privatbesitz befindlichen. Insgesamt kann zwar festgestellt werden, dass die Bodenreform im Kreis Herzogtum Lauenburg auf ein durchweg positives Echo stieß; die wirtschaftliche Not, die auch nach Gründung der Bundesrepublik im Landkreis herrschte, konnte damit nicht behoben werden. Im Oktober 1950 lebten im Kreisgebiet neben den etwa 69.000 Einheimischen noch mehr als 80.000 Flüchtlinge, fast 1000 Evakuierte und über 10.000 Ausländer. Ihre Existenz zu sichern und sie in das Wirtschaftsleben der jungen Bundesrepublik Deutschland zu integrieren, bedeutete noch auf Jahre hin für die auf kommunaler Ebene arbeitenden Politiker eine Herausforderung.

Dabei konnten Hilfsprogramme die allgemeine Notlage nur lindern. Das Angebot an Arbeitsplätzen, sowohl in der Landwirtschaft als auch im Gewerbe, war zu klein. Umsiedlungsaktionen waren unumgänglich und wurden sowohl vom Bund als auch von der Landesregierung mit dem Ziel eingeleitet, die Heimatvertriebenen gleichmäßig über die Bundesrepublik zu verteilen und dabei besonders solche Regionen zu bevorzugen, in denen seit 1950 der Bedarf an Arbeitskräften gestiegen war. Auf diese Weise konnte die Bevölkerungszahl von 1950 bis 1961 um 13,2 % (annähernd 20.000 Personen) gesenkt werden. Da es überwiegend jüngere Menschen waren, die den Landkreis verließen, veränderte sich die Bevölkerungsstruktur während der 50er Jahre erheblich. Die Einwohnerzahl stabilisierte sich bei 130.000 Personen. Am Ende der großen Bevölkerungsumschichtungen hatte sich eine neue demographische und soziale Grundstruktur konsolidiert, die fortan nur noch langsamen Veränderungen unterlag.

Die wirtschaftliche Entwicklung der Bundesrepublik spiegelte sich in den demographischen Verhältnissen des Kreises wider; während die ländlichen Gemeinden einen Rückgang verzeichneten und die drei alten Städte konstante Zahlen aufwiesen, gab es Zuwächse in den Großstadtrandgemeinden. Innerhalb des Kreises konzentrierte sich der industrielle Aufbau auf die Standorte Büchen, Geesthacht, Mölln und Schwarzenbek.

1961 fand zwar die Abwanderung aus der DDR ein abruptes Ende, dennoch nahm die Bevölkerung in den Jahren bis 1989 ständig zu und betrug im Jahr der Grenzöffnung 157.000 Personen. Dazu hatte nicht nur eine hohe Geburtenrate beigetragen, sondern auch die Zuwanderung, von der allerdings die Hamburger und Lübecker Umlandgemeinden überdurchschnittlich profitierten. Die Verbesserung der Verkehrsinfrastruktur machte günstig gelegene Gemeinden auch für die Ansiedlung von Industriebetrieben attraktiv; Schwarzenbek ist das beste Beispiel dafür. Der Lauenburger Osten war und blieb bis 1990 das am dünnsten besiedelte Gebiet des Kreises.

Bevölkerungsentwicklung im Kreis Herzogtum Lauenburg 1961–1989

Siedlungen	1961 Einwohner	1970 Einwohner %	1989 Einwohner %
Alte Städte	35.846	38.189 + 6,5	39.997 + 4,7

Bevölkerungsentwicklung im Kreis Herzogtum Lauenburg 1961–1989			
Siedlungen	1961 Einwohner	1970 Einwohner %	1989 Einwohner %
Hamburger Randgemeinden	45.600	53.062 + 16,4	59.766 + 12,6
Lübecker Randgemeinden	2761	3992 + 44,6	5241 + 31,3
Ländliche Gemeinden	46.246	46.488 + 0,5	51.856 + 11,5
Gemeinden im Westen	36.952	37.612 + 1,8	43.680 + 16,1
Gemeinden im Osten	9294	8876 - 4,5	8176 - 7,9
Kreis Herzogtum Lauenburg	130.453	141.731 + 8,6	156.860 + 10,7
Quelle: Statistisches Landesamt Schleswig-Holstein 1972 und 1990.			

3. Das politische Leben im „Zonenrandgebiet"

Die Anfänge eines neuen politischen Lebens im Landkreis Herzogtum Lauenburg sind bereits beschrieben worden. Eine für kurze Zeit bedeutende Veränderung trat 1950 ein. Bis zu diesem Jahr war es den Vertriebenen verwehrt, eine eigene Partei zu gründen. Die britische Militärregierung befürchtete eine politische Radikalisierung und die Artikulation von Forderungen (etwa nach der Wiederherstellung der Grenzen von 1937), welche die ohnehin angespannte Lage zwischen den ehemaligen Alliierten hätte verschärfen können. Als aber diese Beschränkung aufgehoben war, entstand der Block der Heimatvertriebenen und Entrechteten (BHE) als Partei und hatte in den Flüchtlingsländern Schleswig-Holstein, Niedersachsen und Bayern für einige Jahre erhebliche Erfolge. Sie trat auch bei der kommenden Bundestagswahl als ‚Gesamtdeutscher Block' an, als sie 5,9 % der Stimmen und 27 Sitze im Bundestag erreichte. In den folgenden Jahren ließ ihr Einfluss nach; 1957 erhielt sie nur noch 4,6 % der Stimmen und 17 Mandate, 1961 zog sie nicht mehr in den Bundestag ein. Bei den schleswig-holsteinischen Landtagswahlen erzielte sie 1950 aus dem Stand das zweitbeste Ergebnis: 23,4 % der Stimmen, 15 Mandate. 1954 war ihr Anteil aber bereits auf 14 % (10 Mandate) gesunken: Die CDU hatte den größten Teil des BHE-Wählerpotentials übernommen. Auf der Kreisebene war der BHE nur zweimal erfolgreich: 1951 erhielt er im Kreistag von den 45 Sitzen insgesamt zwölf; 1955 waren es noch acht Sitze, danach hatte die Partei keinen Einfluss mehr. Die positive Wirtschaftsentwicklung der Bundesrepublik in den 50er Jahren, das „Wirtschaftswunder", hatte dafür gesorgt, dass ein großer Teil der Heimatvertriebenen im Kreisgebiet integriert wurde und ein anderer Teil in Regionen abwanderte, in denen Arbeitsplätze angeboten wurden.

Ergebnisse der Kreistagswahlen 1946-1990 (Sitzverteilung)[2]													
Parteien Sitze der Parteien	1946	1948	1951	1955	1959	1962	1966	1970	1974	1978	1982	1986	1990
CDU	22	20	-	17	20	21	21	23	26	23	25	21	21
SPD	22	19	13	16	17	18	18	20	16	19	16	18	19
FDP	-	-	-	-	4	4	3	2	4	3	3	3	3
DS	-	-	16	-	-	-	-	-	-	-	-	-	-
GRÜNE	-	-	-	-	-	-	-	-	-	-	3	3	2
BHE	-	-	12	8*	-	-	-	-	-	-	-	-	-
GB	-	-	-	-	4	-	-	-	-	-	-	-	-
KPD	1	-	-	-	-	-	-	-	-	-	-	-	-
DP	-	5	-	-	-	-	-	-	-	-	-	-	-
LB	-	-	-	4	-	-	-	-	-	-	-	-	-
GDP	-	-	-	-	-	4	-	-	-	-	-	-	-
Übrige	-	-	4	-	-	-	3	-	-	-	-	-	-

Abkürzungen: CDU: Christlich-Demokratische Union, SPD: Sozialdemokratische Partei Deutschlands, FDP: Freie Demokratische Partei, KPD: Kommunistische Partei Deutschlands, BHE: Block der Heimatvertriebenen und Entrechteten, GB: Gesamtdeutscher Block, DS: Deutsche Sammlung,** DP: Deutsche Partei, LB: Lauenburger Wahlblock (FDP, DP, Deutsche Reichspartei), GDP: Gesamtdeutscher Block (DP und BHE).
* +GB
** Die DS sollte die Wählerschaft der CDU, der FDP und der DP aufnehmen; sie war aber nur einmal erfolgreich.

Nachdem die SPD 1959 das Godesberger Programm beschlossen hatte und sich nicht mehr als Klassenkampfpartei zu profilieren suchte, kam es zu einer Neuorientierung bei den folgenden Wahlen. Die für lauenburgische Kreistagswahlen typische Stimmenverteilung stellte sich erstmals 1959 ein und hat sich im Wesentlichen bis zum Ende des 20. Jahrhunderts erhalten. Die starke Position der CDU ist vor allem aus der Konfrontation mit der Grenze, dem „Eisernen Vorhang", und damit der antikommunistischen Grundstimmung heraus zu erklären. Hinzu kamen sicherlich die Grundmuster der von jeher konservativ ausgerichteten Bevölkerung, die sich mehr und mehr auch auf die Neubürger des Landkreises übertrugen. Am Ende war die Mehrheit der Wähler bereit, auch jenen Tendenzen zuzustimmen, die auf eine Rehabilitation ehemaliger NS-Aktivisten zielten.

Die Erfolge der Nationaldemokratischen Partei Deutschlands (NPD) bei den Wahlen 1967 und 1969 sind nur mit der damaligen Wirtschaftskrise zu erklären. Auch der Erfolg der Deutschen Volksunion (DVU) bei der Landtagswahl 1992 kann nur als Ergebnis von Wählerprotest erklärt werden.

2 Handbuch, S. 480.

Von Dauer war nur der Erfolg einer Partei, die aus einer Protestbewegung der Jahre nach 1966 (Außerparlamentarische Opposition / APO) hervorgegangen ist: DIE GRÜNEN: Sie konnten sich nicht nur im Bund und auf Länderebene konsolidieren, sondern auch im Landkreis Einfluss gewinnen. Ihr Wählerpotential war bis zur Jahrtausendwende auf die Orte Geesthacht und Schwarzenbek sowie auf das Hamburger Randgebiet konzentriert. Es gibt jedoch Anzeichen dafür, dass sich das traditionelle Wählerverhalten, das in Lauenburg und Geesthacht, also im Süden des Kreises, eine Hochburg der „Linken" und im Norden eher eine Domäne der „Rechten" sah, verändert hat.

Lauenburg war von jeher Grenzland. Die 1945 entstandene Demarkationslinie war bis auf die Veränderungen, die durch den im Barber-Lyaschenko-Abkommen vereinbarten Gebietstausch erfolgten, im Wesentlichen identisch mit der alten Grenze zwischen Mecklenburg und dem Kreis Herzogtum Lauenburg. Doch diese Grenze war niemals zuvor eine trennende Barriere. Dazu wurde sie erst im Zuge des sich verschärfenden West-Ost-Konflikts.

Seit 1946 gab es Versuche, durch Sperrungen und intensivere Kontrollen der Fluchtbewegung von Ost nach West Einhalt zu gebieten. Dazu wurde in der Sowjetischen Zone die Deutsche Grenzpolizei aufgestellt. Die ersten Stationen in Mecklenburg wurden in Campow und Schlagsdorf errichtet. Den Exodus konnten sie kaum stoppen, denn trotz der Grenzüberwachung kamen bis 1952 Jahr für Jahr mehr als 300.000 über die „grüne Grenze" nach Westen. Im Mai 1952 beschloss der Ministerrat eine Reihe von Maßnahmen, die zwar mit der Abwehr von Grenzverletzungen seitens des Westens begründet wurden, deren Ziel es aber war, die eigene Bevölkerung an der Flucht zu hindern:

„Die Regierung der Deutschen Demokratischen Republik verordnet: §1 Das Ministerium für Staatssicherheit wird beauftragt, unverzüglich strenge Maßnahmen zu treffen für die Verstärkung und Beobachtung der Demarkationslinie zwischen der Deutschen Demokratischen Republik und den westlichen Besatzungszonen, um ein weiteres Eindringen von Diversanten, Spionen, Terroristen und Schädlingen in das Gebiet der Deutschen Demokratischen Republik zu verhindern."[3]

Jetzt begann der eigentliche Ausbau der Grenze: Es entstanden erstens eine fünf Kilometer tiefe Sperrzone, zweitens entlang der Demarkationslinie ein 500 m breiter Streifen und drittens unmittelbar an der Grenzlinie ein 10 m breiter Streifen, dessen Betreten gänzlich verboten war, während der 500-m-Streifen mit Sondergenehmigung erreicht werden konnte. Zum Teil wurden die Bewohner der Sperrzone ausgesiedelt. Von wenigen Ausnahmen abgesehen, wurden die grenzüberschreitenden Straßen gesperrt, das galt für Autobahnen, Reichs- resp. Bundes- und Landesstraßen sowie für die kommunalen Verbindungen; auch die Eisenbahnstrecken und Wasserwege waren betroffen. Jetzt wurden Fluchtversuche gefährlich, weil der Einsatz der Schusswaffe gegen „Grenzverletzer" möglich war. Dennoch gelang auch während der 50er Jahre vielen Menschen die Flucht über die innerdeutsche Grenze. Der Weg über die Berliner Sektorengrenze war aber bis zum Mauerbau 1961 sicherer.

Das auch entlang der Ostgrenze des Kreises bis 1990 sichtbare Grenzsystem aus Wachtürmen, Zäunen, Spurensicherungsstreifen, Grenzpfählen mit DDR-Emblemen und patrouillierenden Grenzsoldaten entstand während der 50er und 60er Jahre, wobei immer

3 Zitat ebd., S. 482.

99: a) Michael Gartenschläger war einer der mutigsten und aktivsten Gegner des DDR-Regimes. Er wurde 1976 bei dem Versuch, einen der SM70-Sprengsätze am Grenzzaun der DDR zu entfernen, bei Bröthen erschossen. (rechts)

b) Abbildung einer SM70-Sprengladung (links)

weitere „Modernisierungsschübe" zu beobachten waren. Der Ausbau war noch nicht abgeschlossen, als mit dem Grundlagenvertrag zwischen den beiden deutschen Staaten vom 21. Dezember 1972 Versuche unternommen wurden, die Gefährlichkeit der Grenze zu reduzieren und sie zugleich weniger hermetisch zu machen. Mit dem Bau der Berliner Mauer am 13. August 1961 wurde das letzte Schlupfloch nach Westen geschlossen. Gleichzeitig ging die Sicherung der Grenze zur Bundesrepublik von einer polizeilichen in eine militärische Aufgabe über: Aus der Deutschen Grenzpolizei wurden die Grenztruppen der Nationalen Volksarmee und diese sorgten für den weiteren Ausbau des „antifaschistischen Schutzwalls", zu dem jetzt auch ein Gürtel von Bodenminen gehörte. Aus den Stacheldraht- wurden Metallgitterzäune. In den 70er Jahren entstanden die betonierten Kolonnenwege, jetzt wurden auch die ersten Selbstschussanlagen angebracht, von denen etwa 54.000 entlang der DDR-Staatsgrenze-West installiert wurden.

Erst der Tod eines jungen Mannes, der aus annähernd zehnjähriger Zuchthaushaft von der Bundesrepublik freigekauft worden war, löste Verhandlungen aus, die zum Abbau der SM70-Anlagen führten: Michael Gartenschläger (1944–1976), der aus Strausberg in Brandenburg stammte und früh mit dem DDR-Regime in Konflikt geraten war, hatte eine der Selbstschussanlagen abgebaut und die Tat pressewirksam kundgetan. Beim Versuch, eine weitere Anlage dieser Art zu demontieren oder sie auszulösen, wurde er in der Nacht zum 1. Mai 1976 bei Bröthen (östlich von Büchen) von einem Einsatzkommando des Ministeriums für Staatssicherheit erschossen. Der Prozess gegen die für seinen Tod Verantwortlichen endete erst 2003 mit einem Freispruch.[4]

4 Zu Michael Gartenschläger siehe: Dieter Schmitz, Der Fall Michael Gartenschläger, in: E. Opitz (Hrsg.), Ausgewählte Aspekte (wie Anm. 1), S. 175-192.

Grenzsperranlage entlang der Grenze des Kreises Herzogtum Lauenburg zur DDR, Stand: 1976
ca. 5 km einfacher und
ca. 24 km doppelter Stacheldrahtzaun; davon insges. 26 km vermint
ca. 61 km Metallgitterzaun (3 m hoch)
ca. 16 km Metallgitterzaun (2 m hoch)
SM 70 (Selbstschussapparat) auf einer Länge von ca. 33 km
ca. 80 km Kontrollstreifen (6 m breit)
ca. 42 km Kfz-Sperrgraben
ca. 77 km Kolonnenwege
ca. 40 Beobachtungstürme
ca. 50 Beton- und Erdbunker, Beobachtungsstände und Fernsehkameras
ca. 6 Hundelaufanlagen mit ca. 55 Hunden
15 Lichtstraßen auf einer Länge von ca. 16 km sowie 17 stationäre Scheinwerfer
ca. 29 km Hinterlandzäune
ca. 30 elektronische, optische und akustische Signalanlagen

Die Einwohner Lauenburgs hatten früh gelernt, mit der Grenze zu leben. Die Erfahrungen der ersten Berlin-Blockade (1948/49) waren noch lebendig, als die Verschärfung der Grenzkontrollmaßnahmen 1952 begann. Die Lauenburger mussten sich, nachdem sie bis 1945 gewohnt gewesen waren, ihre Interessen nach Westen (Hamburg) oder nach Osten (Mecklenburg) auszurichten, jetzt ganz auf eine Westorientierung konzentrieren. Dies gelang trotz schwieriger Ausgangsvoraussetzungen relativ gut, da auch die strukturschwachen Gebiete entlang der Zonengrenze bis in die Mitte der 60er Jahre vom „Wirtschaftswunder" profitierten. Dabei kam dem Kreis u. a. zugute, dass es seit 1960 einen Förderungsfond gab, der zwischen der Freien und Hansestadt Hamburg und dem Land Schleswig-Holstein vereinbart war, um vor allem Investitionsmaßnahmen in den Randlagen um Hamburg herum

100: Die Grenze zur DDR bei Büchen 1962

101: DDR-Grenzstein bei der Dückerschleuse 1986

zu finanzieren. Auf den als nach wie vor strukturschwach geltenden Landkreis entfielen dabei zwischen 1960 und 1976 insgesamt mehr als 31 Millionen DM für den Ausbau von Schulen, Verkehr, Erschließung von Industriegelände, Naherholungsgebieten und für Krankenhäuser. Davon profitierten die sogenannten Achsenschwerpunkte Geesthacht und Schwarzenbek am meisten. Die 1968 gegründete Wirtschaftsförderungsgesellschaft Südholstein brachte für den Landkreis zwar weitere Unterstützung, konnte aber die durch die erste große Wirtschaftskrise der Bundesrepublik im Jahr 1967 ausgelösten Probleme nicht ausgleichen. Die Zahl der Arbeitslosen stieg in den Zonenrandgebieten auf ein Vielfaches des Bundesdurchschnitts. Darauf mussten der Bund und die betroffenen Länder reagieren; sie taten es mit Beschlüssen zur sogenannten Zonenrandförderung. Das in diesem Rahmen aufgelegte umfangreiche Hilfsprogramm fand in mehreren Gesetzen, die von 1969 bis 1975 verabschiedet wurden, seinen Niederschlag. Das Gesetz zur Zonenrandförderung von 1971 stellt in §1 heraus: „Zum Ausgleich der Auswirkungen der Teilung Deutschlands ist die Leistungskraft des Zonenrandgebietes bevorzugt zu stärken."

Investitionszuschüsse, steuerliche Vergünstigungen und Hilfen bei der Erschließung von Industrie- und Gewerbeflächen sollten den durch die geopolitische Lage benachteiligten Regionen helfen. Im Kreis Herzogtum Lauenburg bedeutete dies konkret den Ausbau der Autobahnen A 24 und A 25. Darüber hinaus ergaben sich aus diesen Gesetzen Möglichkeiten für den Ausbau von Kindergärten, Schulen und Sportanlagen auf kommunaler Ebene, die mit der Absicht verbunden waren, den Wohnwert der Zonenrandregionen zu steigern, um somit die dort lebenden Menschen zum Bleiben anzuregen oder sogar den Zuzug von außen zu unterstützen. Der Bund hat bis 1989 erhebliche Mittel in die Zonenrandförderung investiert, welche die Städte und Gemeinden allerdings sehr unterschiedlich erreichten. Im Kreis Herzogtum Lauenburg bekamen Gemeinden wie Lauenburg und Büchen mehr Fördermittel als etwa Wentorf, das in größerem Abstand zur Grenze lag. Die Städte Mölln und Lauenburg erhielten Zuschüsse für gewerbliche Investitionen von bis zu 25 %. Schwarzenbek und Geesthacht, die weiter entfernt von der Grenze lagen, bekamen nur Zuschüsse in Höhe von 15 %. Die schnelle Bereitstellung von Flächen zur Gewerbe- und Industrieansiedlung sollte darüber hinaus Standortvorteile verschaffen. Zinsgünstige Kredite, die vom Bund und vom Land Schleswig-Holstein bereitgestellt wurden, sorgten für eine gewisse Attraktivität der Region für Investoren. Gemeinden wie die Stadt Schwarzenbek verstanden es, die für sie günstige Gesetzeslage für die Realisierung von öffentlichen Bauvorhaben zu nutzen; ohne die dabei eingeworbenen Bundeszuschüsse wären der Bau des Klärwerks oder der Sporthalle nicht möglich gewesen.

Die „hässliche Grenze" zwischen Mecklenburg und dem Kreis Herzogtum Lauenburg gehörte einerseits über Jahrzehnte hinweg zu den Negativposten der Region; sie war aber andererseits auch auslösendes Moment für die Schaffung neuer Strukturen, die zwar politisch bedingt waren, sich aber für viele Jahre auch wirtschaftlich auswirkten.

102: Das Pumpspeicherwerk bei Geesthacht

103: Die Elbschleuse bei Geesthacht

104: Das Kernkraftwerk Krümmel (vom Südufer der Elbe gesehen) wird zurückgebaut.

4. Die wirtschaftliche Entwicklung nach 1949[5]

Die wirtschaftliche Ausgangslage war 1945 extrem schlecht: Ein strukturschwaches Gebiet hatte doppelt so viel Menschen aufzunehmen und zu ernähren, wie seine ursprüngliche Bevölkerungszahl betrug. Industrie gab es nur wenig und von dieser mussten die größten Betriebe, die beiden riesigen Sprengstoff- und Pulverfabriken Krümmel und Düneberg, ihre Produktion einstellen. Die wenigen Maschinenfabriken, Werften, Ziegeleien und holzverarbeitenden Betriebe, die es im Landkreis gab, konnten kaum Arbeitskräfte aufnehmen.

Da die heimischen Rohstoffe wie Ton, Sand, Torf und Holz bereits vor 1945 weitgehend ausgeschöpft waren, kamen sie für industrielle Neuansiedlungen nicht in Betracht. Der einzige Standortvorteil, den der Kreis zu bieten hatte, waren unzerstörte Gebäude, auch und besonders ehemalige Rüstungsbetriebe. Auch ehemalige Kasernen waren zur Industrie- und Gewerbeansiedlung geeignet. Zahlreiche Firmen kamen in den Landkreis, weil sie von der erhalten gebliebenen Infrastruktur Gebrauch machen konnten, nachdem ihre ursprünglichen Produktionsstätten im Krieg zerstört worden waren. Es war also ein eher zufälliger Standortfaktor, der in den 50er Jahren zur Industrieansiedlung im Landkreis führte.

Auch wenn viele Kleinstunternehmen, die im Zuge der Mangelwirtschaft der späten 40er und frühen 50er Jahre entstanden waren, nur kurze Zeit Bestand hatten, verdienen sie doch Erwähnung, weil sie zum Aufschwung beitrugen und Mut zu unternehmerischem Handeln machten; als Beispiel sei das 1948 gegründete Betonelementewerk von Schmidt & Peters genannt, das zwischen Buchhorst und Lauenburg angesiedelt wurde und holzsparende Dach- und Deckenkonstruktionen herstellte, was nach 1945 wichtig war, weil als Folge der britischen Reparationsforderungen riesige Waldbestände abgeholzt worden waren und Holz sich deshalb als wertvoller Rohstoff erwies.

Von den bereits bei Kriegsende vorhandenen Firmen konnten einige die Produktion fortsetzen oder wiederaufnehmen, so mehrere Werften und Ziegeleien oder die Zündholzwerke in Lauenburg. Die meisten dieser Traditionsunternehmen waren aber dem in den Folgejahren aufkommenden Konkurrenzdruck nicht gewachsen und mussten schließen; dies gilt besonders für die Werften und die Zündholzfabriken.

Nach 1949 siedelten sich auch in Geesthacht wieder neue Firmen an, so die Westdeutsche Quarzschmelze. Sie konnten von der günstigen Lage, der Infrastruktur und vor allem von den am Ort vorhandenen qualifizierten Arbeitskräften profitieren. Die industrielle Zukunft setzte allerdings mit dem 1955 begonnenen Pumpspeicherwerk ein, das nach kurzer Bauzeit auf der damals größten Baustelle Europas 1958 in Betrieb genommen werden konnte. Mit diesem Kraftwerk der besonderen Art wurde Geesthacht zu einem Energie- und Forschungsstandort. Dem Pumpspeicherwerk liegt ein einfaches Arbeitsprinzip zugrunde: Während der Nacht, wenn der Strombedarf niedrig ist, wird Wasser aus der Elbe über drei 612 m lange Rohrleitungen in ein 3 Millionen m^3 fassendes Staubecken gepumpt, das auf dem 85 m hohen Elbhang liegt. Tagsüber wird bei höherem Strombedarf das Wasser über die Rohrleitungen wieder abgelassen, wobei es drei leistungsstarke Turbinen antreibt, die innerhalb von 90 Sekunden 120 Megawatt an elektrischer Energie liefern können. Gleichzeitig mit dem Pumpspeicherwerk entstanden die Staustufe, die Schleuse und eine neue

5 Zur wirtschaftlichen Entwicklung siehe auch: Martin Kleinfeld, Die wirtschaftliche Entwicklung im Kreis Herzogtum Lauenburg nach 1945, in: E. Opitz (Hrsg.), Ausgewählte Aspekte (wie Anm. 1), S. 147-160.

Elbbrücke, die 1968 dem Verkehr übergeben werden konnte und erheblich zur Aufwertung der Industrieregion Geesthacht beigetragen hat.

Nahezu gleichzeitig mit dem Beschluss, das Pumpspeicherwerk zu errichten, fiel auch seitens der Bunderegierung die Entscheidung, Geesthacht zum Standort für die Erforschung und Verwaltung der Kernenergie zu machen. 1966 wurde die „Gesellschaft für Kernenergieverwertung in Schiffbau und Schiffahrt" (GKSS) als vom Bund und den norddeutschen Bundesländern gemeinschaftlich betriebenes Unternehmen gegründet. Aus dem ursprünglich auf begrenzte Ziele ausgerichteten Unternehmen wurde eine Großforschungsanlage, die inzwischen ihren Schwerpunkt in der Material-, Umwelt-, Meeres- und Klimaforschung hat. Die Gesellschaft betreibt nach wie vor einen nuklearen Forschungsreaktor, der überwiegend für Materialforschungen eingesetzt wird. Geesthacht, das erst 1937 – im Rahmen des Groß-Hamburg-Gesetzes – zum Kreis Herzogtum Lauenburg gekommen ist, kann heute als einer der größten Energie- und Forschungsstandorte Deutschlands gelten.

Davon profitieren auch andere Betriebe, ganz gleich, ob sie sich als Zulieferer verstehen oder als innovative Keimzellen für Zukunftstechnologien profitieren wollen. Ob dabei die Kernenergie eine Rolle spielen wird, ist zu bezweifeln. Das 1982 fertiggestellte Kernkraftwerk Krümmel ging 1983 ans Netz und lieferte Strom für die Hamburgischen Electricitätswerke (HEW); Betreiber war auch die Preußen Elektra AG. Der Ausstieg aus der Atomwirtschaft ist seit 1992 beschlossene Sache. Alle Reaktoren sind stillgelegt, der Rückbau soll bis 2030 erfolgen.

Nachdem die Aufgabe der Bundeswehr-Standorte Wentorf und Elmenhorst/Lanken nicht zu wirtschaftlichen Krisen geführt, sondern im Gegenteil zu Innovationen angeregt hat und sich für die Entwicklung des Kreises nach 1990 eher positive Tendenzen ergeben haben, müssen gravierende Einbrüche nicht befürchtet werden. Die Veränderungen, die sich auf dem ehemaligen Bundeswehr-Standort Elmenhorst/Lanken ergeben haben, vermögen durchaus optimistisch zu stimmen.

Der Kreis Herzogtum Lauenburg war bis ins 20. Jahrhundert hinein durch die Landwirtschaft geprägt, wobei sich seit der Verkoppelung die gutswirtschaftliche und die freibäuerliche Produktion konkurrierend bewähren mussten. Am Ende gab es neben den Gutsbetrieben, den „Adligen Gerichten", eine große Zahl freier Bauern, die auch dann existieren konnten, wenn sie nur über geringe Betriebsflächen verfügten. Im Herzogtum Lauenburg galt das Anerbenrecht, d. h., nur ein Sohn konnte den Gesamthof erben, eine Zersplitterung war damit ausgeschlossen. Solange Landwirtschaft vorwiegend mit dem Ziel der Selbstversorgung der bäuerlichen Familie betrieben wurde, waren die Fragen des Marktes nur von geringer Bedeutung. Seit aber der Einsatz von Maschinen die Landwirtschaft einerseits effektiver, andererseits aber marktorientierter gemacht hat, haben sich die Verhältnisse auf dem Gebiet agrarischer Wirtschaft zunehmend verändert.

Auffällig war und ist die Zunahme von Getreide- und Rapsfeldern; sie haben Weiden und Kartoffel- und Rübenäcker verdrängt. Von dem ehemals dichten Knickbestand sind nur noch Reste geblieben. Hinter dem veränderten Bild liegt ein Strukturwandel, der sich nach dem Zweiten Weltkrieg innerhalb weniger Jahrzehnte vollzog. Die Mechanisierung hatte zwar bereits im 19. Jahrhundert eingesetzt, war aber nur schrittweise vorangekommen. Bis

105: a + b: Der Landkreis Herzogtum Lauenburg war bis über das Ende des Zweiten Weltkriegs hinaus überwiegend landwirtschaftlich geprägt. Nach 1949 begann die Industrialisierung. Dabei erfolgte die Anknüpfung an ehemals mittelständische Gewerbe:

a) das Ziegelwerk Hammer bei Mölln um 1960

Zu den ältesten Ziegeleien des Kreises gehört das Ziegelwerk Hammer, Dietrich Molz, Hammer, bei Mölln. Schon 1868 erbaut, konnten ein Jahr später die ersten Ziegeln geliefert werden. Nachdem 1953 das Werk in die Hände von Dietrich Molz überging, wurde die Fabrikation auf vollelektrische Herstellung umgestellt und in den folgenden Jahren Vollautomatik eingebaut. Durch die Rationalisierungsmaßnahmen konnte eine erhebliche Verbesserung der Fabrikate und Sauberkeit erreicht werden.

b) die Zündholzfabrik in Lauenburg um 1960

106: Auch am Beispiel Rothenhausen lässt sich der Strukturwandel der Landwirtschaft gut demonstrieren. Heute ist das ehemalige Gut eine streng ökologisch wirtschaftende Hofgemeinschaft.

Ende der 50er Jahre hatten Traktoren die Pferde weitgehend abgelöst. Der Bestand an Milchkühen und Schweinen nahm hingegen zu. Seit der Mitgliedschaft der Bundesrepublik in der Europäischen Union ging die Zahl der kleinen Betriebe immer mehr zurück. Betrug die durchschnittliche Betriebsgröße 1950 noch 21,5 ha, waren es 1991 schon 43,8 ha. Die Anzahl der landwirtschaftlichen Betriebe ging von 4007 im Jahr 1950 auf 1608 im Jahr 1991 zurück. Es zeichnet sich immer mehr ab, dass nur Betriebe mit einer landwirtschaftlichen Nutzfläche von über 50 ha rentabel arbeiten können. Zwischen 1983 und 1991 hat sich die Zahl der Betriebe mit einer Fläche von mehr als 100 ha erheblich vermehrt (auf 142). Viele kleinere Höfe konnten nur noch im Nebenerwerb bewirtschaftet werden. Dieser Prozess hat sich in den Folgejahren noch intensiviert, obgleich einige Betriebe versucht haben, durch Umstellung auf Bio-Landwirtschaft eine Trendwende herbeizuführen.

Der Zwang zur Steigerung der Produktivität ist vor allem auf rückläufige Erzeugerpreise und steigende Lohnkosten zurückzuführen. Deshalb mussten Maschinen eingesetzt werden, die Arbeitskräfte einsparten. Die Zahl der in der Landwirtschaft Beschäftigten sank von 6420 (1965) auf 2081 (1991). Spezialarbeiten werden von Lohnfirmen erledigt, die Ernte oft von Saisonarbeitern eingebracht.

Die Rationalisierung führte zu Spezialisierung, die den traditionellen Bauernhof mit innerbetrieblicher Vielseitigkeit verschwinden ließ. Dabei nahm der Ackerbau deutlich zu, während die Grünlandwirtschaft zurückging.

Die Viehhaltung hat im Lauenburgischen nie eine Rolle gespielt. Die Zahl der Familienbetriebe, die sich diesem Zweig der Landwirtschaft widmeten, hat kontinuierlich abgenommen, wobei sich allerdings im Gegenzug eine erhebliche Produktivitätssteigerung ergeben hat. Von 1950 bis 1980 gab es bei der Schweinezucht deutliche Zuwachsraten und eine Konzentration auf den Nordwesten des Kreisgebietes. Danach trat ein deutlicher Rückgang ein, der mit den sinkenden Preisen, aber auch mit veränderten Ernährungsgewohnheiten erklärt werden kann.

Bei der Rindviehhaltung hat es eine ähnliche Entwicklung gegeben. Die Anzahl und Größe der Herden stieg stetig an, bis sich die Maßnahmen zur Marktregulierung seitens der EU (Milchquotenregelung) auswirkten. Danach erfolgte ein Rückgang.

Nachdem das Pferd als Arbeitstier durch den Traktor ersetzt wurde, spielte die Pferdezucht kaum noch eine Rolle in der Landwirtschaft. Seit der Mitte der 80er Jahre ist die Zahl der Pferde deutlich angestiegen. Die Züchtung und Ausbildung von Reitpferden hat wieder wirtschaftliche Bedeutung erlangt und nimmt insgesamt – so scheint es – stetig zu.

Die durch die Verkoppelung geschaffenen eingefriedeten Ackerfluren waren auf den Einsatz von Ochsen und Pferden ausgerichtet, nicht auf einen Betrieb mit großen Maschinen. Deshalb standen Fragen der Flurbereinigung in den Jahren nach 1950 im Mittelpunkt der Landwirtschaftspolitik. Besonders in den Jahren nach 1960 erfolgte eine Reduzierung der Wallhecken (Knicke) und der Ausbau des Straßen- und Wegenetzes sowie die Regulierung der Gewässer durch Dränagemaßnahmen. Landschaftspflegerische Maßnahmen spielten erst nach 1976 eine gewisse Rolle; zuvor stand die Steigerung der Erträge an erster Stelle. Die Flurbereinigung kam 1982 zum Abschluss; insgesamt sind 43.500 ha landwirtschaftlicher Nutzfläche bereinigt worden. Dabei verschwanden zwei Drittel des Knickbestandes.

Seit 1983 haben ökologische Belange erheblich an Bedeutung gewonnen; inzwischen sind zahlreiche Maßnahmen zur Restaurierung getroffen worden. Der Naturschutz hat einen hohen Stellenwert bekommen, ist aber nicht immer mit den Interessen der Landwirtschaft in Einklang zu bringen. Da aber landschaftspflegerische Maßnahmen die Voraussetzung für die Attraktivität des Kreises als Erholungsgebiet sind, lassen sich auch für die Betriebe neue Einkommensmöglichkeiten erschließen.

Der ökologische Landbau hat an Bedeutung zugenommen; der Erfolg der von anthroposophischen Gemeinschaften betriebenen Domäne Fredeburg und des Gutes Rothenhausen lässt sich aber nur ausnahmsweise von anderen Höfen erreichen. Aber Fredeburg und Rothenhausen sind schon seit langem nicht mehr die einzigen Betriebe, die mit ihren Hofläden auf Direktvermarktung setzen.

Die Zukunft der Landwirtschaft wird wesentlich von der EU-Politik bestimmt. Dass sich dabei auch immer wieder Lücken auftun, die erfolgreich genutzt werden können, ist gerade in den Jahren nach 1990 deutlich geworden.

5. Hochgerüstet: Der Landkreis Herzogtum Lauenburg im Kalten Krieg und danach

Die Gründung der Bundesrepublik Deutschland war das Ergebnis einer veränderten sicherheitspolitischen Großlage aus der Sicht Washingtons. Die Sicherung des westdeutschen Wehrpotentials für die westliche Verteidigung war das wichtigste strategische Ziel der USA (und Großbritanniens).

Die erste sicherheitspolitische Debatte im Deutschen Bundestag fand bereits 1949 statt, 1950 setzte Bundeskanzler Adenauer eine Expertenkommission ein, die im Eifelkloster Himmerod tagte und in einem Gutachten die Aufstellung der Bundeswehr vorplante: das Heer mit zwölf gepanzerten und mechanisierten Divisionen; daneben Luftwaffe und Marine. Die Erfahrungen des Zweiten Weltkriegs flossen in diese Planungen ein. Die Strategie der NATO spielte nur eine sehr untergeordnete Rolle; sie war – das muss zugegeben werden – auch noch nicht eindeutig zu erkennen.

1950 ging es politisch allerdings nicht um die Aufstellung von nationalen Verbänden, sondern um die Bereitstellung von deutschen Kontingenten für eine europäische Verteidi-

107: Die erste sicherheitspolitische Maßnahme im Grenzgebiet des Kreises Herzogtum Lauenburg war die Stationierung des Bundesgrenzschutzes 1955 in Ratzeburg.

108: Die Bundeswehr bezog 1960 Standorte im Kreis Herzogtum Lauenburg. Die Panzergrenadierbrigade 16 wurde zur kampfstärksten Brigade der Bundeswehr und erhielt den Ehrennamen „Brigade Lauenburg". Im Jahre 1960 wurden Teile des Luftwaffenausbildungsregiments 1 von Hamburg nach Wentorf verlegt. Am 16. September 1960 rückten die Einheiten in die dortigen Kasernen ein.

109:
a) Der Standort Elmenhorst wurde neben den in Wentorf bestehenden Kasernen neu aufgebaut.
b) In den Anfangsjahren der Bundeswehr galt der Einsatz von Nuklearwaffen als Selbstverständlichkeit. Deshalb trugen die wehrpflichtigen Soldaten als Erkennungszeichen ein Strahlendosimeter. Beispiel 1959

gungsgemeinschaft (EVG). Bis zu deren Scheitern in der französischen Nationalversammlung 1954 fand eine intensive Planung im Bundeskanzleramt und im „Amt Blank" statt. Die in Himmerod ins Auge gefasste Planung wurde erst 1954/55 wieder akut, als sich der Beitritt der Bundesrepublik zur NATO abzeichnete. Die ersten Formationen wurden 1956 aufgestellt; sie waren nicht sofort für eine Integration in die westliche Allianz geeignet.

Eine taktisch-operative Kontroverse, die heute fast vergessen ist, fand in den 50er Jahren statt: Was war aus der Sicht der Bundesrepublik Deutschland vordringlich – die sofortige Verteidigung an den östlichen Grenzen gegen mögliche Angriffe der UdSSR mit konventionellen Waffen oder die Stärkung der Allianz im Rahmen der allgemeinen Verteidigungsdoktrin?

Bei Beginn der Aufstellung der Bundeswehr galt die NATO-Doktrin MC 14/1 vom 9. Dezember 1952. Die Europäer hatten sich unter dem Schild der Nuklearwaffen der USA sicher zu fühlen, dabei aber konventionelle Truppen aufzustellen. 1957 verlangten die Europäer die Beteiligung an nuklearen Waffen; die NATO-Doktrin MC 14/2 (massive retaliation) vom 21. März 1957 wurde verabschiedet. Sie betonte die Abschreckung durch Nuklearwaffen und setzte auf die „second strike capability" durch die USA. In dieser Phase der Konzentration auf eine Nuklearstrategie erfolgte die Aufstellung der Bundeswehr mit konventionellen Waffen.

Vor Aufstellung der Bundeswehr hatte der Bundesgrenzschutz (BGS) Bedeutung für den Kreis. In Ratzeburg zog der BGS 1955 in die bereits bestehende Below-Kaserne ein, die allerdings nach 1945 anderweitig genutzt worden war. Die bisherigen Nutzer mussten umgesiedelt werden, dafür flossen erhebliche Bundesmittel in die Stadt. Die Grenzsituation des Kreises machte es erforderlich, dass eine weitere BGS-Abteilung stationiert wurde. Für sie wurde in Schwarzenbek eine neue Kasernenanlage errichtet, die 1971 bezogen werden konnte.

Die Geschichte der Panzergrenadierbrigade (PzGrenBrig) 16 ist exemplarisch für die Aufstellung der Bundeswehr.[6] Sie begann 1958 mit der Aufstellung einer Stabskompanie im

6 Zum Aufbau der Bundeswehr im Herzogtum Lauenburg siehe: Jörg Hillmann, Garnisionsgründungen im Kreis Herzogtum Lauenburg, in: E. Opitz, Ausgewählte Aspekte (s. Anm. 1), S. 193-237.

Rahmen der Kampfgruppe A 6 in Flensburg. Im März 1959 wurde im Zuge der Realisierung des Heeresmodells 2 daraus die PzGrenBrig 16 im Rahmen der 6. Panzergrenadierdivision. Die Aufstellung der Brigade erfolgte keineswegs „grenznah", sondern im Norden Schleswig-Holsteins: in Flensburg, Schleswig und Husum.

1960 bis 1964 übernahm die Brigade die Ausbildung von Rekruten für die 6. Division. Danach erfolgte die Integration in die Verteidigungskonzeption der Division. Bis Ende der 60er Jahre galt die NATO-Doktrin MC 14/2, bei der der Einsatz von nuklearen Gefechtsfeldwaffen eine zentrale Rolle spielte. Der leichtfertige Umgang mit „taktischen Atomwaffen", der bereits an den Offizierschulen den Fahnenjunkern beigebracht wurde, kann heute kaum noch nachvollzogen werden. Auch das Drängen der Bundesregierung nach Einfluss auf Atomwaffen ist aus der Rückschau kaum verständlich. Die Bedrohungsanalysen nach dem Mauerbau und nach der Kubakrise waren aber eindeutig.

Nach Überwindung der Kubakrise begann in den Vereinigten Staaten ein strategisches Umdenken; die Abschreckung sollte glaubwürdig werden. Kennedy und sein sicherheitspolitischer Berater Maxwell Taylor entwickelten das Konzept „flexible response", das zunächst amerikanische Verteidigungsdoktrin wurde und erst zehn Jahre später von der NATO (nach erheblichem Widerstand) übernommen wurde.

Die Verlegung der PzGrenBrig 16 in den Raum des Kreises Herzogtum Lauenburg ist das Ergebnis der neuen Strategie, bei der die „Vorneverteidigung" mit konventionellen Waffen eine bedeutende Rolle spielte. Unter diesem Vorzeichen erfüllte die Wentorfer Brigade ihre vielfältigen Aufgaben. Die Konzentration auf zwei Standorte, Wentorf und Elmenhorst, war taktisch nicht unproblematisch, musste aber in Kauf genommen werden.

Trotz der zu Beginn der 60er Jahre entworfenen Bedrohungsszenarien vollzog sich die Stationierung westdeutscher Truppen im Zonengrenzgebiet langsam und ungemein bürokratisch. 1956 war noch vorgesehen, ein Panzergrenadierbataillon in Schwarzenbek zu stationieren. Doch dieses Vorhaben scheiterte an der ablehnenden Haltung des Fürsten von Bismarck und wurde 1958 aufgegeben. Auch Geesthacht war zeitweise als Garnison für die Bundeswehr vorgesehen, hier scheiterten die Verhandlungen ebenfalls am Widerspruch der Grundstückseigentümer. Pläne, in Alt-Mölln ein Panzergrenadierbataillon zu stationieren und damit Mölln zur Garnisonsstadt zu machen, wurden vom Verteidigungsministerium 1968 aufgegeben. Mölln ist aber als Sitz der Bundeswehrverwaltungsschule 1972 Standort geworden.

Die größte Garnison im Kreisgebiet war Wentorf mit der Bismarck- und der Bose-Bergmann-Kaserne; beide Anlagen waren 1938 gebaut worden. Zunächst zogen 1960 Teile des Luftwaffenausbildungsregiments 1 von Hamburg nach Wentorf. Erst 1963 verlegte der erste Kampfverband der Panzergrenadierbrigade 16 von Flensburg nach Wentorf. 1970 folgte der Brigadestab, nachdem ein weiterer Kasernenkomplex mit dem Übungsplatz Lanken und Schießanlagen fertiggestellt war: die Sachsenwaldkaserne in Elmenhorst bei Schwarzenbek. Ende 1972 war der Umzug der Brigade in den Kreis Herzogtum Lauenburg abgeschlossen.

Im Rahmen der neuen NATO-Doktrin MC 14/3 (flexible response) vom 16. Januar 1968 übernahm die Brigade, die nach Abschluss der ergänzenden Aufstellung die stärkste der Bundeswehr wurde, folgende Aufgaben: Das südliche Schleswig-Holstein war gegen Angriffe des Warschauer Pakts über den Elbe-Lübeck-Kanal zu schützen. Nach Ablösung des

Bundesgrenzschutzes mussten auch das Gelände ostwärts des Kanals überwacht und die Übergänge über die Gewässer gesichert werden. Im Verteidigungsfall hatte die Brigade anschließend das Verteidigungsgefecht ostwärts Hamburgs so aufzunehmen, dass die erwartete erste Staffel des Feindes schon zwischen Trittau und Mölln zerschlagen werden konnte. Überlegene Feindkräfte sollten so aufgefangen werden, dass der geplante Gegenangriff der Divisionsreserve vor den Stellungen der Brigade erfolgreich geführt werden konnte. Die Verbände der Brigade sollten dabei – nach erfolgreicher Abwehr der Angriffe – die Gegenangriffe unterstützen und die Kampfverbände des Warschauer Pakts am weiteren Vorstoß hindern.

Was sich in der Sprache der Militärs so selbstverständlich anhört, war in Wirklichkeit ein ausgesprochen anspruchsvolles Unterfangen. Die Konzentration der Truppen auf engem Raum in schwierigem Gelände musste durch ein hohes Maß an Flexibilität ausgeglichen werden, das nur bei höchstem Ausbildungsstandard umzusetzen war. Die Zusammenarbeit mit der Bevölkerung bei ständigen Übungen war dafür eine weitere Voraussetzung. Die Brigade 16, die den Ehrennamen „Herzogtum Lauenburg" trug, hat diese Unterstützung gefunden. Die Soldaten waren im Landkreis kein Fremdkörper, sondern fester Bestandteil.

Die wirtschaftliche Bedeutung der Stationierung eines etwa 4000 Mann starken Kampfverbandes war erheblich: 400 zivile Arbeiter und Arbeiterinnen fanden Beschäftigung; mehr als 550 Wohnungen für Soldaten und Arbeitnehmer wurden verwaltet. Allein für die Verpflegung gab die Standortverwaltung jährlich 3,5 Millionen DM aus. Die Entscheidung des Bundesministers der Verteidigung vom 15. Dezember 1992, die Panzergrenadierbrigade 16 „Herzogtum Lauenburg" zum 5. Mai 1994 aufzulösen, bedeutete deshalb für die Mehrzahl der Bewohner des Landkreises eine Enttäuschung. Dabei waren nicht nur wirtschaftliche Gesichtspunkte bestimmend, sondern auch emotionale. Die Bundeswehr war im Landkreis stets mit positiven Sympathiewerten besetzt gewesen; ihr Abzug wurde deshalb als Verlust empfunden.

Inzwischen haben sich die Menschen daran gewöhnt, dass ihr Landkreis nicht nur kein „Zonenrandgebiet" mehr, sondern auch „bundeswehrfrei" ist. Der Kreis Herzogtum Lauenburg hat darüber hinaus die Position, „Außenposten der Freiheit" im östlichsten Landkreis des Landes Schleswig-Holstein zu sein, aufgeben müssen. Die historische Rolle, die der Landkreis 45 Jahre lang gespielt hat, gehört zu seinem spezifischen Erbe und verdient deshalb auch eine adäquate Berücksichtigung in der Historiographie.

6. Die Kultur im Herzogtum Lauenburg nach 1945

Die Lauenburger können, wenn es um Kultur geht, darauf verweisen, dass der Landkreis geographisch so günstig gelegen ist, dass es bequem sei, von den kulturellen Angeboten Lübecks, Schwerins, Lüneburgs und Hamburgs Gebrauch zu machen. Das ist aber keineswegs ein Bekenntnis zur eigenen Kulturlosigkeit. Es gibt zwar kein festes Theater oder ein großes professionelles Orchester im Kreis, aber das Theaterspielen hat eine lange Tradition, zu erinnern sei an die Möllner Eulenspiegel-Festspiele. Und Musik erklingt allerorten, nicht nur während des Schleswig-Holstein-Musikfestivals, wenn sich in Ratzeburg und Wotersen die musikalische Prominenz ein Stelldichein gibt.

110: Der Kreis Herzogtum Lauenburg hat sich in den Jahren nach 1949 auch wirtschaftlich und technisch weiterentwickelt. Dieser Prozess ist im Lauenburger Elbschifffahrtsmuseum gut nachzuverfolgen.

111: Besonders in den Jahren der Teilung war das Lauenburgische ein beliebtes Urlaubsziel besonders der Berliner. Der Traditionsdampfer „Kaiser Wilhelm" zieht auch heute noch viele Touristen an.

Das reichhaltige Museumsangebot trägt zur Attraktivität des Kreises als Tourismusgebiet bei. Die zahlreichen Sammlungen haben erst spät eine Struktur bekommen. 1970 begannen die Vorarbeiten für die Schaffung eines Kreismuseums. Nachdem es 1971 gelungen war, einen Dauernutzungsvertrag für das ehemalige Herrenhaus der Herzöge von Mecklenburg von 1764 in Ratzeburg zwischen dem Eigentümer, dem Land Schleswig-Holstein, und dem Kreis zu schließen, fanden die bis dahin auf mehrere Gebäude verteilten Sammlungen eine repräsentative Herberge. Die von Hans-Georg Kaack, der viele Jahre lang das Museum leitete, und Hansjörg Zimmermann entwickelte Konzeption musste davon ausgehen, dass kaum wertvolle Spitzenstücke vorhanden waren, dafür aber viele Zeugnisse vom Leben und der Arbeit der „kleinen Leute". Das Kreismuseum konnte 1973 eröffnet werden und hat im Laufe der Jahrzehnte auch zahlreiche Sonderausstellungen präsentiert.

In unmittelbarer Nachbarschaft zum Kreismuseum befindet sich das A. Paul Weber-Museum, das 1973 eröffnet und dem Werk Webers[7], der bis zu seinem Tod 1980 im Landkreis, in Schretstaken, gelebt hat, gewidmet wurde. Zum Bestand gehören über 5000 Zeichnungen, Lithographien, Holzschnitte und Gemälde, darüber hinaus eine Sammlung von 1000 Büchern, die Weber illustriert hat.

Das heutige Lauenburger Elbschifffahrtsmuseum geht auf die „Friesische Sammlung" zurück. Johann Friese (1839–1916)[8] war nicht nur Postmeister, sondern auch Heimatforscher und Sammler von allem, was mit der Geschichte der Stadt Lauenburg zusammenhing. Seine Schätze gelangten 1917 in den Besitz der Stadt und fanden später Aufnahme in den Räumen des alten Rathauses in der Elbstraße. 1927 wurde das Lauenburger Heimatmuseum eröffnet. Von 1943 bis 1951 gab es eine kriegsbedingte Unterbrechung; danach wurde es als Stadtmuseum wiedereröffnet. Erst nachdem Nis R. Nissen 1960 die Leitung übernommen hatte, wurde die Geschichte der Elbschifffahrt zum Schwerpunkt des Museums. 1970 erwarb der Verein zur Förderung des Lauenburger Elbschifffahrtsmuseums den im Jahr 1900 in Dresden gebauten Raddampfer „Kaiser Wilhelm", der zuvor auf der Oberweser eingesetzt war. Ehrenamtliche Helfer haben das Schiff restauriert und betreiben es in den Sommermonaten zur Freude der Touristen. Beide, das Museum und der Traditionsdampfer, konnten 2010 dank breiter Unterstützung modernisiert resp. restauriert werden.

---

7 Vgl. Biogr. Lex., S. 397 f.

8 Ebd., S. 164 f.

In Mölln gibt es seit 1989 ein Stadtmuseum, das aber bis zum Ende des 20. Jahrhunderts nicht über heimatkundliche Sammlungen hinauskam. 1993 konnten im alten Rathaus, dessen älteste Teile 1373 errichtet wurden, attraktivere Ausstellungsräume übernommen werden, in denen die vorhandenen Exponate angemessen präsentiert werden. Da sich Mölln nicht nur als ehemalige „Festungsstadt an der Salzstraße", sondern auch als „Eulenspiegel-Stadt" zeigen will, gibt es auch ein Eulenspiegel-Museum.

Darüber hinaus gibt es im Kreis Veranstaltungs- und Begegnungsstätten, in denen auch Ausstellungen gezeigt werden, die aber keine Museen im eigentlichen Sinn sind. Hier sind vor allem die Priesterkate in Büchen und das Krügersche Haus in Geesthacht (heute „GeesthachtMuseum") zu nennen. In beiden Fällen erhielten wertvolle historische Gebäude eine sinnvolle und angemessene Nutzung. Kunst- und Kulturstätten entstanden auch in Schwarzenbek mit dem Amtsrichterhaus und dem Künstlerhaus in Lauenburg.

Seit 1951 ist das Bismarck-Museum in Friedrichsruh für Besucher geöffnet; es wurde in den letzten Jahren modernisiert. Gezeigt werden Gegenstände, die mit der Biographie Otto von Bismarcks in Verbindung stehen (so sein Arbeitszimmer), aber auch Zeugnisse der Bismarck-Verehrung. Auch das Bismarck-Mausoleum ist für Besucher zugänglich, nicht aber das Schloss, das nach wie vor Wohnsitz der Familie ist. Seit 1998 befindet sich im historischen Bahnhofsgebäude die Otto-von-Bismarck-Stiftung, die sich um historisch-politische Bildungsarbeit bemüht, aber auch eine Dauerausstellung zum Reichsgründer Otto von Bismarck vor dem Hintergrund seiner Epoche zeigt.

Die Arbeit an Themen zur Geschichte des Kreises und der Städte und Gemeinden wird durch ein wohlorganisiertes Archivwesen erleichtert. Neben dem Kreisarchiv gibt es kommunale Archive, die sich teilweise zu Archivgemeinschaften zusammengeschlossen haben. Seit 1949 gibt es den Heimatbund und Geschichtsverein e.V. mit Sitz in Ratzeburg, der mit seiner Zeitschrift „Lauenburgische Heimat" ein wichtiges und anerkanntes Publikationsorgan bereitstellt, in dem die Beiträge historischen Inhalts dominieren.

Am 29. Oktober 1977 unterzeichneten der damalige Vorsitzende der CDU-Landtagsfraktion, Uwe Barschel, und Karl Josef Ballhaus die Stiftungsurkunde zur Gründung der „Stiftung Herzogtum Lauenburg"; die Genehmigung der Stiftung durch den Innenminister Schleswig-Holsteins erfolgte kurze Zeit später. Als Zweck der Stiftung wurde in der Urkunde festgelegt: Die Förderung der Kultur im Kreise Herzogtum Lauenburg, insbesondere 1. die Vertiefung und Verbreitung des Verständnisses für die lauenburgische Heimatkultur, 2. die ideelle und materielle Förderung von lauenburgischen Kulturschaffenden, ggf. durch Stiftung eines Kulturpreises, 3. die Pflege der lauenburgischen Landschaft und Tierwelt, ggf. durch Ankauf, Pachtung oder Bewirtschaftung von geeigneten Grundflächen, 4. die Pflege schutzwürdiger lauenburgischer Bausubstanzen, ggf. durch Ankauf, Pachtung oder Bewirtschaftung von geeigneten Gebäuden, 5. die Erforschung der lauenburgischen Geschichte, ggf. durch Vergabe von Forschungsaufträgen.

1985 beschlossen Stiftungsvorstand und Stiftungsrat eine wissenschaftliche Akademie zu gründen, die als „Lauenburgische Akademie für Wissenschaft und Kultur" im Möllner Stadthauptmannshof ihre Arbeit aufnahm. Die Stiftung verleiht jährlich einen Umweltpreis, einen Kulturpreis und einen Förderpreis für junge Künstlerinnen und Künstler. Sie verwaltet und erhält historische Gebäude und betreibt auf Flächen der Stiftung aktiven Naturschutz. Die Lauenburgische Akademie konnte in den Anfangsjahren nicht zuletzt dank der Förderung Uwe Barschels eine breite Publikationstätigkeit entfalten. Als herausragende Veröf-

112 a + b: Eine gute Werbung für den Tourismus war die im Fernsehen ausgestrahlte Serie „Die Guldenburgs", in deren Mittelpunkt das Herrenhaus Wotersen stand, das von der Vorderseite drei-, von der Rückseite aber nur zweistöckig ist.

113: Die Stiftung Herzogtum Lauenburg verleiht alljährlich Ehrenplaketten für kulturelle Leistungen.

fentlichung ist der von dem Hamburger Geographen Dieter Jaschke 1988 in Angriff genommene und 1998 abgeschlossene „Regionalatlas Kreis Herzogtum Lauenburg" zu nennen. Auch die bis 2011 jährlich erschienenen Bände der Reihe „Kolloquium", die über viele Jahre von dem Kieler Historiker Kurt Jürgensen (1929–1999) und danach von Eckardt Opitz betreut worden ist, genießen über die Region hinaus Ansehen. 2003 wurde ein umfangreiches historisches Handbuch und 2015 ein Biographisches Lexikon für das Herzogtum Lauenburg von der Stiftung gefördert. 2003 fand außerdem im Landesarchiv Schleswig-Holstein in Schleswig die Ausstellung „Das dritte Elbherzogtum. Der Kreis Herzogtum Lauenburg und seine Geschichte" statt, die 2004 auch in Schwarzenbek gezeigt wurde. Nach dem Tode Uwe Barschels (1987) ergaben sich einige interne Probleme, auch persönliche Querelen, an deren Ende der Geschäftsführer der Akademie ausschied und 1992 eine alternative Institution gründete, die „Freie Lauenburgische Akademie", die besonders im Süden des Landkreises aktiv ist. Auf dem Felde der Kulturarbeit haben beide Institutionen wertvolle Dienste erbracht. Die ursprüngliche Akademie kann allerdings über ihre Publikationen nachhaltiger wirken.

114: Die Stiftung Herzogtum Lauenburg hat ihren Sitz im historischen Stadthauptmannshof zu Mölln.

Vom Stadthauptmannshof in Mölln, dem Sitz der Stiftung Herzogtum Lauenburg, gingen in den zwei Jahrzehnten vor der Wiedervereinigung zahlreiche Impulse aus, die für die kulturelle Entwicklung des Kreises wichtig wurden. Dabei sind der Stadthauptmannshof und sein Ensemble selbst ein historischer Ort von Bedeutung.

Seit dem 13. Jahrhundert war Mölln ein wichtiger Handelsplatz, in dem auch die askanischen Herrscher eine Residenz errichtet hatten. Vieles spricht dafür, dass ihre Burg sich auf dem Gelände des heutigen Stadthauptmannshofs befunden hat. Leider haben bis heute keine archäologischen Untersuchungen stattgefunden, die Gewissheit schaffen könnten. Am Möllner Hof sind zahlreiche Urkunden im 13. und 14. Jahrhundert unterzeichnet worden. 1359 gelangte Mölln an Lübeck und blieb bis 1683 im Besitz der Hansestadt. Während dieser 300 Jahre wurde Mölln zu einem Vorposten Lübecks; die Stadt erhielt in dieser Zeit ihren bis heute bestehenden Charakter. Dieser wurde während der Forschungen in den Jahren 1982–1984 aufgedeckt und führte 1990–1995 zu Baumaßnahmen, die den heutigen Zustand herstellten. Der ehemalige Sitz des lübischen Stadthauptmanns stammt aus dem 16. und 17. Jahrhundert und wurde, wo es möglich war, in diesem Zustand sichtbar gemacht. Mit anderen Worten: Die aktiven Kulturimpulse für das Lauenburgische gehen von einem bis in die lübische Zeit reichenden Gebäude aus, wollen aber die Geschichte mit der kulturellen Zukunft verbinden.

XV. Die Grenzöffnung 1989 und die Wiedervereinigung 1990. Das Ende einer Epoche oder der Beginn einer neuen?

1. Die Situation an der lauenburgischen Grenze zu Mecklenburg im November 1989

Die Öffnung der Grenze im November 1989 wurde im Westen der Bundesrepublik anders wahrgenommen als in Berlin und in den Gemeinden entlang der „Todesgrenze". Emotionen wie im lauenburgischen Grenzgebiet dürften im Saarland kaum aufgekommen sein. Seit dem 17. Juni 1953 waren die Menschen Jahr für Jahr am „Tag der deutschen Einheit" an die Grenze gegangen und hatten dem Wunsch Ausdruck verliehen, diese Trennung möge überwunden werden. Nach Jahrzehnten war die Hoffnung auf Erfüllung dieses Wunsches immer geringer geworden. Selbst als sich mit „Glasnost" (Offenheit) und „Perestroika" (Umgestaltung) in der Sowjetunion ein politischer Wandel abzeichnete, als eine Massenfluchtbewegung aus der DDR eingesetzt hatte, mit dem Umweg über die ungarisch-österreichische Grenze oder über die Botschaft der Bundesrepublik in Prag, und als immer mehr DDR-Bürger an den Montagsdemonstrationen mit Gebeten und Kerzen teilnahmen, hatte der Gedanke an die Wiedervereinigung etwas Utopisches.

115: Die Grenzöffnung 1989 ist oft mit „Die Trabbis kommen!" kommentiert worden, wie in dem Bild von der Autobahn bei Büchen.

Der 9. November war während des 20. Jahrhunderts für die Deutschen ein Schicksalstag: 1918 wurde an diesem Tag die Republik ausgerufen; 1923 trat Adolf Hitler mit einem Putschversuch auf den Plan; 1938 wurden in einem von den Nationalsozialisten inszenierten Pogrom die Synagogen zerstört und die Judenverfolgung auf einen vorläufigen Höhepunkt getrieben. 1989 nahm abends gegen 19 Uhr während einer Pressekonferenz in Ostberlin der für die Informationspolitik im Politbüro der SED verantwortliche Günter Schabowski zu der kurz zuvor beschlossenen neuen Reiseregelung für DDR-Bürger Stellung. Er verlas den Beschluss des Ministerrats, der auf eine weitgehend freie Ausreisemöglichkeit ausgerichtet war. Auf die Frage eines Journalisten, von welchem Zeitpunkt an diese Regelung gelten solle, antwortete Schabowski etwas hilflos: „Wenn ich richtig informiert bin, nach meiner Kenntnis unverzüglich." Dass dieser Satz sensationell war, begriffen viele, dass ihm mit Blick auf die Folgen weltgeschichtliches Gewicht zukommt, konnte zu diesem Zeitpunkt niemand ahnen. Erst als die Information über die neue Reiseregelung durch die Nachrichtenagenturen verbreitet worden war, begriffen zunächst einige Ostberliner und dann die Menschen in Westberlin und schließlich nach den Journalisten auch einige Politiker, dass etwas bisher kaum Vorstellbares eintreten könnte, die Öffnung der Mauer, die Öffnung der „Zonengrenze".

An der 86 km langen Grenze zwischen dem Kreis Herzogtum Lauenburg und dem (damaligen) DDR-Bezirk Schwerin gab es zunächst nur drei geographische Punkte, an denen die „friedliche Revolution"

116: Aber es gab auch persönliche Willkommensaktionen.

117: Auf einer Fliese wurde die Verbindung zwischen Lauenburg im Westen und Boizenburg im Osten am 24. Dezember 1989 dokumentiert.

ihren Lauf nehmen konnte, am Autobahngrenzübergang Gudow, am Kontrollpunkt an der Bundesstraße 5 bei Lauenburg und an der Eisenbahn-Grenzstation Büchen. Dabei überquerten Hunderte von Fahrzeugen die Grenze von Ost nach West nur probeweise. Viel spektakulärer wurde die Öffnung der Grenze bei Mustin am 22. November, denn hierbei handelte es sich um eine wirkliche Grenzöffnung, die von den DDR-Behörden angekündigt worden und deren Ablauf zwischen dem für Thurow zuständigen Kommandeur der DDR-Grenztruppen und dem auf der westlichen Seite verantwortlichen Offizier des BGS abgesprochen war. Mehrere tausend Menschen waren an die Grenze gekommen, um Zeuge dieses Ereignisses zu werden. Nachdem Baumaschinen und Pioniergerät eine Grenzöffnung geschaffen und Überwegplatten über den Mustiner Grenzgraben verlegt hatten und die Straßentrasse von Bewuchs befreit worden war, kam die über Lautsprecher verkündete Botschaft, dass die Grenze um 13.00 Uhr geöffnet werde. Zuvor hatten junge Leute, die auf die Bäume geklettert waren, eine lange Autoschlange ausgemacht. Diese setzte sich gegen 13.00 Uhr in Bewegung; im Westen erklang der Ruf: „Die Trabbis kommen!". Jann Uwe Petersen, leitender Kreisverwaltungsdirektor in Ratzeburg, hat dem Ereignis beigewohnt und später darüber berichtet[1]: „Die Fahrzeugkarawane setzte sich tatsächlich, wenn auch langsam, in Bewegung. Die wartenden Menschen hatten nur eine schmale Gasse freigelassen, die mühsam, aber auffallend fröhlich von den BGS- und Zollbeamten aufrecht erhalten werden konnte. Hindurch rollten im Schritt-Tempo unzählige Gefährte, Trabis, Wartburgs, Skodas, Dreiräder, Motorräder und Fahrräder. Völlig aufgelöst, weinend und zugleich freudestrahlend bahnten sich unsere östlichen Landsleute ihren Weg, und auch wir diesseits der Grenze schämten uns unserer Tränen nicht. Jede Menge Sekt, Obst, Kinderspielzeug, Süßigkei-

1 Die folgenden Angaben folgen teils wörtlich, z. T. dem Inhalt nach dem Aufsatz von Jann Uwe Petersen, 10 Jahre Grenzöffnung – ein persönlicher Rückblick, in: Lauenburgische Heimat, Heft 153, 1999, S. 3-34.

ten, Landkarten und vieles mehr wurden den Fahrzeugbesatzungen zugereicht. Das Glück und die Glücksgefühle waren überwältigend, dies war der Tag der Emotionen! (...) Nach wenigen Stunden waren Ratzeburg, Lauenburg / Elbe und andere grenznahe Orte bereits ‚dicht'. Spontan hatten Kaufhäuser und Supermärkte ihre Geschäfte geöffnet, noch am selben Sonntagnachmittag mussten viele Regale mit Versorgungsgütern wieder aufgefüllt werden. Dass dies in einer sozialen Marktwirtschaft aus dem Stand möglich ist, erfüllte nicht wenige mit Erstaunen, aber auch mit einem gewissen Stolz. Neben den Straßenübergängen Mustin, Gudow und Lauenburg / Elbe erlebte über die Schiene der Bahnhof Büchen schlagartig seine historische Bedeutung zurück."

Die Besucherströme der ersten Tage waren nur Vorboten des Ansturms, der sich in den nachfolgenden Wochen, besonders an den Wochenenden, vollzog. Allein am ersten Wochenende nach der Grenzöffnung kamen etwa 65.000 DDR-Bürger in den Landkreis. Neben Lübeck waren – wie Rundfunk und Fernsehen berichteten – auch die Städte Ratzeburg, Mölln und Lauenburg völlig „zugeparkt".

Für die Zeit vom 12. November bis 10. Dezember haben BGS und Zoll folgende Einreisezahlen ermittelt bzw. geschätzt:

Einreise	Kfz	Personen
Gudow	106.500	338.000
Lauenburg	69.000	236.000
Mustin	57.500	163.000
Marienstedt	-	3500
Büchen (Bahnhof)	-	69.000
zusammen	**233.000**	**809.500**

Die Begeisterung, die die Mauer- und Grenzöffnung ausgelöst hatte, ist heute bei der nachgewachsenen Generation kaum noch nachzuvollziehen. Für die Zeitgenossen von 1989/90 war sie so etwas wie ein Wunder, denn dass sich die Vereinigung der beiden auf deutschem Boden nach 1945 entstandenen Staaten innerhalb weniger Monate vollziehen könnte, daran hatte zuvor kaum jemand geglaubt.

Doch nach der allgemeinen Euphorie, die als Bild verbunden mit der „Trabi-Invasion" im Gedächtnis der Zeitzeugen bleiben wird, begann der politische Alltag. Die Kreisverwaltung in Ratzeburg suchte schon sehr früh das Gespräch mit den Verantwortlichen auf der mecklenburgischen Seite, um Erleichterungen für den Grenzverkehr zu vereinbaren. Nachdem zunächst die Möglichkeiten für den Übergang von Ost nach West geschaffen worden waren, sollten danach auch Vereinbarungen getroffen werden, die es Bundesbürgern erlauben, „offiziell" in die DDR einreisen zu können. Inoffizielle Verbrüderungen hatte es bereits zuvor entlang der Grenze gegeben.

Das „Begrüßungsgeld" von 100,- DM pro Person lockte zwar an, war aber nicht das einzige Motiv für die Bürger aus der DDR, in die Bundesrepublik zu reisen. Die Öffnung der Grenze galt auch den Bürgern der Bundesrepublik als Einladung, die Bezirke jenseits des „Eisernen Vorhangs" kennenzulernen. Davon machten aber nur wenige Gebrauch. Die Wiedervereinigung, die ein Ergebnis der „großen Politik" war, vollzog sich in Deutschland diesseits und jenseits der alten Grenze ganz unterschiedlich. Die Stimmung war zu Beginn auf beiden Seiten euphorisch, doch diese wandelte sich bald und wich realistischen Daten, die auch demokratiekritische und nationalistische Artikulationen zur Folge hatten. Von diesen blieben auch die Bewohner des Kreises Herzogtum Lauenburg nicht verschont.

„Etliche, die sich vielleicht die Grenzöffnung erhofft, sich vielleicht aber auch mit dem ‚eisernen Vorhang' abgefunden hatten, wünschten sich die vertraute Ruhe und Ordnung zurück und, ob repräsentativ oder nicht, besonders jungen Menschen schien es an historischem und nachbarlichem Verständnis zu fehlen. Augenscheinlich hatten 30 Jahre Grenze beiderseitig ihre Spuren hinterlassen! Nach der ersten Euphorie wurde deutlich, dass es lange dauern werde, bis ‚zusammenwächst, was zusammengehört'."[2]

2. Wie mit der Grenzöffnung umgehen?

Für die politisch Verantwortlichen auf allen Ebenen, so auch für die im Kreis Herzogtum Lauenburg, stellte sich die Frage, wie so schnell wie möglich Kontakte zu den Gremien jenseits der Grenze aufgenommen werden könnten, regional betrachtet also mit Mecklenburg resp. mit dem noch bestehenden Bezirk Schwerin. Über die Verhältnisse in den Nachbargebieten war so gut wie nichts bekannt. Deshalb erging am 27. November 1989 an die Vorsitzenden der Räte der Kreise Grevesmühlen, Gadebusch und Hagenow folgendes Schreiben:

> „Sehr geehrter Herr Vorsitzender!
>
> Die Bürgerinnen und Bürger des Kreises Herzogtum Lauenburg sowie dessen Organe freuen sich sehr über die Öffnung der innerdeutschen Grenze und heißen jeden Besucher und jede Besucherin aus Ihrem Kreis herzlich willkommen.
>
> Besonders begrüßt werden insbesondere die Wiedereröffnung der Grenzübergänge Roggendorf/Mustin und Zarrentin/Marienstedt sowie die Tatsache, dass bisher alle Grenzübergänge zum Kreis Herzogtum Lauenburg lebhaft und reibungslos angenommen werden. Bedauert wird allerdings, dass Bundesbürger für die Einreise in die DDR nach wie vor aufwendige Erlaubnisse (Berechtigungsscheine) benötigen.
>
> Die Öffnung der innerdeutschen Grenze wird diesseits als Ausdruck des Verständigungswillens aufgefasst, den der unmittelbare Grenzkreis Herzogtum Lauenburg durch direkte Kontakte mit Ihrem Kreis erwidern möchte.
>
> Daher erlauben wir uns, Sie und/oder Organe bzw. Repräsentanten Ihres Kreises im Namen des hiesigen Kreistages und Kreisausschusses herzlich zu einem Gedankenaustausch in den Kreis Herzogtum Lauenburg einzuladen. Selbstverständlich wären wir auch gern zu einem Besuch in Ihrem Kreis bereit.

2 Ebd., S. 8.

Gegenstand des Gedankenaustausches könnten neben dem gegenseitigen Kennenlernen u. a. folgende Themenbereiche sein:
- grenzüberschreitender öffentlicher Personennahverkehr (Bus-/Zugverkehr)
- abgestimmte Verkehrslenkungsmaßnahmen
- gegenseitige Ergänzung beim Rettungsdienst und Brandschutz sowie in der Krankenhausversorgung
- gegenseitiger Kulturaustausch und Sportverkehr
- gemeinsame Naturschutzmaßnahmen
- gemeinsame Tollwutbekämpfung
- Erfahrungsaustausch bei der Denkmalpflege
- Fragen des Fremdenverkehrs und der Naherholung
- gegenseitige (Jugend-)Freizeitmaßnahmen
- Förderung kommunaler Partnerschaften

Wir sind sicher, dass die Behandlung dieser und weiterer Themen im kommunalen Interesse beider Kreise liegt.
Deshalb würden wir uns freuen, baldmöglich von Ihnen zu hören, um in einen vertrauensvollen Dialog – von Kreis zu Kreis – einzutreten.

Mit freundlichen Grüßen

(Heins) (Kröpelin)
Kreispräsident Landrat[3]

Da sich auf östlicher Seite aber Umbrüche vollzogen, die im Westen nur schwer nachvollziehbar waren, dauerte es längere Zeit, bis die gewünschten Kontakte zustande kamen. Am 10. Januar 1990 wurden in Ratzeburg die angestrebten Gespräche aufgenommen. Dabei erfuhren die Vertreter des Kreises erstmals Einzelheiten über die politischen Strukturen der Nachbarkreise in Mecklenburg. Konkrete Vereinbarungen wurden nicht getroffen, auch nicht zur Öffnung weiterer Grenzverbindungen.

Der Lauenburgische Kreistag beschloss mit den Stimmen der Kreistagsfraktionen der CDU, SPD und FDP gegen die Stimmen der „Grünen" am 14. Dezember 1989 folgende Resolution:

„Die aktuellen Entwicklungen in der DDR haben zur Öffnung der Grenzen zur Bundesrepublik geführt. Hieraus ergeben sich für den Lauenburgischen Kreistag neue Perspektiven u. a. im wirtschaftlichen, sportlichen und im kulturellen Bereich sowie im Jugendaustausch.

Diese Möglichkeiten will der Lauenburgische Kreistag nutzen und finanziell fördern.

1. Die *Zonenrandförderung* ist für den Kreis weiterhin wichtig und muss erhalten bleiben, um grenzüberschreitende Strukturen auszubauen und noch bestehende Benachteiligungen zu mindern.

3 Ebd., S. 9 f.

2. Mit Beteiligung der Städte und Gemeinden sollte der Kreis baldmöglichst ein *Straßenverkehrskonzept* erstellen, das alle auch künftig möglichen Verkehrsverbindungen nach Mecklenburg berücksichtigt.
3. Die Verbesserung des öffentlichen *Personennahverkehrs* muss den grenzüberschreitenden Bedarf einbeziehen. Eine weitere Konsequenz ist die Wiederinbetriebnahme der Eisenbahnlinie Ratzeburg–Zarrentin.
4. Die Krankenhäuser im Kreis Herzogtum Lauenburg müssen in vollem Umfang erhalten bleiben. Sie müssen im Hinblick auf ihre Kapazität auf eine Inanspruchnahme durch Bürger aus den Nachbarkreisen vorbereitet werden.
5. Grenzübergreifende *Umweltprojekte* müssen mit den Nachbarkreisen abgestimmt werden. Unter den veränderten Gegebenheiten sind die Prioritäten neu zu diskutieren.
6. Die *kulturellen und sportlichen Kontakte* zu den Nachbarkreisen sind zu aktivieren. Die Sport- und Kulturförderung muss die neuen Möglichkeiten einbeziehen. Es wird erwartet, dass Schulklassen zunehmend Fahrten in die DDR unternehmen.
7. Die mittel- und langfristigen *Entwicklungen* und Möglichkeiten in allen Bereichen müssen kreisweit *koordiniert* werden.
8. Die *Beratung* und Information der DDR-Besucher muss zwischen den Hilfsorganisationen und den amtlichen Stellen abgestimmt und koordiniert werden.
9. Es muss auf die Realisierung aller weiteren möglichen Übergänge hingewirkt werden. Die Situation für den ruhenden und fließenden Verkehr an den *Grenzübergängen* muss über die ersten Maßnahmen hinaus verbessert werden.
10. Es wird ferner eine Partnerschaft mit den Nachbarkreisen in Mecklenburg angestrebt.

Ein Ausschuss, in dem jede Kreistagsfraktion vertreten ist, erarbeitet entsprechende Vorschläge.

Der Kreistag appelliert außerdem an den Bund und das Land:

Sie dürfen Kreis und Kommunen mit den Problemen, die sich aus der Öffnung der Grenzen ergeben, nicht alleine lassen.

Er fordert von der DDR den Wegfall aller Hemmnisse bei Reisen in die DDR."[4]

Die Reaktionen auf die Resolution aus Bonn und Kiel waren sehr positiv. Besonders der schleswig-holsteinische Ministerpräsident Björn Engholm setzte sich nach Abstimmung mit seinen Ministern für einen Großteil der Vorschläge ein. Er wies aber auch darauf hin, dass beabsichtigt sei, einen „vorläufigen Regionalausschuss des Landes Schleswig-Holstein mit dem Bezirk Rostock und dem Bezirk Schwerin" zu bilden; an dem sollten auch die kommunalen Landesverbände beteiligt werden. Dieser trat am 31. Januar 1990 unter Björn Engholm tatsächlich zusammen; der Lauenburgische Landrat Kröpelin gehörte dazu.

Was wurde aber aus der Kreistagsresolution vom 14. Dezember 1989? Das Schicksal der Zonenrandförderung war ungewiss; ihr Auslaufen zeichnete sich doch ab (1993). Die Verkehrsverbindungen wurden verbessert, kulturelle und sportliche Verbindungen entwickelten sich. Auch die Verwaltungen kooperierten in zunehmendem Maße. Auf dem Gebiet des Naturschutzes wurden schon bald nach Grenzöffnung Vereinbarungen, besonders solche, die den Schaalsee betrafen, getroffen.

4 Ebd., S. 14 f.

In den ersten Monaten nach der Grenzöffnung war ja die politische Zukunft der beiden deutschen Staaten völlig unklar. Deshalb war die Öffnung der alten Straßenverbindungen jeweils mit Verhandlungen auf regionaler und lokaler Ebene verbunden. Das änderte sich bereits nach Inkrafttreten der Währungs-, Wirtschafts- und Sozialunion am 25. Mai 1990. An diesem Tag wurde nicht nur die D-Mark als gemeinsame Währung eingeführt, sondern auch das Gesetz über die Selbstverwaltung der Gemeinden und Landkreise in der DDR in Kraft gesetzt.

Am 22. Juli 1990 beschloss die Volkskammer der DDR das Ländereinführungsgesetz. Mit diesem wurden die 14 Bezirke, die von der DDR-Regierung 1952 geschaffen worden waren, wieder zu Ländern. Der Kreis Herzogtum Lauenburg grenzte wieder an das Land Mecklenburg. Historisch waren die Kreise Grevesmühlen, Gadebusch und Hagenow bis 1945 immer eng mit dem Lauenburgischen verbunden. Die Grenzöffnung nach langer Zeit der Trennung bedeutete aber neben dem politischen Strukturwandel auch die Wiederherstellung nachbarschaftlicher Beziehungen. Diese entwickelten sich schnell, vor allem auf wirtschaftlichem Gebiet.

3. Der Kreis Herzogtum Lauenburg nach 1990

Die Grenzöffnung von 1989 und die Wiedervereinigung 1990 veränderten die politischen und wirtschaftlichen Strukturen des Kreises grundlegend. Als „Zonenrandgebiet" hatte sich der Kreis nach Westen hin, besonders nach Hamburg, orientiert. Jetzt konnte die traditionelle Verbindung nach Mecklenburg hin wieder aufgebaut werden. Dazu waren die alten Verkehrsverbindungen wieder herzustellen. Die neuen Absatzmärkte im Osten sorgten bis 1992/93 für einen wirtschaftlichen Aufschwung; doch 1993 erreichte die Wirtschaftskrise auch den Kreis Lauenburg, zwar nicht so stark wie andere Kreise Schleswig-Holsteins, aber doch spürbar. Die Arbeitslosigkeit stieg 1992 bis 1999 von 5,7 % auf 8,91 %.

Am Beispiel der Hitzler-Werft in Lauenburg lässt sich dieser Prozess deutlich illustrieren. 1989 hatte sich das Auftragsbuch der Werft wieder gefüllt. Schon vor der Grenzöffnung war es zu Zulieferverträgen mit DDR-Werften gekommen. 1990 begann bei der Hitzler-Werft der Bau moderner Schlepper, zunächst mit großem Erfolg. Doch schon 1993 fehlten Neubauaufträge, weil der Konkurrenzkampf zwischen Werften aus den neuen Bundesländern und Anbietern aus Ost- und Südeuropa sich negativ auf den Werftstandort Lauenburg auswirkte. Ein Personalabbau erschien unvermeidbar. Das verbliebene Personal musste wegen der ausbleibenden Aufträge auf Leistungen verzichten. Im Jahr 2000 musste die J.G. Hitzler Schiffswerft Maschinenfabrik GmbH & Co KG Insolvenz anmelden, konnte aber mit neuem Namen weitermachen: Hitzler-Werft GmbH. Die Grundstücke und Werftanlagen und ein Teil der Mitarbeiter wurden übernommen. Die Werft baute Eisbrecher und wurde zunehmend zu einem Unternehmen für die Produktion von maritimem Spezialgerät. Im Jahr 2010 konnte sie ihr 125-jähriges Bestehen feiern. Sie hatte sich von der Wirtschaftskrise der Jahre 1993–2000 erholt.[5]

Auch der Wirtschaftsraum Metropolregion Hamburg hat sich während der 90er Jahre den Herausforderungen der Globalisierung gestellt. Es ist eine Entwicklungsachse Ham-

5 Vgl. Franz C. Hitzler, Gert U. Detlefsen, Die Neubauten der Hitzler-Werft, Lauenburg 1886–2011. Bremen 2011, S. 16 ff.

burg–Bergedorf–Geesthacht entstanden. Gewerbliche Unternehmen siedelten sich vor allem in den Städten an (sieht man vom ehemaligen Bundeswehr-Standort Lanken ab). 70 % der Lauenburger haben in den Städten ihren Arbeitsplatz. In den Entwicklungsplänen für die Region erhielten Mölln und Geesthacht die Funktion eines Mittelzentrums; Schwarzenbek, Ratzeburg, Büchen und Lauenburg wurden als Unterzentren eingestuft, was in Schwarzenbek und Ratzeburg politische Widerstände erregte.

Die Güter- und Dienstleistungsmärkte, aber auch der Arbeitsmarkt des Kreises Herzogtum Lauenburg sind eng mit den angrenzenden Gebieten, besonders mit dem Wirtschaftsraum Hamburg, verbunden. Daran hat auch die Öffnung der Grenze nach Osten nicht viel geändert. Der Kreis hatte zur Jahrtausendwende eine Gesamtbevölkerung von ca. 175.000 Einwohnern, von denen ca. 50.000 erwerbstätig waren. Die Zahl der Arbeitsplätze im Kreis war zwar durch Maßnahmen des Landes und des Kreises gestiegen, doch reichten diese nicht aus, um allen Arbeitsuchenden einen Platz anzubieten. Deshalb suchten und fanden viele Lauenburger ihren Arbeitsplatz in Hamburg und wurden zu Pendlern. Ihre Zahl nahm noch zu, als zahlreiche Hamburger ihren Wohnsitz im Lauenburgischen suchten. Weit geringer war die Orientierung nach Lübeck oder in den Kreis Stormarn.

Aber der Landkreis bot auch für Pendler aus Mecklenburg attraktive Arbeitsplätze, was allerdings mit der hohen Arbeitslosigkeit in Mecklenburg und dem Lohngefälle zwischen Ost und West in Verbindung stand.

Bei der Betrachtung der Wirtschaftsentwicklung des Herzogtums Lauenburg wurde stets betont, dass der überwiegende Teil landwirtschaftlich geprägt war. Das hatte sich im Verlauf des 20. Jahrhunderts rasant verändert. 1996 entfielen vom Gesamtwert der im Kreis erstellten Güter und Dienstleistungen nur noch knapp 3 % auf die Land- und Forstwirtschaft. Auf das produzierende Gewerbe entfielen 28 % und auf Handel, Verkehr, Dienstleistungen und Staatsverwaltung fast 70 %.[6] Bei der Veränderung zugunsten der Dienstleistungen hat sicherlich die Einführung moderner Informations- und Kommunikationssysteme beigetragen. Die Aussicht auf eine wirtschaftliche Expansion hat sich für den Landkreis nach Überwindung der Krise in den späten 90er Jahren des 20. Jahrhunderts erhöht.

Zur Geschichte des Übergangs vom späten 20. Jahrhundert ins neue Jahrtausend gehören aber nicht nur positive Nachrichten, sondern auch solche, die Schatten werfen. Der mörderische Ausländerhass, der 1992 in Mölln seinen Anfang nahm, hat sich bis in unsere Tage fortgesetzt. Bei den damals jungen Tätern in Mölln, die ihre langjährigen Freiheitsstrafen inzwischen verbüßt haben, scheiterten Versuche, ihre Motivation für ihre Taten zu ergründen – ein Phänomen, das auch bei heutigen Prozessen aufgrund vergleichbarer Straftaten häufig zutage tritt. Was in Mölln begann, setzte sich in Solingen fort. In Lübeck gab es 1994 Anschläge auf die Synagoge. Waren es in Mölln junge Rechtsradikale, darf in Lübeck von neuerwachtem Antisemitismus ausgegangen werden.

Diese Taten, denen in den Jahren danach in Deutschland viele ähnlich gelagerte folgten, trübten das Bild ein, das die Wiedervereinigung 1990 zunächst hervorgebracht hatte: ein vereintes, weltoffenes friedliches Deutschland, in der Mitte Europas gelegen und sich an einer Zukunft orientierend, die zur Stärkung der Europäischen Union führen sollte. Rechte

6 Angaben nach Martin Hoffmeyer, Die Wirtschaft auf stabilem Wachstumskurs, in: Zwischen Stillstand und Wandel. Der besondere Weg des Kreises Herzogtum Lauenburg in die Moderne. Schwarzenbek 2001, S. 104-119.

nationalistische Töne passten und passen nicht in ein solches Konzept und antisemitische Artikulationen sind ein eklatanter Verstoß gegen die Verpflichtungen, welche die Bundesrepublik aus der deutschen Vergangenheit übernommen hat.

Aber der Fremdenhass war nicht das einzige Problem dieser Jahre. Andere kamen hinzu, so z. B. die Ausbreitung von Krankheiten wie Aids. Als größte Belastung wurden aber die steigenden Sozialhilfelasten empfunden. Die Unterbringung von Asylbewerbern bereitete angesichts der allgemeinen Finanznot Schwierigkeiten. Auch die Suche nach neuen Gewerbegebieten galt in den Anfangsjahren des 21. Jahrhunderts als problematisch.

XVI. Einblicke in die Jahre 2000–2020

In den Jahren nach 2000, als der politische Aufstieg Angela Merkels begann und Gerhard Schröder als Kanzler abtreten musste, als Michael Schumacher Triumphe feierte und Boris Becker seinen letzten Erfolgen nachzublicken hatte, als sich der Euro als neue Währung durchsetzen musste und von vielen Menschen als „Teuro" empfunden wurde, als „9/11", der 11. September 2001, die Welt erschütterte und der Terror zu einer Gefahr für die ganze Welt wurde, als sich die Europäische Union um zahlreiche Mitglieder erweiterte, als 2005 Hartz IV in Kraft trat und Heide Simonis (SPD) ihr Amt als Ministerpräsidentin Schleswig-Holsteins aufgeben musste, um für Peter Carstensen von der CDU Platz zu machen, nahm der Kreis Herzogtum Lauenburg daran teil oder wurde direkt oder indirekt davon betroffen. Die Weltgeschichte, die europäische, die deutsche Geschichte und die des Landes Schleswig-Holstein nahmen wie immer ihren Lauf. Der Kreis Herzogtum Lauenburg und seine Bewohner gehörten dazu.

Gab es im Fortschritt der Jahre nach 2000 auch Besonderheiten, die in der Geschichte dieses Landkreises von herausragender Bedeutung waren? Straßenbauarbeiten und andere Infrastrukturmaßnahmen in Schwarzenbek gehörten mit Sicherheit nicht dazu. Die Wahlergebnisse auf allen Ebenen schon eher. Die wirtschaftliche Entwicklung weist Spezifika auf, die über die Region hinauswirken können. Da in schwierigen Zeiten am ehesten an der Kultur gespart wird, bekommt diese den Rang eines Indikators für die Qualität einer Region.

Die Bevölkerungszahl im Kreis war gestiegen, bis 2010 wurden sogar 20.000 neue Bewohner erwartet.[1] Seit 1989 seien über 150 Unternehmen angesiedelt, 4000 Arbeitsplätze und 6000 neue Wohnungen geschaffen worden, konnte bereits 1995 verkündet werden. Der Abzug der Bundeswehr und des Grenzschutzes schufen neue Gewerbegebiete wie in Lanken nach Auflösung des Standortes Elmenhorst. Doch mit Zukunftstechnologien ging man sehr unterschiedlich um. Das Atomkraftwerk Krümmel galt noch lange als Zukunftsprojekt, trotz vieler Sicherheitsbedenken. 2005 wurde es noch für 50 Millionen Euro umgebaut. Eine Transrapidverbindung zwischen Hamburg und Berlin wurde aber vom Kreis abgelehnt.

2001 feierte der Landkreis Herzogtum Lauenburg sein 125-jähriges Bestehen. Die Redner bei diesem Ereignis betonten, dass es in der Zukunft darauf ankomme, die Kooperation zwischen dem Kreis und den Kommunen zu verbessern. Mit den in den Jahren zuvor zahlreich geführten Prozessen müsse es ein Ende haben. Die Streitigkeiten schadeten dem Ansehen Lauenburgs in einer Zeit, in welcher der Landkreis eine gute Position in der Metropolregion Hamburg erreichen müsse. Dafür hatte sich auch Günther Kröpelin eingesetzt. Er trat 2002 nach 27 Dienstjahren als Landrat in den Ruhestand.

Während der ersten Jahre des neuen Jahrtausends litt der Kreis unter ständiger Finanznot. Politisch getragen wurde er von der CDU, die bei der Kommunalwahl im März 2003 deutlich gewann, während die SPD deutliche Verluste hinnehmen musste. Im Kreistag wurde beschlossen, trotz der Haushaltsprobleme in die Zukunft zu investieren. Dabei sollte der Tourismus eine größere Beachtung finden.

---

1 2021 wurden fast 200.000 Einwohner gezählt.

Der Rückzug der Bundeswehr aus dem Landkreis mit der Auflösung der „Brigade Lauenburg“ hatte zunächst geradezu wirtschaftliche Panik ausgelöst. Doch schon nach kurzer Zeit war es den Gemeinden Wentorf und Elmenhorst resp. Schwarzenbek gelungen, die militärische in profitable zivile Nutzung zu überführen. Geblieben war nur noch die Bundeswehrverwaltungsschule in Mölln. 2003 wurde beschlossen, auch sie bis 2010 zu schließen. Aus ihr wurde der Robert-Koch-Park.[2]

Die Wahlen des Jahres 2005 waren (wie die 2003) für die CDU erfolgreich. Die Landtagswahl 2005 brachte folgende Ergebnisse:

CDU	41,8 %,
SPD	38,4 %,
FDP	6,8 %,
Grüne	6,2 %.

Die Bundestagswahl 2005 hatte im Wahlkreis 10 (Lauenburg und Stormarn) folgende Ergebnisse:

CDU	36,8 %,
SPD	33,7 %,
FDP	10,9 %,
Grüne	8,5 %.

Im Jahr 2006 kam in Schleswig-Holstein eine landesweite Diskussion über eine Gebietsreform auf. Sie fand im Lauenburgischen kaum Widerhall. Nur die FDP bezog eine klare Position für die Erhaltung des historisch gewachsenen Landkreises. Im Kreistag wurde aber darüber diskutiert, die Ländereien des Kreises und andere Vermögenswerte in zwei Stiftungen einzubringen. Gleichzeitig wurde eine Verwaltungskooperation mit Stormarn und Segeberg angestrebt. Zu derartigen Beschlüssen ist es aber nicht gekommen.

Zu den stets wiederkehrenden Ereignissen im Lauenburgischen gehören die Hochwasser der Elbe, von denen die Stadt Lauenburg immer wieder heimgesucht wurde. 2002 kam die Stadt glimpflich davon. Doch 2013 traf es die Stadt besonders hart: Der Pegel der Elbe stieg bis auf 9,64 Meter. Teile der Bevölkerung mussten evakuiert werden. Der Schaden ging in Millionenhöhe. Die Stadt erhielt Soforthilfe vom Land. In der Folge wurden die Hochwasserschutzhilfen erhöht, allerdings nicht ohne Kritik aus Reihen des Denkmalschutzes. Inzwischen ist die Sicherung des Elbufers bei Lauenburg zu einer Bundesangelegenheit geworden. Hochwasser werden angesichts der Klimaprobleme unserer Zeit auch künftig nicht ausbleiben; doch die Stadt ist dank der getroffenen Maßnahmen besser darauf vorbereitet als zuvor.

Abschließend sei ein Blick auf die kulturelle Entwicklung des Kreises geworfen, ohne dass dabei die Aktivitäten der Kommunen, die ganz wesentlich zur Kultur der Region beitragen, im Einzelnen genannt werden können.

Das Herzogtum Lauenburg ist nie als kulturelle Hochburg hervorgetreten, auch nicht als locus amoenus, selbst wenn bildende Künstler wie Ernst Barlach, A. Paul Weber und Karl-

2 Benannt nach Robert Koch (1843–1910), dem Begründer der Bakteriologie als wissenschaftlich orientierte medizinische Disziplin

Heinz Goedtke im Land gewirkt haben. Ernst Barlach hat einen Teil seiner Jugend in Ratzeburg verbracht. Das Haus, das er als „Vaterhaus" bezeichnete, beherbergt heute ein Barlach-Museum. In einer aktuellen Ausstellung, die 2020 eröffnet wurde, wird versucht, Barlach als Künstler des Expressionismus für die Gegenwart zu gewinnen. Es geht auch darum, der Frage zu begegnen: „Riecht Ernst Barlach wirklich nach eingeschlafenen Füßen?", die in der Frankfurter Allgemeinen Zeitung am 15. August 2020 gestellt wurde.[3] Es gibt auch Schriftsteller wie Heinrich Burmester, Traugott Tamm, Kurt Kluge (mit seinem Roman „Grevasalvas", 1942) und Herman Kant (in seinem Roman „Das Impressum", 1972), die literarische Spuren hinterlassen haben. Und der Nobelpreisträger Günter Grass hatte sich in seinen letzten Lebensjahren in Behlendorf angesiedelt.[4]

118: Uwe Barschel war im Lauenburgischen zu Hause und hat sich auch als Politiker sehr für die Kultur des Kreises eingesetzt. Er gehört zu den Gründern der Stiftung Herzogtum Lauenburg.

Doch das kulturelle Leben im Lauenburgischen wurde im späten 20. und im frühen 21. Jahrhundert durch Institutionen und durch gemeinnützige Initiativen bestimmt. Einige seien genannt.

1997 wurden nach 40 Jahren Pause die Möllner Eulenspiegel-Festspiele wiedereröffnet. 1950 hatten sie als „Festspiele des Nordens" mit der Aufführung des von Wolf von Niebelschütz[5] verfassten Dramas „Eulenspiegel in Mölln" einen viel beachteten Höhepunkt erreicht, nicht zuletzt deshalb, weil bekannte Schauspieler wie Günther Lüders mitwirkten. Der von W. v. Niebelschütz verfasste Text wurde nicht wiederverwendet, auch nicht in den Jahren nach 1997.

Die 1977 gegründete Stiftung Herzogtum Lauenburg hatte sich durch umfangreiche Aktivitäten hervorgetan. 2005 übernahm sie die Kulturarbeit des Landkreises; dazu wurden nach langen Diskussionen Verträge mit dem Kreis getroffen, da die Finanzierung strittig war. Schon 2006 hatte die Stiftung die Gestaltung des seit 1989 stattfindenden „Kultursommers am Kanal" zu übernehmen, einer Veranstaltungsreihe, die in den Jahren danach immer mehr Künstler aller Art anzog und in manchen Jahren auch überregionale Bedeutung erlangte. 2020 wurde die Veranstaltung wegen der Corona-Pandemie zum „Kultursommer in den Wolken".

119: Wolf von Niebelschütz war ein bedeutender Schriftsteller, der in den 1950er Jahren mit seinem Roman „Der blaue Kammerherr" Weltruhm erlangte.

Zu den Attraktionen in kultureller Hinsicht gehören im Kreis Herzogtum Lauenburg der Ratzeburger Dom, die Stadt Ratzeburg selbst, aber auch die Städte Mölln und Lauenburg. In Mölln ist die lübische Vergangenheit sichtbar, besonders im Ensemble des Stadthauptmannshofs, in Lauenburg neben der Altstadt besonders das Elbschifffahrtsmuseum, das 2017 nach einer gründlichen Umarbeitung neueröffnet wurde. Auch der Raddampfer „Kaiser Wilhelm" gehört dazu, dessen Sanierung 2013 durch eine Zuwendung des Bundes in Höhe von 400.000 Euro ermöglicht wurde. Dieses Schiff, das ursprünglich auf der Weser zu Hause war, gehört seit vielen Jahren zu Lauenburg dank des Engagements technisch versierter Helfer. Die Stadt Lauenburg, die dem Herzogtum und dem heutigen Landkreis den Namen gegeben hat, hat neben dem Museum viele weitere kulturelle Ziele zu bieten. Zu ihnen gehören die Stadtkirche mit der Fürstengruft

3 FAZ vom 15. August 2020, S. 9.
4 Vgl. Biogr. Lex., S. 181 ff.
5 Ebd., S. 292 f.

120 a + b: Mölln gilt als Eulenspiegelstadt, weil in ihr der Schalk gewirkt haben, gestorben und auch begraben worden sein soll. Deshalb finden in Mölln auch jährlich Eulenspiegelfestspiele statt. So auch 1950, als ein Stück von Wolf von Niebelschütz aufgeführt wurde.

und die Reste des ehemaligen Schlosses, der Residenz der askanischen Herzöge. Sie zu erhalten, überfordert eine Kommune wie die Stadt Lauenburg. Hier kann auch kaum die Hilfe von lokalen Initiativen etwas bewirken. Um der Stadt die Reste einstiger Residenz zu erhalten, bedarf es politischer Anstöße. Einen solchen hat es gegeben. 2018 sind aus dem Bundeshaushalt 2,45 Millionen Euro für die Sanierung der Schlossrelikte gewährt worden. Der Abgeordnete Norbert Brackmann (CDU) hatte sich dafür stark gemacht.

121: Das Till-Eulenspiegel-Denkmal, das der Bildhauer Karlheinz Goedtke 1950 schuf. (links)

122: Der Grabstein Till Eulenspiegels an der St. Nikolai-Kirche in Mölln, dessen Datierung strittig ist. Die Inschrift besagt 1350, doch die Darstellung dürfte aus dem 16. Jahrhundert stammen. (rechts)

Es darf also festgestellt werden, dass die Erhaltung historischer Spuren der Impulse aus der Gegenwart bedarf. Was für das Beispiel der Stadt Lauenburg gilt, ist auch auf viele andere Orte im Kreis Herzogtum Lauenburg anzuwenden. Nur wer die Vergangenheit kennt und bereit ist, sie zu erhalten, ist imstande, die Zukunft kulturell angemessen zu gestalten.

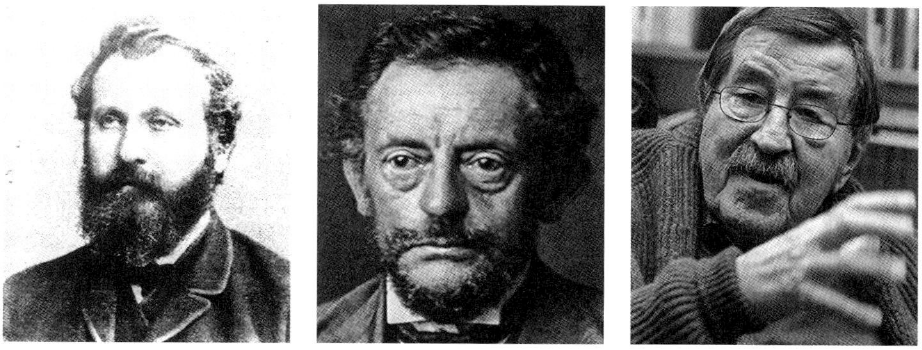

123 a–c: Neben Heinrich Burmester (a) und Ernst Barlach (b) sind nur wenige Schriftsteller aus dem Kreis Herzogtum Lauenburg in Erscheinung getreten. Günter Grass (c) stammt zwar aus Danzig, hat aber seine letzten Lebensjahre in Behlendorf am Elbe-Lübeck-Kanal verbracht.

Schlussbemerkungen

Seit der Wiedervereinigung im Jahr 1990 sind mehr als 30 Jahre vergangen. Das ist die Zeit, die es braucht, bis in den Archiven die Akten geöffnet werden, und damit auch die Zeit, die der Historiker vergehen lassen muss, bevor er sich mit der Vergangenheit auseinandersetzen kann. So habe ich es jedenfalls gelernt, als ich vor 60 Jahren anfing, Geschichte zu studieren. Damals war schon der Begriff der „Zeitgeschichte" aufgekommen, mit dem Ziel, auch das Erleben der Zeitgenossen in historische Analysen einzubeziehen. Die „oral history" kam hinzu, um auch Quellen zu erschließen, die bisher nicht oder kaum berücksichtigt worden waren.

Inzwischen gibt es sogar Bestrebungen, die „Geschichte der Gegenwart" in die Bemühungen der Geschichtswissenschaft einzubeziehen.[1] Denn es gilt, Phänomene wie die digitale Revolution, die Globalisierung, die Umweltfragen, den Klimawandel und andere Probleme, die zu sehr kurzfristigen Veränderungen in der Welt führen, so erfassen zu können, dass ihr historischer Hintergrund deutlich wird. Dieser Blick bis in die Gegenwart entbindet den Historiker nicht davon, sich auch mit der regionalen Vergangenheit zu beschäftigen.

Die Geschichte des Herzogtums Lauenburg, die heute die Geschichte eines schleswig-holsteinischen Landkreises ist, hat zweifellos auch eine Zukunft, die, vom heutigen Zustand aus betrachtet, eine positive ist. Sie hat aber auch eine Vergangenheit, die in der deutschen Geschichte einzigartig ist. Ob diese Vergangenheit bewahrt werden kann, ist nicht gesichert.

Dieses Buch wurde geschrieben, um die Besonderheiten der lauenburgischen Geschichte zu bewahren, sie aber auch in die Zukunft zu tragen.

1 Andreas Rödder, 21.0. Eine kurze Geschichte der Gegenwart. München 2015.

124 a–c: Im Rückblick auf die Geschichte des Herzogtums Lauenburg spielen die Städte eine große Rolle. Deshalb seien sie zum Abschluss noch einmal gezeigt:

a) Lauenburg

b) Mölln

c) Ratzeburg

Literaturverzeichnis

Das folgende Literaturverzeichnis beschränkt sich auf grundlegende Werke zur Landesgeschichte und auf Werke und Aufsätze, aus denen zitiert wurde, sowie auf Neuerscheinungen, die nach Veröffentlichung des Handbuchs „Herzogtum Lauenburg. Das Land und seine Geschichte", 2003, erschienen sind und für die neue Geschichte Lauenburgs benutzt wurden. Für weiterführende Literatur sei ausdrücklich auf die Angaben im „Handbuch" verwiesen.

Althoff, Gerd: Spielregeln der Politik im Mittelalter. Kommunikation in Frieden und Fehde. Darmstadt 1997.

Auer, Ekkehard: Neolithische Siedlung in Lauenburg-Elbkamp, Kreis Herzogtum Lauenburg, in: Germania 32 (1954), S. 85.

Angermann, Norbert (Hrsg.): Die Hanse und der deutsche Osten. Lüneburg 1990.

Angermeier, Heinz: Die Reichsreform 1410-1555. Die Staatsproblematik in Deutschland zwischen Mittelalter und Gegenwart. München 1984.

Assendorp, Jost J. (Hrsg.): Forschungen zur bronzezeitlichen Besiedlung in Nord- und Mitteleuropa (= Internationale Archäologie, Bd. 38). Espelkamp 1997.

Augustin, Hermann: „Land, höre des Herren Wort." Ev.-luth. Kirche und Kirchen im Kreis Herzogtum Lauenburg. Lübeck 1984.

Augustin, Hermann: Die Reformation im Herzogtum Lauenburg, in: Kurt Jürgensen (Hrsg.): Die Kirche im Herzogtum Lauenburg. Beiträge zu ihrer Geschichte und Gegenwart (= Kolloquium V). Neumünster 1994, S. 42-52.

Baggesen, August von: Der dänische Staat oder das Königreich Dänemark mit dessen Nebenländern und den Herzogthümern Schleswig, Holstein und Lauenburg: geographisch und statistisch dargestellt. Kopenhagen 1845-47.

Barschel, Uwe: Gabriel Riesser als Abgeordneter des Herzogtums Lauenburg in der Frankfurter Paulskirche 1848/49 (= Schriftenreihe der Stiftung Herzogtum Lauenburg, Bd. 11). Neumünster 1987.

Behne, Axel (Hrsg.): Otterndorf. 600 Jahre Stadtgeschichte an der Nordsee. Otterndorf 2000.

Behrend, Hans-Karl: Zur Personalpolitik des preußischen Ministeriums des Innern. Die Besetzung der Landratsstellen in den östlichen Provinzen 1919-1933, in: Jahrbuch für die Geschichte Mittel- und Ostdeutschlands, Bd. 6 (1957), S. 173-214.

Behrend, Karl: 250 Jahre Geschichte des Gutes Gudow von 1470 bis 1724, in: Lauenburgische Heimat, Heft 70 (1970), S. 1-68.

Bertheau, Friedrich: Der lauenburgische Uradel und die Entwicklung seiner ständischen Rechte im 13. Jahrhundert, in: Archiv des Vereins für Lauenburgische Geschichte, Bd. 10, Heft 1 (1911).

Bertheau, Friedrich: Raubritterfehden und Landfriedensbündnisse im 13. und 14. Jahrhundert, in: Archiv des Vereins für Lauenburgische Geschichte, Bd. 10, Heft 1 (1911).

Bertheau, Friedrich: Zur Geschichte der lübschen Enklaven in Lauenburg, in: Lauenburgische Heimat (1907), S. 54-59.

Bertheau, Friedrich: Die Politik Lübecks zur Sicherung der Handelswege durch Lauenburg im 14. und 15. Jahrhundert, in: Zeitschrift für Lübeckische Geschichte und Altertumskunde, Bd. 15 (1913), S. 27-73.

Bertheau, Friedrich: Die geschichtliche Entwicklung der ländlichen Rechtsverhältnisse im Fürstentum Ratzeburg, in: Jahrbücher des Vereins für mecklenburgische Geschichte und Altertumskunde, Bd. 79 (1914), S. 71-170.

Beseler, Hartwig (Hrsg.): Kunst-Topographie Schleswig-Holstein. Bearbeitet im Landesamt für Denkmalpflege Schleswig-Holstein und im Amt für Denkmalpflege der Hansestadt Lübeck. Neumünster 1989.

Biereye, Wilhelm: Albrecht, Graf von Orlamünde und Holstein, in: Nordelbingen, Bd. 6 (1927), S. 371-399.

Blandow, Wolfgang: Bericht über einen Mordanschlag auf Herzog Franz II. von Sachsen-Lauenburg, in: Lauenburgische Heimat, Heft 196 (2013), S. 8-43.

Boehart, William: Das Schiffamtsprivileg von 1417. Ein Beispiel mittelalterlicher Wirtschaftspolitik in der Stadt Lauenburg, in: William Boehart (u.a.), Die Geschichte der Stecknitz-Fahrt 1398-1898. Hanse, Salz und Verkehr zwischen Lübeck, Hamburg, Lüneburg und dem Herzogtum Sachsen-Lauenburg (= Sonderveröffentlichung des Heimatbund und Geschichtsvereins Herzogtum Lauenburg, Bd. 29). Schwarzenbek 1998, S.122-128.

Boehart, William: Grundzüge der Geschichte des Kreises Lauenburg zwischen 1945 und 1989, in: Lauenburgische Heimat, Heft 153 (1999), S. 63-76.

Boehart, William: Schwarzenbek 1870-1950. Ein Beitrag zur Geschichte einer lauenburgischen Landgemeinde zwischen Dorf und Stadt. Schwarzenbek 1990.

Boehart, William, Busch, Wolf-Rüdiger (Hrsg.): Ein Traum ohne Ende. Beiträge über das Leben und Wirken Alfred Bernhard Nobels aus dem Jubiläumsjahr 2001 in Geesthacht. Münster 2004.

Boehart, William (u.a.): Die Geschichte der Stecknitz-Fahrt 1398-1898. Hanse, Salz und Verkehr zwischen Lübeck, Hamburg, Lüneburg und dem Herzogtum Sachsen-Lauenburg (= Sonderveröffentlichung des Heimatbund und Geschichtsvereins Herzogtum Lauenburg, Bd. 29). Schwarzenbek 1998.

Boehart, William u.a. (Hrsg.): Zwischen Stillstand und Wandel. Der besondere Weg des Kreises Herzogtum Lauenburg in die Moderne (= Sonderveröffentlichung des Heimatbund und Geschichtsvereins Herzogtum Lauenburg, Bd. 30). Schwarzenbek 2001.

Boeselager, Elke von: Das Land Hadeln bis zum Beginn der frühen Neuzeit, in: Hans-Eckhard Dannenberg, Heinz-Joachim Schulze (Hrsg.): Geschichte des Landes zwischen Elbe und Weser. Band 2: Mittelalter (= Schriftenreihe des Landschaftsverbandes der ehemaligen Herzogtümer Bremen und Verden, Bd. 8). Stade 1995, S. 321-388.

Bohlmann, Heinz: Fäuste – Führer – Flüchtlingstrecks. Ein Beitrag zur Geschichte der Städte Geesthacht und Lauenburg/Elbe, 1930-1950. Schwarzenbek 1990.

Bohlmann, Heinz: 50 Jahre Landkreis Herzogtum Lauenburg im Land Schleswig-Holstein, in: Lauenburgische Heimat, Heft 147 (1997), S. 15-26.

Bornefeld, Cordula: Erster Weltkrieg 1914-1918. Spurensuche in den Sitzungsprotokollen des Lauenburgischen Kreistags, in: Lauenburgische Heimat, Heft 197 (2014), S. 46-54.

Bornefeld, Cordula: Quellen zum 30. Januar 1933 im Kreisarchiv Ratzeburg, in: Lauenburgische Heimat, Heft 183 (2009), S. 56-61.

Bornemann, Bernd: A. Paul Weber. Seine zeitkritische und humoristische Druckgraphik (1945-1976) und ihr Verhältnis zur Karikatur (= Europäische Hochschulschriften, Reihe 28; Kunstgeschichte, Bd. 19). Frankfurt a.M., Bern 1982.

Bracker, Jochen: Lauenburgische Landschulen und ihre Lehrer in hannoverscher und frühdänischer Zeit, in: Kurt Jürgensen (Hrsg.): Geschichtliche Beiträge zu Schule und Lehrerbildung im Herzogtum Lauenburg (= Kolloquium VII). Mölln 1996, S. 71-98.

Brandt, Ernst (u.a.): Schwarzenbek, die Stadt am Sachsenwald. Schwarzenbek 1979.

Braun, Arthur: Der Lübecker Salzhandel bis zum Ausgang des 17. Jahrhunderts. Diss., Hamburg 1926.

Braun, Frank: Hausbau in Mölln im 17. und 18. Jahrhundert. Zusammenhänge zwischen Baubestand, Wirtschaftsstruktur und Sozialtopographie einer norddeutschen Kleinstadt (= Studien zur Wirtschafts- und Sozialgeschichte Schleswig-Holsteins, Bd. 23). Neumünster 1994.

Bruhn, Annegret: Die seminaristische Lehrerbildung in preußischer Zeit, in: Kurt Jürgensen (Hrsg.): Geschichtliche Beiträge zu Schule und Lehrerbildung im Herzogtum Lauenburg (= Kolloquium VII). Mölln 1996, S. 116-133.

Brunner, Otto: Land und Herrschaft. Grundfragen der territorialen Verfassungsgeschichte Österreichs im Mittelalter. Darmstadt 1990.

Bruns, (Paul): Einführung der Reformation in Mölln und Lauenburg. Mölln 1931.

Budesheim, Werner: Die Entwicklung der mittelalterlichen Kulturlandschaft des heutigen Kreises Herzogtum Lauenburg unter besonderer Berücksichtigung der slawischen Besiedlung, in: Mitteilungen der geographischen Gesellschaft Hamburg, Bd. 74 (1984), S. 53-67.

Budesheim, Werner: Überlegungen zum Limes Saxoniae im Gebiet des Kreises Herzogtum Lauenburg nach der Quelle Adams von Bremen, in: Lauenburgische Heimat, Heft 96 (1979), S. 1-13.

Bülow, Detlev Werner von: Gudow 1194-1994. Kirchdorf – Gut – Gemeinde, hrsg. von der Gemeinde Gudow. Gudow 1994, S. 1-62.

Burmeister, Martin H.: Die Lübecker Vögte der Reformationszeit in Mölln, in: Lauenburgische Heimat, Heft 36 (1962), S. 7-26.

Burmeister, Johann Friedrich: Beiträge zur Kirchengeschichte des Herzogthums Lauenburg. Ratzeburg 1832. 2., überarb., erneuerte Aufl. 1882.

Busch, Michael: Das Herzogtum Lauenburg und seine dänischen Landesherren 1815-1865, in: Eckardt Opitz (Hrsg.), Das Revolutionsjahr 1848 im Herzogtum Lauenburg und in den benachbarten Territorien (= Kolloquium XI). Mölln 1999, S. 35-53.

Busch, Michael: „Deserteure, Feiglinge, und Refractairs". Das lauenburgische Jägerkorps in der dänischen Zeit 1815-1849, in: Eckardt Opitz (Hrsg.): Krieg und Frieden im Herzogtum Lauenburg und in seinen Nachbarterritorien vom Mittelalter bis zum Ende des Kalten Krieges (= Kolloquium XII). Bochum 2000, S. 235-262.
Busch, Wolf-Rüdiger (Hrsg.): „Klein Moskau" – Geesthacht 1919-1933. Kultur, Revolution, arbeitslos ...! (= Veröffentlichungen des Hamburger Arbeitskreises für Regionalgeschichte (HAR), Bd. 4, zugleich Schriftenreihe des Stadtarchivs Geesthacht (StaG), Bd. 11). Hamburg 1999.

Castagne, Fritz: Der Mönch Ansverus und die Heidenmission in Holstein und Lauenburg. Hannover 1966.
Chwala, Joachim: Das Notgeld des Kreises Herzogtum Lauenburg 1923. Ein Beitrag zur Wirtschaftsgeschichte unserer Region in der Inflation vor 80 Jahren, in: Lauenburgische Heimat, Heft 164 (2003), S. 12-24.
Clark, Christopher: Preußen. Aufstieg und Niedergang 1600-1947. München 2007.

Der Bildhauer Karlheinz Goedtke. Textbeiträge von Karl Strube, Hans Jürss (= Schriftenreihe der Stiftung Herzogtum Lauenburg, Bd. 1). Neumünster 1979.
Dettmer, Hermann Uwe: Das Otterndorfer Stadtrecht. Rechts- und Verfassungsgeschichte einer Landstadt. Stade 1973.
Dorsch, Klaus: A. Paul Weber. Werkverzeichnis der Lithographien. Lübeck 1991.
Dotzauer, Winfried: Die deutschen Reichskreise in der Verfassung des Alten Reiches und ihr Eigenleben (1500-1806). Darmstadt 1989.
Dührsen, W(alter) E(ugenius) (Hrsg.): Herzogs Franz II. Amts- und Landbuch des Amts Lauenburg, in: Archiv des Vereins für die Geschichte des Herzogthums Lauenburg, Bd. 3, Heft 2 (1891), S. 1-109.
Duve, Adolph Eduard Eberhard Ludwig von: Mitteilungen zur näheren Kunde des Wichtigsten der Staatsgeschichte und Zustände der Bewohner des Herzogthums Lauenburg von der Vorzeit bis zum Ende des Jahres 1851. Ratzeburg 1857.

Eckert, Heinrich Ambros. Dietrich Monten: Das deutsche Bundesheer. Würzburg 1835-43, bearb. von Georg Ottenburg. Dortmund 1981.
Ehlers, Joachim: Heinrich der Löwe. Europäisches Fürstentum im Hochmittelalter. Göttingen, Zürich 1997.
Ehrich, Richard: Landwirtschaftliche Organisation und Verwaltung im Kreis Herzogtum Lauenburg seit dem Ende des 1. Weltkriegs. Mölln 1984.
Ehrich, Richard: Flurbereinigung und ländliche Siedlung im Herzogtum Lauenburg, in: Lauenburgische Heimat, Heft 126 (1990), S. 51-94.
Engel, Franz (Bearb.): Die Kurhannoversche Landesaufnahme des 18. Jahrhunderts, hrsg. vom Niedersächsischen Landesverwaltungsamt – Landesvermessung – und von der Historischen Kommission für Niedersachsen. Blatt 68: Scharnebeck. Hannover 1959.

Fischer-Hübner, Martin: Die Kirche Lauenburgs 1517-1721, in: Ernst Feddersen: Kirchengeschichte Schleswig-Holsteins. Bd. 2, Kiel 1983, S. 595-599.
Fischer-Hübner, Martin: Die älteste Kirchenordnung von Lauenburg und Hadeln (= Schriften des Vereins für Schleswig-Holsteinische Kirchengeschichte, Bd. 6). Preetz 1952.
Folkers, Johann: Das Bauerndorf im Kreise Herzogtum Lauenburg. Ratzeburg 1928.
Freytag, Hans-Joachim: Die Eroberung Nordelbiens durch den dänischen König im Jahre 1201, in: Horst Fuhrmann (Hrsg.): Aus Reichsgeschichte und nordischer Geschichte. Karl Jordan zum 65. Geburtstag. Stuttgart 1972, S. 222-243.
Funck, Hans: Der Verkauf des Amtes Steinhorst an Holstein-Gottorf, in: Lauenburgische Heimat, Heft 39 (1962), S. 14-32.

Geesthacht. Eine Stadtgeschichte. Beiträge zur Landschaftsentwicklung, Regionalgeschichte und zu kulturellen Perspektiven einer Elbesiedlung, hrsg. von der Stadt Geesthacht. Schwarzenbek 1993.
Gerkens, Gerhard: Über Plastik von Karlheinz Goedtke, in: Karlheinz Goedtke. Werkverzeichnis. Neumünster 1995, S. 5-10.
Götz, Wolfgang: Die baugeschichtliche Bedeutung des Domes von Ratzeburg, in: Lauenburgische Heimat, Heft 103 (1982), S. 31-79.
Goral, Arie: War A. Paul Antifaschist? Zur Manipulierung des Weberbildes durch die Elefantenpress-Galerie, in: Spuren. Zeitschrift für Kunst und Gesellschaft, 1. Jg., Heft 1 (1978), S. 46-48.

Graßmann, Antjekathrin: Zu Verfassung, Verwaltung und Agrarzustand der Lübeckischen Enklaven im Herzogtum Lauenburg, in: Kurt Jürgensen (Hrsg.): Ländliche Siedlungs- und Verfassungsgeschichte des Kreises Herzogtum Lauenburg (= Kolloquium III). Neumünster 1990, S. 73-78.

Graßmann, Antjekathrin: Bemerkungen zum Kirchenwesen der lauenburgischen und mecklenburgischen Exklaven Lübecks, in: Kurt Jürgensen (Hrsg.), Die Kirche im Herzogtum Lauenburg. Beiträge zu ihrer Geschichte und Gegenwart (= Kolloquium V). Neumünster 1994, S. 86-101.

Graßmann, Antjekathrin: Adelsbesitz wird städtisches Eigentum. Schloß und Vogtei Ritzerau 1468 in der Hand Lübecks, in: Kurt Jürgensen (Hrsg.): Herrensitz und Herzogliche Residenz in Lauenburg und in Mecklenburg (= Kolloquium VI). Mölln 1995, S. 108-119.

Graßmann, Antjekathrin (Hrsg.): Lübeckische Geschichte. 3. Aufl., Lübeck 1997.

Greve, Dieter (Hrsg.): Das Amt Neuhaus und seine Nachbarn. Lüneburg 1999.

Gruber, Karl: Der Krümmel. Die erste Dynamit-Fabrik Alfred Nobels. 2. Aufl., Geesthacht 1999.

Hadenfeldt, Hans-Jürgen: Die Lauenburger im 127. Regiment. Auf dem Marsch nach Rußland 1812, in: Lauenburgische Heimat, Heft 192 (2021), S. 86-95.

Hanisch, Manfred: Das Revolutionsjahr 1848 und die Verfassungsfrage in Lauenburg. Oder: Wie revolutionär war man im Herzogtum Lauenburg?, in: Eckardt Opitz (Hrsg.): Das Revolutionsjahr 1848 im Herzogtum Lauenburg und in den benachbarten Territorien (= Kolloquium XI). Mölln 1999, S. 83-98.

Happach-Kasan, Christel: Die Möllner Wasserscheide (Landwehr, Stecknitz-Delvenau-Kanal, Elbe-Lübeck-Kanal), in: Lauenburgische Heimat, Heft 133 (1992), S. 17-32.

Happach-Kasan, Christel: Die Stecknitzfahrt – ein Denkmal der Verkehrsgeschichte, in: Jahrbuch des Alstervereins, Bd. 67 (1991), S. 49-66.

Happach-Kasan, Christel: Die Stecknitzfahrt – vom Schiffahrtsweg zum Landschaftsdenkmal, in: Dirk Hansen (Hrsg.): Alte Binnenwasserstraßen zwischen Elbe und Ostsee. Verkehrswege als Denkmal-Landschaften (= Schriftenreihe „Stecknitzfahrt", Bd. 2). Ratzeburg 1996, S. 18-25.

Harms, Hermann: Das Kreis-Herzogtum-Lauenburg-Buch (= Schriftenreihe der Stiftung Herzogtum Lauenburg, Bd. 12). Neumünster 1987.

Heintze, Traugott Freiherr von: Lauenburgisches Sonderrecht. Die Sonderstellung des Kreises Herzogtum Lauenburg auf dem Gebiet des öffentlichen Rechts unter spezieller Berücksichtigung der geschichtlichen Entwicklung. Ratzeburg 1909.

Hellwig, L.: Grundriß der Lauenburgischen Geschichte. Ratzeburg 1927.

Hempel, Brigitte: Der Entwurf einer Polizeiordnung für das Herzogtum Sachsen-Lauenburg aus dem Jahr 1591 (= Rechtshistorische Reihe, Bd. 11). Frankfurt a.M. 1980.

Herchenröder, Jan, Wohlfahrt, Hans-Jürgen: Kreis Herzogtum Lauenburg. Frankfurt a.M. 1979.

Hering, Rainer: Das Grundgesetz für das Herzogtum Lauenburg vom 14. Mai 1849, in: Lauenburgische Heimat, Heft 198 (2014), S. 8-31.

Herrmann, Hubertus: Lauenburgische Forstchronik. Neumünster 1990.

Herzogtum Lauenburg. Sonderheft der Zeitschrift Schleswig-Holstein. Kultur – Geschichte – Natur (2001).

Hillmann, Jörg: Die Auseinandersetzungen um den Bau des Alster-Beste-Trave-Kanals vor dem Reichskammergericht von 1525-1531, in: Jahrbuch des Alstervereins, Bd. 73 (1997), S. 9-120.

Hillmann, Jörg: Das „opus novum" an der Stecknitz. Ein Prozeß vor dem Reichskammergericht zwischen dem Herzog von Sachsen-Lauenburg und dem Lübecker Rat im Jahre 1610, in: 600 Jahre Stecknitz-Fahrt. Lauenburg 1998, S. 49-55.

Hillmann, Jörg: Herrschaftswechsel im Bistum Ratzeburg: 1554, 1648 und 1701, in Eckardt Opitz (Hrsg.): Herrscherwechsel im Herzogtum Lauenburg (= Kolloquium X). Mölln 1998, S. 61-80.

Hillmann, Jörg: Territorialrechtliche Auseinandersetzungen der Herzöge von Sachsen-Lauenburg vor dem Reichskammergericht im 16. Jahrhundert (= Rechtshistorische Reihe, Bd. 202). Frankfurt a.M. 1999.

Hillmann, Jörg: Landsknechte und Söldner im Herzogtum Sachsen-Lauenburg. Die Herzöge als kaiserliche Bestallte im 16. Jahrhundert, in: Eckardt Opitz (Hrsg.): Krieg und Frieden im Herzogtum Lauenburg und in seinen Nachbarterritorien vom Mittelalter bis zum Ende des Kalten Krieges (= Kolloquium XII). Bochum 2000, S. 113-138.

Hillmann, Jörg: Der Landesreformprozeß in Sachsen-Lauenburg im 16. und 17. Jahrhundert, in: Eckardt Opitz (Hrsg.): Herrschaft und Stände in ausgewählten Territorien Norddeutschlands vom Mittelalter bis ins 20. Jahrhundert (= Kolloquium XIII), Bochum 2001, S. 55-80.

Hinsch, Werner: Salzprähme, Budenkähne und Stecknitzschiffe, in: William Boehart (u.a.): Die Geschichte der Stecknitz-Fahrt 1398-1898. Hanse, Salz und Verkehr zwischen Lübeck, Hamburg, Lüneburg und dem Herzogtum Sachsen-Lauenburg (= Sonderveröffentlichung des Heimatbund und Geschichtsvereins Herzogtum Lauenburg, Bd. 29). Schwarzenbek 1998, S. 103-109.

Hinze, Ernst: Der Übergang der sächsischen Kur auf die Wettiner. Diss., Halle 1906.

Hirschfeld, Peter: Das Herrenhaus Steinhorst und sein Baumeister Nikolaus Kuhn, in: Lauenburgische Heimat, Heft 10 (1956), S. 55-63.

Hirschfeld, Peter: Herrenhäuser und Schlösser in Schleswig-Holstein. 5. verb. und erw. Aufl., München (u.a.) 1980.

Hüls, Werner: Vom Darzing zur Gemeinde Amt Neuhaus. Lüneburg 1996.

Jaacks, Günther H.: Der sogenannte Grabstein des Till Eulenspiegel in Mölln und seine Tradition in: Nordelbingen, Bd. 35 (1966), S. 9-21.

Jaschke, Dieter (Hrsg.): Regionalatlas Kreis Herzogtum Lauenburg der Lauenburgischen Akademie für Wissenschaft und Kultur. Mölln 1998.

John, Uwe (Hrsg.): Landesgeschichte als Herausforderung und Programm. Karlheinz Blaschke zum 70. Geburtstag (= Quellen und Forschungen zur sächsischen Geschichte, Bd. 15). Leipzig 1997.

Jordan, Karl: Die Stadt Lauenburg im Wandel der Geschichte, in: Lauenburgische Heimat, Heft 32 (1961), S. 1-8.

Jordan, Karl: Heinrich der Löwe. Eine Biographie. 2. Aufl., München 1980.

Jürgensen, Kurt (Hrsg.): Ländliche Siedlungs- und Verfassungsgeschichte des Kreises Herzogtum Lauenburg (= Kolloquium III). Neumünster 1990.

Jürgensen, Kurt (Hrsg.): Die Kirche im Herzogtum Lauenburg. Beiträge zu ihrer Geschichte und Gegenwart (= Kolloquium V). Neumünster 1994.

Jürgensen, Kurt (Hrsg.): Herrensitz und herzogliche Residenz in Lauenburg und Mecklenburg (= Kolloquium VI). Mölln 1995.

Jürgensen, Kurt (Hrsg.): Geschichtliche Beiträge zu Schule und Lehrerbildung im Herzogtum Lauenburg (= Kolloquium VII). Mölln 1996.

Jürgensen, Kurt (Hrsg.): Geschichtliche Beiträge zur Rechtspflege im Herzogtum Lauenburg und in umliegenden Territorien (= Kolloquium VIII). Mölln 1996.

Jürgensen, Kurt (Hrsg.): Geschichtliche Beiträge zu Gewerbe, Handel und Verkehr im Herzogtum Lauenburg und in umliegenden Territorien (= Kolloquium IX). Mölln 1997.

Jürgensen, Kurt: Die Eingliederung der Herzogtümer Schleswig, Holstein und Lauenburg in das preußische Königreich, in: Peter Baumgart (Hrsg.): Expansion und Integration. Zur Eingliederung neugewonnener Gebiete in den preußischen Staat (= Neue Forschungen zur Brandenburgisch-Preussischen Geschichte, Bd. 5). Köln, Wien 1984, S. 327-356.

Jürgensen, Mathias: Die Schulordnung für die Lauenburger Stadtschule von 1771. Pädagogische Reformbemühungen in der Aufklärungszeit. (Masch.) MA, Hamburg 1991.

Kaack, Hans-Georg: Sachsen-Lauenburg, Böhmen und Baden. Katalog der Sonderausstellung anläßlich der 300. Wiederkehr des Geburtstages von Sybilla Augusta, Markgräfin von Baden-Baden (= Schriftenreihe des Heimatbund und Geschichtsvereins Herzogtum Lauenburg, Bd. 18). Ratzeburg 1975.

Kaack, Hans-Georg: Bauer, Bürger, Edelmann. Das Herzogtum Lauenburg von der deutschen Besiedlung bis zur Aufhebung der Ständeherrschaft. Ratzeburg 1985.

Kaack, Hans-Georg: Ratzeburg. Geschichte einer Inselstadt. Regierungssitz – geistliches Zentrum – bürgerliches Gemeinwesen. Neumünster 1987.

Kaack, Hans-Georg: Die Anfänge der Stadt Mölln und ihre Entwicklung bis zur Verpfändung an Lübeck im Jahre 1359, in: Lauenburgische Heimat, Heft 120 (1988), S. 3-38.

Kaack, Hans-Georg: Das Herzogtum Lauenburg als Territorium, in: Kurt Jürgensen (Hrsg.): Ländliche Siedlungs- und Verfassungsgeschichte des Kreises Herzogtum Lauenburg (= Kolloquium III). Neumünster 1990, S. 13-44.

Kaack, Hans-Georg: Impressionen aus der Biedermeierzeit 1815-1848. Ratzeburg 1992.

Kaack, Hans-Georg: Die Herzöge Julius Heinrich und Franz Albrecht als kaiserliche Bestallte seit 1617. Die Askanier in Böhmen, in: Eckardt Opitz (Hrsg.): Krieg und Frieden im Herzogtum Lauenburg und in seinen Nachbarterritorien vom Mittelalter bis zum Ende des Kalten Krieges (= Kolloquium XII). Bochum 2000, S. 139-174.

Kaack, Hans-Georg: 1296-1996. 700 Jahre Herzogtum Lauenburg, in: Lauenburgische Heimat, Heft 145 (1996), S. 3-26.

Kannenberg, Ernst Günter: Bevölkerungsentwicklung und Industrieansiedlung im Kreis Herzogtum Lauenburg bis zum Jahre 1957 (= Lauenburgische Heimat, Sonderheft 8). Ratzeburg 1961.

Kasch, August: Das Kloster Reinbek. Versuch einer Chronik, in: Festschrift zur 725-Jahrfeier von Reinbek, hrsg. vom Magistrat der Stadt Reinbek. Reinbek 1963, S. 22-79.

Kellinghusen, Hans: Das Amt Bergedorf. Geschichte seiner Verfassung und Verwaltung bis zum Jahr 1620, in: Zeitschrift für Hamburgische Geschichte, Bd. 13 (1908), S. 181-372.

Kenzler, Christiane: Die Ritter- und Landschaft im Herzogtum Sachsen-Lauenburg in der frühen Neuzeit (= Schriftenreihe der Stiftung Herzogtum Lauenburg, Bd. 22). Hamburg 1997.

Klee, Ernst: Das Personenlexikon zum Dritten Reich. Koblenz 2011.

Klee, Robert-Dieter: Der Kreis Herzogtum Lauenburg und das Groß-Hamburg-Gesetz – Rechtsproblem einer NS-Gebietsreform, in: Lauenburgische Heimat, Heft 147 (1997), S. 70-87.

Klee, Robert-Dieter: Zur Eingliederung der „mecklenburgischen" Gemeinden in den Kreis Herzogtum Lauenburg, in: Lauenburgische Heimat, Heft 153 (1999), S. 41-56.

Kleinfeld, Martin: Die wirtschaftliche Entwicklung der Stadt Lauenburg/Elbe vom 18. bis zum 20. Jahrhundert. Hamburg 2000.

Klingenberg, Walter: St. Georg auf dem Berge. Geschichte der ältesten Kirche im Lauenburger Lande, in: Lauenburgische Heimat, Heft 193 (2013), S. 8-51.

Kobbe, Peter Ludwig Christian von: Geschichte und Landesbeschreibung des Herzogthums Lauenburg. Teil 1, Altona 1836, ND Hannover 1979. Teil 2, Altona 1936, ND Hannover 1980. Teil 3, Altona 1837, ND Hannover 1984.

Konerding, Volker: Das Herrenhaus Steinhorst, in: Das Herrenhaus Steinhorst und die Sammlung Schwarzkopf (= Schriftenreihe der Stiftung Herzogtum Lauenburg, Bd. 2). 2. verb. Aufl., Neumünster 1985, S. 13-77.

Krautzpaul, Marthe: Die soziale und berufliche Umschichtung der Vertriebenen, Flüchtlinge und Evakuierten des Kreises Herzogtum Lauenburg in den Jahren 1945 bis 1949. Kiel 1952.

Kreis Herzogtum Lauenburg, Der Kreisausschuß (Hrsg.): Festschrift anläßlich des 50. Jahrestages des ersten gewählten Lauenburgischen Kreistages nach dem Zweiten Weltkrieg 25.10.1946-25.10.1996. Lauenburg 1996.

Kreis Herzogtum Lauenburg, Landschaft – Geschichte – Wirtschaft, hrsg. in Gemeinschaftsarbeit mit der Kreisverwaltung. Oldenburg/Old. 1959.

Kriegsende, Flucht und Vertreibung. Themenheft der Lauenburgischen Heimat, Heft 184 (2010).

Kroll, Stefan: Der Umbruch der Geesthachter Sozial- und Wirtschaftsstruktur 1943-1958, in: William Boehart (Red.): Geesthacht – eine Stadtgeschichte. Beiträge zur Landschaftsentwicklung, Regionalgeschichte und zu kulturellen Perspektiven einer Elbesiedlung, hrsg. von der Stadt Geesthacht (= Schriftenreihe des Stadtarchivs Geesthacht, Bd. 7). 2. Aufl., Schwarzenbek 1997, S. 129-141.

Krüger, Kersten: Militär und Stadt – Ratzeburg 1689-1695. Befestigung, Bombardierung und Wiederaufbau, in: Kersten Krüger (Hrsg.): Europäische Städte im Zeitalter des Barock. Gestalt – Kultur – Sozialgefüge (= Städteforschung, Reihe A, Bd. 28). Köln, Wien 1988, S. 399-436.

Krüger, Kersten: Der Streit um das askanische Erbe im Herzogtum Lauenburg 1689. Teil 1: Erhobene Ansprüche, in: Eckardt Opitz (Hrsg.), Herrscherwechsel im Herzogtum Lauenburg (= Kolloquium X). Mölln 1998, S. 81-90.

Krüger, Kersten: Aufbruch in die demokratische Moderne. 150 Jahre Staatsgrundgesetz für das Herzogtum Lauenburg. 50 Jahre Grundgesetz für die Bundesrepublik Deutschland, in: Lauenburgische Heimat, Heft 155 (2000), S. 41-59.

Lammers, Walther: Germanen und Slawen in Nordelbingen, in: Zeitschrift für Schleswig-Holsteinische Geschichte, Bd. 79 (1955), S. 17-76.

Lammert, Friedrich: Der Streit um die Kurwürde zwischen Sachsen-Lauenburg und Sachsen-Wittenberg, in: Historische Vierteljahresschrift, Bd. 30 (1935), S. 305-315.

Lammert, Friedrich: Die älteste Geschichte des Landes Lauenburg. Von den Anfängen bis zum Siege bei Bornhöved. Ratzeburg 1933.

Langenheim, Kurt: Ritterburgen um Ratzeburg, in: Stadt Ratzeburg (Hrsg.): Beiträge zur Geschichte Ratzeburgs, 2. Teil. Lübeck 1973, S. 5-18.

Laur, Wolfgang: Historisches Ortsnamenlexikon von Schleswig-Holstein. 2. Aufl., Neumünster 1992.

Lehe, Erich von: Geschichte des Landes Wursten. Bremerhaven 1973.

Leisering, Walter: Zur Geschichte der Askanier. Ein Tabellenbuch mit 200 Abbildungen und historischen Anhalt-Karten. Dessau 1996.

Lembcke, Rudolf (Hrsg.): Kreis Land Hadeln. Geschichte und Gegenwart. Otterndorf 1976.

Linsen, H.: Statistisches Hand- und allgemeines Adreßbuch für das Herzogtum Lauenburg. Ratzeburg 1872.

Lopau, Christian: „Die Stadt Ratzeburg hat ein erhebliches Interesse an dem Erwerb dieses Grundstücks". Judenverfolgung im Kreis Herzogtum Lauenburg, in: Gerhard Paul, Miriam Gillis-Carlebach (Hrsg.): Menora und Hakenkreuz. Zur Geschichte der Juden in und aus Schleswig-Holstein, Lübeck und Altona (1918-1998). Neumünster 1998.

Lopau, Christian, Schierstaedt, Bernd: Eulenspiegelstadt Mölln. Impressionen. Mölln 2002.

Lorenzen-Schmidt, Klaus-Joachim: Landwirtschaftspolitik und landwirtschaftliche Entwicklung in Schleswig-Holstein 1933-1945, in: Erich Hoffmann, Peter Wulf (Hrsg.): „Wir bauen das Reich". Aufstieg und erste Herrschaftsjahre des Nationalsozialismus in Schleswig-Holstein. Neumünster 1983, S. 273-308.

Mac Gregor, Neil: Deutschland. Erinnerungen einer Nation. München 2015.

„Machtergreifung 1933". Themenheft der Lauenburgischen Heimat, Heft 180 (2008).

Manecke, Urban Friedrich Christoph: Topographisch-historische Beschreibung der Städte, Ämter und adeligen Gerichte des Herzogtums Lauenburg, des Fürstentums Ratzeburg und des Landes Hadeln, hrsg. und erg. von Walter Dührsen. Mölln 1884, ND Hannover 1975.

Manecke, Urban Friedrich Christoph: Topographisch-historische Beschreibung der Städte, Ämter und Gerichte im Herzogthum Bremen und Fürstenthum Verden. Maschinenschriftliche Übertragung der Handschrift aus dem Jahr 1825. o.O. 1963.

Mangels, Ingeborg: Die Verfassung der Marschen am linken Ufer der Elbe im Mittelalter (Land Hadeln, Amt Neuhaus, Land Kehdingen und Altes Land). Stade 1957.

Marcus, Paul: Herzog Bernhard von Anhalt (um 1140 bis 1212) und die frühen Askanier in Sachsen und im Reich (= Europäische Hochschulschriften, Reihe 3, Geschichte und ihre Hilfswissenschaften, Bd. 562). Frankfurt a.M. 1993.

Masch, Gottlieb Matthias Carl: Geschichte des Bisthums Ratzeburg. Lübeck 1835.

Matthiesen, Carl: Der Limes Saxoniae, in: Zeitschrift für Schleswig-Holsteinische Geschichte, Bd. 68 (1940), S. 1-77.

Meiffert, Nicole: Die Geschichte des Amtes Reinbek 1576-1773. Bad Oldesloe 1995.

Melms-Liepen, Dieter: Die Notzeit 1943-1950. Nach Augenzeugenberichten und Dokumenten aus dem Kreis Herzogtum Lauenburg (= Schriftenreihe des Heimatbund und Geschichtsvereins Herzogtum Lauenburg, Bd. 15). Ratzeburg 1970.

Menapace, Bernhard Michael: 75 Jahre Stadt Geesthacht. Geschichte und Geschichten, hrsg. von Heimatbund und Geschichtsverein Herzogtum Lauenburg, Bezirksgruppe Geesthacht. Geesthacht 1999.

Meyer, Gerhard: Die Verkoppelung im Herzogtum Lauenburg unter hannoverscher Herrschaft. Hildesheim 1965

Meyn, Jörg: Vom spätmittelalterlichen Gebietsherzogtum zum frühneuzeitlichen „Territorialstaat": Das askanische Herzogtum Sachsen 1180-1543 (= Schriftenreihe der Stiftung Herzogtum Lauenburg, Bd. 20). Hamburg 1995.

Meyn, Jörg: Die Schlacht bei Bornhöved (1227) und ihre Folgen. Das askanische Herzogtum Sachsen bis zum Ende des 13. Jahrhunderts, in: Eckardt Opitz (Hrsg.): Herrscherwechsel im Herzogtum Lauenburg (= Kolloquium X). Mölln 1998, S. 7-24.

Meyn, Jörg: Die Schwarze oder Große Garde im Dienst der Herzöge von Sachsen-Lauenburg 1499/1500. Zugleich ein Beitrag zu den territorialpolitischen Konflikten im Elbe-Weser-Raum am Ausgang des Mittelalters, in: Eckardt Opitz (Hrsg.): Krieg und Frieden im Herzogtum Lauenburg und in seinen Nachbarterritorien vom Mittelalter bis zum Ende des Kalten Krieges (= Kolloquium XII). Bochum 2000, S. 93-112.

Meyn, Jörg: Landesherr und Ritterschaft im Herzogtum Sachsen-Lauenburg im Spätmittelalter, in: Eckardt Opitz (Hrsg.): Herrschaft und Stände in ausgewählten Territorien Norddeutschlands vom Mittelalter bis ins 20. Jahrhundert (= Kolloquium XIII). Bochum 2001, S. 33-53.

Mohrmann, Wolf-Dieter: Lauenburg oder Wittenberg? Zum Problem des sächsischen Kurstreites bis zur Mitte des 14. Jahrhunderts. Hildesheim 1975.

Mohrmann, Wolf-Dieter (Hrsg.): Heinrich der Löwe (=Veröffentlichungen der Niedersächsischen Archivverwaltung, Bd. 39). Göttingen 1980.

Mührenberg, Anke: 100 Jahre Frauenwahlrecht. Frauen im Kreis Herzogtum Lauenburg um die Jahrhundertwende, in: Lauenburgische Heimat, Heft 208 (2019) S. 73-83.

Müller, Walter: Die Stecknitzfahrt. Ein alter Wasserweg, der spätere Elbe-Lübeck-Kanal – geschichtlich, topographisch, soziologisch, in: Lauenburgische Heimat, Heft 123 (1989), S. 3-79.

Münch, Ernst: Zur Position ritterschaftlicher Familien im mecklenburgisch-lauenburgischen Grenzgebiet in Mittelalter und früher Neuzeit, in: Kurt Jürgensen (Hrsg.): Die Grenz- und Territorialentwicklung im Raume Lauenburg – Mecklenburg – Lübeck (= Kolloquium IV). Neumünster 1992, S. 27-39.

Nagel, Frank Norbert: Die Entwicklung des Eisenbahnnetzes in Schleswig-Holstein und Hamburg unter besonderer Berücksichtigung der stillgelegten Strecken (= Mitteilungen der Geographischen Gesellschaft in Hamburg, Bd. 71). Hamburg, Wiesbaden 1981.

Neuschäffer, Hubertus: Schlösser und Herrenhäuser im Herzogtum Lauenburg (= Schriftenreihe der Stiftung Herzogtum Lauenburg, Bd. 14). Würzburg 1987.

Niebuhr, August: Chronik der Stadt Schwarzenbek. Hamburg 1954.

Niemann, August: Beschreibung des Herzogtums Lauenburg königlich dänischen Anteils, in: August Niemann: Nebenstunden für die innere Staatenkunde. Altona 1823, S. 1-100.

Nipperdey, Thomas: Deutsche Geschichte 1800-1866. Bürgerwelt und starker Staat. München 1983.

Nissen, Nis R.: Die lauenburgischen Städte Ratzeburg, Mölln und Lauenburg im ausgehenden Mittelalter. (Entstehung, Siedlung, wirtschaftlicher und sozialer Aufbau). Diss. Phil. (masch.), Hamburg 1952.

Nissen, Nis R.: Die Möllner Fleischschrangen. Ein Kapitel Marktgeschichte, in: Lauenburgische Heimat, Heft 30 (1960), S. 17-29.

Nissen, Nis R.: Lauenburg als Hauptresidenz der Lauenburger Herzöge, in: Kurt Jürgensen (Hrsg.): Herrensitz und Herzogliche Residenz in Lauenburg und in Mecklenburg (= Kolloquium VI). Mölln 1995, S. 71-90.

Nissen, Nis R.: Ratzeburg – Mölln – Lauenburg. Werke ihrer Bürger, in: Lauenburgische Heimat, Heft 5 (1954), S. 1-43.

Noll, Elisabeth: Der Limes Saxoniae und seine Burgwallanlagen aus archäologischer Sicht, in: Eckardt Opitz (Hrsg.): Krieg und Frieden im Herzogtum Lauenburg und in seinen Nachbarterritorien vom Mittelalter bis zum Ende des Kalten Krieges (= Kolloquium XII). Bochum 2000, S. 15-38.

Noll, Thomas: „Zwischen den Stühlen". A. Paul Weber. Britische Bilder und „Leviathan"-Reihe. Studien zum Werk des Künstlers im Dritten Reich (= Göttinger Beiträge zur Kunstgeschichte, Bd. 1). Münster, Hamburg 1993.

Oberländer, Christiane: Die Verfassungs- und Verwaltungsgeschichte des Kreises Herzogtum Lauenburg vom Mittelalter bis zur Ämterreform 1948, in: Lauenburgische Heimat, Heft 156 (2000), S. 20-83.

Obst, Lothar: Mölln. Handel – Handwerk – Bürgertum. Mölln 1988.

Opitz, Eckardt (Hrsg.): Aufstieg, Herrschaft und Folgen des Nationalsozialismus im Herzogtum Lauenburg und in den Nachbarregionen (= Kolloquium XIV). Bochum 2002.

Opitz, Eckardt (Hrsg.): Ausgewählte Aspekte der Nachkriegsgeschichte im Kreis Herzogtum Lauenburg und in den Nachbarterritorien (= Kolloquium XV). Bochum 2004.

Opitz, Eckardt (Hrsg.): Das Herzogtum Lauenburg im Spiegel der Literatur (= Kolloquium XVII). Bochum 2011.

Opitz, Eckardt (Hrsg.): Das Revolutionsjahr 1848 im Herzogtum Lauenburg und in den benachbarten Territorien (= Kolloquium XI). Mölln 1999.

Opitz, Eckardt: „Es mangelt an schulen zur kinder Zucht". Die Anfänge des Schulwesens im Herzogtum Lauenburg im Spiegel der Visitationsprotokolle des 16. und 17. Jahrhunderts, in: Kurt Jürgensen (Hrsg.): Geschichtliche Beiträge zu Schule und Lehrerbildung im Herzogtum Lauenburg (= Kolloquium VII). Mölln 1996, S. 9-26.

Opitz, Eckardt (Hrsg.): Herrschaft und Stände in ausgewählten Territorien Norddeutschlands vom Mittelalter bis ins 20. Jahrhundert (= Kolloquium XIII). Bochum 2001.

Opitz, Eckardt (Hrsg.): Herrscherwechsel im Herzogtum Lauenburg (= Kolloquium X). Mölln 1998.

Opitz, Eckardt (Hrsg.): Krieg und Frieden im Herzogtum Lauenburg und in seinen Nachbarterritorien vom Mittelalter bis zum Ende des Kalten Krieges (= Kolloquium XII). Bochum 2000.

Opitz, Eckardt: Schleswig-Holstein. Das Land und seine Geschichte in Bildern, Texten und Dokumenten. 3., überarb. Aufl., Hamburg 2002.

Opitz, Eckardt: 800 Jahre Mölln? Kritische Anmerkungen zur Stadtrechtsverleihung. Mölln 2002.

Osten, Gustav von der: Geschichte des Landes Wursten, 2 Teile in einem Band. Bremerhaven 1900 und 1902.

Partenheimer, Lutz: Albrecht der Bär und die Entstehung Brandenburgs (= Märkische Lebensläufe, Bd. 1). Berlin 2021.

Petersen, Jann Uwe: 10 Jahre Grenzöffnung – ein persönlicher Rückblick, in: Lauenburgische Heimat, Heft 153 (1999), S. 3-34.

Postel, Rainer: Gabriel Rießer 1806-1863, in: Rainer Postel, Helmut Stubbe da Luz: Die Notare (= Hamburgische Lebensbilder, Bd. 17). Hamburg 2001, S. 75-134.

Prange, Wolfgang: Siedlungsgeschichte des Landes Lauenburg im Mittelalter (= Quellen und Forschungen zur Geschichte Schleswig-Holsteins, Bd. 41). Neumünster 1960.

Prange, Wolfgang: Das Ratzeburger Hufenregister von 1292. Landesherrliche Rechte in den Ländern Ratzeburg und Boitin, in: Zeitschrift für Schleswig-Holsteinische Geschichte, Bd. 111 (1986), S. 39-92.

Prange, Wolfgang: Bauer und Herrschaft in Lauenburg, in: Kurt Jürgensen (Hrsg.): Ländliche Siedlungs- und Verfassungsgeschichte des Kreises Herzogtum Lauenburg (= Kolloquium III). Neumünster 1990, S. 45-58.

Prange, Wolfgang: Die Entwicklung der Grenzen zwischen Lauenburg und Mecklenburg vom 12. bis ins 19. Jahrhundert, in: Kurt Jürgensen (Hrsg.): Die Grenz- und Territorialentwicklung im Raume Lauenburg – Mecklenburg – Lübeck (= Kolloquium IV). Neumünster 1992, S. 15-26.

Prange, Wolfgang: Der Aufbau der Kirchen- und Pfarrorganisation im Herzogtum Lauenburg, in: Kurt Jürgensen (Hrsg.): Die Kirche im Herzogtum Lauenburg. Beiträge zu ihrer Geschichte und Gegenwart (= Kolloquium V). Neumünster 1994, S. 25-28.

Prange, Wolfgang: Vom Rittersitz des Mittelalters zum Adligen Gericht der Neuzeit im Herzogtum Lauenburg, in: Kurt Jürgensen (Hrsg.): Herrensitz und Herzogliche Residenz in Lauenburg und in Mecklenburg (= Kolloquium VI). Mölln 1995, S. 33-46.

Prange, Wolfgang: Beiträge zur schleswig-holsteinischen Geschichte. Ausgewählte Aufsätze. Festgabe zum 70. Geburtstag (= Quellen und Forschungen zur Geschichte Schleswig-Holsteins, Bd. 112). Neumünster 2002.

Prillwitz, Wilhelm: Die mehrfachen Besuche des dänischen Königs Frederik VI. in Ratzeburg, in: Lauenburgische Heimat, Heft 47 (1964), S. 15-23.

Rackmann, Otto: Mölln im Zweiten Weltkrieg und in den ersten Jahren danach, in: Lauenburgische Heimat, Heft 89 (1977), S. 1-121.

Reden, Armgard von: Landständische Verfassung und fürstliches Regiment in Sachsen-Lauenburg (1543-1689) (= Veröffentlichungen des Max-Planck-Instituts f. Geschichte, Bd. 41). Göttingen 1974.

Reichstein, Joachim: Ertheneburg, in: Führer zu archäologischen Denkmälern in Deutschland, hrsg. vom Nordwestdeutschen und dem West- und Süddeutschen Verband für Altertumsforschung. Bd. 2: Kreis Herzogtum Lauenburg. Teil II: Exkursion II-IV. Stuttgart 1983, S. 34-38.

Reichstein, Joachim: Kuddewörde. Hospitaliter vom Heilig-Geist-Orden, in: Oliver Auge, Katja Hildebrand (Hrsg.), Klosterbuch Schleswig-Holstein und Hamburg. Klöster, Stifte und Konvente von den Anfängen bis zur Reformation, Bd. 1. Regensburg 2019, S. 627-642.

Rödder, Andreas: 21.0. Eine kurze Geschichte der Gegenwart. München 2015.

Römer, Christof: Niedersachsen im 18. Jahrhundert (1714-1803), in: Geschichte Niedersachsens, begr. v. Hans Patze, hrsg. v. Ernst Schubert. Bd. 3, Teil 1, Hannover 1989.

Rüther, Heinrich: Geschichte des Landes Hadeln. Otterndorf 1949.

Ruffin, Franz Frhr. v.: Das Adelich Gericht Basthorst im Herzogthum Lauenburg. Geschichte der Dörfer Basthorst, Dahmker und Hamfelde (= Schriftenreihe der Stiftung Herzogtum Lauenburg, Bd. 18). Lütjensee 1988.

Rumpler, Helmut: Eine Chance für Mitteleuropa. Bürgerliche Emanzipation und Staatsverfall in der Habsburgermonarchie (= Österreichische Geschichte 1804-1914). Wien 1997.

Scharnweber, Otto: Die Landschulen des ehemaligen Herzogtums Lauenburg von der Reformation bis zur Eingliederung in Preußen, in: Lauenburgische Heimat, Heft 7/8 (1955), S. 1-63.

Scharnweber, Otto: Franz II. Herzog von Sachsen-Lauenburg 1585-1619 (= Lauenburgische Heimat, Sonderheft 7). Ratzeburg 1960.

Schartel, Werner (Hrsg.): Kunst im Widerstand. A. Paul Weber. Das antifaschistische Werk. 1. Aufl., Berlin (West) 1977.

Schlaber, Gerret: Rechtsprechung und Verwaltung in den Herzogtümern Schleswig, Holstein und Lauenburg 1850-1864. Wandel oder Beharrung?, in: Zeitschrift für Schleswig-Holsteinische Geschichte, Bd. 124 (1999), S. 109-133.

Schmidt, Robert: Die Bau- und Kunstdenkmäler des askanischen Fürstenhauses im ehemaligen Herzogtum Lauenburg. Dessau 1899.

Schmitz, Antje: Die Ortsnamen des Kreises Herzogtum Lauenburg und der Stadt Lübeck (= Kieler Beiträge zur deutschen Sprachgeschichte, Bd. 14). Neumünster 1990.

Schnath, Georg: Geschichte Hannovers im Zeitalter der neunten Kur und der englischen Sukzession 1674-1714. Bd. 1, Hildesheim, Leipzig 1938.

Schreiber, Georg: Raimondo Montecuccoli. Feldherr, Schriftsteller, Kavalier. Ein Lebensbild aus dem Barock. Graz 2000.

Schreiber, Hans Henning (Hrsg.): Der Dom zu Ratzeburg. Acht Jahrhunderte. Ratzeburg 1954.

Schröder, Johannes von, Biernatzki, Hermann: Topographie der Herzogtümer Holstein und Lauenburg. Oldenburg 1855.

Schubert, Ernst (Hrsg.): Geschichte Niedersachsens Band II,1: Politik, Verfassung, Wirtschaft vom 9. bis zum ausgehenden 15. Jahrhundert (= Veröffentlichungen der Historischen Kommission für Niedersachsen und Bremen, Bd. 36). Hannover 1997.

Schubert, Franz: Herzogtum Lauenburg. Bevölkerung des Amtes Neuhaus 1704. Geldregister der Ämter Schwarzenbek, Ratzeburg und Lauenburg 1704. Neubürgerliste der Stadt Ratzeburg 1601-1705 (= Quellen und Schriften zur Bevölkerungsgeschichte Norddeutschlands). Göttingen 1985.

Schulze, Ehrhard: Das Herzogtum Sachsen-Lauenburg und die lübische Territorialpolitik (= Quellen und Forschungen zur Geschichte Schleswig-Holsteins, Bd. 33). Neumünster 1957.

Schumacher, Helmut: A. Paul Weber. Das illustrierte Werk 1911-1980. Lübeck 1984.

Schumacher, Helmut, Dorsch, Klaus: A. Paul Weber. Leben und Werk in Texten und Bildern. Hamburg, Berlin, Bonn 2003.

Seeler, Siegfried: Die Maria-Magdalenen-Kirche Lauenburg/Elbe. Lauenburg 1938.

Sparkuhle, W.: Der Darzing mit dem Neuenhause im Besitz der Herzöge von Sachsen-Lauenburg, in: Archiv des Vereins für die Geschichte des Herzogtums Lauenburg, Bd. 9, Heft 1 (1908), S. 99-124.

Stoldt, Peter H.: Bauer und Herzog. Die Amtsbauern des Herzogtums Sachsen-Lauenburg bis 1689. Ein Beitrag zur Rechts- und Sozialgeschichte (= Schriftenreihe des Heimatbund und Geschichtsvereins Herzogtum Lauenburg, Bd. 12). Ratzeburg 1966.

Stollberg-Rilinger, Barbara: Zeremoniell als politisches Verfahren. Rangordnung und Rangstreit als Strukturmerkmale des frühneuzeitlichen Reichstags, in: Johannes Kunisch (Hrsg.): Neue Studien zur frühneuzeitlichen Reichsgeschichte (= Zeitschrift für Historische Forschung, Beiheft 19). Berlin 1997, S. 91-132.

Stoltenberg, Gerhard: Politische Strömungen im schleswig-holsteinischen Landvolk 1918-1933. Düsseldorf 1962.

Stolz, Gerd: Kleine Kanalgeschichte. Vom Stecknitzkanal zum Nord-Ostsee-Kanal. Heide i.H. 1995.

Trittel, Günter J.: Die Bodenreform in der Britischen Zone 1945-1949 (= Schriftenreihe der Vierteljahrshefte für Zeitgeschichte, Bd. 31). Stuttgart 1975.

Ulmann, Hellmuth von, Hahn, Walter: Wanderungen zu den Herrenhäusern und Gütern im Herzogtum Lauenburg. Schwarzenbek 1981.

Urban, Werner: Neue Erkenntnisse über die Rittersitze der Daldorffs auf Wotersen aus alten Karten und Akten im Gutsarchiv Gatow, in: Lauenburgische Heimat, Heft 123 (1989), S. 80-109.

Verein zur Förderung des Landesarchivs Schleswig-Holstein (Hrsg.): Die Staatsgrundsätze 1848/49 in Schleswig-Holstein und Lauenburg. Reprint zeitgenössischer Drucktexte (= Veröffentlichungen des Schleswig-Holsteinischen Landesarchivs, Bd. 63). Schleswig 1998.

Voigt, Finja: Konflikte zwischen Flüchtlingen und Einheimischen nach dem Zweiten Weltkrieg am Beispiel Schwarzenbek, in: Lauenburgische Heimat, Heft 188 (2011), S. 3-43.

Vries, Jürgen de: Bismarck und das Herzogtum Lauenburg. Die Eingliederung Lauenburgs in Preußen 1865-1876 (= Quellen und Forschungen zur Geschichte Schleswig-Holsteins, Bd. 94). Neumünster 1989.

Wegewitz, Willi: Totenhäuser und andere Grabformen der Älteren Bronzezeit im Niederelbegebiet, in: Die Kunde, Bd. 9 (1941), S. 75.

Weinberger, Guido: Die erste Verkoppelung im Herzogtum Lauenburg, in: Lauenburgische Heimat, Heft 189 (2011), S. 68-76.

Witthöft, Harald: Der Export Lüneburger Salzes in den Ostseeraum während der Hansezeit, in: Hermann Harms, Hans-Jürgen Wohlfahrt: Die Alte Salzstraße im Wandel der Zeit (= Schriftenreihe der Stiftung Herzogtum Lauenburg, Bd. 5). Neumünster 1983.

Zimmermann, Hansjörg: Das Ende des Zweiten Weltkrieges und die Flüchtlinge, in: Lauenburgische Heimat, Heft 202 (2016), S. 8-35.

Zimmermann, Hansjörg: Eisenbahn, Kirche, Politik und Gesellschaft 1846-1879, in: Kurt Jürgensen (Hrsg.): Geschichtliche Beiträge zu Gewerbe, Handel und Verkehr im Herzogtum Lauenburg (= Kolloquium IX) Mölln 1997, S. 163-174.

Zimmermann, Hansjörg: Mölln. Ein geschichtlicher Überblick. Büchen 1977.

Zimmermann, Hansjörg: Neues zu Kurt(h) Schönberg, in: Lauenburgische Heimat, Heft 208 (2019), S. 63-71.

Zimmermann, Hansjörg: Stormarn-Lauenburg: Industrie im Agrarbezirk, in: Urs J. Diederichs (Hrsg.): Schleswig-Holsteins Weg ins Industriezeitalter. Hamburg 1986, S. 141-156.
Zimmermann, Hansjörg: Überblick über das Gewerbe in Lauenburg unter industriellen Aspekten 1800 bis 1870, in: Jürgen Brockstedt (Hrsg.): Frühindustrialisierung in Schleswig-Holstein, anderen norddeutschen Ländern und Dänemark (= Studien zur Wirtschafts- und Sozialgeschichte Schleswig-Holsteins, Bd. 5). Neumünster 1983, S. 153-178.
Zimmermann, Hansjörg: Wählerverhalten und Sozialstruktur im Kreis Herzogtum Lauenburg 1918-1933. Ein Kreis zwischen Obrigkeitsstaat und Republik (= Quellen und Forschungen zur Geschichte Schleswig-Holsteins, Bd. 72). Neumünster 1978.
Zylla, Waldemar: Karlheinz Goedtke, in: Oberschlesisches Jahrbuch, Bd. 12 (1996), S. 283-285.

Bildnachweis

Neben den für diesen Band neu angefertigten Fotografien, die Reinhard Scheiblich aufgenommen hat, sind auch solche verwendet worden, die er für frühere Veröffentlichungen zur Verfügung gestellt hat. Darüber hinaus wurden Bilder, Karten und Dokumente benutzt, die im „Handbuch“ und im „Biographischen Lexikon“ erschienen und dort nachgewiesen sind oder für die Ausstellung zur Geschichte Lauenburgs, die in Schleswig und Schwarzenbek 2004 gezeigt worden ist, vom Verfasser angefertigt wurden.

Falls Abbildungen aus rechtlich geschützten Quellen übernommen sein sollten, wird darum gebeten, den Verlag zu informieren.

Register

Begriffe wie Askanier, Hamburg, Hannover, Lauenburg (Stadt, Land, Herzogtum), Lübeck, Mecklenburg, Mölln, Ratzeburg (Stadt, Land, Bistum), Sachsen, Schleswig-Holstein und Schwarzenbek werden im Register nicht besonders aufgeführt, weil sie im Buch durchgehend erscheinen.